BASTEI
LÜBBE
TASCHENBUCH

Über die Autorin:

Katy Morgan-Davies lebt und studiert inzwischen in Leeds. Jeden Tag genießt sie ihre Freiheit, in jeder Beziehung. Sie wünscht sich, dass sie andere durch ihre Geschichte dazu inspirieren kann, ihre Stimme gegen die Unterdrückung zu erheben, die sie erleiden müssen. In Zukunft möchte sie anderen helfen und dafür sorgen, dass niemand sich so traurig und einsam fühlen muss, wie das bei ihr so viele Jahre lang der Fall war.

Katy Morgan-Davies
mit Kate Moore

WIE EIN GEFANGENER VOGEL

Meine Kindheit und
Jugend in der Psychosekte
meines Vaters

Aus dem Englischen von
Simone Schroth

BASTEI LÜBBE
TASCHENBUCH

BASTEI LÜBBE TASCHENBUCH
Band 61049

MIX
Papier aus verantwortungsvollen Quellen
FSC® C083411

Dieser Titel ist auch als E-Book erschienen.

Vollständige Taschenbuchausgabe

Deutsche Erstausgabe

Für die Originalausgabe:

Titel der englischen Originalausgabe: »Caged Bird«
Originalverlag: Transworld Publishers, a part of the
Penguin Random House group of companies

Für die deutschsprachige Ausgabe:

Textredaktion: Elisa Valérie Thieme, Düsseldorf
Titelillustration: © goodynewshoes/iStockphoto
Umschlaggestaltung: Tanja Østlyngen
Satz: hanseatenSatz-bremen, Bremen
Gesetzt aus der Adobe Devanagari
Druck und Verarbeitung: CPI books GmbH, Leck – Germany
ISBN 978-3-404-61049-5

2 4 5 3 1

Sie finden uns im Internet unter
www.luebbe.de
Bitte beachten Sie auch: www.lesejury.de

Für euch, die ihr mir geholfen habt,
meine Flügel zu finden.
Ihr wisst schon, dass ihr gemeint seid.

Allein

Von klein an ging ich eigne Bahn;
Ich sah nicht so, wie andre sahn;
Was mich ergriff zu Lust und Pein,
Das mußte ungewöhnlich sein;
Ich schöpfte Leid aus anderm Quell;
Und klang mein Herz in Freude hell,
War's Klang, den nie ein andres gibt.

Edgar Allan Poe

Hinweis der Autorin:

Alles in diesem Buch Wiedergegebene ist wahr, und viele Informationen lassen sich öffentlich einsehen. Gleichzeitig habe ich bestimmte Namen, Personenbeschreibungen und Ortsangaben verändert, um die Anonymität einiger Betroffener zu wahren. Im Fall von Leanne und Cindy war das aus juristischen Gründen notwendig, weil sie vor Gericht ausgesagt haben. Bei anderen geht es mir um die Wahrung ihrer Privatsphäre – also um etwas, was man mir nie gewährt hat.

Prolog

Clapham, London
1983

Ein Weinen erklang aus dem Babybettchen, aber keine der umstehenden Frauen tat etwas, um das Kind zu trösten. Ihre ganze Aufmerksamkeit galt dem einzigen Mann im Raum.

Voller Ehrerbietung starrten sie ihn an, und dabei leuchteten ihre Augen nicht vor Glück, sondern vor Ehrfurcht. Ihre Körper waren angespannt, bereit, ihm noch besser zu dienen. Kein einziges Wort kam über ihre Lippen. Stattdessen warteten sie darauf, dass er die Stimme erheben würde.

Das Kind weinte weiter: eine Respektlosigkeit. Verärgert schüttelte der Mann das Bettchen. Stille trat ein. Er öffnete den Mund, um sie zu füllen.

»Dieses Kind«, verkündete er in gebieterischem Ton, während er in das Bettchen und zugleich weit in die Zukunft blickte, »wird einmal mein größter Feind sein.«

Erster Teil: Glaube

1. Kapitel: Frühe Jahre

Ich verehre den geliebten Genossen Bala

Sorgfältig vollendete ich die Form des letzten »a«, wobei ich den Bleistift mit meiner dreijährigen Hand fest umschloss. Gerade hatte ich den ersten Satz meines Lebens geschrieben.

Insgeheim war ich zufrieden mit mir. Trotzdem erwartete ich kein Lob von der Genossin, die mir Unterricht erteilte: Was ich geleistet hatte, verdankte ich nicht mir, sondern dem Genossen Bala, und jede andere Sichtweise wäre Selbstliebe gewesen. Bala war der Stern unseres Lebens, der Einzige auf der ganzen Welt, dem Lobpreisungen zukamen. Und genau aus diesem Grund brachten mir die Genossinnen das Schreiben bei: damit ich ihn durch das geschriebene Wort preisen konnte. Meinen eigenen Namen – Prem Maopinduzi – zu Papier zu bringen wäre genauso wenig denkbar gewesen wie die Wiedergabe eines Schimpfworts.

Das Schreiben stellte in unserem Haus einen festen Bestandteil des Lebens dar – ständig verfasste man Berichte und Pläne, und die Genossinnen mussten oft Dinge notieren, anstatt sie laut auszusprechen, weil uns möglicherweise faschistische Agenten belauschten. Deswegen war ich begeistert, es endlich zu lernen. Auch hatte ich Worte schon immer geliebt: Es fühlte sich so an, als wäre ich mit der Fähigkeit zu lesen zur Welt gekommen. Trotzdem bemängelte Genossin Josie nur zu bald meine Handschrift. Die Wörter neigten sich nach hinten, was bedeutete, dass auch ich zurückgeblieben war. Meine Handschrift musste genau der von Bala entsprechen: Alles andere war ein Zeichen der Auflehnung.

Mit vollem Namen hieß der geliebte Genosse Bala Aravindan Balakrishnan; wir nannten ihn auch »AB«. Er lebte mit mir und sechs erwachsenen Genossinnen – Josie, Sian, Aisha, Leanne, Cindy und Oh – als Leiter unseres Kommunistischen Kollektivs (KK) im Süden Londons. Zu jener Zeit hieß es noch »Arbeiterinstitut für das Gedankengut des Marxismus und Leninismus Mao Zedongs«. ABs Frau, Genossin Chanda, und ihre behinderte Schwester Shobha lebten ebenfalls hier, doch als kleines Kind sah ich sie nur sehr selten. Auch Cindy und Leanne waren nur Randfiguren in meinem Leben, weil sie zum Arbeiten in die »Draußen-Welt« gingen und damit »große Geldbeträge« für ABs KK verdienten. Der Rest von uns verbrachte seine Zeit mit Arbeiten für AB: Unsere Leben waren dem Dienst an ihm gewidmet.

Seinen besonderen Status konnte man daran erkennen, dass alle anderen sich ihm gegenüber unterwürfig verhielten. Wir standen auf, wenn er einen Raum betrat, grüßten ihn jedes Mal, wenn wir ihm auf dem Flur begegneten, ließen ihn beim Essen immer zuerst zugreifen. Wir durften sein Zimmer nicht betreten, ohne anzuklopfen und seine Antwort abzuwarten, und wenn er anwesend war, hatten wir ihm das Gesicht zuzuwenden. Dabei mussten wir ständigen Augenkontakt mit ihm halten, um ihm unseren Respekt zu erweisen. Genosse Bala war ein *sehr* wichtiger Mann. Mit seinen 1,60 Metern, den schwarzen Locken, der braunen Haut und den dunklen Augen hinter den dicken quadratischen Brillengläsern mochte er ziemlich gewöhnlich aussehen – das war jedoch eine Illusion.

Genosse Bala würde in der Zukunft die Welt beherrschen.

Zurzeit befand er sich in einer Art Exil, nur von uns Genossinnen als Gefolgsleuten umgeben, doch über die im Entstehen begriffene Neue Welt würde er herrschen. Eines Tages, wenn seine geheime Führung für alle Offenbar würde, würde er sich sämtliche

Regierungen unterwerfen und die Rolle übernehmen, die ihm von Rechts wegen zustand.

Jeden Tag sagte man mir, wie glücklich ich mich schätzen durfte, das erste Kind in ABs Neuer Welt zu sein. Die Genossinnen verkündeten dann, mit welcher Eifersucht es sie erfülle, dass ich keinen der Nachteile der Alten Welt erleiden musste – zum Beispiel Angehörige und Freunde. Anders als die Genossinnen hatte ich keine Eltern. Man sagte mir, ich sei am 7. Januar 1983 »auf die Hand des Genossen Bala gesprungen«. Obwohl alle Mitglieder des Kollektivs an meiner »kontrollierten Entwicklung« teilhatten, war es AB, dem ich versprochen war, AB, für den ich in meinem Inneren einen Tempel errichten musste – ich selbst *war* AB. Meine Erziehung trug die Bezeichnung »Projekt Prem« und sollte später einmal als Blaupause für alle anderen Kinder dienen.

Doch trotz dieser Vorteile meines Pionierlebens – oder besser gesagt gerade *wegen* ihnen – befand ich mich in großer Gefahr. Die derzeitigen Regierungen, so erklärte man mir, würden vor nichts zurückschrecken, um zu verhindern, dass AB sie stürzte. Der böse Britisch-Faschistische Staat (BFS) war davon besessen, ihn aufzuspüren und zu verhindern, dass seine Herrschaft Offenbar wurde, und wenn man mich entführen und töten könnte, würde das ABs Neue Welt an ihrer empfindlichsten Stelle verwunden. So herrschte in unserem beschaulichen Südlondoner Reihenhaus ein permanenter Kriegszustand.

Zu meinem eigenen Schutz durfte ich niemals allein sein, und auch aus dem Fenster zu sehen war mir nicht gestattet. Die Genossinnen begleiteten mich überallhin; abwechselnd lagen sie neben mir im Bett oder bewachten mich, wenn ich zur Toilette ging. Ohne eine Aufpasserin konnte ich das Haus nicht verlassen, nicht einmal – oder gerade dann nicht – wenn ich in den rückwärtigen Garten wollte, denn die unmittelbaren Nachbarn waren eben jene Agenten, die wir am meisten fürchteten. Wie viele Gelegenheiten sich ihnen boten, mich zu packen und zu entführen!

»Unter keinen Umständen darf jemals jemand das Haus betreten und hinter die Linien des Kollektivs gelangen.« Vielleicht war das die heiligste von ABs zahlreichen Anweisungen – und wir nahmen sie ernst. Die Haustür wurde selten geöffnet; stattdessen befahlen die Genossinnen den Leuten mit lauter Stimme, sie sollten wieder gehen. Ich wusste von klein auf, dass es mich zu verstecken galt. Die Genossinnen erklärten mir, ich sei etwas ganz Besonderes und hätte riesiges Glück … Aber ich fühlte mich nicht wie jemand, der Glück hatte.

Ich hatte Angst.

Das Bewusstsein, dass jeder Draußen ein Feind war und ich nur den wenigen Genossinnen trauen konnte, flößte mir große Furcht ein. Ich litt unter Albträumen von den faschistischen Agenten, die uns umgaben: gesichtslose Schemen in schwarzen Anzügen und mit Kapuzenmasken. Wenn sie in meinen Träumen diese Masken abnahmen, sahen sie aus wie unsere unmittelbaren Nachbarn.

Meistens war ich Drinnen eingesperrt, und obwohl mir die Gefahr bewusst war, zog es mich zum natürlichen Tageslicht, das durch die Netzvorhänge am Fenster strömte. Aber dumm war ich nicht: Wenn ich es wagte, mich einem Fenster zu nähern, behielt ich die gerade anwesende Genossin genau im Auge, damit sie meine Regelübertretung nicht bemerkte, und achtete außerdem immer sehr genau darauf, dass mich Draußen niemand sah. Es bestand immer nur Gelegenheit für kurze verstohlene Blicke. Aber ich genoss es, die vielen Passanten zu sehen, die auf dem Weg zu Orten waren, die ich mir nicht einmal vorstellen konnte, in Kleidung, die mir im Vergleich zu dem, was wir trugen, so bunt erschien. Da gab es indische Männer und Frauen wie AB und Chanda, Schwarze und hässliche schmutzige Weiße. Trotz der schrecklichen Geschichten, die man mir erzählte, fand ich, dass sie *alle* nett und freundlich wirkten. Wie hätte ich mich vom Anblick der lachenden und sich unterhaltenden Menschen, die dort vorbeigingen, nicht angesprochen fühlen sollen?

Lachen war im KK streng verboten. Das enttäuschte mich, denn ich hatte einen angeborenen Sinn für Humor und mochte Streiche ganz besonders, aber ich durfte nichts Albernes sagen, mir nichts Lustiges ausdenken oder kichern. Wenn man sprach, erntete man Tadel: AB erklärte, wenn etwas wichtig sei, solle man es aufschreiben und ansonsten »dMh« (den Mund halten). Immer wieder deutete er auf sein Ohr oder formte mit beiden Händen ein Fernglas, um mich daran zu erinnern, dass die faschistischen Agenten uns nie aus den Augen ließen. Selbst die Mahlzeiten nahmen wir schweigend ein.

Im Gegensatz dazu schien es mir Draußen irgendwie freier. Die Leute warfen den Kopf zurück und brachen in lautes Gelächter aus, oder sie lächelten einander ohne Scheu an. Wie ich so sicher verborgen hinter dem Netzvorhang stand, durchströmte mich eine ganz merkwürdige Empfindung. Es machte mich traurig, kein Teil der Draußen-Welt zu sein.

Als Dreijährige beobachtete ich einmal eine weiße Familie, die Draußen vorbeischlenderte. Die Leute wirkten so glücklich, und ihre Freude berührte mein Herz. Spontan sprach ich meine Gedanken laut aus: »Ich mag hässliche schmutzige Weiße.«

»*Was* hast du da gerade gesagt?« ABs Stimme war laut und aggressiv, und ich spürte, wie sich mir der Magen zusammenkrampfte, wie immer, wenn AB in Gebrüll ausbrach.

Wie der Blitz schoss er durchs Zimmer und war neben mir. Es überraschte mich immer wieder, wie schnell er sich bewegen konnte. Ich riskierte einen Blick nach oben und sah, dass sich sein Gesicht verdunkelt hatte, wie durch eine Gewitterwolke.

Obwohl die Gefahr sich ja Draußen befand – zumindest hatte man mir das gesagt –, erfüllte mich plötzlich Angst … vor ihm. Denn seine Augen waren blutunterlaufen und brannten wie schwarze Kohlen, in seinem Blick loderte Zorn. Bevor ich etwas sagen oder mich bewegen konnte, landete seine Hand auf mir, prügelte mit unglaublicher Kraft Gehorsam in mich hinein.

Ich schrie laut vor Schmerz – aber nicht vor Überraschung.

Meine Worte stellten eine offensichtliche Verletzung von ABs Richtlinien dar, und das war das Schlimmste, was man sich zu Schulden kommen lassen konnte.

Wenn ich irgendetwas mochte, was ihm nicht gefiel, oder umgekehrt, wandte ich mich damit gegen ihn – egal, ob es sich um eine Person oder ein Stück Obst handelte. Einmal wurde mir von einem Stück Kakipflaume schlecht, und ich musste würgen, mich dann übergeben. Genossin Sian war über meine Respektlosigkeit gegenüber ABs Lieblingsfrucht so entsetzt, dass sie mich zwang, das Erbrochene aufzuessen, und dabei wiederholte sie ständig, wie undankbar ich doch sei. ABs Ansichten waren stets die richtigen, und man dufte *niemals* das Gegenteil behaupten. »Zwei plus zwei ergibt vier«, verkündete er voller Zufriedenheit, und das bedeutete, dass sich seine Überzeugungen so wenig bestreiten ließen wie mathematische Gesetze.

Er schlug mich nicht aus Grausamkeit: So erwies er mir seine Güte. Es geschah zu meinem eigenen Besten. Das sagten mir die Genossinnen: Indem er mich schlug, rettete mich AB; diese praktische Arznei wurde mir verabreicht, damit ich gesund wurde. Als kleines Mädchen hielt ich das für notwendig. »Liebe zeigt sich im Handeln«, erklärte AB. Die Schläge waren ein Zeichen dafür, wie viel ich ihm bedeutete, meine Flecken in allen Farben Male der Liebe. Wenn er mich schlug, bezeichnete er das als »Guten Kampf«, denn er ging gegen die negativen Kräfte in meinem Inneren vor, um mich auf den Weg in die Neue Welt zu bringen.

Meine frühsten Erinnerungen wurden von Gewalt beherrscht – und diese Gewalt richtete sich nicht nur gegen mich. Denn die anderen Genossinnen hatten ABs Richtlinien ebenfalls zu folgen, und nur zu oft mussten auch sie ihre Lektion lernen. Ich erinnere mich daran, wie Sian unter der Wucht seiner Schläge auf dem Sofa landete, daran, wie er Cindy so grob an sich riss, dass alle Knöpfe von ihrer lilafarbenen Bluse absprangen, daran, wie er Ohs Gesicht unter seinem großen schwarzen Stiefel zerquetschte, an dicke Blutfäden, die im Laufe der Jahre aus unzähligen Nasen und Ohren tropften. Am schlimmsten war es für mich, wenn ich mit ansehen musste, wie Genossin Aisha geschlagen wurde, denn sie war eine winzige Frau, nur etwas über 1,40 Meter, und sie wirkte so wehrlos. Ich erinnere mich daran, wie ich zusammenzuckte, nicht hinsehen konnte, wenn Bala sie schlug.

Ich griff nie ein – was hätte ich auch tun können? Stattdessen versteckte ich mich, versuchte mich dem Kollektiv gegenüber so unsichtbar wie möglich zu machen. Einmal ging eines der Sektenmitglieder dazwischen, als AB Sian schlug, doch er schleuderte die Frau nur von sich und schlug Sian zehnmal so heftig, weil sich jemand eingemischt hatte. Nach diesem Vorfall trat niemand mehr durch Taten oder Worte für eine der anderen ein. Stattdessen standen alle im Kreis und sahen zu.

Ehrlich gesagt war die Wahrscheinlichkeit, dass eine Genossin einer anderen zu Hilfe eilte, ohnehin verschwindend gering, denn die meisten Schläge erfolgten, weil jemand jemanden angeschwärzt hatte. Jede beobachtete die anderen mit Adleraugen, lauerte auf die kleinste Regelverletzung, und wenn so etwas vorfiel, hielt jede Genossin voller Eifer das schlechte Benehmen der anderen fest oder ging damit heimlich zu AB; manchmal war eine der Frauen so unklug, mit einer anderen ein Geheimnis zu teilen, und diese gab dann ihr Wissen direkt an Bala weiter. Ich spürte eine schreckliche Eifersucht zwischen den Frauen, eine Begierde zu beweisen, dass sie selbst ABs treueste Anhängerin waren, weswegen jede von ihnen ständig versuchte, die anderen herabzusetzen, um sich über sie zu erheben und auf der Liste seiner Günstlinge aufzusteigen.

In meinen unwissenden Augen schien ihr Verhalten hässlich, doch AB fand es anscheinend nobel. In Wahrheit hasste jede alle anderen, und jede fürchtete alle anderen, und wenn zwei von ihnen sich gut verstanden, ging es dabei nur darum, einer Dritten zu schaden. Wenn allerdings zwei Genossinnen auch nur den Verdacht erregten, ein klein wenig freundlich miteinander umzugehen, verkündete AB, sie bildeten eine »antiparteiliche Clique«, und ließ sofort eine Strafe folgen, weil man sich nicht ausschließlich auf ihn konzentrierte. Wir lebten in einem Haus voller Hass.

Wenn AB uns schlug, war er wie im Rausch, böse und gewalttätig. »Einundzwanzig Schläge«, sagte er dann voller Verachtung. »Siebzehn kommen noch.« Doch trotz seiner sadistischen Freude herrschte im Kollektiv die Überzeugung, dass wir es gewesen waren, die diesen sanften, guten Mann durch unsere unaussprechlichen Taten in die Wut getrieben hatten. Es schien die Genossinnen mit Dankbarkeit zu erfüllen, wenn sie geschlagen wurden: Aisha zum Beispiel murmelte immer wieder »Ja, ja, ja!«. Ich erinnere mich nur daran, dass Oh sich manchmal wehrte; ganz unerwartet begehrte sie gegen die Strafe auf. Ein absolutes Tabu, denn AB war Richter und Henker in einem, und wir hatten keine Gnade zu erwarten. Insgeheim bewunderte ich sie für ihren unabhängigen Geist – doch am Ende musste sie sich immer unterwerfen.

Jede Regelverletzung konnte eine Strafe einbringen: wenn man Krach machte, morgens noch verschlafen war, zu einer anderen Genossin sagte, ihr Haar sehe schön aus, … Eine der größten Herausforderungen des Kollektivlebens bestand darin, dass sich die Regeln jede Sekunde ändern konnten, sodass etwas, das gestern noch erlaubt gewesen war, am nächsten Tag als unverzeihliches Verbrechen verdammt wurde. Das erfüllte mich mit schrecklicher Sorge: Es gab keinen einzigen Augenblick der Zufriedenheit oder der Ruhe.

Doch trotz meiner Anstrengungen wurde ich ständig geschlagen; manchmal benutzte er die Hände, manchmal ein Lineal oder den großen Holzbesen, mit dem sonst der Innenhof gefegt wurde. Hin und wieder zwang er mich sogar, mich selbst zu schlagen, dann packte er meine kleinen Hände und drückte sie mir brutal ins Gesicht. Die am schlimmsten entwürdigende Strafe bestand jedoch darin, dass AB seinen Pantoffel auszog und mich damit schlug; auf diese Weise brachte er seine Verachtung für mich zum Ausdruck.

»Du bist den Schmutz unter meinen Schuhsohlen nicht wert!«, zischte er dann. Ein anderer seiner Lieblingssätze lautete: »Du dürftest nicht einmal die Scheiße essen, die ich als Kind ausgeschieden habe!«

Diese Züchtigungen waren unendlich schmerzhaft. Wieder und wieder traf er dieselbe Stelle. Oft setzte er dabei solche Kraft ein, dass sich auf seinen eigenen Händen blaue Flecken bildeten. »Sieh nur, was du mir angetan hast!«, schrie er dann. Außerdem betonte er, wie sehr er darunter litt, jemandem Schmerzen zuzufügen, den er liebte.

Nach einer solchen Züchtigung nahm er mich manchmal in den Arm und fragte in sanftem Ton, wie ein hingebungsvoller Lehrer: »Wer trägt die Schuld an der Spaltung zwischen uns?«

Ich antwortete darauf brav: »Ich war es. Ich habe diese Spaltung verursacht.«

Die Schuld lag immer bei mir; wäre ich ein braves Mädchen gewesen, wäre es niemals dazu gekommen. Dieses Wissen setzte mir furchtbar zu. Ich hasste mich selbst deswegen. Weil niemand jemals die Stimme erhob, um mich zu verteidigen – *alle*, die ich kannte, stimmten immer nur mit AB darin überein, dass ich ein schlechter Mensch war –, stellte meine Schlechtigkeit eine unumkehrbare Tatsache dar, sie machte ebenso sehr einen Teil meiner selbst aus wie mein Schatten.

Nachdem ich für meine Bemerkung, ich hätte hässliche schmutzige Weiße gern, geschlagen worden war, stand ich vorsichtig vom Boden auf. Ich konnte mich glücklich schätzen, dass mir das Ganze nur eine Züchtigung eingebracht hatte. Denn wenn er wollte, konnte AB uns umbringen, indem er einen einzigen Druckpunkt manipulierte oder seinen tödlichen Blick einsetzte. Noch mehr fürchtete ich mich jedoch vor der »Spontanen Menschlichen Selbstentzündung« (SMS). AB und Genossin Josie sprachen sehr häufig darüber: Einigen Leuten war das widerfahren, und außer ein paar Knöpfen von ihrer Kleidung war nichts mehr von ihnen übrig. »Falsche Gedanken können dich verbrennen!«, verkündete AB – und ich wusste, dass er nicht übertrieb, denn kein revolutionärer Gedanke war ungefährlich. Ich lernte, dass AB die Gedanken anderer kontrollieren konnte, und das bedeutete, dass er (und seine weltweit verstreuten unsichtbaren Apparate) Gedanken lasen und dass ein einziger seiner eigenen ausreichte, damit schlimme Dinge geschahen.

ABs Lektionen wurden mir täglich eingebläut, und mit der Zeit entwickelten sie ihre Wirkung. Eines Nachmittags Mitte der Achtzigerjahre durfte ich ausnahmsweise mit Genossin Sian in den verwilderten Garten. AB ließ ihn absichtlich verkommen, damit die faschistischen Agenten uns nicht so leicht beobachten oder bei uns eindringen konnten. An diesem Tag schaute ich zufällig durch das lange Gras nach oben und bemerkte zu meinem Schrecken, dass mir die hässliche schmutzige weiße Frau von nebenan von ihrem Fenster aus frech zuwinkte. Sie verließ auch nur selten das Haus, weil sie eine Behinderung hatte.

Genossin Sian war die Geste der Frau nicht entgangen. »Der verdammte faschistische Staat will dich uns wegnehmen!«, stieß sie angewidert hervor. »Nicht zurückwinken!«

Also bewegte ich meine Hände nicht mehr. Ich wandte mich von der Frau im Rollstuhl ab. Wie die gute Soldatin, zu der man mich erzog, gehorchte ich bedingungslos meinem Anführer.

2. Kapitel:
»AB ist Gott, Gott ist AB«

»Genossin Prem, *nicht*!« Genossin Sian packte mit festem Griff meine beiden Hände, die ich ihr in der Hoffnung entgegengestreckt hatte, mit ihr kuscheln zu dürfen. Dann stieß sie mich von sich. Sie war eine weiße Frau Mitte dreißig mit langem, hellbraunem Haar; ich fand sie sehr hübsch, aber ihr Charakter erwies sich als nicht annähernd so schön wie ihr Gesicht. Kalt und streng war sie, und sie meldete AB auch die kleinsten Regelübertretungen.

Den Mittagsschlaf fand ich allgemein sehr schwierig. Weil ich den ganzen Tag im Haus eingesperrt war und keine Gelegenheit zum Bewegen hatte, rauschte die ungenutzte Energie durch meinen Körper, und ein Nickerchen war das Letzte, was ich wollte oder brauchte. Ich hätte diese Stunden gut ertragen können, wenn ich mit den abwechselnd neben mir schlafenden Genossinnen hätte kuscheln dürfen, aber es war uns streng verboten, uns zu umarmen oder auch nur zu berühren: Stocksteif mussten wir stattdessen nebeneinanderliegen. Ich durfte nicht die Hand ausstrecken, um ihnen übers Haar zu streicheln, und an sie schmiegen durfte ich mich auch nicht. Hätte ich das getan, hätte ich damit AB verraten. Wenn ich einer Genossin näherkam, bedeutete das, dass ich mich nicht auf ihn konzentrierte. Das wurde mir auch vorgehalten, wenn ich einer von ihnen sagte, ich hätte sie gern. Stattdessen wurde mir befohlen, mich dieser Frau gegenüber feindselig zu verhalten. Die Genossinnen dagegen sollten mich schelten, wenn ich ihnen gegenüber meine Zuneigung zum Ausdruck brachte.

Das schloss Dinge ein, die ich im Schlaf tat. Genossin Josie machte sich einmal nachts schreckliche Sorgen, weil ich im Tiefschlaf die Arme um sie geschlungen hatte. Dieser Vorfall war so schambesetzt, dass man niemals laut davon sprach: Josies schriftlicher Bericht wurde mir zusammen mit ABs ebenfalls niedergeschriebener Anweisung übergeben: »Übe dich in Selbstkritik! Das ist eine ernste Sache!« Außerdem stand da, ich müsse den schwächeren Teil meines Ichs eliminieren, wenn ich am Leben bleiben wolle. Noch Monate später nässte ich vor Angst ins Bett. Wenn ich schon für Dinge bestraft wurde, die ich im Schlaf tat, welche Hoffnung gab es dann überhaupt für mich?

Es wäre auch den Genossinnen vorgeworfen worden, wenn sie jemals auf meine ungeschickten Annäherungsversuche eingegangen wären. AB gab bekannt, dass jede Genossin, die sich mit mir gegen ihn verschwor, aus dem Haus geworfen würde.

Nur AB durfte mich berühren. Jeden Morgen und jeden Abend stand ich demütig vor ihm. Zur festgelegten Zeit umarmte er mich, fuhr dabei mit seinen Fingern langsam meinen Rücken hoch und runter. Manchmal wollte er mich sogar »ausgiebig beschnuppern«, dann spitzte er die Lippen und drückte sie mir auf die Wange. Mir war es unheimlich, wenn er mich berührte, als versehe er mich mit seinem Siegel: *Du gehörst mir.* Weil ich immer daran denken musste, wie oft er mich schon geschlagen hatte, fühlte sich diese Freundlichkeit vorgetäuscht an. Niemals empfand ich es so, dass mich gerade jemand umarmte, dem an mir gelegen war; viel eher wirkte das Ganze wie ein Tausch: wie die Bezahlung dafür, dass ich ihm gehorchte und diejenige war, die ich für ihn zu sein hatte. Die Liebe des Genossen Bala war stets an Bedingungen geknüpft.

Da ich geradezu nach Zuneigung lechzte, war ich als Kind trotz allem dankbar für Balas unheimliche Berührungen. Ich sehnte mich so sehr nach Zärtlichkeit, dass ich nachts meine Decken ganz dicht an mich zog und das Gesicht in ihnen verbarg. Manchmal überflutete mich die völlige Einsamkeit meines Lebens, und ein Schluchzen stieg in meiner Kehle auf. Schnell stopfte ich mir dann die Steppdecke in den Mund und erstickte so mein Schluchzen, damit die Frau, die gerade neben mir lag, es nicht hörte. Mir war nicht erlaubt, vor anderen zu weinen.

Rasch lernte ich, dass unbelebte Objekte viel eher mein Vertrauen verdienten als Menschen. Wenn mich eine Genossin verriet, nahm mich das jedes Mal so sehr mit, dass ich schließlich lernte, niemandem zu vertrauen. Viel hatte ich nicht, aber ich besaß ein wenig Lego-Spielzeug und entwickelte eine Beziehung zu einer kleinen Figur in einem weißen Anzug, die ich Maria Franklin nannte. Doch eines Tages war Maria verschwunden. So sehr ich auch nach der Lego-Figur suchte, ich konnte sie nirgendwo finden.

Dasselbe geschah mit anderen Dingen, die mir etwas bedeuteten. Als ich drei Jahre alt war, hatte ich eine gelbe Schmusedecke. Aber weil ich sie mochte, nahm man sie mir weg. Bala verstaute sie im obersten Schrankfach in seinem Zimmer, außerhalb meiner Reichweite. Manchmal zeigte er mir die Schmusedecke, und dann wurde ich immer sehr traurig, weil ich sie im Arm halten wollte, das aber nicht durfte.

Meine Isolation zeigte sich vielleicht am deutlichsten, wenn ich krank war. Krankwerden galt als Zeichen dafür, dass man sich nicht an ABs Richtlinien hielt. Im Kollektiv herrschte die Überzeugung, dass es einem schlecht ging, weil man schlecht *war*. Krankheit wurde als Ausdruck der inneren Verdorbenheit verstanden. Deswegen tadelte man mich, wenn ich mich übergeben musste oder Bauchschmerzen hatte: Wenn ich mich richtig auf AB konzentriert hätte, wäre mir so etwas nie widerfahren. (Dabei lag es manchmal daran, dass ich mich auf AB konzentriert hatte, nämlich auf eine mir bevorstehende Tracht Prügel, wegen derer ich Bauchkrämpfe bekam und mir vor Angst in die Hose machte.)

»Mach dich *mental* gesund, nicht krank«, gebot AB mit Vorliebe.

Dafür brauchte ich mich nur auf ihn zu konzentrieren, dann würde es mir besser gehen: Mit ABs Unterstützung ließ sich jede Krankheit kurieren. Diese Regeln galten für alle im Kollektiv; man hätte mir auch niemals erlaubt, einen Arzt aufzusuchen, weil ich vor der Draußen-Welt verborgen bleiben musste. Lediglich Medikamente waren ab und an gestattet. AB selbst brauchte solche Mittel jedoch nie: »Ich gehe in keine Apotheke«, verkündete er stolz. In den weitaus meisten Fällen erklärte er jedoch, die Krankheit müsse durch Prügel aus der betroffenen Person vertrieben werden.

Das geschah im September des Jahres 1987, als ich vier Jahre alt war. Ich war eine Woche krank gewesen und hatte mich jeden Morgen übergeben. Bala tobte wegen dieses fortdauernden Ungehorsams und hatte mich mit »praktischen Liebesbeweisen« geradezu überschüttet, aber das hatte keinen Unterschied gemacht. Ich bekam mit, dass er und Genossin Sian im Flüsterton über mich sprachen. Mein Bauch reagierte darauf wieder mit ängstlichen Schmerzen, denn wenn man gegen Balas Richtlinien verstieß, drohte einem womöglich eine Tracht Prügel, und in meinem Kopf drehte sich alles um die Frage, was die beiden mir als Nächstes antun würden.

Manche Strafen waren leichter zu ertragen als andere. Essensentzug gehörte dazu. Irgendwann bekam ich zu den Mahlzeiten wieder etwas, denn verhungern ließen sie mich nicht. Die Strafe, die ich am meisten fürchtete, bestand darin, dass alle aus dem Zimmer gingen, die Tür hinter sich schlossen und mich allein ließen. Wieder und wieder hatte man mir von den lebensbedrohlichen Konsequenzen berichtet, die eintreten würden, wenn keine der Genossinnen auf mich aufpasste, deswegen erfüllte mich das Alleinsein mit lähmender Angst. AB sorgte dafür, dass ich die Gefahr niemals vergaß: »Verlasst das Zimmer«, befahl er den anderen. »Dann kann der Nachbar kommen und sie mitnehmen.«

An jenem Septembertag war mir übel vom Kranksein und vor Angst. Ich hörte, wie sich AB und Genossin Sian darüber berieten, wie sie mich am besten anpacken sollen. Plötzlich kam AB ins Zimmer und verkündete, er werde »sie« rufen, wenn es mir nicht sofort wieder besser ginge. Ich wusste nicht, wer »sie« waren; im Nachhinein denke ich, er meinte vielleicht einen Krankenwagen. Aber bei »sie« musste ich an faschistische Agenten denken, und das erfüllte mich mit Entsetzen. Etwas Schlimmeres hätte er gar nicht sagen können. Als ich sah, wie Genossin Sian den Telefonhörer in die Hand nahm, zwang ich mir rasch ein gekünsteltes Lächeln auf mein bleiches Gesicht, damit sie den Anruf bleiben ließ.

Es gelang mir, sie zu stoppen – aber gesund wurde ich davon immer noch nicht. Deswegen entschied AB schließlich, genug sei genug. Am Sonntag, dem 20. September, lag ich matt auf dem Boden, immer noch die Säure des Erbrochenen in Mund und Nase. Er zerrte mich durchs Haus und in den Flur, zur Haustür. Dort lag ich zu einem Ball zusammengerollt auf dem Boden. Noch nie hatte ich AB so wütend gesehen. Er hob einen Fuß und trat mir heftig gegen den Kopf; als Nächstes zielte er auf mein Gesicht, direkt auf die Nase. Schnell wandte ich das Gesicht ab, sodass mich sein Fuß an der Wange erwischte.

Das reichte jedoch als Bestrafung nicht aus. Mit einem letzten wilden Brüllen packte mich AB, riss die Haustür auf – und warf mich nach Draußen.

Obwohl es ein milder Herbsttag war, war der Schock so extrem, als wäre ich in Eiswasser gelandet. AB schlug mir die Tür vor der Nase zu, und ich spürte, wie eine übermächtige Panik in mir aufstieg, genau wie ein Ertrinkender merkt, dass sich seine Lungen mit salzigem Meerwasser füllen.

Ich war Draußen. Ich war allein. *Mir konnte alles Mögliche zustoßen.*

Obwohl es mir als Teil des Kollektivs verboten war, Lärm zu machen und zu weinen, schrie ich aus vollem Hals. Meine Tränen vermischten sich auf meinem Gesicht mit Rotz und Erbrochenem, während ich schluchzend um Erbarmen flehte. Ich kannte die Welt hier Draußen nicht; selbst im Garten hatte ich nur wenig Zeit verbracht. Es war, als hätte man mich auf einem feindlichen, mir unbekannten Planeten ausgesetzt. Und ohne eine Genossin, die auf mich aufpasste, könnte mich jeden Moment ein feindlicher Agent entführen, das wusste ich ganz genau. Ohne AB würde ich sterben müssen – das war nur eine Frage der Zeit.

Schwach und verzweifelt wimmernd hämmerte ich gegen die Tür. Schließlich zeigte AB seine übergroße Barmherzigkeit und ließ mich wieder ein. Eine unendliche Dankbarkeit erfüllte mich, weil ich wieder unter dem Schutz des Kollektivs stand, deswegen stimmte ich aus vollem Herzen ein, als die Genossinnen nun ABs Wahrheiten verkündeten, und der mir so vertraute Refrain erfüllte mich mit Erleichterung: »AB ist die Natur, die Natur ist AB.«

Denn AB konnte über die ganze Welt gebieten: über die Sonne, den Mond, die Erde, die Sterne. Wenn er wollte, überfiel ein starker Frost ein Land, wütete ein wildes Feuer tagelang. Er konnte Erdbeben hervorrufen, um seine Feinde zu strafen, er konnte Explosionen ertönen oder Einzelne dem Tod anheimfallen lassen. »Aravindan ist überall«, erklärte mir AB während meines Unterrichts. Dazu erstellte er Diagramme, in denen er im Zentrum aller Dinge stand. Die Genossinnen und ich verkündeten weiter im Chor: »Indien ist die Welt, und die Welt ist Indien.«

AB stammte aus dem indischen Kerala, wenn also die Zeit der Offenbarung gekommen war, würde Indien das Zentrum werden (insgeheim war es das schon). »ABs Weisheit ist die Wahrheit, und die Wahrheit ist ABs Weisheit«, so fuhren die Genossinnen und ich fort. Unsere Stimmen verschmolzen miteinander, bis wir mit einer einzigen Stimme sprachen. »ABs CRIS HELP ist der Schlüssel, und der Schlüssel ist ABs CRIS HELP.«

CRIS HELP stand für *Continued Revolution in Stages and Heavenly Eternal Life Programme*: Diesem Programm zur »Fortgesetzten Schrittweisen Revolution zum Ewigen Himmlischen Leben« unterzog uns AB, damit wir Teil der Neuen Welt werden konnten.

Das »ewige Leben« war wichtig; das gehörte zu den Dingen, die uns unser Anführer beibrachte.

AB war unsterblich. Er konnte ewiges Leben schenken. Wenn wir ihm wahrhaftig folgten, konnten auch wir ein längeres, sogar ein ewiges Leben haben, so verkündete er.

Es gab noch eine finale, fünfte Wahrheit – aber das war eine verborgene, und wir mussten »dMh« – den Mund halten –, was sie betraf. Wenn wir sie in unserer Litanei erreichten, verstummten wir jedes Mal. Unsere Lippen jedoch bewegten sich noch.

»AB ist Gott, Gott ist AB.«

3. Kapitel: Erziehung

Erstaunlicherweise gab AB sich bescheiden, wenn es um seine göttliche Identität ging. Einige seiner Anhänger wollten offen zu ihm beten, doch solche Ideen lehnte er strikt ab. »Ihr urteilt aus der Perspektive der Alten Welt über mich«, tadelte er dann die Genossinnen. »Die Praxis ist das Gebet.«

Das bedeutete, wir hatten seinen Anweisungen bis ins Kleinste zu folgen und durften nie eine Meinung äußern, die dem entgegenstand, was er gesagt hatte. Vielleicht hatte ich wegen ABs bescheidener Einstellung verwirrende, widersprüchliche Gefühle, was seine Heiligkeit betraf. Mir erschien er ganz einfach wie jeder andere, aber weil die anderen alle fanatisch an ihn glaubten und ihn mit überzeugter Verehrung behandelten, musste ich ihnen folgen. Ich *verstehe das nicht, weil ich nur ein Kind bin*, sagte ich zu mir selbst.

Genossin Sian war seine ergebenste Verehrerin, sie hatte sich ihm ganz und gar unterworfen. »Der geliebte Genosse Bala ist der *Stern* unseres Lebens! Ihm verdanken wir unser Leben«, war das Erste, was sie mir beibrachte, als meine offizielle Erziehung innerhalb des Kollektivs begann. Sie schrieb es in riesigen, kommunistenroten Lettern in mein Heft – das war die Farbe, mit der wir nur ganz Spezielles festhielten.

Für mich war sie so etwas wie der Schäferhund der Gruppe; sie schnappte immer nach den Knöcheln der anderen Frauen, damit sie nicht aus der Reihe tanzten. Ich vermutete, ihre Verehrung für

AB war der Grund dafür, dass man sie dazu ausersehen hatte, meine Ausbildung zu überwachen. Genossin Sian war diejenige, die sich am häufigsten um mich kümmerte. Mir wäre jede andere Genossin lieber gewesen. Vielleicht lag das daran, dass die anderen keine unmittelbare Verantwortung für mich übernehmen mussten – jedenfalls gelang es mir bei ihnen viel häufiger, sie zum Nachgeben zu erweichen: Wenn etwas Lustiges passierte, gestanden sie mir manchmal ein Kichern zu, über das nicht berichtet wurde, oder ich durfte einen Fehler machen, ohne dass das Konsequenzen hatte. Sian hingegen nahm ihre Pflicht so ernst, dass auch die kleinste Verfehlung sofort AB berichtet wurde, ohne dass ich noch eine Chance bekommen hätte, geschweige denn eine weitere. Es war, als hätte sie ihre gesamte Energie darauf konzentriert, dem Kind, das sie bewachen musste, niemals gefühlsmäßig nahezukommen.

Oft erhielt sie Unterstützung von Genossin Josie, die fast drei Jahre jünger war als sie. Auch Josie war weiß und trug ihr braunes Haar zu einem festen Knoten oder einem in sich gedrehten Zopf frisiert. Sie sah aus wie die Verkörperung einer strengen Dame; bis heute erinnere ich mich an den stechenden Blick ihrer blauen Augen. Sie starrte auf alles herab, was ich tat, als traue sie mir nicht und als müsse sie diesen Kontakt ihrer fast nie zwinkernden Augen zu mir aufrechterhalten, um sicherzustellen, dass ich AB auch gehorchte. Die Intensität ihres Blickes verunsicherte mich stark. Als ich älter wurde, übernahmen Josie und Sian die Aufgabe, meine Lese- und Schreibfähigkeiten zu fördern. Als ich vier oder fünf Jahre alt war, gab mir AB ein Tagebuch und wies mich an, jeden Tag Dinge darin festzuhalten. Ich vermute, dass es dazu dienen sollte, meine Kindheit für die Nachwelt festzuhalten; schließlich kam dem »Projekt Prem« eine große Bedeutung zu.

Auch das Tagebuch wurde dazu verwendet, mich zu kontrollieren. Während der ersten zwei Jahre schrieb Sian alles für mich auf, danach übernahm ich diese Aufgabe, wobei mich immer eine Genossin überwachte, damit ich nichts niederschrieb, was nicht in das Tagebuch gehörte. Dort hielt ich jedes noch so winzige Detail meines Lebens fest: was ich aß, wie oft ich zur Toilette ging, ob mein Stuhlgang weich oder fest war. Weil ich so selten aus dem Haus kam, stand da nicht immer, was ich den ganzen Tag so tat, denn ich saß die meiste Zeit zu Hause und lernte Dinge über den Genossen Bala. Doch als ergebene Anhängerin hielt ich alles fest, was AB tat: wohin er ging, wann er das Haus verließ, was er trug; auch die Jahrestage seiner großen Siege gegen den Britisch-Faschistischen Staat notierte ich. In seiner Großzügigkeit gab er mir ein paarmal eine Haarsträhne, die ich dann feierlich in mein Tagebuch klebte.

Sämtliche Unterrichtsstunden hatten AB zum Mittelpunkt. Ich erfuhr, dass er 1963 nach Großbritannien gekommen und dass das KK 1967 gegründet worden war, als er und Chanda sich verlobt hatten; die anderen Genossinnen waren dem Kollektiv während des folgenden Jahrzehnts nach und nach beigetreten. Im August 1971 war AB ein Sieg über den Britisch-Faschistischen Staat gelungen, als er in einem Londoner Taxi einem Mordversuch entging: Der Britisch-Faschistische Staat hatte einen tödlichen Strahl ausgesandt, mit dem AB über das Taxameter getötet werden sollte; er sollte ihn treffen, wenn er sich zum Bezahlen nach vorn beugte. Doch diese Pläne waren vereitelt worden, weil ABs Mitfahrer die Rechnung beglichen hatte, sodass der für ABs Kopf bestimmte Strahl stattdessen seine Brust traf. Man konnte immer noch das Mal sehen, einen roten Fleck von der Größe einer Münze, der eher wie eine große Pustel aussah. Mir erschien diese ganze Geschichte äußerst gruselig – als gäbe es Draußen nicht schon genug, vor dem man sich fürchten musste!

Außerdem erzählte man mir die Geschichte, wie Sian von einer misstrauischen Zweiflerin zu Balas ergebenster Anhängerin geworden war. Auch wenn das heutzutage unmöglich schien, hatte sie einmal ABs Behauptungen infrage gestellt und Beweise dafür gefordert. Am 1. Februar 1976, als das Kollektiv noch an einem anderen Ort gewohnt hatte, hatte Bala den heldenhaften Kampf mit den Nachbarn aus der oberen Etage ausgefochten: Das waren faschistische Agenten, laut und immer darauf aus, AB Schwierigkeiten zu bereiten, genau wie es der Britisch-Faschistische Staat von ihnen verlangte. Nach einer Nacht mit wilden Partys war Bala mit einem Fleischerbeil auf sie losgegangen. Eines seiner Angriffsziele hatte die Hand auf dem Geländer ruhen lassen; Bala schlug mit der Klinge zu und wollte ihm die Hand vom Gelenk trennen, doch der Agent zog sie gerade noch rechtzeitig weg. Die Wucht des Schlages war so groß, dass sich die Klinge in das Geländer bohrte.

Bala verbrachte fast zwei Monate im Gefängnis, weil ihn der Britisch-Faschistische Staat trotz seiner Unschuld dafür verurteilte, durch seine Kämpfe politisch gegen die BFS-Agenten aktiv geworden zu sein. Für Sian war das der Tag, an dem sie »erwachte« und das wahre Wesen des Britisch-Faschistischen Staates in Großbritannien erkannte. Zuvor hatte sie geglaubt, nur in Ländern der Dritten Welt könnte ein Unschuldiger wegen seiner politischen Aktivitäten verhaftet werden. Als ihr AB danach gebot: »Frage nicht nach Beweisen, glaube einfach; glaube an mich, konzentriere dich auf *mich*«, tat sie, was er ihr sagte.

Das war nicht das einzige Mal, dass der Britisch-Faschistische Staat Bala ungerechtfertigterweise ins Gefängnis steckte. Im Jahr 1974 wies man ihn für zwei Tage in die geschlossene Abteilung der Nervenklinik von St Albans ein; ich glaube, wegen seiner Kämpfe mit der Polizei. Oft gab er deswegen an und verkündete triumphierend: »Sie dachten, ich wäre verrückt!« Doch all das hatte zu ABs genialem Plan gehört: Er wollte die Erfahrung des Eingesperrtseins machen, damit er später, wenn er einmal über die Welt herrschte, alles über die Institutionen des faschistischen Staates wusste, sie von innen heraus kannte. Dann, 1978, kam er ins Gefängnis, weil er einen Polizisten angegriffen hatte. All diese Erfahrungen trug er wie Ehrenzeichen; sie waren Beweise dafür, dass ihn der Britisch-Faschistische Staat verfolgt hatte, und dafür, wie tapfer er jegliche Schikane aushielt.

Auch über die Weltgeschichte lernte ich viel. ABs Geburtstag war der 16. Juli, was bedeutete, dass er am 16. Oktober gezeugt worden war, und alle wichtigen Weltereignisse fanden deswegen an diesen beiden Tagen statt, denn AB war das Zentrum von allem. Sei es der Start von Apollo 11 am 16. Juli 1969, als Neil Armstrong zum Mond geflogen war, oder der Test der ersten Atombombe am 16. Juli 1945 in der einsamen Wüste von New Mexico – man brachte mir bei, dass alles mit AB in Zusammenhang stand. AB selbst war 1940 geboren worden, doch natürlich hatte sein Geist schon immer existiert.

Am wichtigsten war wohl das, was man mir über »Synchronisation« beibrachte: Bestimmte Ereignisse wurden direkt von Bala beeinflusst und hingen mit den Ereignissen innerhalb des Kollektivs zusammen. AB machte häufig von seiner Gewalt über die natürliche Welt Gebrauch; das konnte er über das geschriebene oder gesprochene Wort oder in Gedanken, und so übte er Vergeltung für jede Form von Auflehnung. Ich musste lange Listen schreiben, in denen sie alle verzeichnet waren. Dazu zählte unter anderem: »Die Raumfähre Challenger explodierte, als sich Genossinnen gegen AB wandten.« Dieses Beispiel hatte eine große Wirkung auf mich: Damals, 1986, war ich schon auf der Welt gewesen, drei Jahre alt. Alle sieben Besatzungsmitglieder waren bei der Katastrophe ums Leben gekommen. Der richtige Name des Raumschiffs war »Challenge-R«, erklärte AB – »R« stand dabei für »Ara«, wobei »Ara« die Kurzform von »Aravindan« ist – und wir Genossinnen hatten ihm widersprochen, ihm einen »Challenge« aufgezwungen, darum hatte der Rauch bei der Explosion auch eine bestimmte Gestalt angenommen. Voller Entsetzen hörte ich zu, wie er diese Verbindung herstellte: Damit lieferte er den Beweis.

Mir wurde ganz schlecht bei dem Gedanken, dass sieben Leute hatten sterben müssen, weil *wir* uns gegen AB gewandt hatten. Während ich so belehrt wurde, entstand ein unangenehm saurer Geschmack in meinem Mund, der immer intensiver wurde und den ich einfach nicht runterschlucken konnte. Es fühlte sich an, als würde mich etwas beflecken, ganz tief in mir drin. *Schuld.* Denn ich hatte diese Toten zu verantworten. Ihr Blut klebte an meinen Händen.

Ich holte ganz tief Luft. Ich wusste, es gab nur eine Möglichkeit, solche schrecklichen Ereignisse in Zukunft zu verhindern: *Ich muss mich bessern. Ich muss ein besserer Mensch werden.* Ich beschloss, AB mit noch größerer Ergebenheit zu folgen als vorher. Dieses Mal ging es jedoch nicht darum, meine eigene Haut vor seinen Prügeln zu retten, sondern darum, alle anderen vor seinem Zorn zu beschützen.

4. Kapitel: Das Kollektiv

Hätte ich eine Lieblingsgenossin wählen müssen, wäre es wahrscheinlich Aisha gewesen. Mit Anfang vierzig war sie die älteste der Frauen, obwohl sie vier Jahre von AB trennten. Sie stammte aus Malaysia und hatte kurzes glattes Haar, das wie ein Vorhang ihr Gesicht umgab. Außerdem trug sie eine Brille mit schwerem Rahmen. Was ganz außergewöhnlich war: Sie behandelte mich nicht wie eine kleine Erwachsene, sondern wie ein Kind, und das kostete ich aus. Die Genossinnen Sian und Josie hatten noch nie Umgang mit Kindern gehabt, bevor sie dem »Projekt Prem« zugeteilt worden waren; Aisha dagegen hatte viele Geschwister und deswegen mehr Erfahrung mit Kindern. Ich glaube, dass sie mir deshalb hin und wieder ein wenig kindliche Freude zugestand; sie schien zu wissen, dass ich mich danach sehnte. In meinen Augen war sie ein Glücksbringer oder ein Schutzengel.

Allerdings war es durch diese gemeinsamen schönen Momente auch immer umso schwieriger, wenn sie mich an AB verriet, wozu es ganz unausweichlich kommen musste. Ich hatte einmal in aller Unschuld zu ihr gesagt, dass ich das Wort »Israel« lieber hörte als das Wort »Palästina«. An meiner Äußerung gab es nichts Politisches – ich war ja erst fünf Jahre alt. Mir gefielen ganz einfach das scharfe »Is« und das weiche »rael«, mit dem das Wort über meine Zunge rollte.

Ich vermute, Aisha hatte diese Äußerung Sian gegenüber erwähnt, denn diese hatte allen Genossinnen die Anweisung erteilt, ihr bis ins Kleinste zu berichten, was ich tat, und natürlich wurde das Ganze so zu Bala weitergetragen. Er schlug mich, weil ich reaktionär war, dann zerrte er mich an den Beinen durchs Wohnzimmer, von einer Seite des Raumes auf die andere; bei jedem Zentimeter brannte der dunkelblaue Teppich mit den roten Blumen heiß unter mir. Diese schmerzhaften Brandwunden dienten mir als Erinnerung daran, dass ich niemandem vertrauen konnte.

Weil es aber im Kollektiv nur neun Leute gab, die meine persönliche kleine Welt bevölkerten, waren die Genossinnen die Einzigen, von denen ich etwas lernen konnte. Genossin Oh – eine kleine Frau chinesischer Abstammung aus Malaysia, war, in gewissem Sinne, mein Vorbild, allerdings nicht in der Art und Weise, wie es Genosse Bala gefallen hätte. Sie war eine sehr kompetente Person, die Entscheidungen häufig aus eigenem Antrieb traf (etwa, wenn es darum ging, ob man in einem Geschäft ein neues Produkt kaufen sollte). Sie fragte dann nicht zuerst Bala, was sehr gewagt schien. Während viele der Genossinnen ohne seine Anleitung hilflos wirkten, konnte Oh für sich selbst einstehen. Immer wieder kam es zu Zusammenstößen zwischen ihr und Josie: Ohs starker Charakter ließ sie ziemlich direkt im Umgang werden, und für gewöhnlich war es Oh, die Balas Strafe zu spüren bekam, weil sie und Josie nicht gut zusammenarbeiteten.

Genossin Cindy sah ich nur selten. Sie war der letzte Neuzugang im Kollektiv und erst weniger als zehn Jahre Mitglied der Bewegung. Manchmal übernahm sie eine Schicht und schlief neben mir, doch meistens arbeitete sie außer Haus und machte einen müden Eindruck, wenn sie zu uns zurückkehrte. Sie war still und wirkte unglücklich.

Und dann gab es noch Leanne. *Oh, Leanne …* Weil sie arbeitete, war sie nicht so oft zu Hause und konnte entsprechend selten Bericht über mich erstatten. Daher war ich ihr gegenüber freundlicher eingestellt als den anderen. Sie war ganz anders als Cindy, die so oft niedergeschlagen wirkte.

Leanne war immer freundlich, egal, wie erschöpft sie sich fühlte. Sie schnitt mir regelmäßig das Haar und verpasste mir eine strenge Jungenfrisur. Obwohl ich sie eigentlich nur an den Wochenenden sah, lächelte sie mir immer zu und machte ein bisschen Unsinn mit mir.

Am schönsten war es, wenn sie an Samstagen die Nachtschicht übernahm und neben mir schlief. Das lief ganz anders ab als bei Sian oder Josie. Manchmal flüsterte Leanne sogar mit mir, wenn wir Seite an Seite dalagen. Und sie erzählte auch Geschichten darüber, was bei ihr auf der Arbeit passiert war. Merkwürdigerweise kamen darin nie irgendwelche faschistischen Agenten vor, ganz anders als in jedem von ABs Berichten über Draußen. Sie sprach über ihre Kollegen oder einen Unfall, der im Zug passiert war. Ich liebte diese Samstagnächte. Sie kuschelte natürlich nicht mit mir, aber wenn ich ganz großes Glück hatte – und wenn Leanne gerade in einer besonders rebellischen Laune war –, berührte sie manchmal flüchtig mein Bein. Dann fühlte ich mich, als wäre ich im Himmel.

Ihr gelang es auch, andere Dinge wie Spaß erscheinen zu lassen. Irgendwann bekam ich ein rosafarbenes Fahrrad mit Stützrädern und einem Weidenkorb am Lenker – dazu sagte man mir natürlich, dass ich nur im Haus damit fahren durfte. Leanne räumte den Flur frei, steckte eine Taschenlampe vorne in den Korb und schaltete alle anderen Lichter aus. Das war so aufregend! Ich liebte es, mit aller Kraft in die Pedale zu treten und zu beobachten, wie der Lichtstrahl wild über die Wände flackerte; dann fühlte ich mich stark und spürte voller Aufregung, wie mich die Bewegung mit sich nahm … Ich musste fast die ganze Zeit still sitzen, deswegen fühlte sich das Fahren auf diesem Rad wie Fliegen an, auch wenn mir der wenige Platz nicht viele Manöver ermöglichte. Ich konnte nicht anders: Ich musste kichern, während ich so durch den Flur raste.

Sian und Josie bereiteten diesem Spiel schnell ein Ende. Ich war so dumm gewesen, Sian gegenüber Begeisterung zu äußern. Ein Sakrileg. Sofort wurden Leanne und ich angezeigt, weil wir eine Clique gebildet hatten, die sich gegen die Partei wendete. Danach erzählte mir Leanne nicht mehr ganz so oft Geschichten … Aber hin und wieder tat sie es immer noch.

Leanne hatte etwas an sich, das sie nicht so recht zum Rest der Gruppe passen lassen wollte. Vielleicht lag es daran, dass sie jeden Tag nach Draußen ging und so von der Alten Welt befleckt war – jedenfalls hätte AB genau das gesagt. In jedem Fall übte die Alte Welt einen mächtigen Einfluss aus. Denn am 23. April 1988, ich war damals fünf, machte Leanne plötzlich eine unerwartete Ankündigung, als wir eines Abends alle zusammen im Wohnzimmer saßen. (Wenn ich mich richtig erinnere, war Cindy gerade auf der Arbeit.)

»Ich gehe«, erklärte sie abrupt.

Sie meinte, was sie sagte: Sie wollte ABs Kollektiv verlassen. Der Schock traf mich bis ins tiefste Innere.

»Hinsetzen«, stieß AB verächtlich hervor. Als Leanne nicht sofort gehorchte, stieß er sie grob in einen Sessel. Doch sie stand wieder auf und lief im Zimmer auf und ab.

»Haltet sie fest!«, befahl er in scharfem Tonfall.

Und wie Marionetten stürzten sich einige der anderen Genossinnen auf Leanne. In ihren Bewegungen lag eine ganz bestimmte Sicherheit, die sich daraus ergab, dass sie in der Überzahl waren. Wie ein Wolfsrudel packten sie Leanne und sorgten dafür, dass sie auf dem Boden lag und sich nicht mehr bewegen konnte. Rasch setzte sich AB rittlings auf Leanne, die von den anderen festgehalten wurde. Sie wehrte sich, doch das war aussichtslos. So fest er nur konnte, schlug AB Leanne ins Gesicht, mit beiden Händen, immer, immer wieder.

Während ich die Szene verfolgte, mit starrem Blick und voller Entsetzen, verfärbte sich Leannes Gesicht, das normalerweise so leuchtete, ganz schwarz; weil Bala sie so unbarmherzig schlug, war die Haut um ihre Augen schon ganz dunkel. Mir wurde übel, aber das durfte ich mir nicht anmerken lassen. Ich durfte nicht aufschreien, konnte ihr nicht helfen. Nur zusehen konnte ich.

Etwas Grauenhafteres hatte ich noch nie miterlebt. Leanne wurde verprügelt, während AB ihre Bestrafung triumphierend genoss. Der Klang seiner Fäuste auf ihrem Gesicht, ihre Schmerzensschreie, das Keuchen der anderen Genossinnen … Ich ertrug es einfach nicht mehr. Ein warmer Urinstrahl rann mir am Bein hinab.

Vom Verstand her wusste ich, dass das Ganze zu Leannes eigenem Besten geschah. Aber warum schrie dann jedes einzelne Molekül in meinem Körper, dass hier ein Unrecht geschah? *Was stimmt denn bloß nicht mit mir?*, fragte ich mich voller Sorge. Ich müsste doch im Stande sein, AB mit reineren Gefühlen zu lieben als alle anderen; schließlich war ich in das Kollektiv hineingeboren worden. Trotzdem konnte ich mich von einem ganz frühen Alter an nur an Abneigung gegen AB erinnern. *Warum*, wunderte ich mich, *kann ich ihn nach all den Jahren immer noch nicht aus vollem Herzen lieben?* Ich würde einfach Geduld haben müssen. Vorerst kniff ich die Augen zu, weil ich den Anblick nicht mehr ertragen konnte. Ich würde es schon noch lernen.

5. Kapitel: Verrat

Nach diesem Vorfall sang ich die revolutionären Lieder zu Balas Lobpreisung sogar noch lauter. Dass diese Ergebenheit notwendig war, hätte ich sowieso nicht vergessen können, denn noch wochenlang waren auf Leannes Gesicht blaue Flecke zu erkennen. Bala hatte sie so schlimm geschlagen, dass sie mehrere Wochen lang nicht zur Arbeit gehen konnte. In meinem Tagebuch wurde ABs »heldenhafter Kampf« mit ihr getreulich festgehalten. Er sprach oft darüber und sagte dann stolz: »Wisst ihr noch, wie mir Leanne gegen die Faust gelaufen ist?«

Im Kollektiv sangen wir jeden Morgen: »AB hat die ganze Welt in seiner Hand«, »England muss sterben« und »Werde eins mit ABs Ewigwährendem Geist«. Wir sangen Lieder darüber, wie die Alte Welt zerstört und die Neue Welt aufgebaut wurde, darüber, wie »einzigartig energisch« AB war, und solche, die ABs Indien verherrlichten. Ich hatte damals keine Gelegenheit, irgendwelche andere Musik zu hören, deswegen machte mir dieses Singen sogar in gewisser Weise Spaß.

Außerdem tat ich mein Bestes, mich während unserer »Diskussionsrunden« zu konzentrieren. Die Bezeichnung war eigentlich irreführend: Genau genommen handelte es sich um tägliche stundenlange Monologe von AB. Wir alle standen im Kreis (als Kind durfte ich mich hinsetzen) und hatten unsere Blicke auf ihn fixiert, während er sprach. Die Frauen waren oft müde, weil alle Genossinnen einen sehr harten Tagesplan voller Pflichten absolvieren mussten, und hin und wieder nickte eine von ihnen ein, wenn sie so dastand und ewig ABs monotoner Stimme lauschte. Nach ein paar Sekunden schreckte sie dann wieder hoch, desorientiert, in der verzweifelten Hoffnung, er hätte nichts bemerkt – manchmal war es jedoch die schmerzhafte Berührung von ABs flacher Hand, die sie wieder zu sich gebracht hatte.

Diese Predigten besaßen keinerlei Struktur. AB behandelte sich selbst, Ereignisse des täglichen Lebens, seine Pläne für die Neue Welt. Am deutlichsten erinnere ich mich jedoch an seine Angriffe gegen die Kollektivmitglieder. Dann würdigte er die jeweilige Person immer wieder herab, denn er vertrat die Überzeugung, dass sie jedes Gespür für ihr eigenes Selbst ausrotten und ihre Persönlichkeiten vernichten mussten. Außerdem machte er sich über ihr vergangenes Leben lustig, zog in den Schmutz, was ihnen einmal Freude bereitet hatte, und tadelte sie für genau die Dinge, die ihnen zuvor ihre Individualität verliehen hatten.

AB lehrte uns, dass die Frauen jede Verbindung außerhalb des Kollektivs durchtrennen mussten: Nur so konnten sie ihre bedingungslose Treue beweisen. Das betraf auch die Familien. Anders als ich, die ich keine Eltern hatte und direkt in ABs Hand geboren worden war, hatte jede Genossin einmal eine Mummy und einen Daddy gehabt. Dieses Konzept war mir völlig fremd, aber wenn ich so zuhörte, was AB beschrieb, wurde mir klar, dass ich nichts verpasste. So blieb mir die tägliche Pflicht erspart, die Familie zu verleugnen, aus der ich gekommen war, denn das mussten die anderen Genossinnen tun – sie schrieben bösartige Abhandlungen zu diesem Thema und wandten sich öffentlich von denen ab, die sie einmal geliebt hatten. Wie immer galt Sian als vorbildliche Schülerin. Häufig wurde eine Lieblingsanekdote zitiert: Sians Mutter, Ceri, hatte in den frühen Achtzigerjahren verzweifelt versucht, ihre Tochter zu finden. Irgendwann hatte sie unser Haus aufgespürt, wurde dort jedoch kurz und knapp mit den Worten: »Geh weg, ich habe keine Mutter« abgefertigt.

Selbstkritik ermutigte man ebenfalls. Wir mussten alles aufschreiben, was mit uns nicht stimmte; eifrig hielt Genossin Sian meine Fehler fest, als ich noch klein war. Das dauerte manchmal sehr lange – mit uns stimmte einfach eine ganze Menge nicht.

»Niemand ist so nutzlos und dumm wie diejenigen, die um mich herum leben«, verkündete AB oft. Ihm zufolge reichte die Unfähigkeit der Genossinnen so weit, dass unmittelbare Unterstützung durch eine Gottheit die einzige Rettung darstellte. Genau deswegen hätten sie sich ihm zugewandt. »Ich habe nie eine von euch eingeladen«, erklärte er während seiner Wutausbrüche. »Aus der Güte meines Herzens heraus kümmere ich mich um euch, also vergesst nie, welches Glück euch zuteilwird.«

Während der Diskussionsrunden stimmten sie widerspruchslos zu. Wenn er sich an sie wandte, sagte Aisha immer wieder »Vielen Dank, vielen Dank«. Oh zupfte verlegen an ihrer Bluse herum. Genossin Josie starrte ihn bewundernd an, als sähe sie tatsächlich die göttliche Erscheinung, für die sie ihn hielt, und dabei zog sie die Augenbrauen angestrengt zusammen, um jedes bisschen des himmlischen Nektars, das von seinen Lippen tropfte, noch besser aufnehmen zu können. Obwohl AB auch manchmal die ganze Gruppe niedermachte, richteten sich die meisten seiner Attacken ganz persönlich gegen eine bestimmte Frau. Er schien immer genau zu wissen, wo er ansetzen musste: Josie stammte aus einer wohlhabenden Familie, weswegen AB behauptete, ihre Angehörigen seien Kriminelle, die davon profitiert hatten, dass Unschuldige in ungerechten Kriegen und Besatzungssituationen verletzt wurden und ihr Leben verloren. Sians Vater hatte Selbstmord begangen, als sie siebzehn war. Sie hatte als Letzte mit ihm gesprochen, also erklärte AB, sie sei der Grund dafür, dass er sich in den Kopf geschossen hatte, und quälte sie mit der Behauptung, sie sei erblich belastet. Aisha erinnerte er regelmäßig daran, es würde ihn nur einen einzigen Anruf kosten, sie abholen und aus dem Land bringen zu lassen, wenn sie ihm nicht zu hundert Prozent ergeben wäre.

Weil AB den Genossinnen beigebracht hatte, dass sie von der Aufgabe des eigenen Selbst profitieren würden, waren viele von ihnen eifrig darauf bedacht, ihren Mitstreiterinnen dabei zu helfen, diesen Zustand der inneren Leere zu erreichen: Das war der Zenit, auf den sie zustrebten. Wenn sich also AB während der Diskussionsrunden auf eine bestimmte Frau stürzte, spottete und quälte sie nicht nur eine Stimme. Wie ein Rudel Hyänen fielen die Genossinnen gemeinsam über ihre Beute her und jagten sie. Nicht alle beteiligten sich, aber selbst wenn nur eine einzige Frau einstimmte, verschlimmerte sich die Situation enorm. Gelächter durchlief den Kreis wie eine Feuersbrunst, die unbarmherzigen Flammen erreichten Stellen, die ABs eigene Worte vielleicht nicht zu erfassen vermocht hätten.

Ich hasste es, wenn ich an der Reihe war. Dann zerrte mich Bala in die Mitte des Kreises und beschimpfte und verspottete mich, während die anderen zusahen und manchmal auch mitmachten. Ich entwickelte ein nervöses Kichern – ein alles andere als nützlicher Tick, denn ich wurde ja geschlagen, wenn ich lachte. Aber ich konnte einfach nicht anders; nur mit diesem Mechanismus ließ sich das Ganze überstehen: *Wenn ich nicht lache, muss ich weinen …* Ich spürte, wie das Kichern wie eine Blase in mir hochstieg, zu platzen drohte; ich versuchte es zurückzuhalten, wie einen Rülpser, aber es war genauso wenig zu stoppen und genauso ein Zeichen fehlender Manieren. Dann brach es aus mir heraus: der obszöne Klang eines Kinderlachens.

Sie wechselten sich ab, wenn sie so über mich herfielen. Sie rissen mich förmlich auseinander; wie Geier machten sie sich über mein Innerstes her. Am gruseligsten war vielleicht, die hin und wieder freundlichen Genossinnen so zu sehen: als gnadenlose Monster, die kein gutes Haar an mir ließen, nur weil AB das befohlen hatte. Während das geschah, versuchte ich immer meine Gedanken abzuschalten und so zu tun, als mache es mir nichts aus. Ich wusste, dass Weinen verboten war – es hieß ja auch, es gäbe gar keinen Grund, denn all das passierte ja nur zu meinem Besten. Ehrlich gesagt ging es mir aber vor allem darum, ihnen nicht die Genugtuung zu gönnen, diese Verfehlung zu meinem Sündenregister hinzuzufügen. Viel hatte ich nicht, aber meine Würde besaß ich noch, und ich war fest entschlossen, sie um jeden Preis zu bewahren. Oft starrte ich den Teppich oder die Wände an, nur um die Situation zu überstehen, und tat so, als wäre meine Umgebung eine leere Leinwand, die ich mit den Augen beschrieb. Dann gab ich mich den Sätzen hin, die ich in Gedanken erschaffen hatte, tröstete mich mit ihnen, fand darin Kraft. *Ich habe diesen Satz formuliert. Ich bin noch da. Ich bin trotz der Hackwunden und der Kratzer ihrer brutalen Schnäbel und Krallen nicht verschwunden.*

Es gab jedoch noch Schlimmeres, als im Mittelpunkt der Diskussionsrunde zu stehen: Am schrecklichsten war es, wenn AB mich dazu anhielt, selbst zu einem Geier zu werden. Solange ich mich erinnern kann, wollte ich Außenstehende sein, kein Teil davon, doch beim »Projekt Prem« ging es darum, dass ich die Fähigkeiten erlernte, die ich für die Neue Welt brauchte. Ich sollte eine Pionierin sein, Vorbildfunktion besitzen, anderen zu zeigen, wie es funktionierte. Zurückhaltung reichte nicht. AB bezeichnete mich immer als »zu weich«, weil ich mich nicht voller Elan auf die anderen Genossinnen stürzte. Er wollte, dass ich von ihm lernte. Er wollte, dass ich wie er wurde. Das höchste Lob, das ich jemals von ihm und Sian hörte, war »kleiner AB«.

Obwohl Bala wenigstens fair darin war, sicherzustellen, dass jede der Genossinnen angegriffen wurde, stellte in jenem Sommer des Jahres 1988 häufig Leanne das Ziel seiner wütenden Beschimpfungen dar, weil sie im April den erfolglosen Versuch unternommen hatte, das Kollektiv zu verlassen. »Ich vergebe nie, und ich vergesse nie«, lautete ABs Motto. Seiner Meinung nach war Vergebung etwas für Schwächlinge. Doch wie sich herausstellte, hatte Leanne ihre verbotenen Hoffnungen nicht aufgegeben, denn am 22. Juli 1988 versuchte sie erneut, das Kollektiv zu verlassen. Sie schaffte es bis

Southampton, jedenfalls habe ich das so im Gedächtnis. Doch dann verlor sie die Orientierung: Ohne AB war sie in der Alten Welt wie ein Fisch, den man aus dem Wasser geholt hatte. Sie rief im Kollektiv an und kehrte zurück.

»Wenn du das noch ein einziges Mal tust«, schrie AB, als er sie nach Hause brachte, »darfst du nie wieder in den Schoß des Kollektivs zurückkehren.«

Das Wolfsrudel stürzte sich voller Hass auf sie. »Verräterin! Rebellin!«, knurrten und geiferten die Frauen.

Kurz nach Leannes Rückkehr befahl mir Genossin Sian: »Sag Genossin Leanne, dass sie AB verraten hat! Sag ihr, dass sie eine gemeine Verräterin ist!«

Ich fühlte mich unwohl und wollte das nicht tun. Alle anderen fielen schon über sie her – reichte das denn nicht? Obwohl ich wusste, dass ich Leanne eigentlich nicht mögen durfte, konnte ich die Zuneigung in meinem Herzen nicht unterdrücken. Sie erzählte mir Gutenachtgeschichten und hatte mir mit dem Fahrrad im Flur so großen Spaß bereitet. Ich *wollte* sie ganz einfach nicht beschimpfen. Ich hatte keine Freunde, aber am allernächsten war ich diesem Gefühl während der Zeit gewesen, die ich mit ihr verbrachte.

Ein Tag verging, und noch einer, und ich hoffte schon, ich könnte mich vielleicht vor der Aufgabe drücken. Doch Sian erinnerte mich immer wieder daran: »Vergiss nicht …« Ich wusste, sie beobachtete mich. Und ich wusste, dass auch AB mich beobachtete. Ich grübelte über mein Dilemma nach und dachte an all die Dinge, die passieren konnten, wenn ich mich gegen AB wandte. Ich dachte daran, wie Bala und Sian mir zu helfen versuchten, ein besserer Mensch zu werden – nicht das böse Kind, das immer Prügel verdiente, sondern jemand, der ein leuchtendes Beispiel für alle sein konnte.

Also wartete ich auf einen Moment, als nicht die ganze Gruppe zugegen war. Nur eine oder zwei Genossinnen waren dabei, als ich widerwillig zu Leanne ging. Sie lächelte mich an, wie immer, und deswegen wurde das, was ich tun musste, zehnmal schlimmer.

Ich sprach mit stockender Stimme. Ich sollte ihr mitteilen, dass *ich* sie verachtete, aber dazu konnte ich mich einfach nicht überwinden.

»Man hat mir gesagt, ich soll dir sagen, du bist eine Verräterin.«

Sie wirkte gar nicht schockiert, dass ich das gesagt hatte, oder darüber, dass ich sie so erniedrigte. Ich erinnere mich eher daran, dass sie resigniert wirkte, fast als hätte sie es erwartet.

Immerhin war ich dazu auserkoren.

6. Kapitel: Besuch?

Im Hinterzimmer klingelte das Telefon, und Genossin Sian nahm den Anruf entgegen. Er war für Genossin Chanda, ABs Frau. Vorsichtig, damit mich auch ja niemand erwischte, schlich ich auf Zehenspitzen zur Tür des Hinterzimmers, um das Gespräch zu belauschen.

Hoffentlich will jemand zu Besuch kommen, dachte ich, denn zu dieser Zeit gab es für mich nur die Chance, das Haus zu verlassen, wenn Chandas Verwandte erschienen. Obwohl sie keine faschistischen Agenten waren, wollte AB nicht, dass sie von meiner Existenz wussten. Deswegen hielt er es bei den seltenen Gelegenheiten, an denen sie seine Frau besuchten, für das Beste, wenn ich nicht im Haus war.

Es gehörte zu einem der vielen unlogischen Dinge des Lebens im Kollektiv, dass es Chanda und AB erlaubt war, Kontakt zu ihren Familien zu halten. Das geltende Regelsystem hatte zwei Niveaus, und AB behandelte Chanda und Shobha besser als den Rest von uns, weil sie seine gesetzmäßigen Verwandten waren (obwohl eine solche Verbindung ja angeblich der Alten Welt angehörte). Das bedeutete nicht, dass er sie nicht zurechtwies, wenn das nötig war, und sie erlitten dieselben Erniedrigungen und dieselbe körperliche Gewalt wie wir anderen auch, aber sie wurden als Vorbilder der Tugend über uns erhoben, und wir hatten sie mit geradezu sklavischer Ergebenheit zu behandeln: Niemand durfte widersprechen, wenn

Chanda etwas sagte, ganz egal wie empörend oder ganz einfach falsch es war.

Womit ich sie beleidigt hatte, wusste ich nicht, aber ich hatte immer das Gefühl, dass Chanda mich anschaute, als hätte sie mich am liebsten tot gesehen. Für mich fühlte es sich so an, als falle ein böser Fluch auf jedes Zimmer, das sie betrat. Beinahe konnte ich spüren, wie mich ihre Abneigung in giftigen Wellen traf. Ich wollte sie mögen, aber ich erlebte sie als grobe Frau ohne Manieren.

Es faszinierte mich, Genossin Sian mit ihr interagieren zu sehen. Sian, die als ABs erste Anhängerin die oberste unter den Genossinnen war, benahm sich Chanda gegenüber wie ausgewechselt und biederte sich bei jeder Gelegenheit an. Sie sorgte dafür, dass wir alle respektvoll verstummten, wenn Chanda vorbeiging. Doch trotz all ihrer Mühe erntete Sian höchstens verächtliche Blicke von Chanda.

Chandas jüngere Schwester Shobha verbrachte die meiste Zeit mit Genossin Oh, denn ihr hatte man die Aufgabe zugeteilt, sich um Shobha zu kümmern. Shobha saß schon lange im Rollstuhl. Obwohl sie bereits neununddreißig Jahre alt war, wirkte Shobha eher wie ein Kind auf mich, einschließlich regelmäßiger Trotzanfälle. Beide, sie und Chanda, kommandierten mit Vorliebe die anderen Frauen herum. Ich formulierte diese Beobachtung laut, als ich eines Tages voller Unschuld sagte: »Die Genossinnen Chanda und Shobha beschweren sich einfach andauernd!«

Josies Gesicht nahm eine violette Farbe an. Ich wusste, dass es streng verboten war, solche Auffassungen zu äußern, aber gleichzeitig hatte man mir immer gesagt, ich solle ehrlich sein – was für ein Widerspruch! AB beeilte sich, meinen Fehler zu korrigieren, und es dauerte nicht lange, bis ich einen weiteren Stammbaum seiner glorreichen Familie erstellen musste. Diese Aufgabe fiel mir mehrmals pro Jahr zu, und darin kam ABs Mutter Amma vor, »die beste Frau im ganzen Universum«.

Die Unstimmigkeiten des Lebens im Kollektiv setzten mir schon immer zu. Warum war es Chanda gestattet, Familienbesuche zu empfangen? Warum wurde uns gesagt, wir sollten andere gut behandeln ... es sei denn, AB und Chanda konnten die betreffende Person nicht leiden, was erbitterte Feindschaft bedeutete? Warum ermutigte uns AB, seinen BUS-Tag (»bedingungslose Unterwerfung und Selbstaufgabe«) einzuhalten, wo er doch nichts anderes tat, als an sich selbst und niemand anderen zu denken? Während der Diskussionsrunden fiel mir auch die kleinste Unstimmigkeit auf – doch keine der anderen Frauen schien diese wahrzunehmen. Ich glaube, ich habe sogar ein oder zwei Mal nachgefragt, und dann wurde mir gesagt, dass die Regeln für AB nicht galten, weil er im Zentrum des Ganzen stand.

Von meinem Platz hinter der Tür aus fiel es mir schwer, der einseitigen Konversation zu entnehmen, ob ich auf einen Ausflug nach Draußen hoffen durfte. Chandas fortgesetzte Beziehung zu ihren Angehörigen gehörte zu den doppelten Standards, die ich hinnehmen musste. Ich war gerade sechs Jahre alt geworden, und was die Aufenthalte Draußen betraf, gestaltete sich mein Leben anders als das, was ich noch bis vor kurzem gekannt hatte. Als ich noch sehr, sehr klein war, hatte ich alle paar Tage zusammen mit einer Genossin im Garten spielen dürfen und machte sogar regelmäßig Ausflüge mit dem Auto. Doch es war, als presse AB nach und nach meine Gelegenheiten, frische Luft zu schnappen, in einen immer enger werdenden Tunnel: Die Grenzen dessen, was man mir erlaubte, waren mit der Zeit immer extremer geworden. Im Herbst 1988 hatte ich mir im Garten beim Spielen mit einem Stock versehentlich einen Kratzer am Hals geholt. Als er die Wunde entdeckte, war AB so wütend geworden, als ginge es um sein persönliches Eigentum, und er hatte mir vierzig oder fünfzig Schläge verpasst, weil ich so unachtsam gewesen war. Ich glaube, seine größte Angst bestand darin, dass andere von meiner Existenz erfahren würden, wenn mir etwas zustieß.

Die Bedrohung durch die faschistischen Agenten war allgegenwärtig und nahm mit jedem Tag zu. Wir waren aus dem Haus mit der behinderten Nachbarin weggezogen, aber jetzt lebten wir neben etwas Schlimmerem: einem älteren Ehepaar mit einer Enkeltochter. Das Mädchen war klein und blond, vielleicht ein bisschen jünger als ich. In letzter Zeit kam sie oft zum Zaun, wenn ich mit Sian und Aisha Draußen war, und versuchte durch das Drahtgeflecht mit mir zu sprechen. Ich starrte sie immer wie gebannt an. Sie war so klein! Meine Welt wurde von Erwachsenen bevölkert, alle mit langen Beinen und düsteren Gesichtern. Diese Person hatte genauso kurze Arme und Beine wie ich. Sie war ein hässliches schmutziges weißes Mädchen, meine Haut dagegen war leicht gebräunt. Trotzdem entdeckte ich an ihr mehr Ähnlichkeiten mit mir selbst als bei irgendjemand anderem, dem ich bisher begegnet war. Ich durfte in keinen Spiegel schauen, deswegen kam ich, wenn ich dieses Kind sah, der Erfahrung am nächsten, jemanden wie mich anzuschauen. Sie zog mich so sehr an, dass ich mich trotz aller Ermahnungen auf den Zaun zubewegte. Ich war aufgeregt, weil sie da stand und mit ihrer angenehmen hohen Stimme nach mir rief.

Sofort packte mich eine Hand an der Schulter. Sian und Aisha zerrten mich zurück ins Haus und ermahnten mich, *nie wieder* mit dem Mädchen zu sprechen. Aufgeregtes Geflüster folgte, dann zwang mich eine ernst aussehende Sian, mich hinzusetzen. Man hatte beschlossen, ich sei alt genug für gefährliche Informationen.

»Das kleine Mädchen war eine faschistische Agentin, Genossin Prem«, erklärte Sian, »ihre bösen Großeltern haben sie geschickt, weil sie versuchen sollte, dich ins Nachbarhaus zu locken. Und weißt du, was sie dort mit dir vorhatten?«

Ich schüttelte den Kopf.

»Sie wollten dein Blut trinken und dich bei einem satanischen Opferritual auffressen.«

Nach diesem Ergebnis war mir der Garten überhaupt nicht mehr sicher vorgekommen, und ich war mehrere Monate lang nicht mehr Draußen gewesen. Also lag mir nun so viel daran zu erfahren, ob es vielleicht einen Ausflug geben würde. Jeden Tag immer nur dieselben vier Wände zu sehen, langweilte mich schrecklich. Meine tägliche Routine war mir so vertraut, dass ich davon ganz dumm im Kopf wurde:

1) Besuch beim geliebten Genossen Bala und anschließende Diskussionsrunde
2) Singen
3) Schreiben
4) Essen
5) Mittagsschlaf
6) Baden
7) Lernen
8) »Betrachtungen« mit Genossin Sian, um herauszuarbeiten, ob ich heute eine gute Soldatin für AB gewesen bin
9) Essen
10) Besuch beim geliebten Genossen Bala und anschließende Diskussionsrunde

Wenn etwas außerhalb dieser unbarmherzig festgelegten Einteilung passiert war – wenn etwa der Vermieter erschien und seine Miete einforderte oder ein Klempner einen tropfenden Wasserhahn reparierte –, versuchte ich in den Tagen danach, jeden meiner Schritte nachzuvollziehen, mir die Szenen immer wieder vorzustellen, dieselbe Kleidung zu tragen, darum zu betteln, dass dasselbe Essen gekocht wurde, weil ich mir entgegen jeder Hoffnung einredete, wenn ich das täte, könnte ich alles wieder genauso werden lassen, und es würde noch ein spannendes Ereignis passieren.

Der Frühling des Jahres 1989 war eine besonders trübsinnige Phase, weil man Aisha kurz zuvor verboten hatte, sich um mich zu kümmern: Sie hatte eines Nachts bei mir geschlafen, und ich hatte ins Bett gemacht. AB hatte Aisha zur Verantwortung gezogen, weil sie so nachgiebig mit mir umgegangen war. Er hatte uns beide geschlagen und uns dann den Umgang miteinander untersagt.

Aus diesem Grund hoffte ich verzweifelt, dass Chandas Angehörige kommen würden: Ich langweilte mich, hatte genug von allem und war einsam. Gespannt hielt ich den Atem an und lauschte. AB mochte das nicht und sagte immer: »Du sollst bei Anrufen nicht zuhören, und du sollst nicht versuchen herauszufinden, ob du vielleicht nach Draußen kommst! Wenn du dich nicht tief genug in ABs KK begibst, darfst du überhaupt nicht mehr nach Draußen!«

Trotz all dieser Drohungen brachte man mich eilig aus dem Haus, wenn Chandas Angehörige erschienen. Das war das Einzige, dessen ich absolut sicher sein konnte.

Ich stieß einen Seufzer der Erleichterung aus. Gute Neuigkeiten: Sie würden zu Besuch kommen. Und ich durfte in den Zoo von London.

7. Kapitel: Draußen

»Denk immer an die Regeln«, befahl mir Genossin Sian, als wir im Flur standen. Gleich wollten wir nach Draußen. »Sprich nicht mit anderen Leuten. Halte dich dicht bei uns. Achte darauf, dass du nicht von der Gruppe getrennt wirst. Wenn das doch passiert, sprich auf keinen Fall mit der Polizei. Schau dich nicht um. Starre niemanden an. Konzentriere dich einfach auf Bala, dann wird dir nichts passieren.«

Ich nickte eifrig. Ich kannte die Regeln, schließlich bläute man sie mir jedes Mal ein, wenn ich das Haus verließ. Ich hatte keine Angst davor, nach Draußen zu gehen, denn die Genossinnen und Bala selbst blieben ja bei mir, und ich wusste, sie würden dafür sorgen, dass ich in Sicherheit war. Es gab viele Gründe dafür, dass es gefährlich erschien, sich im Garten aufzuhalten. Dort gab es auf beiden Seiten des Zauns faschistische Agenten, die nur auf ihre Chance lauerten. Nicht alle Draußen waren Agenten, so hatte ich das Ganze begriffen, aber unsere Nachbarn waren definitiv welche. Und das bedeutete, ich hatte bei diesen Ausflügen weiter weg die Chance, jemanden Nettes zu sehen. Das Lächeln oder der freundliche Blick eines Fremden konnten mir monatelang Freude bereiten. Ich mochte Leute, die mich voller Wärme ansahen, statt mit den feindseligen Blicken, die ich im Haus auf mir spürte. Es wirkte dem entgegen, was man mir im Kollektiv ständig vorhielt: dass ich ein schlechter Mensch war, den niemand mochte. Unsicher wurde ich nur, wenn mich ein Fremder verwirrt fragte: »Bist du ein Junge oder Mädchen?«

Obwohl nicht alle Leute Agenten waren, musste ich ständig wachsam bleiben, weil es Draußen hässliche schmutzige weiße Männer gab. Vor allem Genossin Sian hasste sie fanatisch. Vielleicht lag es daran, dass sie mehr als nur ihr Bestes gab, um Bala zu beweisen, dass sie in bedingungsloser Treue zu ihm die Männer ihrer eigenen Abstammung so vehement ablehnte. Sie und die anderen Genossinnen bezeichneten alle Männer, vor allem aber die weißen, als »Elemente«, und ihr Zorn regnete geradezu auf mich herab, wenn ich auch nur den geringsten Kontakt zu ihnen hatte.

Kurz vor dem Aufbruch gab es einen letzten Check, ob sich Nachbarn in der Nähe befanden. Das entwarnende Signal: ein Nicken. Dann öffnete sich die Haustür weit, und ich spürte, wie meine Stimmung stieg. Über die Schwelle trat ich in die dünne Luft hinaus. Es war, als wäre man auf einem anderen Planeten gelandet. Keine Zimmerdecke blockierte meinen Blick: höher, immer höher hinauf erstreckte sich der blaue, graue oder von Nieselregen durchzogene Himmel – jedes Mal war er anders, und das machte seine Schönheit aus. Ich hätte Stunden damit verbringen können, alles zu bewundern, die Sonne auf meinem Gesicht zu genießen, die leichte Brise, die sanft mit meinem dunklen Haar spielte.

Doch schon spürte ich, wie mich eine Genossin von hinten stieß, wie sie irritiert die Luft einsog, weil ich mich nicht beeilte, und schnell folgte ich AB zum Gartentor. Weil er vor mir lief, konnte ich nicht richtig sehen, wohin wir gingen. Er achtete sorgfältig darauf, mich verborgen zu halten, und ich konnte nie genau erkennen, was auf der Straße passierte. Wenn ich es wagte, mich umzuschauen, fauchte mich Genossin Sian an: »Nicht glotzen!« Man befahl mir, den Blick immerzu auf ABs Rücken im Anorak zu richten, den ganzen Weg zur Bus- oder U-Bahn-Haltestelle, und meine Schritte denen der Genossinnen anzupassen, so als wären wir Soldaten in einer Parade.

Tatsächlich planten die Genossinnen jeden Ausflug wie eine militärische Operation: Fahrkarten wurden vorab gekauft, und ich habe nie gesehen, wie sie einen Automaten benutzten oder sich an das Personal an den Schaltern wandten. Wenn wir die U-Bahn nahmen, passierten wir innerhalb von Sekunden die Drehkreuze, in einer fließenden Bewegung unserer Masse an Körpern, ich immer sicher in der Mitte, kaum wurden wir dabei langsamer.

Ich fand den öffentlichen Nahverkehr ganz unglaublich. Die Züge gefielen mir am allerbesten, und ich beschloss, dass ich Zugführerin werden wollte, wenn ich groß war. Zugführer durften an alle möglichen Orte fahren. Man stelle sich das vor: jeden Tag woandershin! Die Vorstellung, die Kontrolle zu haben und Verantwortung dafür zu tragen, Leute an all diese wunderschönen Orte zu bringen, erschien mir ganz großartig. Im öffentlichen Nahverkehr bestand auch die Chance, dass sich jemand Nettes neben mich setzte, obwohl mich AB im Bus immer am Fenster platzierte und mich abschirmte, indem er sich an den Gang setzte. Dann war ich so sehr damit beschäftigt, die anderen Passagiere zu beobachten, dass ich gar nicht dazu kam, aus dem Fenster zu schauen. Irgendwann sagte AB immer: »Jetzt steigen wir aus«, und ich folgte ihm ohne jede Vorstellung davon, wo wir gerade waren, wo wir gewesen oder woran wir vorbeigefahren waren. Sobald wir den Bus verlassen hatten, musste ich wieder ABs Anorak anstarren, während wir zu Fuß den Rest der Strecke zurücklegten.

In gewisser Weise fand ich es sogar einfacher, mich auf ABs Rücken zu konzentrieren. Alles andere war so bunt, so glänzend, so laut, so schnell! Obwohl ich immer nur kurze Ausschnitte erhaschte, konnte ich nicht alles aufnehmen: Es war einfach überwältigend. Im Haus passierte gar nichts, Draußen schien ein Ereignis direkt auf das andere zu folgen. Ich konnte die verschiedenen Geräusche nicht unterscheiden: das Quietschen, Rufen, Piepsen, Brüllen, Surren und Summen bildete eine wilde, unebene Landschaft aus Tönen ohne Namen oder Bezeichnungen. Ich war nicht in der Lage, sie zu identifizieren. Alles war überwältigend. Trotzdem liebte ich es, Draußen zu sein. Voller Freude lief ich die Straße entlang, an ein neues Ziel. Im Haus war ich nie voller Freude.

Der Londoner Zoo war nur einer der Orte, an die mich AB brachte, wenn Chandas Angehörige zu Besuch kamen. Das Wissenschaftsmuseum und das Commonwealth-Institut gehörten auch zu seinen Lieblingsplätzen (dort achtete AB immer darauf, mich von Ausstellungsteilen abzuschirmen, die die unwahren Botschaften des Britisch-Faschistischen Staats darstellten). Manchmal gingen wir auch in ein Restaurant. Es war so aufregend, Draußen zu sein und irgendwo anders zu sitzen als immer an demselben alten Tisch zu Hause. Ich kann mich nicht daran erinnern, dass ich jemals auf eine Speisekarte geschaut und mir ausgesucht hätte, was ich wollte – man wählte das Essen für mich aus, und es schmeckte so herrlich! Wahrscheinlich hätte mich eine Wahlmöglichkeit sowieso überfordert, denn dann wäre ich in Sorge gewesen, vielleicht etwas haben zu wollen, was Bala nicht gefiel. Es erfüllte mich mit Entsetzen, wenn ich etwas mochte, was er verachtete, weil ich seine Rache fürchtete, falls er das in meinen Gedanken las.

Wenn die Genossinnen nach Draußen kamen, passierte etwas Merkwürdiges. Ich sah, wie sie mit anderen umgingen – von weißen Männern einmal abgesehen –, und dann wirkten sie freundlich. Das war wirklich seltsam. Obwohl mir verboten worden war, mit irgendjemandem zu reden, sprachen sie ganz ohne Scheu mit den Menschen, denen wir begegneten; man hatte überhaupt nicht den Eindruck, sie wären Geier oder Monster. Niemand hätte vermuten können, dass AB der heimliche Herrscher der Welt war und sich im Krieg mit den faschistischen Agenten befand.

Wir hatten eine wunderbare Zeit im Zoo. Für jemanden, der immer nur dasselbe zu Gesicht bekam, gab es unendlich viel zu entdecken, und meine Sinne wurden geradezu überflutet: die Laute der Tiere, der Gestank in ihren Behausungen, die unterschiedliche Beschaffenheit von Schuppen und Fell. Gleichzeitig beobachtete ich nicht nur die Tiere. Wohin ich im Londoner Zoo auch schaute, überall bahnten sich Familien ihren Weg durch die Menge: Kinder rannten herum, ein Vater hatte seinen Sohn auf die Schultern genommen, eine Mutter hielt ihre Tochter in den Armen. *Die sind alle so freundlich*, dachte ich. *Warum ist es in unserem Haus nicht so nett?*

Eifersüchtig schaute ich zu, wie eine Mutter ihr Kind umarmte und ihm voller Zuneigung durch das Haar strich. Warum es bei uns keine Umarmungen gab, hatte man mir immer wieder erklärt. Trotzdem empfand ich es als das Grausamste von allem. *Wenn mich doch nur die Genossinnen so in die Arme nehmen würden*, dachte ich, und gleichzeitig fühlte ich mich melancholisch, weil ich sicher wusste, dass sie nie die Erlaubnis dafür bekommen würden. Wenn ich mich mal traute, meine Sehnsucht danach zum Ausdruck zu bringen, nannte man mich undankbar und selbstsüchtig.

Das Schlimmste an jedem Ausflug nach Draußen war die Rückkehr ins Haus. Ich erinnere mich, dass man mich tadelte, wenn ich sagte: »Ich bin traurig, weil wir wieder zurück sind.« AB erklärte, das wäre undankbar, und wenn ich so weitermachte, würde er mich nie wieder mit nach Draußen nehmen. Sofort hielt ich den Mund und beeilte mich, mich für die Nacht fertigzumachen.

An jenem Abend im Jahr 1989, nach dem Ausflug in den Londoner Zoo, legte ich mich ins Bett und machte die Augen zu. Mit sirrender Geschwindigkeit jagte alles vor meinem inneren Auge vorbei, die Dunkelheit hinter meinen geschlossenen Lidern war nun mit Farben und Leben erfüllt. Alles, was ich an diesem Tag gesehen hatte, sah ich dort: die Autos, den Zug, den Bus, die Tiere, den Himmel, das Essen und die Leute … Ich spürte noch, wie sich der Wind der herannahenden U-Bahn anfühlte, wie er mir fast das Gesicht zerdrückt, sich mit seiner puren Energie an mich gepresst hatte. Das Brüllen des Verkehrs, das Grunzen der Tiere. Zu Hause war das Einzige, was ich brüllen oder grunzen hörte, der geliebte Genosse AB.

Als ich im Bett lag, war ich glücklich, und ich stellte mir vor, dass ich flog wie die Vögel, die ich Draußen gesehen hatte, höher, immer höher, weg von diesem Haus und zurück zu all den Orten, die ich besucht hatte. Wann immer ich hinaus in die Welt kam, zog es mich dorthin zurück. Immer wollte ich mehr.

Ich glaube, so hat sich Leanne auch gefühlt. Am 18. Mai 1989 verließ sie das Kollektiv für immer. Sie sagte nichts über ihre Absicht, verabschiedete sich nicht: Eines Tages ging sie zur Arbeit, und als sie nach Hause hätte kommen sollen, war nichts von ihr zu sehen.

Noch am gleichen Abend wurden in der Diskussionsrunde die Worte ausgesprochen, die ich gefürchtet hatte: Sie war tot.

8. Kapitel: Genossin Leanne

Dass Leanne nicht mehr da war, machte mich sehr traurig; sie fehlte mir. Aisha durfte sich immer noch nicht wieder um mich kümmern, deswegen wurden mir jetzt sogar die kurzen Augenblicke des Glücks, die ich bei meinen Lieblingsgenossinnen manchmal hatte erleben dürfen, verweigert. Ich trauerte um Leanne. Ich wünschte mir, ich hätte mehr Zeit mit ihr verbracht, als sie noch lebte.

AB trauerte nicht. »Gut, dass wir die Verräterin los sind«, verkündete er. Es war ihm sogar egal, dass ihr Gehalt von nun an fehlte und wir ganz und gar von Cindy abhängig waren. Schon bevor Leanne gegangen war, hatte er erklärt, gegen den Britisch-Faschistischen Staat in den Mietstreik zu treten, und unserem Vermieter, den er verachtete, kein Geld mehr gezahlt. Sogar in meinem jungen Alter dachte ich mir, dass das nicht fair war.

Wie sich herausstellte, war jemand anders ebenfalls dieser Meinung, denn einen Monat nach Leannes Tod flatterte plötzlich ein Umschlag mit ihrer Handschrift ins Haus: Sie hatte uns einen Scheck geschickt, mit dem sich die Miete bezahlen ließ. Während der Diskussionsrunde hielt AB eine wütende Predigt darüber.

Die Welt schien aus ihrer Achse zu entgleisen, als ich ihn so reden hörte. Leanne war also nicht tot, trotz Balas sämtlicher Vorhersagen, trotz der Tatsache, dass sie sich so eindeutig gegen ihn gewandt hatte! Ich spürte, wie mich Erleichterung durchflutete, weil sie noch lebte. Ich glaube, AB hatte sich gedacht, ich wäre zu jung oder zu dumm, um seine Widersprüche zu bemerken, doch ich war ihnen gegenüber hypersensibel, denn es handelte sich um meine einzige Chance, etwas über die Welt zu lernen.

Je mehr er jedoch über Leannes »Tod« redete – und das tat er immer wieder –, desto mehr wurde mir klar, was er eigentlich meinte, wenn er sagte, sie sei tot. Obwohl sie körperlich noch lebte, hatte sie das verloren, worauf es im Leben ankam: AB. Deshalb war ihr Zustand schlimmer, als tot zu sein.

Es gab ein Lied, das wir morgens oft sangen: *Auf wessen Seite stehst du?* Danach zählten wir ABs Feinde auf, zu denen nun auch Leanne zählte. Doch sie hatte eine Verwandlung durchlaufen: AB verkündete der Gruppe, dass wir sie ab jetzt »Scheißdreckbraun« zu nennen hätten – eine rassistisch motivierte Herabwürdigung.

Den Rest des Jahres verbrachten wir damit, über Scheißdreckbraun herzuziehen. Direkt nachdem sie uns verlassen hatte, mussten alle außer mir einen Bericht darüber schreiben, wie böse sie war. Obwohl ich keinen solchen Text schreiben wollte, war ein Teil von mir traurig. Es machte mich eifersüchtig, dabei zuzuschauen, wie alle dasaßen und voller Eifer ein Blatt nach dem anderen vollkritzelten.

Ich liebte das Schreiben. Allerdings hatte ich nie die Gelegenheit, etwas anderes festzuhalten als meinen Lernstoff und Lobeshymnen auf Bala. Bei allem, was ich tat, musste ich in der Realität bleiben, egal ob es ums Schreiben oder ums Spielen ging. Ich durfte kein »ISA« (Imaginieren, Spekulieren, Annehmen) betreiben, denn Fantasie jeglicher Art war Gift. Ironischerweise bedeutete dieses Verbot, dass die einzige Art und Weise, wie ich mich meiner Liebe zum Schreiben hingeben konnte, darin bestand, meine Fantasie in noch höherem Maße zu gebrauchen. Sehr bald ging ich über die Leinwände der Wände und des Bodens hinaus, die ich in den Diskussionsrunden für mich entdeckt hatte. Wenn ich im Bett lag, malte ich im Dunklen mit dem Finger Wörter und Sätze auf die Bettdecke. Das liebte ich, es war meine einzige Ausdrucksform, aber was ich niederschrieb, blieb genauso unbedeutend wie ich, ein Schattenkind, das niemand je zu Gesicht bekam.

Immerhin durfte ich lesen. Ich sog die Bücher, die man mir gab, geradezu in mich auf. Lesen war genauso lebenswichtig für mich wie das Atmen. Ständig sehnte ich mich danach, mehr zu lesen. Deshalb konnte ich der Versuchung nicht widerstehen, als man mir einen Weltatlas mit Texten für Kinder gab, mir jedoch befahl, die Absätze mit der Überschrift »Hast du das gewusst?« auszulassen. Besonders faszinierte mich, dass Junko Tabei aus Japan die einzige Frau war, die jemals den Mount Everest bestiegen hatte. Die Musikalität ihres Namens sprach mich an. Das Unausweichliche passierte. Als ich eines Tages mit Josie auf der Toilette war, sang ich versehentlich die Worte »Junko Tabei aus Japan!«. Josie befragte mich und wollte wissen, was ich damit meinte, aber ich wurde verschlossen wie eine Auster. Beim Essen sprach sie Sian darauf an. Die erriet, wo mir der Name begegnet sein musste, kontrollierte das Buch und berichtete Bala, dass ich die verbotenen Texte gelesen hatte. Wütend schlug er mich und verbot mir, das Buch jemals auch nur wieder anzufassen.

Ich war verzweifelt. Ich sehnte mich nach Wissen. Es gab so vieles auf der Welt, was mich verwirrte. Mein Geschlecht zum Beispiel. Die Leute Draußen schienen unsicher zu sein, ob ich ein Junge oder ein Mädchen war. Es ging nicht anders, der Unterschied zwischen den Genossinnen und AB musste mir auffallen: Die Oberkörper der Frauen hoben und senkten sich und hatten eine Hügellandschaft, Bala dagegen war flach wie ein Pfannkuchen … *Genau wie ich.* Einmal fragte ich Genossin Sian danach.

»Du bist flach, und du bist wie Bala«, erklärte sie mir. »Du bist etwas Besonderes, denn du bist wie er. Und wenn du dich weiterhin gut benimmst, wirst du immer wie er sein.«

Allerdings sagten die Genossinnen immer »sie«, wenn sie über mich sprachen – nie verwendeten sie »er« oder sogar »es«. An dieses »sie« klammerte ich mich wie an ein Rettungsboot im Sturm. Denn was das betraf, fühlte ich mich nicht wie »etwas Besonderes« – egal, was mir Genossin Sian erklärt hatte. Ich kam mir vor wie ein Freak. Wenn ich ein Mädchen war, warum durfte ich mich dann nicht so verhalten?

Stattdessen zog man mir Jungensachen an, und das Haar wurde mir immer auf brutale Weise viel zu kurz geschnitten. Draußen hatte ich kleine dunkle Mädchen in bunten Kleidern gesehen, die hübsche Perlen in den Flechten ihres langen Haares trugen, und dann dachte ich: *Warum kann ich nicht so was haben?* Ich durfte meine Kleidung nicht aussuchen. Die Genossinnen gingen nach Draußen, um für mich einzukaufen, und brachten mir Schuhe, Hemden und Hosen mit. Sogar mein Name, Prem, war androgyn, und man nannte häufiger Jungen als Mädchen so. AB sagte außerdem, er klinge wie »Sperma«. Was das war, wusste ich nicht genau, aber offensichtlich bedeutete es, dass ich genauso war wie ein Junge.

Für mich fühlte es sich so an, als nähme man mir meine Identität – dabei war »meine« Identität sowieso nie meine gewesen. Ich war »Projekt Prem«, mein Leben dazu bestimmt, AB zu dienen. Warum hätte ich eine Geschlechtszuordnung haben sollen? Das war genauso schlecht wie eine Familie und würde mich nur hemmen.

Wenn man jedoch ein Geschlecht wählen und bestimmte Kleidung und Frisuren tragen musste, um in der Welt weiterzukommen, war es am besten, ein Junge zu sein. ABs Auffassung nach war die weibliche Energie negativ. Ich kann nicht mit Sicherheit sagen, ob er damit meinte, Frauen wären an sich weniger wert als Männer. Es ging eher darum, dass Frauen weniger wert waren als *er*. Er war der einzige Mann im Kollektiv, der einzige Mann auf der Welt. Er war das Maß aller Dinge. Trotzdem schätzte AB diese besondere Position. Aus diesem Grund wollte er nicht, dass ich ein Junge war, auch wenn man mich so anzog, und er wollte auch nicht, dass ich zum Mann heranwuchs. Ein Mann wäre ein Rivale für ihn gewesen. Dieser undurchsichtige Zwischenbereich war viel besser.

Ich wollte ein Mädchen sein. Die Genossinnen trugen einfache Hemden und Hosen wie ich, aber ich sehnte mich danach, Kleider wie Chanda und Shobha zu besitzen; das gehörte zu ihren Privilegien. Sie trugen die schönsten Salwar-Kamiz-Stücke: knielange Kleider mit Hosen darunter. Diese Gewänder waren aus Seide und Chiffon, herrlich bunt, violett und in verschiedenen Rosatönen – mir schienen sie einfach wunderschön. Genossin Chanda trug ihr Haar lang, und manchmal sah man sogar Schmuck an ihr. Ich bettelte darum, mich auch so kleiden zu dürfen, und erhielt zur Antwort, das komme gar nicht infrage. Dann tadelte man mich für meine »Eifersucht«.

Abstammung gehörte zu den anderen empfindlichen Bereichen – und für mich stellte dieses Thema eine weitere Grauzone dar. Ich wusste, dass es am allerbesten war, indischer Abstammung zu sein. Aber wie bei meinem Geschlecht konnte ich nicht mit Sicherheit sagen, wo ich hingehörte. Ich hatte honigfarbene Haut und dunkelbraunes Haar, aber ich war nicht so dunkel wie Bala – egal, was Sian sagte. Sie betonte immer wieder, ich sei in jeder Hinsicht »ein kleiner AB«, und erklärte, mein Haar sei dunkel wie seines, aber als ich sie an einem sonnigen Tag, als das Licht das Braun deutlich zur Geltung brachte, darauf hinwies, dass ich viel heller war, reagierte sie mit einem Wutausbruch.

Auch wenn Sian nicht akzeptieren konnte, dass ich AB nicht in allem glich, glänzte er selbst geradezu darin, mich von ihm abzugrenzen. Weil ich in Großbritannien geboren war, sagte er, ich sei genauso verantwortlich für die Verbrechen des Britisch-Faschistischen Staats wie die hässlichen schmutzigen Weißen. Ich wollte ein Teil seiner indischen Familie sein – mit allen Privilegien, die ich seiner Frau zuteilwerden sah. Außerdem bedachte sie AB mit so viel mehr Zuneigung, deswegen war es ganz ohne Zweifel etwas, worauf sich hinzuarbeiten lohnte. Doch Bala verletzte mich immer wieder, indem er sagte: »Du bist Britin, du bist hier geboren, also gehörst du nicht dazu.«

Ich hasste den britischen Teil meiner Identität, weil er jeden Tag schlechtgemacht wurde. Als Josie eines Abends in mein Zimmer kam und mich versehentlich mit der Tür berührte, weil ich dahinter stand, war ich hocherfreut.

»Versetz mir nur einen ordentlichen Schlag!«, rief ich begeistert. »Ich bin zu europäisch!«

Es fühlte sich so an, als würde nichts an mir stimmen. Ich war am falschen Ort geboren worden, mein Körper hatte die verkehrten Teile, mein Haar nicht die richtige Farbe … Ich wollte nur dazugehören, aber das schien außerhalb meiner Möglichkeiten zu liegen.

Im Dezember 1989 traf AB eine Entscheidung, die mich sogar noch weiter von meinem Ziel entfernte. Das Kollektiv war in seinen Anfängen eine maoistische Gruppe gewesen, aber AB vertrat auf einmal die Ansicht, dass Mao Zedong ein bisschen zu eingebildet war. Was fiel ihm ein, mit Bala gleichziehen zu wollen, der schließlich ein Gott war?

Plötzlich verkündete AB, Mao sei der schlimmste Völkermörder und Kriegsverbrecher, den die Welt je gesehen hatte. Nun wurde es zu einem wesentlichen Teil der täglichen Routine, den Mann mit Beleidigungen zu überschütten, den die Genossinnen zuvor gepriesen hatten. Dieser Richtungswechsel erschien mir überaus verwirrend, war er doch das *genaue Gegenteil* dessen, was Bala zuvor gesagt hatte. Doch – so offenbarte er uns jetzt – sein vorheriges Lob für Mao während der Jahre, in denen das Kollektiv einen Lernprozess durchlief, war ein Test für seine Anhänger gewesen: Er hatte sehen wollen, ob sie tatsächlich Loyalität zu AB empfanden oder ob man sie dazu verführen konnte, sich auf seine Rivalen zu konzentrieren. Durch ihre Verehrung Maos hatten alle Genossinnen auf entsetzliche Weise versagt.

Trotz der Tatsache, dass ich während eines großen Teils dieser »Testphase« noch nicht einmal geboren gewesen war, traf ABs Zorn auch mich: Mein Nachname lautete »Maopinduzi«. Die Verehrung falscher Idole war also ganz offensichtlich Teil meines Wesens. Mit sofortiger Wirkung wurde ich gezwungen, die Schreibweise meines Namens in »Mapinduzi« zu ändern.

Als ich ABs wütender Tirade gegen seinen früheren Helden lauschte, passierte etwas Merkwürdiges: *Mao tat mir leid.*

Das war so ein unerhörter Gedanke, dass er mich alarmierte, und voller Nervosität erwartete ich meine Bestrafung. Die bloße Reichweite von ABs Macht war eines der schlimmsten Dinge, mit denen ich leben musste. Er konnte Gedanken lesen und würde darüber hinaus niemals sterben. Ich spürte die Last dieses Wissens wie eine Schlinge um meinen Hals. Immer fester hielt sie mich in ihrem Würgegriff, und jeden Tag machte ich Fehler und fürchtete mich vor den Konsequenzen.

Wie mir mit der Zeit klar wurde, gab es jedoch eine Möglichkeit, dem zu entkommen. Aus der Mitte meiner verwirrten Gedanken heraus entstand ein besonders verwerflicher: *Nur wenn ich sterbe, gelange ich an einen Ort, an den mir Bala nicht folgen kann.*

Damals war ich erst sechs Jahre alt. Trotzdem besaß der Gedanke seine ganz eigene Anziehungskraft. Ich fühlte mich so einsam und unglücklich. Es gab keine Aisha, keine Leanne, gar kein Licht in meinem Leben. Jeden Tag landete die Post mit diesem bestimmten Geräusch im Kasten, das für mich Draußen bedeutete, aber nie gab es einen Brief für mich. Ich war die Einzige im gesamten Kollektiv, die niemals auch nur eine Postsendung erhielt.

Eigentlich hatte ich das geheim halten wollen, aber ich war erst sechs. Am 3. Januar 1990 brach alles aus mir heraus. Frank und frei, ohne Zurückhaltung, gab ich mein Unglück bekannt: »Es ist mir egal, ob ich lebe oder sterbe.«

9. Kapitel: Vierzig Prozent

Bala tat das Ganze als lächerlich ab.

»Mentale Hygiene und Selbstkritik sind der Schlüssel«, beschied er mir kurz. Ich hatte mich ihm ganz und gar hinzugeben, nur dann würde ich das Leben erhalten. Ansonsten wäre ich in der »Todeswelt« gefangen. Meine Emotionen hatten keine Bedeutung – schlimmer noch, sie hemmten mich in meiner Entwicklung. Meine Selbstmordneigungen schrieb er meinen »vierzig Prozent« zu.

Balas Überzeugung nach gab es zwei Arten des »Inputs«, denen ich in der Welt ausgesetzt war. Der Löwenanteil bestand aus ABs Weisheit, das waren meine »guten« sechzig Prozent. Doch in mir gab es auch vierzig Prozent an schlechtem Input; die waren durch sogenannte »Maozi-Wellen« in mich gelangt: unsichtbare negative Energie, die ABs Feinde aussandten, wenn sie mich mit ihrer Fernbedienung zu programmieren versuchten. AB hasste meine vierzig Prozent, das sagte er mir immer wieder. Außerdem teilte er mir mit, ich könne den Kampf gegen die bösen Maozi-Wellen gewinnen. Diese feindlichen inneren Kräfte zu überwinden würde jedoch Jahre dauern. Frühestens mit siebzehn Jahren könnte ich endlich die hundert Prozent des Guten erreichen. Für mich, die ich damals noch keine sieben Jahre alt war, schien das wie eine Ewigkeit.

Gleichzeitig konnte man nicht mit Sicherheit sagen, ob ich diesen herrlichen Zustand auch wirklich erreichen würde – vielmehr gab es zahlreiche Situationen, die mich unendlich weit zurückwerfen konnten. So verlor ich an einem einzigen Tag fast fünfzehn Prozent, weil ich Cindys Figur bewundert hatte. Aber das größte Risiko bestand in meiner Gewohnheit, nicht gut mit den Genossinnen zusammenzuarbeiten. Das war ein Sakrileg, denn AB hatte sie mit meiner Erziehung betraut.

»Wenn ich höre, dass die Genossinnen mit dir kämpfen müssen«, sagte er mir, »werde ich dich schlagen, schlagen und immer wieder schlagen, bis du nichts mehr spürst und dich nicht mehr bewegen kannst.« Er fixierte mich mit dem Blick seiner braunen Augen, in dem ich hinter seinen quadratischen Brillengläsern eine harte Drohung und zugleich Enttäuschung lesen konnte. »Es wird immer schwieriger, dich zu kontrollieren«, stellte er fest.

Vielleicht lag es an meiner düsteren Stimmung – oder an meinen vierzig Prozent –, jedenfalls erhob ich immer häufiger meine Stimme gegen die Genossinnen, je älter ich wurde. Ich wurde immer noch rund um die Uhr observiert, sogar im Badezimmer. Obwohl ich wusste, dass das zu meinem eigenen Schutz geschah, bedeutete es auch, dass ich mich nirgendwo verstecken konnte. Ich fühlte mich, als lebte ich ständig im unbarmherzig grellen Schein eines Scheinwerfers. Deswegen begann ich, die anderen anzuschreien. Dabei verwendete ich die Sprache, die ich bei AB gehört hatte. Ich verstand kaum, was ich sagte, sondern tat das oft nur um des Effekts willen.

»Ich will Genossin Sian den Schädel einschlagen!«, brüllte ich dann. »Am liebsten würde ich Genossin Josie umbringen!«

Wirklich verletzt hätte ich nie jemanden – manchmal, so denke ich, wollte ich eine Szene auslösen, nur damit meine grauen Tage sich ein wenig voneinander unterschieden. Einmal tadelte mich AB, weil ich mich über die Genossinnen erhoben hatte, indem ich sagte, dass sie nicht von ihm erzogen worden waren – verächtlich bezeichnete ich sie als »Genossinnen zweiter Klasse«.

»Sie hatten doch noch nicht einmal von AB gehört, bevor sie das Flugblatt zu lesen bekamen!«, schnaubte ich. Dabei mochte ich mich selbst nicht, konnte mir diese Spitze aber nicht verkneifen.

Alle anderen machten sich *permanent* über mich lustig – vielleicht wollte ich nur ein einziges Mal ein klein wenig Erhabenheit spüren.

Je älter ich wurde, desto mehr sehnte ich mich danach, Zeit nur mit AB zu verbringen. Bisher war ich niemals wirklich mit ihm allein gewesen. Ich sah ihn während der Diskussionsrunden, bei unseren unheimlichen täglichen Umarmungen und wenn er mich schlug, aber das war es auch schon so ziemlich, denn er aß nicht mit uns. Ich hatte nur sehr wenige Unterhaltungen mit ihm gehabt, nur Lektionen, an deren Ende ich sagte: »Ja, geliebter Genosse Bala.« Dabei war ich der Überzeugung, er würde mich mehr lieben, wenn wir mehr Zeit miteinander verbrachten. Er sah mich nur durch die Augen der Genossinnen, und ich hoffte, er würde ein wenig netter zu mir sein, wenn wir eine eigene Beziehung zueinander hätten.

Deswegen freute ich mich, als wir ab 1990 ein wenig mehr Zeit zusammen verbrachten. Schnell fiel mir etwas auf: AB verhielt sich viel freundlicher, wenn die anderen nicht dabei waren. Das verstand ich nicht. Ich war aber einfach dankbar, dass in meiner grauen Welt hin und wieder ein Stück blauer Himmel aufblitzte. Denn meine Sehnsucht nach dem Tod verschwand nie, auch wenn manche Tage erträglicher waren als andere. Diese Emotionen trug ich wie eine zweite Haut unter meinen androgynen Hemden und Hosen mit mir herum. Sie waren immer da, doch ich lernte, mit ihnen zu leben, wie mit einem emotionalen Tinnitus, den ich immer leichter ausblenden konnte.

An einem strahlend sonnigen Tag, dem 7. Januar 1990, wurde ich endlich sieben Jahre alt. Sechs Tage vorher hatte mir AB ein Prozent meiner guten Eigenschaften zurückgegeben und im Gegenzug ein Prozent von meinem Superidiotenkapital abgezogen. Ich war nun zu 61 Prozent gut und zu 39 Prozent schlecht. Das fühlte sich an wie eine großartige Leistung, die zu meiner neuen Reife passte.

Mein Geburtstag unterschied sich in nichts von jedem anderen Tag im Kollektiv: Wir sangen Lieder für AB, und er trug seine Lektionen vor. Ich durfte nicht nach Draußen. Es gab keinen Geburtstagskuchen – das wäre eine viel zu westliche Tradition gewesen –, aber die Genossinnen bereiteten einen indischen Nachtisch zu. Geschenke gehörten nicht zur Norm. Geburtstage wurden im Kollektiv verzeichnet, nicht gefeiert. Eine Ausnahme stellte natürlich AB dar. Die Jahrestage seiner Zeugung und seiner Geburt waren die größten Feiertage des Jahres.

Die liebte ich. An diesen beiden Tagen im Jahr konnte man sicher sein, dass im Haus eine glückliche Atmosphäre herrschen würde, weil niemand sich getraut hätte, zu so einer besonderen Gelegenheit einen Streit auszulösen. Ich verbrachte ganze Wochen damit, Geschenke für ihn herzustellen. Dazu zählten unter anderem eine Zusammenfassung seines Lebens, aus der die Genossinnen ein »Buch« machten, und eine handgeschriebene Anthologie aller Texte unserer revolutionären Lieder. Am Tag vor dem Ereignis wirbelten die Genossinnen nur so durchs Haus, damit es von oben bis unten glänzte, dann bereiteten sie ein herrliches Festmahl aus Kerala-Curry und indischen Süßigkeiten zu. AB quittierte das alles mit einem wohlwollenden Lächeln.

Den Rest des Jahres über setzten wir die Tätigkeiten fort, die die Neue Welt bringen sollten. Irgendwann verkündete AB, dass ich seine Kinderministerin werden und seine Kinderarmee anführen würde, wenn Offenbar wurde, dass er der Herrscher der Welt war. Das teilte er mir mit, als handele es sich um eine große Ehre. Ich konnte nicht sagen, *dass ich das nicht wollte* – obwohl sich der Gedanke sofort festgesetzt hatte … Ich wollte diese herrlichen Züge fahren, nicht in einen blutigen Krieg ziehen.

Aber mein Schicksal hatte es anders bestimmt. Als ich sieben Jahre alt war, spielte ich also nicht, ich wäre Zugführerin, sondern erstellte eine ganze Reihe von handgeschriebenen Kopien eines Dokuments, das Sian verfasst hatte. Es trug den Titel »Mache dich mit den Folgen aus dem Jahr 1964 vertraut, die die positiven Erfahrungen mit AB betreffen, dem einzigartigen positiven Zentrum der Natur, während du Selbstkritik einsetzt, um gegen deine eigene

Negativität zu kämpfen«. Es handelte sich um eine Chronik von ABs Leben, seinen Taten und Synchronisationen seit 1964, und ich musste alles mindestens dreimal abschreiben. Das dauerte ein ganzes Jahr, obwohl ich jeden Tag daran saß.

Jetzt ließ man mich auch andere Fächer lernen: Sachkunde, wo ich mit Chemikalien experimentierte und mir durch ein Mikroskop hindurch Objekte ansah, Geschichte, wo ich eine Reihe von Aufsätzen über die »Verbrechen der Amerikaner und Briten« verfasste, Naturwissenschaften, wo ich die Makro- und die Mikroebene im Universum bis hin zu den Elektronen festhielt, wobei AB am Anfang wie am Ende meiner Liste stand. Sehr gern hätte ich als Teil meiner Erziehung Prüfungen abgelegt, um sehen zu können, dass ich Fortschritte machte und Leistungen erbrachte, doch solche Dinge gehörten der Alten Welt an und hätten allzu leicht dazu führen können, dass ich Selbstliebe entwickelte. Ich durfte nie vergessen, dass ich es AB zu verdanken hatte, überhaupt etwas zu wissen.

Nur einmal im Monat erlaubte man mir zu malen, was mir großen Spaß machte. Allerdings fiel es mir schwer, mich zu entscheiden, was ich malen sollte. Wählte ich ein Selbstporträt, beschuldigte man mich des faschistischen Individualismus, stellte ich unser Haus und die ganzen Genossinnen dar, die darin lebten, konzentrierte ich mich nicht auf AB. Manchmal produzierte ich Porträts unseres Anführers, und er gestattete mir auch, Szenen wie »Indische Kinder protestieren gegen Rajiv Gandhi« festzuhalten.

Am schwierigsten war es für mich, auf dem Papier eine Landschaft zu entwerfen. Meine Welt war das Haus. Obwohl ich bereits Draußen gewesen war, fand ich es schwierig, mich im Detail an die wenigen Orte, die ich besucht hatte, zu erinnern, als wäre mein Gehirn zu vielen Eindrücken ausgesetzt gewesen und außerstande, die Bilder zu speichern. Weil zwischen den Ausflügen jedes Mal Monate vergingen, kam ich nicht oft genug nach Draußen, um den mentalen Bildern einen festen Platz zu geben: Bei meiner Rückkehr ins Haus waren sie noch frisch, schmolzen dann jedoch langsam weg. Auch

Genossin Chanda und Genossin Shobha malten, deswegen versuchte ich nachzuahmen, was sie erschaffen hatten, oder mir von den wenigen Bildern Inspiration zu holen, die im Haus hingen. Ich malte bunte Wolkenhimmel, Spiegelungen im Wasser, Bäume in der Ferne, Dinge, die ich selten oder nie selbst zu Gesicht bekommen hatte. In gewisser Weise war das »ISA« (Imaginieren, Spekulieren, Annehmen), aber weil Chanda und Shobha ebenfalls gern malten, wurde die Regel nicht ganz so streng umgesetzt, darin lag ein Privileg.

Wie immer galt das jedoch nicht für alle Situationen. Diese Unsicherheit machte mir das Leben schwer. Einmal zeigte ich AB eine Zeichnung von ein paar Blumen, und er schrieb mit ärgerlichen Buchstaben quer darüber: *AB hasst Prems 39 Prozent!* Mehrmals zerstörte er Dinge, die ich gemacht hatte; er verbrannte sie, zerriss sie oder trampelte darauf herum, bis sie schmutzig und kaputt waren. Das brach mir das Herz, denn weil ich kein anderes Objekt für meine Liebe hatte, hatte ich zu diesen Dingen eine Beziehung entwickelt. Dass man sie zerstörte, erlebte ich als so schrecklich, als zerstöre er einen Teil meiner selbst.

Für AB jedoch war das die Sache wert, schließlich befanden wir uns im Krieg.

Während meiner Unterrichtsstunden lernte ich außerdem, gegen wen wir kämpften. AB enthüllte mir gegenüber, dass es eine geheime Weltregierung gab. Man hätte glauben können, dass jedes Land seine eigene Regierung besaß, tatsächlich jedoch wurden sie alle von einem anderen Organ hinter den Kulissen gesteuert. Premierminister und Präsidenten waren nur Marionetten, die wahre Macht hingegen blieb hinter den Thronen der Öffentlichkeit versteckt. AB nannte diese Organisation die »Schattenweltregierung« (SWR). Seiner Ansicht nach bestand ihre Hauptaufgabe darin, ihm tagtäglich nachzuspionieren und seine Worte zu analysieren. Darum mussten wir »dMh« – den Mund halten: Unser Haus war verwanzt, mit Videokameras und Mikrofonen. Um die Agenten auf eine falsche Spur zu leiten, sagte Bala deshalb manchmal irreführende Dinge.

AB war die Nemesis der Schattenweltregierung, und ihre Machthaber waren seine Erzfeinde. David Rockefeller, Henry Kissinger, George Bush, Edward Heath, Alec Douglas-Home, Deng Xiaoping … Es gab viele von ihnen. Obwohl Mao nicht mehr lebte, hatte AB in der »Mao-Clique« einen weiteren Feind. Er hasste sie alle aus tiefstem Herzen und bezeichnete sie als böse Monster und völkermordende Kriegsverbrecher. Er brachte mir bei, dass sie Babys aßen und verbrannten.

Dass ich jetzt mehr über unsere Feinde wusste, ließ meine Angst vor der Welt jenseits unserer Fenster nur noch größer werden. Manchmal wurde ich aus Angst vor den Nachbarn hysterisch, weil sie babyfressende Agenten waren, die sich nur einen Steinwurf von uns entfernt befanden. Das Grauen in mir war so heftig, dass mich AB eines Tages sogar mit nach Draußen nahm, damit ich die Häuser sehen konnte und nicht mehr ganz so große Panik verspürte. Meine Angst empfand er als Beleidigung. Er wollte, dass ich wachsam war und mich nie mit den Agenten einließ, doch meine Furcht war so groß, dass sie implizierte, mir fehle das Vertrauen, er und das Kollektiv würden mich beschützen.

»Solange du mir folgst«, so versicherte er mir, »können sie dir nichts anhaben.«

Wie sich herausstellte, bot sich schon kurze Zeit später die Gelegenheit für mich, diese Aussage auf die Probe zu stellen. Am 2. Mai 1990 saß ich gerade von Josie aufmerksam beobachtet auf der Toilette, als ich ein sehr ungewöhnliches Geräusch hörte. Jemand klopfte an die Haustür.

Und es war mehr als ein Klopfen. Ein Hämmern. Ein Eindringen. Fäuste auf Holz. *Bumm, bumm, bumm!*

Und dann: ein Rufen im Befehlston.

»Wir wissen, dass Sie da drin sind! Aufmachen!«

10. Kapitel:
Das Badezimmer

Plötzlich herrschten im Haus, das normalerweise so still und ruhig war, Lärm und Unruhe. Vorsichtig schlichen Josie und ich uns aus dem Bad. Mein Herz klopfte wie wild – vor Angst, aber auch vor Aufregung. Jetzt passierte etwas Neues …

»Bitte öffnen Sie die Tür!«, rief die laute Stimme wieder.

»Bitte treten Sie die Tür ein!«, schrie Bala zurück. Es klang, als wäre er ganz in seinem Element: Der Anführer einer Revolution läuft in der Gefahrensituation zu Hochform auf. Er verhöhnte die Männer auf der anderen Seite der Tür und genoss die Dramatik der Situation.

Was geht hier vor sich?, fragte ich mich und sprang nervös auf, als die Haustür noch einmal in ihren Angeln erzitterte. Diesmal war das Wummern zehnmal so laut wie vorher. *Die Verteidigungslinien des Kollektivs sind noch nie zuvor dermaßen attackiert worden …*

Aus unseren geflüsterten Gesprächen entstand eine Erklärung: Die Männer waren Gerichtsvollzieher, und sie waren gekommen, um das Haus zu räumen. Der »Mietstreik« zog sich schon über ein Jahr hin, und jetzt war der faschistische Staat gekommen, weil Bala für seine noble politische Haltung bitter bezahlen sollte.

Sobald ich begriff, dass es nicht die furchterregenden Leute von nebenan waren, entspannte ich mich – fast genoss ich das Drama. Mein Leben war so langweilig, und während der ganzen sieben Jahre hier im Haus war noch nie etwas so Aufregendes passiert.

Solange ich mich erinnern konnte, hatte AB in seinen Ausführungen über diese Art des Kampfes mit dem Britisch-Faschistischen Staat gesprochen – jetzt ergab sich für mich die Gelegenheit, ihn selbst mitzuerleben. Während ich zusah und dabei vor Aufregung den Atem anhielt, verließ er seinen Posten während der ganzen folgenden Stunde nicht. Er weigerte sich einfach, die Tür zu öffnen, ganz egal, wie oft die Männer das forderten. Als der Vermieter ihn anflehte, endlich nachzugeben, erntete er nur Spott.

Schließlich wurde die grüne Haustür mit einem riesigen Krachen aufgebrochen – eine Explosion aus splitterndem Holz und Geräuschen, die das Draußen ins Drinnen ließen.

In der folgenden unheimlichen Stille spähte ich neugierig den Flur entlang, an der zerstörten Tür vorbei. Draußen lauerten mehrere große Gestalten.

»Lasst alles zurück!«

Dieser Befehl kam von AB. Ich geriet in Panik – was war mit meinem Lego, mit meinem rosafarbenen Fahrrad? Doch mir blieb keine Zeit für Fragen. Mit einem flüchtigen Blick in Richtung meines Zimmers, das mit mir vertrauten Dingen gefüllt war, folgte ich den anderen in den Vorgarten.

Ich wagte nicht, auch nur ein Wort zu einem der Männer zu sagen, aber als ich an ihnen vorbei hinaus in den Sonnenschein stolperte, studierte ich ihre Gesichter, als lägen sie im Unterricht auf Projektträgern unter meinem Mikroskop. Zu einem fühlte ich mich hingezogen, einem kleinen dunkelhäutigen Mann mit einem freundlichen Gesicht. Wie sich herausstellte, war er der Vermieter. Er wirkte ein wenig traurig, als wollte er das hier gar nicht wirklich tun, und das passte irgendwie nicht zu dem Bild des rücksichtslosen Menschen, das AB von ihm entworfen hatte. Als ich das Haus verließ, zeichnete sich auf seinem Gesicht Erschrecken ab.

Ich senkte den Blick, bevor mich Sian ermahnen konnte, niemanden anzuglotzen. Mich hatten bisher so wenige Leute gesehen, dass es mich verunsicherte, wie sein Gesichtsausdruck sich in dem

Augenblick veränderte, als er mich wahrnahm. Gleichzeitig hatte ich eine Vermutung, warum das geschehen war: weil ich nicht hätte hier sein dürfen – es hätte kein Kind in diesem Haus leben sollen. Ich sah denselben Ausdruck über sein Gesicht jagen, als eine Genossin nach der anderen das Haus verließ. Ich glaube, der Vermieter hatte keine Ahnung, dass wir alle in diesem Haus gelebt hatten.

Als ich wenig später einen erneuten Blick auf ihn riskierte, lächelte er mich freundlich an, und ich spürte, wie meine Stimmung stieg. Aber das war nichts gegen das, was dann geschehen sollte. Als ich an diesem verwirrenden Tag mit den Genossinnen und den Gerichtsvollziehern im Garten stand, streckte einer der Männer – wahrscheinlich mit leisen Schuldgefühlen, weil er ein kleines Kind aus seinem Zuhause geworfen hatte – eine Hand aus und streichelte mir wie nebenbei über meine kurzen Jungenhaare. Das war so schön, dass mir fast das Herz stehen blieb. *Wie angenehm*, dachte ich glücklich, *das fühlt sich gut an.*

Ich wollte diese Berührung unbedingt noch einmal spüren, doch Genossin Sian starrte uns bereits an, ihr Blick bohrte sich wie ein Dolch in mich und sorgte dafür, dass ich mich nicht von der Stelle rühren konnte. Angewidert zischte sie Bala zu: »Der Mann da hat sie angefasst!« In ihrem Ton lag etwas Hässliches, dabei war diese einfache Berührung nur schön gewesen.

Triumphierend führte uns Bala in unsere neue Bleibe im Londoner Stadtteil Streatham. Es war ein unscheinbares Gebäude in einer ruhigen Wohnstraße mit zwei Zimmern oben und zwei weiteren im Erdgeschoss. Als Erstes hängten die Genossinnen Netzvorhänge in alle Fenster. Am allerwichtigsten war, dass mich niemand sah. Deswegen ließen sie auch den Garten verkommen, bis das Gras schließlich über einen Meter hoch stand.

Das neue Haus war feucht und zog Hunderte von Insekten an – Kellerasseln und Tausendfüßler –, mir kribbelte alles, wenn ich sie nur sah. Trotzdem weigerten sich die Mitglieder des Kollektivs, irgendetwas dagegen zu unternehmen; sie erklärten, es wäre gut, sich mit der Insektenplage abzufinden, denn so würden wir später, wenn ABs Herrscherstatus Offenbar wurde, sagen können, wir hätten »Wohl und Wehe« mit dem gemeinen Volk geteilt. Aus demselben Grund kaufte sich AB auch keine neue Brille, obwohl die alte auseinanderfiel. Stattdessen benutzte er Klebeband, Plastikstückchen und einmal sogar ein bisschen gebratene Zwiebel, um die Teile zusammenzuhalten.

Weil es im Haus feucht war, wurden die elektrischen Leitungen zu einer Gefahr. Mehrmals holten sich die Genossinnen einen Schlag, wenn sie Geräte anschalteten, und einmal explodierte die Steckdose mit dem Bügeleisen und schlug dabei Funken. Danach roch es lange nach verbranntem Plastik. Die Genossinnen erklärten mir, dass all diese Dinge geschahen, weil sie AB nicht richtig nachgefolgt waren. Deswegen hatte ich Angst davor, irgendwelche Haushaltsgeräte anzufassen. Ich war eine der Schlechtesten in seiner Gefolgschaft – wie würde sich die Elektrizität dann erst an mir rächen?

AB sagte mir, ich solle mir keine Sorgen wegen dem machen, was mit unserem alten Haus passiert war. Seit seine Feinde das Verbrechen begangen hatten, AB und sein Kollektiv zu vertreiben, hatte er den »absoluten Höllenterror« über sie herabgerufen. Da das alte Haus eine grüne Haustür gehabt hatte, hatte AB Treibhausgase freigesetzt und als Rache für die Räumung die globale Erwärmung ausgelöst. AB verkündete, die Feinde seien ihm »zu 100 Prozent in die Falle gegangen«.

Eigentlich machte ich mir gar keine Sorgen – ich fand es spannend, an einem anderen Ort zu sein –, aber meine Sachen fehlten mir. All unsere Besitztümer, auch die gelbe Decke, die ich als Kind so geliebt hatte, waren durch den Umzug verloren gegangen. Wir mussten ganz von vorn anfangen.

Was aber erfrischend war: Plötzlich mussten einige der Regeln neu geschrieben werden. Man teilte mir mit, dass ich nun zum ersten Mal im Leben allein die Toilette benutzen dürfe. »Aber, Genossin

Prem«, gebot mir AB, »du musst immer jemandem Bescheid geben, wenn du pissen oder scheißen gehst.« Am 22. Juni 1990 erhielt ich ein weiteres Geschenk: »Genossin Prem«, wandte sich AB wohlwollend an mich, »du darfst jetzt die Wasserhähne in dem schmutzigen weißen Waschbecken bedienen – aber nicht die in der Badewanne.« Vorher hatte ich die Erlaubnis dazu nie bekommen.

Dass ich nun allein ins Badezimmer und zur Toilette gehen durfte, war eine Art Offenbarung. Zunächst traute ich mich wenig, denn die jahrelangen Warnungen hatten sich mir tief eingeprägt, doch weil ich jetzt ABs Erlaubnis hatte und keine faschistischen Agenten eindrangen, genoss ich mit der Zeit diese Minuten allein. Vorher war Alleinsein immer eine Strafe gewesen. Jetzt erkannte ich, dass die Einsamkeit auch eine andere Seite hatte, und es dauerte nicht lange, bis die Zeit allein im Badezimmer sehr wertvoll für mich wurde. Ich hielt mich länger als nötig dort auf und sagte den anderen, ich hätte Verstopfung und bräuchte deswegen mehr Zeit.

Dieses kleine Stückchen Selbstständigkeit schien meinen Geist auch in anderer Hinsicht zu öffnen. Als man mich rund um die Uhr bewacht hatte, war kein einziger meiner Gesichtsausdrücke unbemerkt geblieben. Ich hatte aufpassen müssen, nicht zu viel nachzudenken, denn ich hätte ja einen Maozi-Wellen-Gedanken haben können, den die Frauen dann identifizierten. Allein auf der Toilette konnte ich meinen Gedanken endlich freien Lauf lassen.

Plötzlich merkte ich, dass ich immer wieder an den Vorsitzenden Mao dachte. Ich war immer noch über die Kehrtwende verwirrt, die AB bei der Beurteilung seines früheren Helden vollzogen hatte. Jeden Tag musste ich mir lange Vorträge darüber anhören, wie entsetzlich die »Hure« Mao war. Meinem Gefühl nach wurde Mao Unrecht getan, und ich wollte für ihn da sein, wie niemand je für mich da gewesen war. So entwickelte ich eine Art Besessenheit. AB berichtete immer wieder genussvoll darüber, welche Schmerzen Mao ausgestanden hatte, bevor er starb, weil ihm seine Nervenkrankheit so sehr zusetzte, und ich malte mir aus, wie ich mich um ihn kümmerte, ihm den Schweiß von der Stirn wischte und ihm gesundes Essen brachte.

In diesen Fantasien zu leben war wunderschön. Natürlich wusste ich, dass es falsch war, jemanden zu mögen, den AB verbannt hatte, aber AB hatte uns auch gepredigt, dass wir gut zu anderen Leuten sein sollten, also hoffte ich, dass ich keine allzu große Verfehlung beging. Vielleicht würde sie mir nur eine laufende Nase und keinen Magen-Darm-Infekt einbringen. Ich hatte so viel Spaß, dass ich mir dachte, eine Krankheit als Konsequenz wäre die Sache wert. Obwohl ich AB fürchtete, verspürte ich gleichzeitig eine Art der selbstgerechten Befriedigung, weil ich genau die Person mochte, die er als Feindbild ausersehen hatte.

Ich verbrachte mehr und mehr Zeit in meiner Fantasiewelt. Vielleicht zum ersten Mal im Leben stellte ich fest, dass es möglich war, glücklich zu sein. In meinem inneren Kokon schrie niemand herum, alle lächelten und waren immerzu freundlich. Es war der sicherste Ort auf der ganzen Welt. Ich sprang voller Freude im Badezimmer auf und ab, weil ich wusste, dass mich in dieser Welt niemand erreichen konnte.

Wie sich jedoch herausstellte, war dieser Kokon sehr empfindlich. Er bestand aus Spinnweben der Fantasie, die man mit einem einzigen negativen Bericht oder einer Tracht Prügel zerstören konnte. Und diese Prügel stellten den Nachteil unseres Umzugs in das Haus in Streatham dar: Das Bad befand sich direkt über ABs Arbeitszimmer. Immer wieder sagten mir die Genossinnen: »Stillsitzen, stillsitzen«, doch obwohl ich schnell erwachsen werden wollte, war ich immer noch erst sieben Jahre alt. *Ich konnte einfach nicht stillsitzen.* Nicht, nachdem ich schon den ganzen Morgen stillgesessen hatte, nicht wenn ich mich zwei Stunden lang zum Mittagsschlaf hinlegen musste. Manchmal schien es mir, als wäre es unmöglich, die pure kinetische Energie in mir zu behalten. Ich musste einfach meine Arme und Beine gebrauchen: hüpfen, springen, laufen. In den Garten durfte ich nicht, wohin hätte ich also gehen sollen?

Und früher oder später hörte AB dann immer das Geräusch meiner Schritte über seinem Kopf.

»Schluss damit! Ruhe!«, brüllte er in solchen Fällen. Aber wenn ich ihn zu sehr provoziert hatte, hielt er sich nicht zurück. Dann bekam ich seine Faust, seine Hand oder sein Lineal zu spüren, und ich erhielt fünfzig oder sechzig Schläge, weil ich Krach gemacht hatte.

»Wäre es nicht viel einfacher, du würdest mir gehorchen?«, seufzte er hinterher resigniert und drückte dabei grob auf meinen Kopf, während ich ergeben vor ihm kniete. »Denk immer daran, dass ich im Haus bin. Dieses Privileg sollte dir lieb und teuer sein.«

Bala scherte es nicht, dass die blauen Flecke auf meinem Körper geradezu erblühten – wer außer den Mitgliedern des Kollektivs hätte sie schon zu Gesicht bekommen, wo ich doch so selten nach Draußen kam? Aber mich kümmerten sie. Bala bezeichnete sie als Liebesmale, doch für mich waren es Male der Schande. Um sie zu verbergen, zog ich meine Hemdsärmel herunter und knöpfte meinen Kragen bis obenhin zu. Sie waren ein unauslöschliches Zeichen meines bösen Charakters, und ich hasste es, wenn die Genossinnen sie sahen: die deutlich sichtbare und erniedrigende Erinnerung daran, wie schlimm ich mich benommen hatte.

Aber die Genossinnen brauchten die blauen Flecke nicht, um daran zu denken: Schließlich hatten sie AB. Nach einer Tracht Prügel war es üblich, dass man mich mied. Das fühlte sich so an, als würde mich die ganze Welt hassen. Ich wusste, ich war ganz allein. Man sagte mir, dass sich alles und jeder gegen mich gewandt hatte.

Eines Tages zog ich mich nach einer solchen Tracht Prügel ins Badezimmer zurück. Ich saß dort von einer tiefen Traurigkeit erfüllt. Jedes Mal, wenn ich geschlagen worden war, wurde mein Glückskokon in eine Million winzige Stückchen zerrissen, und ich brauchte Zeit, um ihn wieder zu flicken. Mir blieb dann nicht einmal die Möglichkeit, mich mit dem Gedanken an Mao zu trösten.

Ich holte tief Luft. Ich konnte nicht länger hier drinnen bleiben, das würde langsam verdächtig aussehen. Damit alle weiterhin glaubten, dass mein Toilettenbesuch notwendig gewesen war, betätigte ich die Spülung und rechnete damit, sie würde sicher klemmen, da AB gesagt hatte, für mich würde nie wieder etwas funktionieren, weil ich es gewagt hatte, mich gegen ihn zu stellen.

Doch als ich den Hebel herunterdrückte, erklang lautes Wasserrauschen – die Spülung tat ihre Arbeit!

»Du stehst auf meiner Seite!«, rief ich aus, und durch den Schock fiel ich beinahe auf die Knie, diesmal vor Dankbarkeit. Ich fühlte mich überwältigt. Ungeschickt beugte ich mich nach unten und schlang beide Arme um die Porzellanschüssel der Toilette. »Danke dir, Toilette, dass du auf meiner Seite stehst.«

Dann stellte ich mich ans Waschbecken und betätigte mit einer leisen Hoffnung den Wasserhahn. – Zu meinem Erstaunen hatte auch er nicht aufgehört zu funktionieren. Der Wasserstrahl klang in meinen Ohren wie Musik. Ich wusch mir die Hände, obwohl ich das nicht verdiente. Ich konnte nicht glauben, dass der Wasserhahn sich gegen AB gewandt hatte. Hier gab es jemanden, dem ich vertrauen konnte.

»Danke«, flüsterte ich, »danke, dass du mein Freund bist.«

11. Kapitel: Der Nachbargarten

Nach diesem Ereignis wurde das Badezimmer noch mehr zu einem besonderen Ort. Der einzige Nachteil an meinen beiden neuen Freunden Wasserhahn und Toilette bestand darin, dass sie nicht mit mir reden konnten. Stattdessen führte ich Selbstgespräche.

Meine Frustration war so groß, dass ich trotz der Regeln weiterhin versuchte, einen Blick auf das zu erhaschen, was Draußen vor sich ging. Weil wir von dem blutdürstigen Ehepaar weggezogen waren, fühlte ich mich ein bisschen selbstbewusster. Das Hinterzimmer im Erdgeschoss hatte eine Terrassentür, die in unseren Garten führte, und nicht nur in unseren, sondern auch in den der Nachbarn. Die Mitglieder des Kollektivs machten sich große Sorgen, weil der Wind den Zaun zwischen den beiden Grundstücken umgeweht hatte. Jetzt, so fürchteten sie, konnten faschistische Agenten zu uns hinüberschauen. Doch zu ihrer Beruhigung begann der hässliche schmutzige alte Mann von nebenan eine neue Grenze zu errichten, und zwar eine Mauer aus Steinen. Sie waren erleichtert – ich war fasziniert.

Der Mann hatte einen kleinen Betonmischer, dessen Trommel sich drehte und drehte, und ich sah begeistert dabei zu, wie der Mann die roten Ziegelsteine einen nach dem anderen aufeinanderschichtete. *Wie gern würde ich auch so etwas tun*, dachte ich. *Wie schön muss es sein, Draußen zu arbeiten und etwas mit den Händen zu machen.*

Jeden Tag schaute ich ihm zu, wobei ich sorgfältig darauf achtete, mich im Schatten zu halten. Trotzdem muss er meine Augen auf sich gespürt haben. Eines Nachmittags, während ich ihn voller Neid beobachtete, richtete er sich von der halb fertigen Mauer auf und schaute mit zusammengekniffenen Augen in meine Richtung. Dann hob er eine Hand und winkte mir zu.

Das Herz klopfte mir wild in der Brust. Aber anders als in unserem vorigen Haus verspürte ich nicht vor allem Angst – jedenfalls keine vor ihm, eher davor, wie das Kollektiv regieren würde. Denn sein Winken wurde von einem freundlichen Lächeln begleitet, und das erfüllte mich mit der üblichen Freude, die ich immer empfand, wenn mir ein Fremder zulächelte.

Danach zögerte er kurz, als erwarte er irgendeine Antwort von mir. Doch ich zog mich schnell in den Schatten zurück, und meine Hand klebte förmlich an meiner Seite. Ich konnte einfach nicht zurückwinken. Trotzdem erfüllte mich ein seltsames Gefühl, etwas Verkehrtes getan zu haben, indem ich mich von ihm zurückzog. War es unhöflich gewesen, nicht zu reagieren?

Hinterher erfüllte mich Panik. Sollte ich von dem Ereignis berichten oder nicht? Was, wenn der Mann mich verriet, wenn er jemandem sagte, dass ich aus dem Fenster geschaut hatte? Versuchte mich AB auf irgendeine Weise auf die Probe zu stellen? Ich wusste, ich hätte sofort Bericht erstatten müssen, wenn irgendjemand von Draußen Kontakt mit mir aufnahm. Doch ein Teil von mir wollte diesen Bericht nicht erstatten, wollte lieber das Geschenk des Winkens und Lächelns wie einen Schatz für sich behalten.

Weil mich meine eigenen Gefühle verwirrten, erzählte ich schließlich den Genossinnen, dass er mir zugewinkt hatte. Zu meinem Glück waren sie so erzürnt über sein Benehmen, dass sie mich nicht bestraften. Ich glaube, sie meinten, er hätte die Gelegenheit ausgenutzt, als ich zu nah am Fenster stand, deswegen sagte man mir einfach, ich solle in Zukunft darauf achten, dass er mich auf keinen Fall mehr sehen konnte. Ich gehorchte. Wenn ich ihn später wieder im Garten sah, zog ich mich zurück.

Vielleicht war es das krasse Verhalten des Nachbarn, das eine weitere Regeländerung zur Folge hatte. AB verkündete, die Situation werde »gefährlicher«, weil die Zeit für den »gleißenden Krieg« immer näher komme. Was genau geschehen sollte, bevor es Offenbar würde, dass AB die Weltherrschaft übernahm, wurde nie deutlich gesagt, doch AB sprach manchmal von einem »siegreichen Vernichtungskrieg am Ende«. Dieser herannahende Konflikt klang beängstigend, doch AB versicherte mir, alles werde gut werden, wenn ich ihm nur folgte. Jetzt bestimmte AB als zusätzliche Sicherheitsmaßnahme, ich dürfe niemals ohne ihn nach Draußen – nicht einmal in den Garten …

Drinnen herrschte eine entsetzliche Langeweile. Es war wieder ein Tag wie der andere. Wenn die Uhr im Frühling und Herbst vor- oder zurückgestellt wurde, war das etwas ganz Besonderes, weil so eine Veränderung entstand und es am Abend ein bisschen heller oder dunkler wurde. In Streatham vollzogen wir weiterhin die täglichen Rituale des Singens und der Diskussionsrunden, und ich merkte, dass ich oft ein Gähnen unterdrücken musste, wenn AB länger und länger predigte; die anderen Genossinnen erlebten ihn offensichtlich als charismatisch, ich aber nicht. Weil man mein Tagebuchschreiben überwachte, wurde auch diese Aufgabe zu einer Belastung. Ich hielt alles in der dritten Person fest: *Genosse Bala hat Genossin Prem bestraft, weil sie hässliche schmutzige Weiße anschauen wollte. Genosse Bala hat allen erklärt, dass Genossin Prem eine unglaubliche Idiotin ist, und hat ihr eine hässliche Beurteilung gegeben. Genosse Bala hat Genossin Prem befohlen, vor ihm niederzuknien. Wie kann sie andere kritisieren, hat er sie gefragt, wenn sie sich nicht selbst kritisiert?*

Dieses Schreiben in der dritten Person war vielleicht dafür gedacht, den faschistischen Individualismus im Zaum zu halten, oder die Methode war entstanden, weil Genossin Sian ursprünglich alles für mich aufgeschrieben hatte. Als ich älter wurde, gefiel mir diese Unterscheidung. »Genossin Prem« verwandelte sich allmählich in zwei Personen: in die Genossin, die für AB arbeitete, und in eine Fantastin, die in ihrem Kokon lebte. Meine ausgeprägte Vorstellungskraft ließ mich die Prügel viel leichter ertragen.

Ein weiteres Element meiner Erziehung fand ebenfalls in dem Haus in Streatham seinen Anfang. Jetzt stellten Sian, Bala und ich jeden Tag die *Neue Welt* zusammen, eine selbst gemachte Zeitung für das Kollektiv, die alle lesen mussten. Fünf oder sechs Zeitungen von Draußen ging AB durch, dann schnitt er bestimmte wichtige Artikel aus, und Sian und ich klebten sie auf ein farbiges Poster. Die Teile der Zeitungen, die AB nicht ausgewählt hatte, durften wir nicht lesen.

Nachdem Sian die fertiggestellten Poster an AB zurückgegeben hatte, fügte er seine gelehrten Kommentare hinzu, ehe die *Neue Welt* innerhalb des Kollektivs verbreitet wurde, sodass alle Genossinnen von seiner erhellenden Weisheit profitieren konnten. Die Jahreszahl 1997 entfernte er aus jedem Kommentar zur anstehenden Übergabe von Hongkong, denn vorher würde sein Griff nach der Weltherrschaft passieren, deswegen würde AB über Hongkong herrschen. Dann erklärte er, dass die bald stattfindenden Olympischen Spiele von 1992 die letzten vor der Weltherrschaft werden würden. Immer wieder erinnerte er uns daran, dass wir seine gekürzten Kommentare nicht laut lesen durften, weil uns faschistische Spione belauschten. Einmal vergaß Aisha das und pries AB enthusiastisch für einen Kommentar – ihre Dummheit brachte ihr eine Tracht Prügel ein.

Am Anfang machte es mir Spaß, AB beim Zusammenstellen der *Neuen Welt* zu helfen, denn es war eine Abwechslung, und weil ich mich immer danach sehnte, mehr zu lesen, liebte ich es, eine Zeitung zu haben, der ich mich widmen konnte. Doch je mehr ich über Draußen lernte, desto mehr Angst bekam ich, und ich begriff, wie notwendig ABs Pläne waren. Mir wurde klar, dass ich nicht nur faschistische Agenten zu fürchten hatte. Tausende von Kindern verhungerten, andere wurden von Todeskommandos brutal erschossen. Zu dieser Zeit tobte der Golfkrieg, und AB bestand darauf, mir entsetzliche Bilder der grotesken Verbrennungen zu zeigen, die irakische Kinder durch die Bombardierungen der Alliierten erlitten hatten. AB wählte außerdem Artikel, in denen dargestellt wurde, wie ein Mann seine Frau kochte und aufaß, wie Neugeborene in Mülleimern ausgesetzt wurden, wie ein anderer Mann all seine Angehörigen ermordete.

»Siehst du, wie du hier von alldem geschützt bist?«, erklärte er mir dann wohlwollend. »Genau aus diesem Grund will ich nicht, dass du nach Draußen gehst.«

Und ich begriff das. Was für eine glückselige Erleichterung war es, Teil von ABs KK zu sein! Eine große Dankbarkeit für seinen Schutz erwachte wieder in mir.

Eines Tages im Juni 1991 schaute ich heimlich in den Garten, als sich plötzlich etwas Unerwartetes tat. Ganz vage konnte ich das Lachen einiger Kinder im Garten nebenan hören. Was genau vor sich ging, konnte ich nicht sehen, weil die Mauer zwischen uns stand, aber ganz eindeutig lief dort ein besonderes Ereignis ab. Während ich nach Draußen starrte, erschienen plötzlich mehrere bunte Ballons über der Mauer – und sie flogen in unseren Garten!

Ich war wie verzaubert. Noch nie zuvor hatte ich etwas ähnlich Wunderbares gesehen, einen Ballon hatte ich nie gehabt. Jetzt erschienen gleich fünf in meinem Blickfeld und schwebten über die Mauer. »Happy Birthday« stand darauf gedruckt. Doch AB war wachsam wie immer. Als ich vorsichtig vom Fenster aus zusah, stürmte er aus dem Haus und rannte auf die Ballons zu, voller Wut über ihr Eindringen. Ich denke, er glaubte an eine List des Britisch-Faschistischen Staats. Zu meiner bitteren Enttäuschung ließ er einen Ballon nach dem anderen platzen.

Ich hätte nur zu gern gewusst, was nebenan vor sich ging: Die Ballons machten mir keine Angst; sie hatten so schön ausgesehen. Nur aus Genossin Shobhas Zimmer hätte ich in den Garten der Nachbarn schauen können, aber weil sie immer in ihrem Rollstuhl dort saß, wusste ich, dass ich diese Möglichkeit nicht bekommen würde. Trotzdem schlich ich mich einige Tage später in ihr Zimmer, als sie gerade auf der Toilette war, und starrte in den Nachbargarten hinüber.

Dort hatte sich etwas verändert. Auf dem sorgfältig gemähten Rasen stand eine wunderschöne knallrote Rutsche. Mir wurde klar, dass die Kinder, die ich hatte lachen hören, sicher darauf gespielt hatten. Bestimmt hatten sie den Geburtstag gefeiert. Tief in mir verspürte ich einen Stich der Eifersucht. Warum konnte ich so etwas nicht haben?

Ich wagte es, bei Bala nachzufragen.

»Mir gefällt der Müll nicht, der nebenan vor sich geht«, erwiderte er brüsk.

Trotzdem redete ich weiter.

»Wenn dich diese knallrote Rutsche und diese Drecksspiele da drüben so sehr interessieren, solltest du dich zu diesen Leuten gesellen!«, verkündete er verärgert.

Vor lauter Angst krümmte ich mich zusammen. Ich wusste, damit meinte er nicht, dass ich mich auf die andere Seite schleichen, die Rutsche benutzen und dann wieder nach Hause kommen sollte. Schließlich war er AB: In seiner Welt gab es nur Schwarz oder Weiß. »Auf wessen Seite stehst du?«, das sangen wir am Morgen – ich konnte keine knallroten Rutschen mögen und gleichzeitig Teil des Kollektivs sein. Wenn ich ging, um auf dieser Rutsche zu spielen, würde das meine Verbannung aus der Sicherheit seiner Gegenwart bedeuten.

»Wenn du gehst, hast du vielleicht Spaß, aber ich mache die Tür zu und lasse dich nie wieder zurückkommen«, zischte er mir zu.

Voller Entsetzen lauschte ich seinen Worten. Ich war acht Jahre alt und wusste jetzt, wie es Draußen aussah. Ich wusste, dass es dort nicht nur faschistische Agenten gab, sondern auch Kindermörder und gewaltbereite Schläger. Wenn ich das Risiko einging, wer würde mir dann noch helfen? Außerhalb des Kollektivs kannte ich niemanden. Ich hatte niemals auch nur ein einziges Wort mit jemandem gewechselt, der nicht zur Gruppe gehörte. Wohin in aller Welt hätte ich also gehen sollen?

Traurig – denn die Rutsche gefiel mir wirklich gut – fügte ich mich ABs Regeln und gab den Traum auf, im anderen Garten zu spielen. Diese Dinge waren mir einfach nicht vergönnt.

Doch etwas hatte sich mir eingeprägt: Waren vielleicht manche Dinge Draußen besser?

12. Kapitel: Das Traumtagebuch

»Warum lebt Gorbatschow noch?«, fragte ich AB ungeduldig. Er hatte ständig mit dem Untergang des ehemaligen Führers der Sowjetunion Ende August 1991 angegeben. Ich konnte nicht begreifen, warum Bala ihn nicht einfach umgebracht hatte, wo Gorbatschow doch ein so großer Feind war und Bala die Macht dazu besaß.

»Ah«, sagte AB in seiner großspurigen Art, »ich habe ein Programm für ihn vorgesehen – genauso wie für dich …«

In diesem Jahr hatte AB beschieden, dass ich meine Träume für ihn niederschrieb: Obwohl er meine Gedanken ohnehin lesen konnte, forderte er einen Bericht über all meine wachen und schlafenden Augenblicke, um mich besser ausbilden zu können. Kein Stein blieb dabei auf dem anderen. Er wollte die komplette Kontrolle über jeden Aspekt meines Lebens.

Ich konnte mich an meine Träume kaum erinnern, nur an die Albträume, in denen es um die Artikel ging, die AB mir gezeigt hatte. Da mir kein authentisches Traummaterial zur Verfügung stand, erkannte ich aufgeregt eine Gelegenheit zum Schreiben. Die Genossinnen mussten meine Arbeit überwachen, und sie konnten keine Gedanken lesen, also konnten sie auch nicht wissen, dass ich die ganzen Geschichten nur erfand!

Das Niederschreiben dieser »Träume« machte mich unglaublich glücklich. Ich fühlte mich weniger wie ein Schattenkind, wenn ich sehen konnte, wie Wörter aus der Spitze meines Stifts flossen. Später starrte ich fast erstaunt auf die beschriebenen Seiten: *Das war mein Werk*. Ein Beweis, dass ich existierte. Mit der Zeit las ich meine »Träume« laut den Genossinnen vor, wenn wir uns in der Küche aufhielten. AB war nie dabei.

Ich mochte die Küche. Essen war einer der Höhepunkte meines Lebens, ein Aufatmen in der Mühsal des Tages.

Genossin Aisha war die beste Köchin, obwohl ich sie niemals offen dafür loben durfte. Sie und die anderen bereiteten viel indisches Essen zu: Marsala, Currygerichte mit Gemüse und süß gefüllte Samosas. Ich liebte es, in der Küche mithelfen zu dürfen. Dann durchsuchte ich den Reis nach Abfall oder stellte die Zutaten für ein bestimmtes Rezept zusammen. Richtiges Kochen brachte man mir nicht bei, und ich hatte zu große Angst vor den Küchengeräten, als dass ich sie benutzt hätte, aber trotzdem war mir die Küchenarbeit deutlich lieber als der Unterricht über AB.

Küche und Badezimmer wurden rasch zu meinen beiden Lieblingsorten im Haus. Als ich ein wenig älter war, versuchte ich meine Schlafzimmertür zu schließen, weil ich mir ein bisschen mehr Privatsphäre erhoffte, doch AB bestrafte mich und erinnerte mich daran, dass die von Rockefeller angeführte Schattenweltregierung (SWR) mich mitnehmen und umbringen würde, wenn ich den Genossinnen nicht die Möglichkeit gab, mich ständig zu bewachen.

Zu meinem Entsetzen machte er sich außerdem Sorgen, ob es richtig war, mir die Privatsphäre im Bad zuzugestehen. Wie sich herausstellte, war ihm aufgefallen, dass ich immer länger dortblieb, und er beschloss, dem ein Ende zu bereiten. Am 10. Dezember 1991 erließ er neue, strenge Regeln: ein bis zwei Minuten zum Pissen, drei bis fünf Minuten zum Scheißen. Die Genossinnen wurden angewiesen, ihm Bericht zu erstatten, wenn ich mich nicht daran hielt.

Ich war verzweifelt. Das Leben wurde schwieriger – und als das Jahr 1992 kam, verbesserte sich die Situation auch nicht: AB war gewalttätiger als je zuvor. Mein neunter Geburtstag schien der Eintritt in eine neue Welt des Schmerzes zu sein. AB spuckte mir ins Gesicht, beschimpfte mich. »Wenn du so weitermachst«, schrie er dann, »werde ich dir deine Scheißfinger brechen!« Er drohte mir auch, einen Stuhl zu nehmen und mir damit den Schädel einzuschlagen oder mir die Finger abzuhacken, wenn ich an den Nägeln kaute. Die Selbstmordgedanken, die ich mit sechs Jahren gehabt hatte, rührten sich wieder. Meine Verzweiflung war so groß, dass ich AB manchmal sogar widersprach. Als er mir eines Tages fünf »Schlimmer als superschlecht«-Beurteilungen schrieb, antwortete ich: »Das ist mir egal.« Wenn ich mich so äußerte, wurde das immer streng bestraft.

Allerdings war ich zu meiner Überraschung nicht mehr die Einzige im Kollektiv, die so empfand. Seit wir nach Streatham gezogen waren, benahm sich Genossin Cindy seltsam. Sie hielt sich während der Diskussionsrunden immer ein Stück abseits, als könnte sie ABs Nähe nicht ertragen. Sie sprach kaum mit anderen, und wenn doch, reagierte sie bissig. Einmal gab es eine schlimme Auseinandersetzung, als sie im Flur an AB vorbeigegangen war, ohne ihn zu grüßen. Stundenlang saß sie auf dem Bettrand, mit abgewandtem Gesicht, und zeichnete schweigend Linien auf einem Blatt Papier. Ich wusste nicht, was sie da tat, und ihr Verhalten machte mir Angst. Etwas war nicht in Ordnung.

Weil ich noch nicht begreifen konnte, was mit ihr los war, versuchte ich mich in dem Glück darüber zu verlieren, meine »Träume« aufzuschreiben. Doch im September 1992 betrat AB das Zimmer, als ich einen »Traum« laut vorlas.

Er war wütend. Laut erklärte er, er sei verärgert, weil der faschistische Staat uns vielleicht belauschte. Insgeheim fragte ich mich, ob er eigentlich aufgebracht war, weil er wusste, dass ich die Geschichte erfunden hatte. Grob stieß er mich auf die Knie, und ich schrie auf. Mein Klagen wurde lauter, als er mich schlug und ich den Schmerz spürte, den seine heftigen Schläge mir bereiteten. Er ging auch auf die Genossinnen Aisha und Shobha los, weil sie mir erlaubt hatten, das Geschriebene vorzulesen. Das war nicht spezifisch verboten gewesen, aber sie hätten voraussehen müssen, dass es falsch war.

Doch es sollte noch schlimmer kommen. Bevor ich ihn davon abhalten konnte, streckte er die Hand aus und griff sich das Buch, in das ich meine Geschichten geschrieben hatte. Ohne Zögern riss er es in Stücke und zerfetzte jede einzelne Seite.

Ich spürte den Schmerz tief in mir, schlimmer als jede Tracht Prügel. Jedes Geräusch zerreißenden Papiers fühlte sich an, als würde er meine Seele zerreißen. Alles, was ich aufgeschrieben hatte, war heilig für mich. Wie Wasserhahn und Toilette waren meine Worte meine Freunde.

»Ihr müsst euch bei allem immer fragen: Will AB, dass ich das tue? Und wenn nicht, *warum tue ich es dann*?«, tobte AB am Abend in der Diskussionsrunde.

AB hatte Genossin Cindy auch nicht angewiesen, diese ganzen Linien auf Papier zu malen. In diesem Herbst wandte er sich wegen ihres seltsamen Verhaltens gegen sie. Im Nachhinein glaube ich, dass sich Cindy wegen des Geldes Sorgen machte. Im Jahr zuvor hatte ich auf jede Bitte zur Antwort bekommen: »Nein, wir dürfen keine Ressourcen verschwenden.«

Nun stellte sich heraus, dass Cindys Ungehorsam überhandgenommen hatte. Wie immer wurden wir dazu aufgefordert, uns an den Angriffen zu beteiligen. Ich tat das ebenfalls und würdigte Cindy herab, und zwar mit weitaus größerer Freude als bei Leanne, weil Cindy nie fröhlich wirkte. Deswegen war es schwierig, sich etwas Positives zu überlegen, was man über sie hätte sagen können. AB fing an und kritisierte alles, was sie tat, dann gebrauchte er Gewalt gegen sie. Später erklärte er, das sei eine Prüfung gewesen: Sie sollte zeigen, dass sie in ABs Kollektiv bleiben wollte, egal, mit welcher Strenge er sie behandelte. So konnte sie unter Beweis stellen, dass sie ein guter Mensch war.

Cindy bestand die Prüfung nicht: Am 13. Oktober 1992 kam sie nicht von der Arbeit nach Hause. Wie Scheißdreckbraun vor ihr hatte sie das Kollektiv verlassen. *Die Verräterin Cindy wurde ausgelöscht!*, schrieb ich in mein Tagebuch.

Nachdem Cindy gegangen war und im Kollektiv niemand mehr eine Arbeit hatte, waren wir richtig arm. Die indischen Feste hörten auf, und zum Frühstück aßen wir Kekse. Zwei von meinen alten Oberteilen wurden zusammengenäht, um ein neues zu schneidern, denn wir konnten uns nichts Neues leisten. Alle wirkten gestresst. Kurz nach Cindys Verbannung bekam AB Zahnschmerzen und gab uns die Schuld daran – wir hatten durch unseren Ungehorsam seine Beschwerden ausgelöst.

Wie alle Ärzte waren Zahnärzte Teil der Alten Welt – das bedeutete, dass keine der Genossinnen jemals einen aufsuchte, egal, unter welchen Schmerzen sie litten. Daher hatten sie schreckliche Zähne. AB befahl ihnen, ihre verfaulten Zähne ausfallen zu lassen – wenn sie hundert Jahre alt würden, würden ihnen neue wachsen.

In diesem Winter konnte ich tun, was ich wollte – es schien unmöglich, Balas Wohlwollen zu erlangen. Eines Tages war Shobha krank, und ich kümmerte mich mit um sie, aber dann bekam ich Schläge, weil ich eine Anti-AB-Clique gebildet hatte. Andere Verfehlungen waren mir vertrauter: Mit einer gewissen Unsicherheit erwähnte ich, dass ich fürchte, wie ein Junge auszusehen … Prompt erklärte AB, ich wäre eine »hässliche Leiche«, und er wolle kein Gerede mehr von Jungen oder Mädchen hören. Er wollte *Mitglieder* in seinem Kollektiv, nicht Männer oder Frauen. Ich erhielt dreiundsechzig Schläge und zwölf Tritte. In meinem Tagebuch wurde jedes Vergehen und jede Bestrafung festgehalten.

Am 3. Dezember verließ ich hinkend ABs Zimmer, nachdem er mich einmal mehr geschlagen hatte. Vielleicht wirkte ich gebrochen und gehorsam, wie ich so den Kopf senkte und mich davonschlich, in meinem Inneren sah es jedoch ganz anders aus. Statt mich selbst zu bemitleiden oder zu glauben, dass ich böse war und die Schläge verdiente, war das in mir vorherrschende Gefühl schiere Wut.

Da es inzwischen neue zeitliche Begrenzungen für das Badezimmer gab, konnte ich mich nicht dorthin zurückziehen, um meine Wunden zu lecken. Mit all seinen Schlägen hatte AB meinen Kokon zerstört, deswegen konnte ich selbst bei meinem alten Freund Mao keinen Trost mehr finden. So ließ ich zu, dass mich die Wut überwältigte, und flüchtete mich nicht wie sonst in eine friedliche Fantasie.

Bisher waren meine gedanklichen Verfehlungen eher bescheidener Natur gewesen: Ich hatte mich daran erfreut, mich mit Mao anzufreunden, einem Mann, der einmal ein Freund von AB gewesen war. Doch in diesem Moment suchte ich in Gedanken nach der größtmöglichen Ungeheuerlichkeit. Fast wollte ich, dass AB wusste, wie wütend ich war. Meine Strafe hatte ich ja schon bekommen, und ich glaubte, es wäre mir egal, wieder geschlagen zu werden: Was bedeutet schon ein weiterer blauer Fleck neben all den anderen?

Deswegen zermarterte ich mir das Hirn und versuchte die richtigen Worte zu finden, um all diese Gefühle zum Ausdruck zu bringen. Wie konnte ich nur deutlich werden lassen, wie riesig meine Wut war?

Zitternd vor Angst schloss ich die Augen und dachte mit aller Macht: *Ich hasse AB und liebe David Rockefeller! Ich hoffe, David Rockefeller findet AB und tritt ihn ganz fest ins Gesicht!*

Danach duckte ich mich und rechnete damit, dass mich die Spontane Menschliche Selbstentzündung mit sengender Hitze erfassen würde … Doch nichts geschah.

Als ich einen Herzschlag später immer noch am Leben war, öffnete ich vorsichtig die Augen und erwartete, Hölle und Sintflut vor dem Fenster toben zu sehen. Ich dachte, der Boden müsse sich öffnen und mich verschlingen, ein Blitzstrahl vom Himmel herabfahren und mich erschlagen … Doch nichts geschah.

Als ich AB das nächste Mal begegnete, suchte ich in seinem Gesicht nach einem Anzeichen dafür, dass er mich gehört hatte … Ich fand keines.

In den Tagen und Wochen danach wurde ich nicht krank, und es gab überhaupt keine negativen Ereignisse, das konnte ich einfach nicht begreifen. *AB ist Gott, Gott ist AB … Doch nichts geschah.*

Wie war das nur möglich?

Ich denke, dass ich es damals mit der ganzen Intensität des ausbleibenden Blitzschlages begriff: *AB kann meine Gedanken nicht lesen. Diese Macht hat er nicht.*

Ich fühlte mich wie am Beginn einer schönen neuen Welt.

Zweiter Teil: Auflehnung

13. Kapitel: Im Wohnungsamt

Im Wohnungsamt von Lambeth herrschte am 28. Oktober 1993 nicht besonders viel Betrieb. Trotzdem überwältigten mich die unvertrauten Geräusche – die klingelnden Telefone, die klappernden Computertastaturen, die resoluten Stimmen der Leute, die hier das Sagen hatten – und verursachten mir Kopfschmerzen. Weil Genossin Cindy und ihr Gehalt nicht mehr da waren, hatten wir fast ein ganzes Jahr in dem Haus in Streatham gelebt, ohne Miete zu bezahlen. Vor zwei Tagen war das Haus allerdings geräumt worden, und wir wohnten jetzt in einer Pension.

AB tobte wegen unseres Ex-Vermieters und beschimpfte ihn als »Kriegstreiber und Verbrecher«. Am Vortag hatte er als Racheakt Waldbrände über Kalifornien entfesselt. Obwohl ich den stinkenden Vermieter ebenfalls tief verachtete, fand ich es amüsant, dabei zuzusehen, wie AB Beschimpfungen gegen seinen Feind ausstieß. Nach jenem entscheidenden Tag im Dezember des vergangenen Jahres hatte ich mir für unseren Anführer einen geheimen Spitznamen ausgedacht: AB = Aggression Brennt. Der passte sowohl zu seiner ständigen Wut als auch dazu, dass seine Schläge mir auf der Haut brannten.

Sich so etwas auszudenken, galt ebenfalls als ein besonderes Privileg, das nur AB zuteilwurde. Obwohl er sich ständig geheime Parolen und Akronyme ausdachte – er nannte das »ARA-Diktion« –, durften wir anderen das nicht. »Sag nicht, das eine bedeutet das und das andere das!«, gab er missgestimmt zurück, wenn ich versuchte, ihn nachzuahmen oder eigene neue Wörter zu erfinden. »Ich bin das Zentrum von allem – ich und kein anderer!« Doch obwohl ich diese Regel verletzt hatte, war mir nichts zugestoßen, deswegen machte ich munter weiter. In meinen Gedankenkokon hatte ich neben Mao weitere Verbündete aufgenommen – zu den verbotensten von allen gehörte der britische Premierminister, John Major. Insgeheim hielt ich ihn für den größten Helden, den die Welt je gesehen hatte oder jemals sehen würde (außer AB). Noch mehr als in meinen Gedanken war John Major in meinem Herzen. Er stellte so etwas wie ein Vorbild dar: AB sprach oft spöttisch darüber, dass John Major mit sechzehn von der Schule abgegangen war und keine der angesehenen Universitäten besucht hatte. Trotzdem war er jetzt der Anführer des Britisch-Faschistischen Staats. Das erfüllte mich mit Hoffnung, ich könnte trotz meiner unkonventionellen Erziehung auch einmal Großes erreichen. Zusätzlich zu meiner Bestimmung als ABs Kinderministerin …

Wenn ich über John Major in seinem grauen Anzug und mit seinen quadratischen Brillengläsern fantasierte, schien es mir einfach unvorstellbar, dass er sich jeden Abend eine Serviette in den Hemdkragen steckte und ein Neugeborenes verschlang, wie AB immer behauptete. Einige Monate zuvor hatte ich Mut aus meiner neugefundenen gedanklichen Freiheit geschöpft und das sogar laut ausgesprochen. »Die essen gar keine Babys!«, hatte ich verächtlich gesagt, als AB gerade einen seiner Wutausbrüche gegen die Schattenweltregierung zelebrierte.

Er durchbohrte mich mit einem wütenden Blick. »Du hast keine Zweifel an mir zu äußern«, sagte er drohend. Ich hatte damals nicht reagiert. Das geschah immer: Jeder Widerspruch wurde so gründlich im Keim erstickt, dass es keinen mehr gab.

Außer in meinem Kopf.

Offen gestanden war ich nicht *völlig* davon überzeugt, dass AB nicht über die Fähigkeit verfügte, meine Gedanken zu lesen. Oft sagte er: »Ich gestehe dir zu, Gedanken auszudrücken, und wiege dich dann in der *trügerischen* Sicherheit, du würdest davonkommen, damit ich dich später bei *schlimmeren* Vergehen erwischen kann. Dann werde ich dich bestrafen, und du wirst eine *hingebungsvolle* Soldatin von AB werden und meine Autorität nie wieder verletzen.« Deswegen befürchtete ein Teil von mir, er würde jede gedankliche Autoritätsverletzung genau festhalten und mir eines Tages zeigen, dass er alles als Beweise gegen mich gesammelt hatte.

Gleichzeitig dachte ich aber auch: *Wenn AB wirklich alles weiß, weiß er auch, dass ich an John Major denke … Und er wird nicht wütend deswegen – das bedeutet, es ist in Ordnung für ihn. Vielleicht mag er John Major heimlich auch und macht ihn nur nieder, um uns zu prüfen, genau wie er es mit Mao getan hat. Vielleicht ist es ja sogar gut, dass ich John Major mag, weil ich so den geheimen Test bestehe …*

Es war ein einsames Dilemma, weil ich niemanden bitten konnte, mir bei seiner Entwirrung zu helfen. Irgendwann beschloss ich, meinem Instinkt zu vertrauen. Vielleicht wurde ja gar nicht alles so stark kontrolliert, wie ich immer geglaubt hatte. Dieser Gedanke machte mich glücklich.

Mit Gewissheit lässt sich sagen, dass das Kollektiv eher unkontrolliert wirkte, als ich die Mitglieder auf das Wohnungsamt in Lambeth begleitete. Ich wusste, dass sie sehr viel lieber eine andere Lösung gefunden hätten, als mich mitzunehmen, aber die Alternative hätte darin bestanden, mich im Hotel zurückzulassen, und das war ebenso inakzeptabel.

»Bleib hier«, hatten sie in einiger Entfernung vom Tresen gezischt. Ich durfte sie nicht zu dem Gespräch mit dem offiziellen Vertreter begleiten und schaute von weitem zu, wie die Gruppe der Genossinnen in der Schlange vorrückte und sich der dunkelhäutigen Frau am Schalter näherte. Ich beäugte sie vorsichtig: Sie war durch und durch eine faschistische Agentin, denn sie arbeitete für den Britisch-Faschistischen Staat. Da keine der Genossinnen eine Arbeitsstelle hatte, waren wir gezwungen, herzukommen und uns vom Staat ein neues Haus zuweisen zu lassen – dabei mussten wir alle auf der Hut sein, während wir uns heldenhaft mit unserem Feind auseinandersetzten.

Obwohl meine Gedanken mir nun Zuflucht boten, war es Draußen so furchteinflößend wie immer. Ich begriff mein eigenes Verhältnis zur Außenwelt nicht: Ich liebte es, Draußen zu sein, und die Leute, die ich dort beobachtete, wirkten oft sehr nett. Trotzdem hatte ich auch Albträume über die Nachbarn und las jeden Tag in der *Neuen Welt* über die Gefahren der Draußen-Welt.

Einige Monate zuvor, im Januar, hatte ich eine Warnung erhalten. Ich war sehr ungehorsam gewesen und hatte über mehrere Tage Wasser in einen Wäschetrockenschrank gegossen, weil ich hoffte, das Kollektiv würde glauben, wir hätten einen Wasserrohrbruch und man würde einen Klempner rufen (ich war zu allem bereit, um der Monotonie meines Lebens zu entkommen). Der »Wasserrohrbruch« wurde tatsächlich bald entdeckt, aber man fand auch heraus, dass ich die Schuld daran trug. AB war so außer sich vor Wut, dass er mich aus dem Haus warf, genau wie damals, als ich vier Jahre alt gewesen war.

Inzwischen war ich älter und klüger. Mit vier Jahren hatte mich diese Erfahrung überwältigt – jetzt, mit zehn, war sie unendlich viel schlimmer, denn nun stand mir kristallklar vor Augen, welche Gefahren auf mich lauerten, wenn mich AB nicht wieder ins Haus ließ. Mit aller Kraft schlug ich auf die verschlossene Tür ein, fast von Sinnen wegen der grausigen Gefahr.

Als AB die Tür das erste Mal wieder geöffnet hatte, hatte ich mich sofort besser gefühlt, doch er hatte mir nur das Oberteil meines Trainingsanzugs heruntergerissen und mich wieder rausgeworfen. Nach Draußen in die eisige Januarkälte. Ich war völlig verzweifelt. Er hatte mich erst wieder ins Haus gelassen, als ich seiner Ansicht nach angemessen erschüttert war vor Entsetzen.

Diese Lektion hatte ich mir zu Herzen genommen. Was auch geschah, kein Schicksal konnte schlimmer sein als die Vorstellung, das Kollektiv verlassen zu müssen. Deswegen sprach ich an jenem Tag im Oktober 1993 im Wohnungsamt mit niemandem – aber ich *lauschte* voller Eifer. Trotz der Anweisungen der Genossinnen bewegte ich mich langsam auf den Tresen zu, weil ich hören wollte, was über unser neues Haus gesagt wurde.

Obwohl acht Personen dem Kollektiv angehörten (AB, Chanda, Shobha, Sian, Josie, Aisha, Oh und ich), war bei den Genossinnen von einem Haus für vier die Rede, nämlich Chanda, Shobha, Sian und Oh. Der Rest von uns stand nicht auf der Liste. Ich hasste den Gedanken daran, dass man mich so aus den offiziellen Dokumenten ausschloss.

Dann sprach die Frau hinter dem Tresen. Ihr Tonfall war herrisch, und ihr ganzes Benehmen zeigte nur zu deutlich, dass sie sich selbst für sehr wichtig hielt. Ich spürte, dass die Genossinnen sie nicht mochten. Die Frau vom Amt schien das jedoch nicht zu bemerken.

»Wer ist denn das da?«, hörte ich sie plötzlich fragen. Ich sah auf und stellte fest, dass sie genau auf mich zeigte.

Als wären sie eine einzige Person, drehten sich alle Genossinnen um und starrten ärgerlich auf mich herunter. Ich stand nicht länger einige Meter entfernt, wie sie befohlen hatten – ich war schnurstracks auf den Tresen zugegangen.

»Ach, sie verbringt nur ein paar Tage bei uns«, ertönte die Lüge in unbekümmertem Tonfall. »Bald kommen ihre Eltern und holen sie wieder ab.«

Die Frau nickte und beugte sich wieder über die Dokumente: Ihre Neugierde war befriedigt, die Erklärung akzeptiert. Obwohl mich die Lüge ein wenig störte – schließlich bestand AB immer darauf, dass wir die Wahrheit sagten –, glaubte ich, die Genossinnen hätten sie eingesetzt, um mich vor dem Britisch-Faschistischen Staat zu beschützen: Wenn die Schattenweltregierung herausfand, wer ich war, würde man mich entführen und töten. Was bedeutete im Vergleich dazu schon eine kleine Notlüge?

Es faszinierte mich allerdings, dass meine Eltern erwähnt worden waren. AB hatte mir inzwischen gesagt, dass ich nicht einfach in seine Hand geboren war – ich war ein Retortenbaby, von einer Maschine statt von Menschen gemacht. Seltsam blieb aber, dass mir die Genossinnen trotz dieser mir einleuchtenden Erklärung *immer* Eltern zuschrieben, wenn sie Draußen jemanden darüber anlogen, wo ich herkam, als würde jeder Eltern brauchen, um geboren zu werden. Kurz vor der Räumung hatten mir AB und Sian sogar eine Erklärung eingebläut, die ich geben sollte, wenn man mich jemals befragen würde. Ihrem Diktat folgend schrieb ich: *Mein Vater war ein kommunistischer Freiheitskämpfer aus Peru, der in einem vom Volk geführten Krieg umgekommen ist. Meine Mutter war Engländerin. Sie ist bei meiner Geburt gestorben. Beide waren Freunde von AB, und deswegen kümmert er sich jetzt um mich.*

Nur zu gern hätte ich die Geschichte meiner sogenannten Eltern ausgeschmückt, denn ich fand es spannend, etwas Fantasievolles zum Aufschreiben zu haben. Verunsichert hatte mich dabei die Reaktion von Genossin Sian. Als sie mir die Geschichte diktierte, hatte sie immer wieder mitten im Satz gestockt. Ich schaute auf, weil ich wissen wollte, woher dieses Zögern kam. Genossin Sian weinte.

Genossin Sian weinte *nie*, außer wenn AB sie zu heftig schlug. Sie war der Schäferhund unter den Genossinnen und sorgte dafür, dass *andere* weinten.

»Was … was ist denn los?«, hatte ich gefragt, ganz vorsichtig, falls sie mir den Kopf abreißen würde.

»Die Geschichte deiner Eltern rührt mich«, hatte sie mir zur Antwort gegeben, und ich hatte wohlweislich den Mund gehalten.

Wie sich herausstellte, gab es niemanden, dem ich etwas hätte erzählen können. Niemand, der mir über den Weg lief, stellte mir überhaupt irgendwelche Fragen. Mit einer abschließenden großen Geste unterschrieb die Dame vom Wohnungsamt unseren Antrag. Sanft wie nie führte mich Genossin Sian aus dem Gebäude, dabei ging sie so schnell, dass ich kaum mit ihr Schritt halten konnte. Das tat sie, um ihr Missvergnügen darüber zum Ausdruck zu bringen, dass ich es gewagt hatte, mich der Frau hinter dem Tresen zu zeigen. Ein letzter Blick … Dann schloss sich die Tür leise hinter uns.

14. Kapitel: Umzug

Am 5. November 1993 zogen wir in unser neues Haus in Wembley im Norden Londons. Anders als unsere vorigen Häuser, die relativ groß und ohne direkte Nachbarn gewesen waren, handelte es sich diesmal um eine winzige Wohnung mit drei Schlafzimmern im Erdgeschoss eines niedrigen Wohnblocks. Weil wir zu acht dort lebten, war es sehr eng. AB hatte ein eigenes kleines Zimmer, Chanda und Shobha teilten sich ein weiteres, und wir anderen schliefen im dritten.

In diesem Haus sah ich die Genossinnen Chanda und Shobha viel häufiger. Es war faszinierend zu beobachten, wie AB und seine Frau miteinander umgingen – Chanda verehrte ihn nicht so sklavisch wie die anderen. Diese Erkenntnis war in etwa so großartig, als hätte einer der Planeten plötzlich seine Umlaufbahn rund um die Sonne verlassen.

In Wembley wurden aber auch für uns anderen die Regeln auf verwirrende Weise eine nach der anderen aufgeweicht. Am ersten Tag brachte AB mir bei, wie ich den Türspion an der Wohnungstür zu benutzen hatte. Außerdem durfte ich zum ersten Mal im Leben die Tür öffnen und schließen, aber nur, wenn sicher war, dass heimkehrende Genossinnen davorstanden. Darüber hinaus durfte ich am Telefon mit AB oder mit den Genossinnen sprechen, wenn sie Draußen waren oder umgekehrt. Dann hielten die Frauen den Hörer für mich fest, damit ich ihn nicht selbst berührte.

Ich glaube, die ethnische Abstammung unserer Nachbarn hatte viel mit diesen Änderungen zu tun. Anders als an all unseren früheren Wohnorten waren wir hier nicht von hässlichen schmutzigen Weißen umgeben – in Wembley gab es sehr viele Leute, die ethnischen Minderheiten angehörten, und das Kollektiv war ihnen gegenüber, zumindest am Anfang, viel weniger feindlich eingestellt. Was mich betraf, so fand ich unsere erwachsenen Nachbarn furchteinflößend, und es gab einen Mann, der mir ganz besondere Angst machte. Als ich einmal nach Draußen sah, schaute er aus seiner Kellerwohnung zu mir herauf. Sein Gesicht hinter den Dreadlocks hatte eine grüngraue Farbe, und er schien mich von unten herauf zu belauern. Ich nannte ihn »Uenis Cieppo«, denn das beschrieb meiner Empfindung nach seine dunklen, unheimlichen Farben.

Von meinen neuen Freiheiten abgesehen, war aber am allerbesten, dass ich in Wembley viel häufiger nach Draußen durfte. Bisher hatten AB und ich immer nur das Haus verlassen, wenn Chandas Angehörige zu Besuch kamen, also höchstens zwei- oder dreimal im Jahr. Doch weil das Gebäude dem Britisch-Faschistischen Staat gehörte, kamen in Wembley einmal pro Monat Beamte vorbei, und natürlich musste dabei jedes Mal meine Existenz verborgen werden.

Und nicht nur das – es galt auch zu verheimlichen, dass in der winzigen Wohnung acht Leute zusammenlebten. Jeden Tag räumten wir die zusätzlichen Zahnbürsten vom gemeinsamen Halter im Bad, stapelten Kissen auf den Betten, um zu verschleiern, wie viele Leute hier schliefen, versteckten das Feldbett und das Bettzeug von Aishas Schlafsofa. Sobald es aussah, als würden nur vier Leute hier unterkommen, verschwanden AB und ich und kehrten erst zurück, wenn die Luft wieder rein war.

Am Haus gab es keinen Garten, aber dafür einen Gemeinschaftsbereich. Ich sehnte mich danach, dort spazieren gehen zu dürfen, aber während der ganzen Jahre, die wir in Wembley lebten, durfte ich nur zweimal hin. Ich saß meistens im hinteren Schlafzimmer und starrte einsam und verloren aus dem Fenster. Immerhin blieb mir dafür mehr Zeit als vorher, weil die weniger strengen Regeln erlaubten, dass ich mich allein umziehen durfte. Außerdem hatte ich eine Stunde für mich allein, in der ich ABs Übungen machte (dazu gehörte, dass ich im Bett lag und die Arme zu den Beinen hin streckte, bis ich meine Zehenspitzen berühren konnte).

Eine Weile befolgte ich ABs Anweisungen ganz genau, aber mein nicht an Bewegung gewöhnter Körper hatte Schwierigkeiten mit diesen Streckübungen. Vor allem mein Bauch schmerzte, wenn ich mich vorbeugen musste. Sehr schnell wurde mir bewusst, dass meine Zeit allein viel zu wertvoll war, als dass ich sie mit diesen Übungen verbringen durfte. Stattdessen versuchte ich heimlich, ABs private Bücher zu lesen. Wenn ich im Schlafzimmer offiziell meine Übungen erledigte, konnte mich AB nicht davon abhalten, denn im selben Zimmer stand ein gut gefülltes Bücherregal. Bücher über China, Hinduismus, Führungspersönlichkeiten der westlichen Welt … Laut ABs Philosophie musste man *kennen*, was man *hasste*: Ihm gefiel es, alles über die Dinge zu lernen, die er verachtete, damit er sie mit Bestimmtheit verwerfen konnte. Deswegen hatte ich sehr viele Informationen zur Verfügung, auch wenn ich nur wenig am Stück lesen konnte und immer vorsichtig sein musste, falls eine Genossin den Raum betrat und mich dabei erwischte.

Ich begann mit den Büchern über Hinduismus und die indischen Mystiker, Sri Ramakrishna Paramahamsa und Swami Vivekananda. Ich verliebte mich in den Hinduismus: in die bunten Gewänder, das Essen und die Festtage, die göttlichen Trancezustände, die Gläubige erlebten. Ich überlegte mir, wie schön es wäre, selbst in so einen Zustand zu verfallen – bisher hatte ich gedacht, mein Kokon mit John Major und Mao wäre etwas Schönes, aber wie gut wäre es erst, der Qual meiner täglichen Existenz so zu entgehen! Ich betete – dabei war ich nicht ganz sicher, an wen ich mich richtete –, dass ich eines Tages die Gefühle erfahren dürfte, die diesen Mystikern zuteilwurden. Tatsächlich fand ich das polytheistische Element besonders anziehend: Jeder hatte die Freiheit, die Götter seiner Wahl zu verehren.

Man stelle sich das vor – die Auswahl zu haben, dachte ich mit erstaunt aufgerissenen Augen.

Während ich allein im Zimmer war, machte ich außerdem immer das Fenster auf, denn auf diese Weise hatte ich die seltene Gelegenheit, die Wärme der Sonne oder die Kühle einer frischen Brise im Gesicht zu spüren. Wenn das Fenster offen war, dauerte es nicht lange, ehe das Gelächter der Kinder aus der Nachbarschaft mich erreichte. Es gab vielleicht sechs oder sieben andere Kinder im Wohnblock, und jemand hatte gegenüber meinem Fenster eine selbst gebaute Schaukel für sie aufgestellt: mit einem Brett, das für eine Elfjährige wie mich gerade richtig war … Wenn schon die Brise durchs Fenster so angenehm war, wie schön wäre es dann erst, auf diese Schaukel zu klettern und durch die Luft zu fliegen, zu fliegen, Arme und Beine und alles würde fliegen? Die anderen Kinder spielten ständig auf der Schaukel, warfen sich vor und zurück. Ich schaute ihnen zu und weinte.

»Warum darf ich nicht da auf die Schaukel?«, fragte ich AB eines Tages unter Tränen.

»Das ist zu gefährlich«, erwiderte er in einem freundlichen Ton, der mir vermitteln sollte, er wolle mich beschützen. »Dann würden dich die Leute vielleicht bemerken.«

Ich musste im Schatten bleiben.

Das machte mich unendlich traurig. Die anderen Kinder riefen sich immer Dinge zu und rannten herum, während ich still in meinem Zimmer saß, ihnen zuschaute und mir wünschte, Teil der Gruppe sein zu können. Bala befahl mir, sie zu ignorieren, aber es zog mich immer wieder ans Fenster. Es fiel mir zu schwer, der Versuchung zu widerstehen. Eines Tages, während ich voller Eifersucht nach Draußen starrte, erwischte mich eines der kleinen indischen Mädchen dabei. Eifrig hob sie die Hand, nicht um mir zuzuwinken, sondern um mich heranzuwinken. Sogar ich verstand das sofort: *Komm und spiel mit mir.*

Ich fuhr entsetzt zurück. Weil das Kollektiv jetzt freundlicher mit den Nachbarn umging, musste ich damit rechnen, dass sie ihrer Mutter von mir erzählte, und die wiederum könnte etwas zu Sian sagen, die es AB melden würde, der mich dann schlug, weil ich mich nicht versteckt gehalten hatte.

Ich glaubte nicht, dass das Mädchen selbst eine faschistische Agentin war, aber ich wusste natürlich, dass wir keine Freundinnen werden konnten.

15. Kapitel: Tischgespräche

An einem Februartag im Jahr 1994 stieg ich vorsichtig auf den Badewannenrand und streckte mich hoch bis zum Fenster. Ich war jetzt elf Jahre und einen Monat alt und ein großes Kind – »zu groß«, sagte AB, aber das lag wahrscheinlich daran, dass ich jetzt nicht mehr viel kleiner war als er –, und darum konnte ich gerade so mit den Fingern den Griff umfassen und das Fenster aufstoßen. Die Scheibe war geriffelt, deswegen musste ich das tun, um nach draußen schauen zu können.

Wenn ich das Fenster öffnete, war ich jedes Mal sehr, sehr vorsichtig. Ich hatte Angst, das Kollektiv würde mich dabei erwischen und meine Zeit im Badezimmer erneut einschränken. Ich war begeistert gewesen, als ich feststellte, dass meine alten Freunde, Hahn und Toilette, mir auch in unserem neuen Haus treu geblieben waren. Man konnte mir den Umgang mit anderen Kindern verbieten, aber diese Freundschaft konnte AB nicht verhindern. Darum betrachtete ich das Badezimmer als mein Zuhause. Es war ein schöner Ort – wenn ich mich allein dort aufhielt. Denn trotz der teilweisen Lockerung der Regeln, blieben andere unumstößlich gültig.

Wenn ich badete, wurde ich von den Genossinnen überwacht. Das hasste ich. Anders als in unserem alten Haus gab es hier keinen Duschvorhang, also konnte ich mich nirgendwo verbergen. Das Ganze fühlte sich besonders unangenehm an, weil sich mein Körper seit einiger Zeit veränderte: Unter meinen Brustwarzen wölbten sich jetzt kleine Brüste. Ich wollte nicht, dass das Kollektiv das bemerkte, gleichzeitig durfte ich dieses Unbehagen nicht zum Ausdruck bringen. Bala sagte immer: »Wenn ich herausfinde, dass du etwas nicht magst, werde ich es gerade darum immer wieder tun, bis du dich fügst.«

Als ich nach Draußen spähte, entfuhr mir ein zufriedener Seufzer: Ich hatte ihn nicht verpasst. Einer der Höhepunkte meines Tages bestand inzwischen darin, zuzusehen, wie einer unserer Nachbarn von oben das Haus verließ. Das Badezimmerfenster ging auf die Hauptstraße hinaus, und die zum Wohnblock gehörenden Parkplätze konnte man ebenfalls überblicken. Der betreffende Nachbar besaß ein Motorrad. Ich liebte es, zu verfolgen, wie er seinen Aufbruch vorbereitete: Er zog Handschuhe über, gefolgt von einem weiteren Paar dickerer, und setzte dann einen riesigen Helm auf ... Zuallerletzt schwang er ein Bein über den Sattel und ließ den Motor aufheulen. Ich hatte meine Badezimmerbesuche so eingerichtet, dass ich ihm zuschauen konnte. Die pure Freiheit seiner Taten erschien mir bewundernswert: Er war nicht eingesperrt, wie in einem Auto, und trotzdem konnte er ganz schnell wegfahren.

Ich hatte keine richtige Vorstellung davon, wohin er oder die anderen Nachbarn, die ich kommen und gehen sah, jeden Morgen verschwanden. Wohin konnten die Leute denn wollen außer ins Wissenschaftsmuseum, ins Commonwealth-Institut oder in den Londoner Zoo? Trotzdem beneidete ich sie. *Was für ein Glück sie haben*, dachte ich sehnsüchtig, *sie können jeden Tag nach Draußen.* Weil ich abgelenkt war, verlor ich auf dem Wannenrand ein wenig den Halt und musste mich am Fenster festklammern, um das Gleichgewicht wiederzufinden. Das Herz klopfte mir bis zum Hals. Ich hatte festgestellt, dass es mir in letzter Zeit schwerfiel, die Balance nicht zu verlieren: Ich setzte meinen Körper so wenig ein, dass mir vor Anstrengung schwindlig im Kopf wurde, wenn ich mich bewegte.

Ich fand mein Gleichgewicht und den Halt, um wieder aus dem

kleinen Fenster schauen zu können. Die Aussicht war wunderschön. Auf der Straße war immer etwas los. Außer den Nachbarn, die kamen und gingen, beobachtete ich auch sehr gern den Verkehr, vor allem die knallroten Doppeldeckerbusse, die unter lautem Lärm vorbeifuhren.

Mit einem zufriedenen Seufzer stieg ich von der Wanne. Jetzt hatte ich noch Zeit für ein Spiel … Leise grub ich im Wäschekorb und wühlte mich durch die schmutzigen Kleidungsstücke … *Bingo.* Mit einem triumphierenden Lächeln zog ich eine von Chandas schönen Salwar-Kamiz-Kombinationen heraus.

Weil ich Genossin Chanda in Wembley häufiger zu Gesicht bekam, war mir die bei uns herrschende Hierarchie noch stärker bewusst geworden. Schon beim Auspacken hatte ich deswegen großen Widerwillen empfunden: Chanda, Shobha und AB hatten jeder einen eigenen Schrank, in dem sie ihre Sachen verstauen konnten – wir anderen fünf mussten uns einen einzigen teilen. Außerdem war noch offensichtlicher geworden, dass Chanda mich ablehnte.

»Werdet ihr mit uns gemeinsam zu Abend essen, du und Genossin Shobha?«, hatte ich sie eines Abends gefragt. Doch sie hatte mir keine Antwort gegeben. Ich hatte mich geräuspert und meine Frage wiederholt, ein wenig lauter. Trotzdem hatte sie mich völlig ignoriert, als wäre ich gar nicht da. Ihre Reaktion – oder vielmehr das Ausbleiben einer Reaktion – verletzte mich ganz besonders, weil ich mich ohnehin schon so sehr als Unperson fühlte. Ich hatte einfach keine Erklärung dafür, was ich falsch gemacht hatte, dass sie mich so behandeln konnte. *Es muss irgendetwas in mir drin sein*, überlegte ich. *Es ist nicht nur das, was ich tue, sondern mit mir als Person ist etwas nicht in Ordnung.*

Weil ich wusste, dass die Zeit gegen mich arbeitete, zog ich das Salwar-Kamiz-Gewand schnell heraus, warf es mir über Hemd und Hose und spielte mit der schmutzigen Wäsche von Genossin Chanda Verkleiden. Oh, das war so herrlich, trotz des Geruchs! Der Stoff umfloss mich in einer Lache aus glänzendem Violett. Ich wendete und drehte mich in alle Richtungen, um einen noch besseren Effekt zu erreichen, gleichzeitig versuchte ich, durch den Raum zu tanzen, und stieß dabei leise Jauchzer aus. Das war ein so herrliches Gefühl. Ich fühlte mich wunderschön und weiblich … Ich wollte mich selbst in Augenschein nehmen.

Im Badezimmer gab es nur einen Spiegel. Er war so angebracht worden, dass Chanda sich gut sehen konnte, aber jetzt, wo ich ein Stück gewachsen war, konnte ich das auch. Zumindest, wenn ich in der Badewanne stand. Vorsichtig hielt ich das Gewand fest, stieg hinein und wandte mich dem Spiegel zu.

Wow. Bin das wirklich ich? Vor mir stand eine Person: braune Augen, braunes Haar, ein breites Lächeln. Ich konnte gerade so die Wölbung meines sich entwickelnden Busens erkennen, und der Anblick meines eigenen Körpers in dieser verbotenen Kleidung war faszinierend und aufregend. Genossin Sian sagte immer angeekelt, die Hügel auf meiner Brust seien »schmutziges Fett«, aber ich mochte sie trotzdem. Für mich lieferten sie einen Beweis, dass ich ein Mädchen war, und das war für mich etwas sehr Kostbares.

Auch sonst war ich in jener Zeit nicht immer so folgsam wie vorher. Dass Genossin Chanda deutlich entspannter mit AB umging, inspirierte mich. Ich wollte sie nachahmen und hoffte, damit größeren Respekt zu gewinnen, denn sie war die angesehenste Frau im ganzen Haus. Deswegen zögerte ich jetzt, wenn AB mich zu sich befahl. Doch er schrie nur immer gebieterischer nach mir, als wäre ich ein Hund und er mein Herr.

Dann versuchte ich es mit einer anderen Taktik. Wenn mir AB seine unheimlichen Streicheleinheiten zukommen ließ, zog ich mich zurück. Er war wütend, schließlich gehörte ich *ihm*.

»Okay«, schnaufte er. »Du willst nicht, dass ich dich anfasse? Dann darfst du das auch nicht bei mir.«

Ein paar Wochen hielt ich durch, dann gab ich auf. Ohne ABs Berührungen hatte ich überhaupt keinen Kontakt zu jemand anderem, und ein Leben in dieser gewaltigen Einsamkeit war mir unerträglich. Für die Frauen galt immer noch das Verbot, mich anzufassen. Bala warf mir vor, ich würde ihn »vernachlässigen«, wenn ich ihnen meine besondere Aufmerksamkeit zuwandte. Ganz selten ließ mich Oh nun ihre Hand kitzeln, wenn sie neben mir auf ihrem Feldbett lag, aber wenn uns jemand erwischte, wurden wir von AB als »Lesben« beschimpft – was das bedeutete, wusste ich nicht.

Doch in gewisser Weise – wirklich nur in gewisser Weise – war AB nicht mehr ganz der unversöhnliche Tyrann, den ich mein ganzes Leben lang gekannt hatte. Dass wir so viele indische Nachbarn hatten, schien ihm eine neue Verbindung mit der Draußen-Welt zu ermöglichen. Er und Chanda aßen jetzt oft mit uns zu Mittag, und weil es in der winzigen Wohnung keinen Esstisch gab, saßen wir zusammen und hatten unsere Teller auf dem Schoß. Zu meiner Überraschung stellte ich fest, dass sich AB und Chanda beim Essen *unterhielten*. Und während sie das taten, hörte ich vielleicht zum ersten Mal das ungezwungene, angenehm plätschernde Hin und Her eines *respektvollen* Gesprächs.

Das war ganz unglaublich! Es ging nicht nur um Belehrungen und Gehorchen, sondern sie erzählten sich Geschichten, schnitten verschiedene Gesprächsthemen an und verliehen diesem Austausch eine Leichtigkeit, wie man sie aus ABs Predigten einfach nicht kannte.

Außerdem gab es da noch etwas, etwas sehr Seltsames, an der Art und Weise, wie AB und Chanda miteinander sprachen. Anders als während der Diskussionsrunden, wo die Frauen für ihre Taten vor der Begegnung mit AB in der Luft zerrissen wurden, erwähnten sie Erinnerungen, behandelten sie wie besondere Schätze, über die man sich mit Bewunderung äußerte. Das konnte ich am Klang ihrer Stimmen hören: Sie nahmen eine ganz bestimmte Wärme an, wenn sie eine Anekdote wiedergaben. So voller Freude klangen sie auch, wenn sie über ihre Kindheit sprachen, und darüber, wie viel Spaß sie damals gehabt hatten.

Bis dahin hatte ich wegen dem, was ich in den Diskussionsrunden gelernt hatte, immer geglaubt, nur meine eigene Kindheit sei in ihrer Art etwas wert. Die Kindertage, über die ich nun etwas hörte, klangen jedoch angenehm, wie etwas, was man sich wünschen würde. Da ich erst vor kurzem die Draußen-Kinder auf der Schaukel hatte spielen sehen, beeindruckte mich der Gedanke, dass es mehrere Versionen einer guten Kindheit gab.

Ich hörte auch Geschichten darüber, wie die Genossinnen früher den Leuten in der Gemeinde geholfen hatten – damals in den 1970er-Jahren, als das Kollektiv im Mao-Gedächtniszentrum in der Acre Lane angesiedelt war. Ich erfuhr, dass es damals fünfzehn Genossinnen gegeben hatte: Sie verteilten Flyer auf den Straßen von Brixton und boten für geringe Beträge marxistische und maoistische Traktate an. Außerdem hielten sie öffentliche politische Zusammenkünfte ab, wo AB predigte. AB sprach auch von den Konferenzen, an denen sie alle teilgenommen hatten.

Irgendwann fragte ich mich laut, warum wir das als Gruppe nicht mehr taten; ich hätte gern Leuten geholfen und ihnen Bücher verkauft. Da erklärte man mir, dass das Kollektiv in den Untergrund hatte gehen müssen, als ich 1983 geboren wurde. »Projekt Prem« musste beschützt werden. Von diesem Punkt an waren alle Aktivitäten des Kollektivs ein großes Geheimnis.

Als ich diesen Gesprächen beim Mittagessen zuhörte, wurde mir auch klar, dass der Austausch mit der Öffentlichkeit einmal ein großer Teil von ABs Leben gewesen war – und ein großer Teil des Lebens aller Genossinnen. Vielleicht lag es daran, dass ich hörte, wie AB und Chanda so voller Wärme über diese entscheidenden Erfahrungen sprachen, jedenfalls lauschte ich jetzt aufmerksamer, wenn die Genossinnen von ihren eigenen sprachen. Genossin Sian folgte einem Graduiertenstudiengang an der London School of Economics, und dort hatte sie AB kennengelernt, der sie dazu ermutigte, über ihre Vergangenheit zu sprechen. Er sagte, sie müsse sich »reinigen«, indem sie ihm davon berichtete – daher hatte ich häufig die Gelegenheit, ihr dabei zuzuhören. Ich erfuhr, wie sie in Wales aufgewachsen war, wie sie Ferien am Mittelmeer verbracht hatte, auf einem Pferd durch die Brandung geritten war. Obwohl sie stets in verächtlichem Tonfall vorgetragen wurden, waren diese Geschichten immer unglaublich bunt und lebendig. Sie nisteten sich in meiner Fantasie ein: der stolze Galopp von Pferdehufen, der Klang der Cricket-Schläger auf frisch gemähtem Rasen, das Klirren von Weingläsern an einem Sommertag …

Nichts davon erschien mir gefährlich.

Nichts davon erschien mir falsch.

Also kam in mir die Frage auf: *Warum darf ich solche Erfahrungen nicht machen, alle anderen dürfen es doch auch?*

Am allerschlimmsten war es jedoch für mich, Dinge über Freunde zu hören, die AB und Chanda während ihrer Jugend hatten. Nie war von faschistischen Agenten die Rede, von Ideen aus der Alten Welt oder der Notwendigkeit, Abstand zu anderen zu halten. In meiner Welt gab es immer eine Glasscheibe zwischen mir und anderen, AB dagegen war mit seinen Freunden herumgerannt und hatte mit ihnen auf der Straße gespielt. Trotz seiner göttlichen Berufung war er nicht von der Welt abgeschieden – er war Teil dieser Welt gewesen.

Ich wollte auch Teil davon sein. Denn als ich das alles hörte, begriff ich langsam etwas, und dieses Begreifen wurde mit jeder Anekdote stärker: Draußen ging es nicht *nur* um Gefahren. Gut, es gab dort Mord und Chaos, aber es gab auch Picknicks und Ponys.

Und wenn dieses Draußen in seiner Kindheit gut genug für AB gewesen war, warum sollte ich es dann nicht wenigstens *ausprobieren* dürfen?

Vorher hatte ich dem Kollektiv gegenüber immer Dankbarkeit empfunden, Dankbarkeit dafür, dass man mich vor dem Draußen beschützte. Wenn ich jetzt den Erzählungen der Genossinnen zuhörte, fühlte ich mich zum ersten Mal nicht verteidigt, sondern beraubt.

16. Kapitel: Gedanken zur Neuen Welt

Mir war es verboten, Freunde zu haben. AB jedoch hatte welche, und in Wembley lernte ich einen von ihnen kennen.

Genosse Simons kam aus Jamaika, und wenn er lächelte, sah man seine wunderschönen weißen Zähne. Er half AB und den Genossinnen oft, indem er sie im Auto herumkutschierte.

Alles war besser, wenn Genosse Simons zu Besuch kam. Ihm gegenüber zeigte AB eine andere Seite von sich selbst; nie schlug er vor, die Maozi-Wellen aus ihm zu prügeln. Tatsächlich gab es in Genosse Simons' Gegenwart keine Schläge und keine bösartigen Verurteilungen. Stattdessen aßen wir zusammen und sprachen über die Welt. Genosse Simons teilte die Auffassung der anderen und verehrte AB. Ich glaube, das festigte in mir die Überzeugung, dass das, was ich über ABs Bestimmung gelernt hatte, der Wahrheit entsprach – schließlich glaubte Genosse Simons auch daran, und er kam von Draußen.

Zu den zweimal wöchentlich stattfindenden Besuchen befahl mir AB immer, ein Langarmhemd zu tragen, damit man meine blauen Flecken nicht sah. Diese Vorsichtsmaßnahme war klug, denn ich liebte nichts mehr, als wenn Genosse Simons mich ansah. Wenn er kam, tat ich immer alles, damit er mich bemerkte – ich war geradezu süchtig nach seiner Aufmerksamkeit.

Zum Beispiel bettelte ich darum, ihm das Essen auftun zu dürfen. Dann stürzte ich mit seinem Teller auf ihn zu, trat einen Schritt zurück und starrte ihn an, so gefesselt von dem neuen Gesicht in unserer Mitte, dass ich nur glotzen konnte. Darüber wurde Genossin Sian immer sehr wütend. »Hör auf, dich so aufzuführen!«, zischte sie mir zu, aber ich tat alles für ein Lächeln von Genosse Simons.

»Ich geh scheißen!«, verkündete ich lauthals eines Nachmittags, als Genosse Simons gerade zu Besuch war. Damit befolgte ich nur die Regeln, denn das musste ich tun, wenn ich allein ins Bad ging. Zu meiner großen Verwunderung schienen meine Worte den Genossen Simons sehr verlegen zu machen.

Später sagte Bala zu mir, ich hätte »höflich« zu sein, wenn Genosse Simons uns besuchte. Offensichtlich gehörte es sich nicht, anderen gegenüber seine Verdauung zu erwähnen, obwohl man mir beigebracht hatte, dass ich es immer tun sollte. Stattdessen, so sagte AB, sollte ich es jetzt immer nur der Genossin in der Küche mitteilen, oder, wenn wir alle zusammensaßen, einfach »Ich bin gleich wieder da« sagen. Mir fiel diese Änderung auf, doch den Grund dafür verstand ich nur sehr bedingt.

Während dieser Besuche beschrieb AB oft detailliert, wie die von ihm geplante Neue Welt aussehen würde. Als ich früher beim Erstellen unserer eigenen Zeitung geholfen hatte, war mir ganz genau klar geworden, warum die Alte Welt durch eine andere ersetzt werden musste, aber ich hatte mir nicht weiter überlegt, *womit* sie ersetzt werden würde. In Wembley erfuhr ich es.

Die Neue Welt, so verkündete AB, würde aus einer »kommunistischen terroristischen Diktatur« bestehen, mit ihm als GPVA (»Gott-Präsidenten-Vorsitzenden-Anführer«). Wenn sich jemand auch nur das kleinste Vergehen zuschulden kommen ließ, würde er dem VFH-Prozess unterworfen (»Verhaftung, Folter und Hinrichtung«), egal wie geringfügig dieses Vergehen aussah. ABs Auffassung nach war es lobenswert, Gewalt gegen das eigene Volk zu gebrauchen.

Das Massaker auf dem Platz des Himmlischen Friedens im Jahr

1989 wurde ebenfalls als einer von ABs Siegen gepriesen; hier hatte der extreme Kommunismus der Hardliner über den widerlichen westlichen Liberalismus triumphiert. Jedes Mal wenn er über den PDHF sprach (so lautete seine Abkürzung), klang in seiner Stimme spöttischer Hass auf die Konzepte »Demokratie« und »Menschenrechte«. Fast leckte er sich beim Gedanken an das Blutbad die Lippen, und er schien es kaum erwarten zu können, eines Tages ganz offen dasselbe tun zu dürfen. Häufig beschrieb er in grausamen Details, wie gern er all seine Feinde foltern würde, die ungeborenen Babys und schwangeren Frauen unter ihnen eingeschlossen. Und obwohl er sich dabei immer in Rage redete, zu spucken und zu schreien begann, fand ich es immer am gruseligsten, wie nebensächlich er den Massenmord abhandelte, der in seiner Neuen Welt verübt werden würde.

Den Massenmord pries er sogar in der Alten Welt: Seiner Auffassung nach waren Terroristen noble Streiter gegen den Westen. AB zufolge bestimmte die Frage »Auf wessen Seite stehst du?« die Unterscheidung zwischen Leben und Tod. Er lebte in einer schwarzweißen Welt, und die einzige Färbung erhielt sie durch das Blut derer, die ihn verraten hatten.

Doch sogar als elfjähriges Mädchen sah ich die Welt langsam in verschiedenen Grautönen, und diese Wahrnehmung verstärkte sich mit der Zeit nur. Das hing damit zusammen, dass ich mich immer öfter mit Büchern aus ABs Sammlung beschäftigte. Darin wurde Folter nicht gepriesen, ganz im Gegenteil. Als ich die Geschichte des zu Tode gefolterten Chinesen Peng Te-Huais las, empfand ich Mitleid für ihn. Dadurch änderten sich auch meine Gefühle für meinen Freund Mao. Ich nahm ihm seine Rolle in dieser Angelegenheit sehr übel und konnte keine Entschuldigung dafür finden, was er getan hatte. Trotzdem richtete sich meine Wut vor allem gegen AB, denn seinen Worten zufolge war er derjenige, der tatsächlich hinter alldem stand.

Seit meiner Geburt hatte mir AB immer wieder gesagt, dass ich, wenn er die Weltherrschaft übernahm, alles bekommen würde, was ich wollte – und noch mehr. Deswegen hatte ich mich auch seit meiner Geburt nach diesem Tag *gesehnt* – nach dem Tag, an dem ich keine faschistischen Agenten mehr würde fürchten müssen, mich frei im Sonnenschein bewegen konnte und an dem alle wissen dürften, dass ich existierte. Dann wäre es nicht mehr notwendig, mich im Schatten zu verstecken. Oh, wie sehr ich mich nach diesem Tag sehnte! Doch während ich zuhörte, wie AB diese Einzelheiten seiner Neuen Welt beschrieb, und sie mit dem zusammenbrachte, was ich aus den Büchern lernte, wurde ein anderes Gefühl in Bezug auf die Weltherrschaft immer stärker. Obwohl ich mich nach der Freiheit sehnte, empfand ich beim Gedanken an diese ganzen Toten ein unsägliches Grauen.

Ich möchte nicht glücklich werden, wenn nicht alle anderen auch glücklich werden können.

Denn besser als jeder andere wusste ich, was es bedeutete, einsam zu sein und Angst zu haben. Ich wollte nicht, dass irgendjemand anders dieses Gefühl des Verdammtseins empfand, das mich so oft quälte.

Ich dachte darüber nach, was AB immer sagte: Wenn wir ihm nachfolgten, konnten auch wir lange leben, vielleicht sogar wie er das ewige Leben erlangen. Aber jetzt wagte ich den ketzerischen Gedanken: *Würde ich in einer solchen Welt ewig leben wollen?*

Meinen aufkeimenden Widerwillen konnte ich nicht zum Ausdruck bringen – wohin ich den Blick auch wandte, sah ich Genossinnen, die mit allem einverstanden zu sein schienen. Sie stimmten allem mit ehrfürchtig glänzenden Augen zu und riefen hingebungsvoll im Chor: »Ja!«

Langsam und unauffällig stimmte ich mit der Zeit nicht immer ein. Doch dieser winzige Akt der Rebellion blieb zur Aussichtslosigkeit verdammt, denn ABs Aufstieg zur Weltherrschaft war unvermeidlich. Wenn wir bei den Diskussionsrunden im Wohnzimmer saßen – eine weitere gelockerte Regel besagte, dass wir nicht mehr im Kreis stehen mussten), zeigte uns AB Artikel, die sein Erlangen der Weltherrschaft prophezeiten. Dann fragte er uns: »*Wer* kommt zu *wem*?«

»*Sie* kommen zu *dir*!«, antworteten wir im Chor.

Weil ich erst elf war, konnte ich das alles nicht verarbeiten. Immer häufiger zog ich mich ins Badezimmer zurück – in diesen Fällen ging es nicht darum, zu spielen oder nach Draußen zu schauen; stattdessen trat ich vor den Spiegel und schaute ohne Scheu zu, wie mir die Tränen über die Wangen liefen. Meine Gefühle wurden so oft von AB lächerlich gemacht, dass es mich auf eine gewisse Weise tröstete, mir selbst zu gestatten, diese Tränen auch zu sehen, obwohl sich niemand anders darum kümmerte.

Ein paar Jahre zuvor hatte die Presse den Interviews viel Raum gegeben, in denen Ronald Reagans Tochter Patti Davis im Fernsehen darüber sprach, dass ihre Eltern sie schlecht behandelt hätten. Als ich daran dachte, hatte ich eine Idee. Wenn ich im Badezimmer vor dem Spiegel stand, stellte ich mir vor, ich sähe mich selbst auf einem Fernsehbildschirm. Ich beschloss, der Welt alles von AB und von dem, was hier passierte, zu berichten: wie schlecht man mich behandelte, dass man mich grün und blau schlug.

Seitdem ich angefangen hatte, ein wenig eigenständiger zu denken, hatte ich ein bisschen mehr Selbstvertrauen in meine zögerliche Überzeugung entwickelt, dass ABs Prügel *tatsächlich* etwas Schlechtes waren. Obwohl ich immer noch glaubte, dass *ich selbst* ein schlechter Mensch war, war ich nicht länger davon überzeugt, dass es etwas nutzen würde, dieses Schlechte aus mir zu prügeln – nicht zuletzt, weil es immer wieder geschah.

Wie ich feststellen konnte, half es mir wirklich, so in die »Kamera« zu sprechen. Dann teilte ich ihr flüsternd alle möglichen Wahrheiten mit, die ich niemand anderem anvertrauen konnte, schaute wie aus der Entfernung zu, wie mir die Tränen über das Gesicht liefen. Weil ich wusste, dass AB und der Britisch-Faschistische Staat immer zuhörten, hoffte ein Teil von mir, dass mich irgendjemand bemerken würde; vielleicht würde jemand kommen und der ganzen Sache ein Ende machen. Gleichzeitig erfüllte mich dieser Gedanke mit Angst (ich fürchtete mich immer noch vor faschistischen Agenten und dem Nachbarn aus der Erdgeschosswohnung). Außerdem war ich verwirrt – wenn sie zuhörten, warum erlaubten sie dann AB, seine Pläne weiterzuverfolgen? Schließlich bestand AB täglich darauf, wir sollten nicht sprechen, also »dMh«; das bläute er uns *jeden Tag* in den Diskussionsrunden ein. Wenn der Britisch-Faschistische Staat tatsächlich alles belauschte, müssten seine Anhänger doch ganz eindeutig wissen, dass sie den gesuchten Mann gefunden hatten? Aber vielleicht sammelten sie ja noch Beweise, vielleicht warteten sie deshalb ab.

Auch dieser Gedanke löste Hoffnungslosigkeit in mir aus. Die Vorstellung, dass man Draußen zuhörte, mich jedoch nicht retten wollte, war wahrscheinlich die traurigste Erkenntnis von allen.

17. Kapitel: JACKIE

Der Rückzug ins Badezimmer war meine Rettung. Die »Fernsehinterviews«, das Verkleiden, der Mann auf dem Motorrad und Wasserhahn und Toilette – sie machten mir das Leben lebenswert. Ich wäre vor nichts zurückgeschreckt, um sie zu beschützen. Als ich an einem windigen Tag das Fenster öffnete, erbebte die Badezimmertür in ihren Angeln, und die Böen wehten durch die Wohnung.

»Du hast doch bestimmt ein Fenster aufgemacht!«, beschuldigte mich eine der Genossinnen, als ich den Raum verließ. Mein Herz fing wild an zu klopfen. Wenn sie herausfanden, was ich tat, würde es eine von ihnen Bala erzählen. Ich fürchtete seine Reaktion: Vielleicht würde er mir das Privileg der privaten Toilettengänge entziehen und einer Genossin befehlen, mich jedes Mal zu begleiten. So konnte ich nicht mehr leben. Ich schluckte. Ich hatte die Wahl. Entweder verlor ich auch das winzige bisschen Freiheit, das ich besaß, oder ich log.

Für mich war das ein großer Schritt. Ich hasste Lügen, aber ich hatte keine Wahl. Es war eine Überlebensstrategie. Deswegen ordnete ich meine Gesichtszüge so, dass sie, wie ich hoffte, aufrichtig erschienen. Ich konnte nicht sicher sein, ob ich damit davonkäme, denn diese Leute hatten mich fast in jeder Minute meines Lebens beobachtet, zu jeder Stunde, an jedem Tag. Trotzdem musste ich es versuchen.

»Nein, habe ich nicht«, schwindelte ich und hielt danach den Atem an.

Zu meiner großen Erleichterung hinterfragten sie das nicht, und das öffnete vielen weiteren Lügen Tor und Tür. Wenn die Genossinnen mich ins Verhör nahmen, konnte ich von jetzt an lügen, um meine eigene Haut zu retten. In Streatham war es mir nicht gelungen, vor ihnen zu verheimlichen, dass mir die Nachbarin zugewinkt hatte, doch nun konnte ich Geheimnisse besser für mich behalten. Das fühlte sich immer noch falsch an, besonders wenn es Aisha oder Oh betraf, aber ich hatte entschieden, dass es sich um ein notwendiges Übel handelte.

In dieses Klima, in dem ich langsam zu denken und zu lügen lernte, schlug der Blitz ein, vor dem ich mich gefürchtet hatte. Im Frühling 1994 änderte sich alles. JACKIE trat in unser Leben.

»JACKIE« stand für »Jehova«, »Allah«, »Christus«, »Krishna« und »Immortal Easwaran«, den Unsterblichen, und war mächtiger als jeder einzelne von ihnen. JACKIE war die jüngste Inkarnation von ABs Maschinen zur Gedankenkontrolle, und die tödlichste von ihnen allen.

Ich war mit dem Konzept von ABs Maschinen aufgewachsen. Als kleines Kind sorgte ich mich deswegen nicht allzu sehr, denn wir sprachen nur hin und wieder darüber. Ich hatte keine Angst vor ihnen. Viel größere Angst hatte ich vor Bala.

Das Kollektiv akzeptierte JACKIE von Anfang an, so als hätte er schon immer existiert. Wenn sich die Frauen jetzt wegen etwas Sorgen machten, sagten sie zueinander: »Wir müssen aufpassen, wegen JACKIE«. Einmal wollte mich Genossin Aisha beruhigen und sagte besänftigend zu mir: »Mach dir keine Sorgen, JACKIE ist unter Kontrolle.«

Mich beruhigte dieser Gedanke ganz und gar nicht. Ich war zu der Überzeugung gelangt, dass AB meine Gedanken nicht lesen konnte, dass jetzt jedoch JACKIE dazu in der Lage war. *AB hat gesagt,*

JACKIE ist in mir, schrieb ich in mein Tagebuch. Ich wollte diesen Geist aus mir herauskratzen, alle anderen schienen jedoch voller Ehrfurcht zu sein, und ich wusste nicht genug, als dass ich gegen den Strom hätte schwimmen können. Ich wurde mitgerissen und lebte ebenfalls in schrecklicher Angst vor JACKIE – ein neuer gesichtsloser Dämon verfolgte mich in meinen Träumen.

Außerdem war ich nicht die Einzige, deren Gedanken JACKIE so beherrschte. *Genossin Aisha hat nachts geschrien,* notierte ich in diesem Frühling in meinem Tagebuch. Von dem Augenblick an, als JACKIE ankam, bemühten sich alle Genossinnen um tadelloses Benehmen – das bedeutete, dass man falsches Verhalten der anderen häufiger meldete.

Die Situation verschlimmerte sich noch, als ich erfuhr, dass ich die Erste meiner Art war. AB erklärte uns jetzt, dass in der Neuen Welt alle Menschen auf der Erde umgebracht würden und er sie durch eine Million von JACKIEs Kindern ersetzen würde. Auch ich, so erklärte man mir, war ein Kind von JACKIE. Für mich war das ein schrecklicher Gedanke, auch wenn ich mich bemühte, ihn rasch zu verdrängen.

Das einzig Gute bestand darin, dass ich während der Zeit in Wembley oft bei Bala sitzen durfte. Mein früherer Plan, mehr Zeit mit ihm zu verbringen, damit er sehen konnte, dass ich nicht nur schlechte Eigenschaften hatte, ließ sich endlich in die Tat umsetzen. In den beengten Räumlichkeiten unserer Wohnung mussten wir zusammenrücken. Weil es nur so wenig Möbelstücke gab, saßen wir zusammen an dem einzigen Tisch, während wir unsere wichtigen Arbeiten für die Neue Welt verrichteten.

Diese Nähe zu Bala hatte einen sehr angenehmen Vorteil: Ich saß in der ersten Reihe, wenn er etwas las! Das Buch oder die Zeitung waren immer von mir abgewandt, doch ich brachte mir selbst bei, über Kopf zu lesen, und prägte mir alles auf der Seite ein. Ich liebte es, meine Gedanken mit verschiedenen Dingen zu füllen. AB las viele Zeitungen und Zeitschriften – zum Beispiel die *Asian Age* und den *National Enquirer* – und ich betrachtete mit großer Freude auch die Bilder; besonders gefielen mir die verschiedenen Outfits der Leute. *Ich würde mich auch gern so anziehen*, dachte ich dann und warf einen traurigen Blick auf meinen Trainingsanzug, den ebenso gut ein Junge wie ein Mädchen hätte tragen können.

Etwa zu dieser Zeit probierte ich auch einen neuen Namen für AB aus. Ich nannte ihn »Papa«. Jeder hatte jemanden, den er »Vater« nennen konnte, so argumentierte ich, und weil AB der einzige Mann weit und breit war (und er in gewisser Weise zugleich Mutter und Vater für mich gewesen war) schien mir das nur natürlich. Zuerst gefiel es AB nicht, doch nach einer Weile akzeptierte er es. Mir war jedoch strengstens verboten, »Balakrishnan« als Nachnamen zu benutzen oder das auch nur zu *wollen*.

Als das Jahr 1994 voranschritt, schien sich die engere Beziehung zu AB auszuzahlen. Am 25. Mai stimmte er zu, mich allein baden zu lassen, sofern er sich im Haus aufhielt. Ich freute mich so sehr, dass mir zunächst egal war, dass diese neue neugewonnene Privatsphäre neue Regeln mit sich brachte. Vor dem Bad musste ich nun Bala darüber in Kenntnis setzen, und dann fragte er: »Körperreinigung oder Haarwäsche?«

Trotzdem stand mir das Beste noch bevor. Monatelang hatte ich seit unserem Umzug nach Wembley darum gebettelt, auf einen Spielplatz zu dürfen. Ich liebte es, täglich die Kinder auf der Schaukel zu sehen, und obwohl ich wusste, dass AB mir niemals die vor der Wohnung erlauben würde – mittlerweile verhielten sich die Genossinnen den Nachbarn gegenüber wieder feindselig, und überall im Schatten lauerten faschistische Agenten –, hoffte ich, er könnte mir vielleicht Spielgeräte weiter weg vom Wohnblock gestatten. Obwohl ich in Wembley einmal im Monat nach Draußen durfte, machten diese häufigeren Ausflüge die Situation in gewisser Weise schlimmer für mich, denn weil ich jetzt öfter das Draußen kosten durfte, wuchs mein Hunger danach. Jetzt malte ich in meinem Tagebuch immer einen Kreis um das Wort »Raus«, wenn mir AB einen

Ausflug versprach, und die Tinte war von meiner Sehnsucht und Vorfreude getränkt.

Am 31. Mai 1994 wurde mein Wunsch schließlich erfüllt.

Ich war außer mir vor Freude, als mich AB, Sian und Aisha in den Hydepark begleiteten. Es war ein brütend heißer Tag, und die Landschaft um mich herum glänzte fast in der Hitze. Wie eine Oase in der Wüste leuchtete ein Kinderspielplatz vor mir auf, mit einer Schaukel, einer Rutsche und noch so vielem mehr.

Voller Eifer bewegte ich mich auf die Geräte zu. Ich wäre gern gerannt, aber das tat ich nie, weil ich zu oft dafür geschlagen worden war. Ich ging direkt auf die Schaukel zu. Unter einem leuchtend roten Gestänge schwang ein Plastiksitz an dicken Ketten.

Fast hielt ich den Atem an, weil ich die Intensität des Augenblicks so stark empfand, dann ließ ich vorsichtig das Hinterteil nach unten fallen und schloss beide Fäuste um die Ketten. *Ich sitze auf einer Schaukel*, dachte ich voller Glück. Nie im Leben hätte ich mir träumen lassen, dass es wirklich einmal dazu kommen würde.

Mehrere Sekunden lang genoss ich einfach nur den Moment, das ungewohnte Gefühl des Sitzes unter mir und die stille Luft um mich herum.

Und jetzt?

Ich schielte zu AB hinüber, wartete auf Anweisungen, aber er gab mir keine.

Ich zermarterte mir den Kopf, versuchte mich daran zu erinnern, was ich vom Fenster aus gesehen hatte, und hob die Beine vom Boden. Dadurch schwang die Schaukel ein wenig hin und her, aber ich bewegte mich nicht vor und zurück.

Trotzdem wurde mir ein bisschen übel: Das sanfte Hin und Her machte mir Angst, ich fürchtete, herunterzufallen. Noch fester umklammerte ich die Ketten und versuchte Mut zu fassen. Ich hatte darum gebettelt, das hier tun zu dürfen, jetzt musste ich die Chance auch nutzen.

Wieder hob ich beide Beine. Nichts. *Wie machen die das nur?*, fragte ich mich. Bei anderen Kindern hatte es so einfach ausgesehen; sie waren durch die Luft geflogen, aber ich bekam es nicht hin. Ich wollte es lernen, doch da war niemand, der es mir beigebracht hätte.

Schließlich musste ich aufgeben. Mit düsterem Gesicht ging ich zu AB und den anderen zurück, nur um festzustellen, dass sie an mir vorbeischauten, hin zur Schaukel. Dort spielte jetzt ein anderes kleines Mädchen. Ohne jede Schwierigkeit stieß sie die Beine nach vorne und lehnte sich zurück, und die Schaukel begann sich zu bewegen. Höher und immer höher flog sie, die Ketten gaben ein fröhliches Quietschen von sich, das ihren Flug untermalte.

»Schau sie dir an!«, sagte AB zu mir. »Schau dir an, wie hoch sie kommt!« Er starrte mir ins Gesicht. »Warum kannst du das nicht?« Es war nicht die letzte Gelegenheit, bei der er mich so mit anderen verglich. Ich fühlte mich wertlos und ließ die Schultern hängen, als ich den Spielplatz verließ.

Obwohl ich viele Male darum bettelte, wieder auf die Schaukel zu dürfen, kam es nie dazu. Ich fand, es war besonders grausam gewesen, mir einen kurzen Blick auf das zu gönnen, was ich wollte, denn dadurch spürte ich den Verlust nur umso stärker, als man es mir seitdem verweigerte.

Ich konzentrierte mich so sehr auf meine eigene Unzulänglichkeit, dass ich keinen Moment darüber nachdachte, was dieser Vorfall auf der Schaukel im Hydepark bedeutete. Ein einziges Mal hatte mich AB das tun lassen, was ich wollte – und ich hatte nur herausgefunden, dass ich es nicht konnte. Selbst wenn man das Glas entfernte, befand ich mich noch in der Falle.

18. Kapitel: Pubertät

Genosse Bala hat Genossin Prem verboten, zu sagen, dass sie ein Mädchen sein will, schrieb ich im Sommer 1994 in mein Tagebuch. Diese Regel war so alt wie die Welt – doch zu ABs Pech wollte mein Körper davon nichts wissen.

Wenn ich mich jetzt im Spiegel ansah, war die Rundung meines Busens nicht zu leugnen. Und meine Brüste waren schon jetzt groß – größer als die von einigen anderen Genossinnen – und so schwer, dass ich Rückenschmerzen davon bekam. Voller Neid schaute ich auf Genossin Sians knallrosafarbenen BH, der auf dem Wäscheständer trocknete. Ich durfte keinen tragen, obwohl das den anderen Frauen gestattet wurde, denn es war ein Konzept, das der Alten Welt angehörte. Ich hatte sowieso keinen zu brauchen, schließlich war ich ein Kind von JACKIE, ein Kind der Neuen Welt.

»Wer braucht hier einen BH?«, schnaubte AB, als ich zögernd um einen bat. »Du brauchst jedenfalls keinen BH! Wage es nicht, noch mal davon anzufangen!«

Er wollte auch nicht der Tatsache ins Auge sehen, dass sich mein Körper veränderte, obwohl er den Beweis direkt vor sich hatte.

Weil AB darauf bestand, trug ich weiterhin nur geschlechtsneutrale Kleidungsstücke, und die Genossinnen mussten jetzt sicherstellen, dass meine Oberteile hochgeschlossen waren und gleichzeitig sehr locker fielen, sodass die weiblichen Kurven, die ich so sehr liebte, zu keiner Zeit erkennbar waren. Obwohl sie verborgen blieben, denke ich, dass das Kollektiv wusste, wie sehr ich meinen Busen liebte, und die Identität, die er mir verlieh. Ich glaube, dass er aus diesem Grund Teil meiner Bestrafung wurde.

Es geschah im selben Sommer. Eines Tages hatte es eine große Auseinandersetzung zwischen Genossin Chanda und den anderen Frauen gegeben, weil wir kein Brot mehr hatten. Da die Frauen nur zu zweit zum Einkaufen durften und die Zeiten dafür genau festgelegt waren (AB bestand darauf, dass wir alle einem Tagesplan folgten, von dem wir nie abweichen durften), war es eine Katastrophe, wenn uns etwas ausging. Die Genossinnen konnten nicht mal eben kurz nach Draußen, obwohl der nächste Laden weniger als hundert Meter entfernt lag.

»Wo ist das Brot?«, schrie Chanda die Genossinnen an. Manchmal verlor sie sehr schnell die Beherrschung.

An dieser Szene war nichts Ungewöhnliches. Obwohl ich wusste, dass JACKIE sich einmischen würde, dachte ich: *Warum macht Chanda so einen Aufstand? Warum darf sie so mit uns reden? Wenn sie Brot will, warum geht sie dann nicht nach Draußen und holt selbst welches? Warum müssen wir sofort springen, wenn sie es sagt?*

Was ungewöhnlich für mich war: Ich tat sogar mehr, als das nur zu denken – ich sprach es einfach laut aus, während Chanda noch die anderen tadelte.

»Genossin Prem, *sei still*! Vergiss nicht, dass du mir unterstellt bist!«, erfolgte sofort die Rüge. Auch die hörte ich nicht zum ersten Mal: Ich wüsste wohl nicht, welcher Platz mir zustand.

Also hatte man mich zurechtzuweisen.

An diesem Abend informierte Sian Bala über die Auseinandersetzung und erklärte, ich hätte mich seiner Frau gegenüber respektlos verhalten. Oft explodierte Bala, sobald man ihm von einem Fehlverhalten berichtete, doch diesmal blieb er ruhig, und das war genau genommen schlimmer. In gemessenem Tonfall sagte er zu Sian: »Wenn sie so weitermacht, musst du den drei anderen Frauen sagen, sie sollen sie festhalten, und dann nimmst du dir ein Messer und schneidest ihr die Titten ab, okay?«

Sian nickte – das war eine angemessene Strafe.

Ich geriet außer mir vor Schreck. Obwohl ich erst fünf Jahre alt gewesen war, als ich gesehen hatte, wie die anderen Leanne zu Boden drückten, stand mir die Erinnerung so deutlich vor Augen, als wäre das Ganze am Vortag geschehen. Ich glaubte wirklich, Sian würde mir wehtun, und die anderen würden ihr dabei helfen. Wer hätte sich dem im Angesicht von JACKIE auch entziehen können?

Wenn sie mit ihrer Schicht an der Reihe war, teilte Sian das Bett mit mir. Dann lag ich ab jetzt immer voller Angst da, lauschte darauf, wann sie zu mir kriechen würde. Manchmal hörte ich ein metallisches Geräusch, wenn sie auf mich zukam, und dann krampften sich mir vor Angst die Eingeweide zusammen; ich verschränkte die Arme schützend vor der Brust. *O Gott, das klingt wie ein Messer, das näher kommt, o mein Gott, mein Gott, jetzt schneidet sie mir gleich die Brüste ab …* Erst als sie die Tasse abstellte und mit dem Löffel darin rührte, wurde mir klar, was ich da gehört hatte.

Am 30. Juli 1994 blutete ich zum ersten Mal aus meinem Abflussloch. Ich hatte keine Ahnung, was da mit mir passierte, aber ich erinnere mich auch nicht daran, mich übermäßig gesorgt zu haben; an den Anblick meines eigenen Blutes war ich durch Balas Prügel gewohnt. Erst sagte Sian zu mir, ich hätte mich schmutzig gemacht, aber als zwei Tage hintereinander Blut in meiner Unterhose war, sprach sie mit AB.

Danach teilten sie mir mit einem hastigen Flüstern etwas Unglaubliches mit: »Das passiert einmal im Monat allen Frauen im Haus.«

Allen Frauen … Das bedeutete, dass ich auch eine Frau war! Wie *wunderbar*! Hier lag der *Beweis* – der Beweis für das, was ich immer gehofft hatte –, dass ich ein Mädchen war, nicht einfach nur ein geschlechtsloses *Ding* ohne eindeutige Merkmale. Dass ich wie andere war und kein seltsamer Freak. Es erfüllte mich mit riesigem Stolz auf mich und meinen Körper.

AB war jedoch alles andere als stolz.

»Du hast das Programm durcheinandergebracht!«, brüllte er mich einige Tage später an. Ich hatte meine Periode nicht zu bekommen, auch keinen Busen, aber dank meiner verhassten sechzig Prozent – so lautete der aktuelle Stand – war ich das Opfer negativer weiblicher Energie geworden.

Vor langer Zeit hatte mir Genossin Sian gesagt, wenn ich mich gut benähme, würde ich einen Körper wie Bala bekommen – nun, so schien es, war ich in Ungnade gefallen.

Ich freute mich sehr. Es verlieh mir auch ein Gefühl der Macht, *dass das hier geschah, obwohl es nicht hätte passieren sollen.* Trotz aller Macht von JACKIE – an die ich glaubte – gab es hier etwas, das weder JACKIE noch AB hatten kontrollieren können. Obwohl AB tobte und schrie, es sei meine Negativität gewesen, die diese Entgleisung verursacht hätte, war sein kleiner geschlechtsloser Soldat verschwunden.

Ich war jetzt eine Frau.

Weil mein Körper seine Unabhängigkeit erklärte, traute ich mich, dasselbe im Geiste zu tun. Obwohl mir AB immer wieder drohte, Sian würde mir die Brüste abschneiden, trieb mich sein Versuch, über mich zu bestimmen, weiter von ihm weg. Statt gehorsamer zu werden, wurde ich besser darin, meinen Ungehorsam zu verbergen. Ich überlegte mir im Voraus erfundene Entschuldigungen für mein schlechtes Benehmen, damit ich bereit wäre, falls mich jemand fragte. Ich fürchtete mich vor JACKIEs Rache, machte aber trotzdem weiter, weil ich überzeugt war, das Risiko lohne sich.

Mit dem neuen Jahr, 1995, kam eine weitere Lockerung der Regeln. Zu meiner Freude teilte man mir mit, ich dürfe nun Gedichte schreiben. Natürlich war der Hintergedanke dabei, dass ich meinen Stift sinnvoll einsetzen würde, in dem ich Bala damit pries.

Vom ersten Augenblick an verliebte ich mich in die Poesie. Es war, als züchte man seine eigene perfekte Frucht, als reiche man seinen Lesern mundgerechte Bissen, damit sie die eigene Stimmung schmecken konnten. Ich liebte es, zu lernen, wie man Verse und Strophen aneinanderreihte und darin Reime und Rhythmus erschuf. Mit zwölf Jahren schrieb ich mein erstes richtiges Gedicht. Es handelte von Gott, aber nicht von AB, obwohl ich immer noch glaubte, dass unser Anführer göttlich war, denn ganz offensichtlich besaß er große Macht.

Zu meinem Gedicht hatte mich die heimliche Lektüre über den Hinduismus inspiriert. Vorsichtig malte ich meine eigenen Worte in rostfarbener Tinte – aus irgendeinem Grund mit der linken Hand, als mache der umstrittene Inhalt meine Rechte unbrauchbar. Eine weitere Unabhängigkeitserklärung, die zeigte, dass ich tat, was *ich* wollte, und statt AB pries, wen *ich* wollte. Dabei kam mir allerdings zugute, dass sowohl Sian als auch Bala davon überzeugt waren, der »Gott« in meinem Gedicht sei AB, deswegen gab es keine Konsequenzen. Ich selbst jedoch kannte die Wahrheit.

Danach schrieb ich ein Gedicht nach dem anderen; heimlich auch einige über John Major, den ich immer noch sehr verehrte. Langsam bildete sich ein ganzer Stapel, der immer höher wurde, als baue ich eine neue philosophische Schule und das hier wären meine Grundsteine. Wenn ich dabei zusah, wie mein Filzstift die Worte zu Papier brachte, fühlte ich mich ein bisschen weniger wie eine Schattenfrau und ein bisschen mehr wie ich selbst.

In diesem Sommer gab es wieder sehr viel Stress wegen unserer Wohnsituation. Das Apartment in Wembley war nur als vorübergehende Unterkunft gedacht gewesen, deswegen versuchte uns das Amt woanders unterzubringen, doch das Kollektiv lehnte jede Wohnung ab, die uns vorgeschlagen wurde. Als die Zeit verging und immer noch keine ideale Wohnung gefunden worden war, vermutete AB, der Britisch-Faschistische Staat werde uns wieder räumen lassen, statt uns ein anderes Haus anzubieten, weil wir bereits so viele abgelehnt hatten. Aus heiterem Himmel hatte er Sian befohlen, wieder Kontakt zu ihrer Mutter aufzunehmen, zu Ceri, und er hatte erklärt, wenn es wirklich so schlimm kommen würde, sollten Chanda, Shobha und Oh bei Chandas Verwandten einziehen, und der Rest von uns würde bei Sians Mutter in Wales wohnen.

Das fand ich aufregend; Sians Telefongespräche mit ihrer Mutter faszinierten mich. AB baute seinen genialen Plan weiter aus und instruierte Sian, dass sie – aber nur in dem Fall, dass wir tatsächlich nach Wales würden ziehen müssen – ihrer Mutter sagen solle, ich wäre ihre »Tochter«. Sie dürfe aber nur das Allernötigste preisgeben. Aus dem riesigen Papierstapel in seinem Zimmer holte AB nun ein Stück rosafarbenes kartoniertes Papier mit dem Stempel eines Krankenhauses zum Vorschein. Ich hatte es nie zuvor gesehen. Mein Name stand darauf, allerdings war mein Nachname überraschenderweise mit »Davies« angegeben, also mit demselben wie Sians. In einer Spalte mit der Bezeichnung »Beziehung zum Kind« hatte Sian unterschrieben und »Mutter« hinzugefügt. Diese Karte, so ordnete AB an, solle Sian ihrer Mummy zeigen, falls sie erklären müsse, warum wir dort wohnen wollten.

Selbst als mir AB die Karte zeigte, erklärte er, sie sei irreführend. Was da stand, bedeutete nicht wirklich, dass Sian meine Mutter war, denn ich hatte keine Mutter: Ich war JACKIEs Kind. Vielmehr bedeutete das Dokument, dass mich Sian im Namen des Kollektivs »in Anspruch genommen hatte«, als wäre ich ein Findelkind, das sie für AB besorgte.

Wie das zu dem Reagenzglas passte, indem ich gezeugt worden war, konnte ich nicht richtig begreifen.

Ich versuchte Sians Gespräche mit ihrer Mutter zu belauschen, kam dabei jedoch nicht sehr weit. *Wenn Sian meine Mutter wäre, wäre das da am Telefon meine Großmutter*, überlegte ich sehnsüchtig. Ich *wollte*, ich hätte Eltern, einfach jemanden, der mir gehörte und sich um mich kümmerte.

Den ganzen Sommer über beschäftigte mich der Gedanke daran, wer meine Eltern waren. In der *Neuen Welt* teilte AB einige Artikel mit uns, die von unverheirateten Eltern handelten.

»Unverheiratete Eltern?«, überlegte ich laut, als Genossin Sian dabei war. »Das ist ja wie bei AB und dir!«

Damit hatte ich nur sagen wollen, dass sie wie Mutter und Vater zu mir waren, dass jedoch Sian nicht ABs Ehefrau war. Trotzdem wurde Sian kreidebleich, als sie das hörte. Sie brachte mich sofort zum Schweigen. Sie war blass und zitterte.

»So etwas darfst du nie, *nie* wieder sagen«, zischte sie, und dabei klang sie gleichzeitig angewidert und verängstigt, als hätte ich gewagt, das Unaussprechliche auszusprechen. Ich war völlig verblüfft über ihre Reaktion.

Doch schon bald gab es wichtigere Dinge, um die ich mich sorgen musste. Als ich mich eines Tages mit Josie unterhielt, sprach ich dummerweise über meine Bewunderung für John Major. Ich vermute, AB kam deswegen ein Verdacht, um wen es in meinen Gedichten wirklich ging, denn plötzlich befahl er Sian, meine Niederschriften durchzusehen. Seltsamerweise war ich darüber fast froh, weil ein Teil von mir wollte, dass meine Liebe zu John Major bekannt wurde; ich wünschte mir, dass die Genossinnen mich ansahen und »Prem mag John Major« dachten. Vermutlich sah ich darin eine Art und Weise, meine Identität zu unterstreichen: Ich war mehr als eine Unperson, ich war eine Anhängerin von John Major!

Meine ganzen Gedichte – insgesamt gab es ungefähr zwanzig von ihnen – wurden geschnappt und einer Kontrolle unterzogen. In gewisser Weise genoss ich die Aufmerksamkeit, denn mir gefiel der Gedanke sehr, dass das von mir Geschriebene gelesen werden würde: Das stellte eine *Verbindung* zu anderen Menschen dar, und normalerweise hatte ich keine. Deswegen gab es in dem ganzen Schmerz ein Körnchen der Freude.

»Knie dich hin«, knurrte AB. Er war wütend, weil ich mich gegen ihn aufgelehnt hatte. Er sagte mir, ich sei ihm »untreu« gewesen und würde an Hirnhautentzündung sterben, weil ich anderen Männern »Zutritt« in meine Gedanken gewährt hatte. Während er tobte und mich zu brechen versuchte, sahen die Genossinnen schweigend zu. »Ich dulde keine Respektlosigkeit«, spie er förmlich aus. »Du wiederholst jetzt …« Er hielt inne und überlegte, welche Worte mir am meisten wehtun würden. »Du wiederholst jetzt: ›Tod und Verderben für John Major‹.«

Ich schüttelte den Kopf, denn ich wollte das nicht tun. John Major war der Mann, den ich liebte! Ich wollte ihn nicht verraten!

Doch AB duldete keinen Widerspruch. Ich durfte keinen anderen Mann lieben als ihn. So auf den Knien, mit gesenktem Kopf, hatte ich keine andere Wahl. Die Tränen rannen mir die Wangen hinab, als ich gezwungen wurde, durch die zusammengebissenen Zähne die Worte auszusprechen, die mir das Herz brachen: »Tod und Verderben für John Major, Tod und Verderben für John Major …« Das musste ich zweihundertmal sagen, und bei jeder einzelnen Silbe fühlte es sich an wie ein Verrat an dem Mann, den ich liebte.

Letztlich war es mein Verstand, der mich vor unendlicher Erniedrigung und Beschämung bewahrte. Während meine Lippen die verhassten Worte formten und ihnen einen Rhythmus verliehen, griff mein Gehirn an der richtigen Stelle ein: »Tod und Verderben für John Major*(-Hasser)*. Tod und Verderben für John Major*(-Hasser)*.« Nur so konnte ich das Ganze durchstehen.

Als herauskam, dass ich solche Gedichte geschrieben hatte, bestrafte Bala Sian sehr hart. AB erwartete, dass sie die Kontrolle über meine Erziehung hatte: Sie hätte bemerken müssen, dass jemand anders meine Gefühle und Gedanken beherrschte, und dem Ganzen schon vor langer Zeit ein Ende bereiten sollen. Jetzt schlug er mich in ihrem Beisein, und die ganze Zeit tadelte er sie: »Du bist schuld, dass so etwas passiert. Du hast all das hier verursacht.«

Genosse Sian strengte sich nun doppelt so sehr an, mich unter Kontrolle zu halten. In sachlichem Ton erklärte sie mir, warum mein

Vergehen so unglaublich war: »Du warst schon bei deiner Geburt Bala geweiht.«

Damit meinte sie nicht, dass man mich Bala als zweite Frau versprochen hatte – AB war unsterblich, er stand über solchen irdischen Dingen. Vielmehr ging es dabei um die spirituelle Ebene, genau wie die Nonnen der katholischen Kirche sich Gott verschrieben. Ich hatte allerdings gelesen, dass Nonnen sich durch diese Liebe erhoben fühlten, während meine Weihe eher einem Ausleeren gleichkam. Ich durfte keinen eigenen Willen haben, keine Gedanken, keine Gefühle, ich musste ganz mit Balas Willen verschmelzen, sodass ich irgendwann gar nicht mehr wusste, wo ich aufhörte und er begann.

Der Gedanke war mir zuwider. Wenn Genossin Sian früher wütend auf mich geworden war, hatte ich nachgegeben. Aber jetzt hatte ich schon eine ganze Zeit lang meine eigenen Gedanken gedacht, und weder JACKIE noch AB hatten mich davon abgehalten. Das verlieh mir eine noch größere Selbstsicherheit. Tatsächlich fühlte ich mich rebellisch. Wenn mich JACKIE *wirklich* hören konnte, so dachte ich mutig: *Ach, soll er doch, er soll erfahren, was ich denke!*

Und weil diese Grenze jetzt völlig wegfiel, wurde ich noch wagemutiger. Bisher hatte ich in meinen Niederschriften andere gepriesen, jedoch nie gewagt, AB direkt zu kritisieren, weil ich damit Beweise gegen mich selbst geschaffen hätte. Ein Gedicht über John Major würde mich in Schwierigkeiten bringen, aber es würde nicht dazu führen, dass man mich umbrachte.

Doch je mehr mich AB und Sian in den nächsten Monaten zu zerstören versuchten, desto kühner wurde ich. Ich glaube, es war im Winter 1995, als ich mich zum ersten Mal traute. Ich hatte gebetet, dass die Dinge sich ändern würden. Dabei sprach ich vermutlich Bala an – innerlich war ich ganz verwirrt. Doch meine Gebete blieben unbeantwortet. Ich wusste, AB hatte die Macht, die Dinge zu ändern, wenn er es wollte, deswegen wurde ich wütend auf ihn, weil er nicht zuhörte.

Richtig wütend.

Eigentlich hätte ich in meinem Zimmer Übungen machen sollen, doch stattdessen nahm ich mir ein Blatt Papier und einen Stift. Ich holte tief Luft und drückte die Spitze aufs Papier.

Warum, schrieb ich voller heißer Wut, *warum, du Idiot, du Gott, lässt du diese schlimmen Dinge geschehen?*

Mein Herz klopfte wie wild – aber ach, es fühlte sich so *gut* an! Es war, als wäre die Wut, die in meinem Inneren brodelte, durch die Tinte auf das Blatt Papier geflossen.

Ich war unendlich froh darüber, sie nun los zu sein, aber jetzt stand sie auf dem Blatt, und alle konnten sie sehen. Eilig kritzelte ich über meine wütenden Worte, mit so viel Druck, dass das Papier fast zerriss. Erst als kein einziger Buchstabe mehr zu erkennen war, hörte ich damit auf. Dann zerfetzte ich den Bogen in winzige, ganz winzige Stückchen und warf sie alle weg.

Danach hatte ich zunächst Angst, aber bald fühlte ich mich gestärkt. Ich hatte es einmal zu tun gewagt, und ich traute mich ein zweites Mal. Diesen Papierbogen vertraute ich mein Innerstes an, genauso wie ich immer noch »Fernsehinterviews« im Badezimmer gab. Aber das hier war anders. Das hier konnte ich spüren. Es fühlte sich *real* an. Ich zerstörte alle Aufzeichnungen, jedes einzelne Blatt, normalerweise wenige Augenblicke, nachdem ich alles aufgeschrieben hatte. Wie gerne hätte ich sie behalten, aber ich wusste, dass ich mich das nicht traute. Trotzdem wurden meine Niederschriften jedes Mal ein bisschen länger und ein bisschen aufrichtiger. Und jetzt, wo ich einmal angefangen hatte, mich zu wehren, konnte mich niemand mehr aufhalten.

19. Kapitel: Versöhnung

»Wir sind von feindlichen Agenten umzingelt!«, tobte AB. »Hört euch doch nur ihre Musik an!« Er hielt inne, damit wir wahrnehmen konnten, wie die Musik der Nachbarn durch die Wände drang. »Das ist eine gezielte Kriegshandlung des Britisch-Faschistischen Staates gegen das Kollektiv! Aber wir werden nie vergeben und niemals vergessen!«

Die Stimmen der Genossinnen murmelten beifällig. Die frühere Freundlichkeit den Nachbarn gegenüber gehörte der Vergangenheit an: Jede Interaktion war von Verdächtigungen geprägt.

Wenn ich nach Draußen schaute, teilte ich diese Angst und Paranoia hinsichtlich der feindlichen Agenten. Ansonsten habe ich weitestgehend meinen Instinkten vertraut: Mein Motorradfahrer wirkte auf mich wie ein guter Mann von Draußen, aber der böse Uenis Cieppo mit den Dreadlocks aus dem Untergeschoss war ein schlechter Mensch. Uenis jagte mir Angst ein. Doch ich glaube, er war einfach der Typ Mann, bei dem jeder lieber die Straßenseite wechselt.

AB stimmte mir in dieser Sache zu und fiel oft über ihn her. Jedes Mal, wenn er das tat, machte ich begeistert mit und ließ meine Stimme in den Chor des Hasses einfließen, der jeden Abend das Wohnzimmer erfüllte.

Im Kollektiv war Hassen so einfach. Die einzige Emotion, die uns alle antrieb. Wir hassten einander, weil ständig eine die andere meldete, aber der Hass gegenüber anderen verband uns. Vielleicht machten alle so leidenschaftlich mit, weil es eine der wenigen Gelegenheiten war, bei der wir einer Meinung sein durften.

In diesem Winter 1995 verhielt sich AB besonders wachsam, was feindliche Agenten betraf. Eines Tages hatte er Uenis Cieppo dabei beobachtet, wie er mit der faschistischen Polizei gesprochen hatte. Warum nur sollte Uenis, ein Außenseiter, ein solches Gespräch führen? Die Antwort lag auf der Hand: Er war ein Undercoveragent der Polizei und erstattete seinem Mittelsmann Bericht darüber, was AB gesagt hatte.

Dieses Ereignis reizte AB bis aufs Blut. Bald darauf entdeckte er ein Polizeiauto auf der Einfahrt zu unserem Wohnblock. Als er das Gebäude betrat, sprang Uenis einen Meter in die Luft – ganz offensichtlich hatte er auf die Gelegenheit gewartet, die Polizei in der Einfahrt zu kontaktieren, aber AB hatte ihn in flagranti erwischt!

»Ungeheuerlich!«, rief ich aus, als uns AB darüber informierte. AB nickte zustimmend; dass ich so reagierte, stellte ihn zufrieden.

Später jedoch dachte ich gründlicher über diese Geschichte nach. Wenn Uenis Cieppo tatsächlich ein Undercoverspion war, warum sollte die Polizei dann mit einem Polizeiauto hier auftauchen, um Kontakt zu ihm aufzunehmen – warum sollte man so ohne jede Geheimnistuerei handeln, unter den Augen der observierten Zielpersonen? Da passte doch etwas nicht zusammen …

In seinen Wutausbrüchen beleidigte AB häufig nicht nur Beamte, sondern auch jene, die sich von ihrem Hass abwandten und ihn in Vergebung umwandelten. Er nannte diese Leute schwach. »Die ganze Versöhnerei ist der letzte Scheißdreck«, erklärte er verächtlich. Gerry Adams, der zu dieser Zeit den irischen Friedensprozess leitete, hielt er für einen Verräter, wie er im Buche steht.

Jetzt, mit fast dreizehn Jahren, kam ich langsam zu einer anderen Überzeugung. Die Bücher, die ich heimlich gelesen hatte, behandelten das Thema der Vergebung als etwas Gutes, als etwas, das einem Stärke verlieh. Ich fand, das klang eigentlich sehr schön; die Szenen im Wohnzimmer hingegen waren immer hässlich.

Ich dachte oft über Uenis Cieppo nach. Ich war mir nicht länger sicher, ob er wirklich ein Spitzel war – aber selbst wenn das stimmte, schien die Zeit gekommen, ihm zu verzeihen. Ich wollte in die Praxis umsetzen, was ich gelesen hatte. Meine Entscheidung wurde durch die ganzen Beschimpfungen über ihn sogar noch verstärkt. *Das geht jetzt wirklich ein bisschen zu weit*, dachte ich. Ich schämte mich dafür, mitgemacht zu haben.

Deswegen hielt ich innerlich einen offiziellen Tag des Vergebens ab – den ersten von vielen. Der Entschluss, mit jemandem einen Neubeginn zu wagen, fühlte sich wie eine sehr intensive Reinigung an – ich ließ den ganzen Hass und das Misstrauen hinter mir, an denen ich so lange festgehalten hatte, und entledigte mich dieser schrecklichen Gefühle. Wenn ich ehrlich war, gefiel mir das auch so sehr, weil es sich um einen weiteren kleinen Akt der Rebellion gegen AB handelte.

Allmählich verwandelte sich der Winter in den Frühling. Ich schätzte die Unterschiede zwischen meinen aufkeimenden Ansichten und den Ideen von Bala sehr. Gedanken an Versöhnung und Wiedergutmachung erfüllten mich mit Leidenschaft, weil sie der Rache und Bestrafung entgegenstanden, die AB so glühend vertrat. Durch meine heimliche Lektüre wurde AB in meinen Gedanken durch andere Helden ersetzt: Mahatma Gandhi, Nelson Mandela und Martin Luther King. Weil ich nun mehr über alldas wusste, fühlte ich mich noch wütender und fehl am Platz, wenn ich zuhörte, wie AB Folter und Todesstrafe verherrlichte und ihm alle zustimmten.

Ich weiß noch, dass ich mich furchtbar isoliert fühlte. Ich konnte meine neuen Überzeugungen niemandem anvertrauen, deswegen war ich sehr unsicher, wenn ich zu entscheiden versuchte, wer Recht hatte. Das Einzige, was mich hoffen ließ, auf der richtigen Spur zu sein, waren die Bücher. In diesen Büchern entdeckte ich andere Stimmen, denen ich lauschen konnte – vorher war da immer nur eine Stimme gewesen.

Keine dieser neuen Ansichten erschloss sich mir auf einfache Weise. Es fühlte sich an, als wäre ich ein Schmetterling, der aus einer Chrysalis kroch, und zwar in ein Nest aus schmetterlingfressenden Ameisen. Wenn ich es gewagt hätte, einen der in mir brodelnden Gedanken laut zu äußern, hätte man mich totgeschlagen.

Als einziger Schmetterling auf der ganzen Welt war man sehr einsam. Trotzdem stand für mich fest, dass ich nie wie die anderen werden wollte. Selbst wenn man mich auffraß, war das besser, als eine Ameise zu sein.

Außerdem gab ich mir selbst ein glühendes Versprechen: *Wenn es in der Zukunft jemals jemanden gibt, der meine Hilfe und meine Freundschaft braucht, werde ich ihm die mit Freuden schenken. Ich werde niemals jemanden in der Situation allein lassen, in der ich mich jetzt befinde, so allein und ohne Freunde. Ab jetzt mache ich nicht mehr mit, wenn andere erniedrigt werden. Ich werde mich nie so verhalten, dass ein anderer Mensch sich allein fühlt.*

Damals wusste ich das nicht, aber dieses Versprechen sollte mir einmal das Leben retten.

20. Kapitel: Auflehnung

Am 7. Mai 1996 zogen wir wieder um, weil das Amt endlich eine Wohnung gefunden hatte, die den Vorstellungen des Kollektivs entsprach. Die rosafarbene Pappe mit meinem Namen darauf wurde wieder weggepackt und Sians Mutter in die Verbannung geschickt, ohne dass sie von meiner Existenz erfahren hätte. Wieder zog sich das Draußen von uns zurück.

Unser neues Zuhause war ein dreistöckiges viktorianisches Reihenhaus im Stadtteil Brixton. Ich liebte es vom ersten Moment an. Es gab so viel Platz! Unten zwei Wohnzimmer, wo wir die Diskussionsrunden abhielten und die Vorbereitungen für die Neue Welt trafen. Außerdem schliefen Sian und Josie dort. Im mittleren Geschoss waren die Küche und das Schlafzimmer von Bala und Chanda, und ganz oben, wenn man eine steile schmale Treppe ohne Geländer hinaufgeklettert war, befanden sich das Bad, Shobhas Zimmer (das sie mit Oh teilte) und das Zimmer, in dem ich mit Aisha schlief.

Dass man mich mit Genossin Aisha zusammenlegte, war die beste Kombination, die ich mir hätte erhoffen können. Wir schliefen zusammen in einem breiten Bett, und anders als in den anderen Häusern war es nun *immer* Aisha, die in der Nacht bei mir blieb: Schichtwechsel gab es keine mehr. Weil ich wusste, dass sie die zugänglichste Genossin im Kollektiv war, wagte ich es, ihr nachts das Haar zu streicheln, und sie ließ es zu. Manchmal streichelte sie sogar meines. Das genoss ich sehr.

Zu meiner Enttäuschung war der Ausblick vom Fenster allerdings nicht halb so aufregend wie in Wembley. Mein Schlafzimmer und das Bad gingen zum Garten hinter dem Haus hinaus. Keine roten Busse mehr, kein Mister Motorrad! Mir fehlte die ständige Betriebsamkeit auf der Straße. Sie hatte mein Leben in Wembley sehr viel interessanter gemacht.

Eine entscheidende Veränderung war eingetreten, wenn ich jetzt nach Draußen schaute. Zum allerersten Mal im Leben glaubte ich nicht mehr, dass die neuen Nachbarn feindliche Agenten waren. Ich hatte keine Angst mehr. Meine Erfahrungen mit Uenis Cieppo in Wembley hatten mich verändert. Zwar glaubte ich noch an ABs besondere Stellung und seine Rolle in der Neuen Welt, aber ich ging nicht mehr länger davon aus, dass diese gewöhnlichen Leute es auf uns abgesehen hatten – ganz egal, was Bala sagte.

ABs Verfolgungswahn trieb ihn jedoch um wie eh und je. Leider führte er in Brixton einige strengere Regeln ein: keine Telefonanrufe mehr, und ich durfte die Haustür nicht mehr öffnen; er verbot mir sogar, mich allein im Erdgeschoss aufzuhalten. Als ich nach dem Grund fragte, erwiderte er, dann könnten mich die faschistischen Agenten nicht zu rauben versuchen.

Das glaubte ich nicht mehr, und auch in anderer Hinsicht hatte sich meine Überzeugung verändert. Bald nach unserem Umzug kommentierte Genossin Sian eine Nachrichtenmeldung – ich glaube, es ging um einen politischen Gefangenen, der eine lange Zeit in Haft verbracht hatte.

»Wenn mir das passieren würde«, sagte ich in sachlichem Ton, »fände ich es gar nicht so schwierig, damit fertigzuwerden. Schließlich habe ich mein ganzes Leben im Gefängnis gesessen.«

In diesem Moment verstand ich meine Situation zum ersten Mal auf diese Weise. Ich verspürte deswegen keine Wut, denn so sah es einfach aus. Ich wusste, dass AB der geheime Herrscher der Welt war und dass das eines Tages weltweit Offenbar werden würde, darum betrachtete ich meine gegenwärtige Gefangenschaft als exzessive Vorbereitung auf meine Rolle in seiner Neuen Welt. Ich war wie eine Debütantin, die auf den Ball wartete, und bis dahin hielt mich AB versteckt.

Noch immer durfte ich nur nach Draußen, wenn AB bei mir war. Das neue Haus hatte einen großen Garten mit einer schmalen Terrasse. AB ließ diesbezüglich besondere Vorsicht walten, weil zwei der Nachbarjungen im Teenageralter waren. Sie lächelten mich manchmal freundlich an, wenn AB und ich uns im Garten aufhielten.

Trotzdem hätte er sich keine Sorgen zu machen brauchen. Was sollte ich denn mit Jugendlichen, wenn mein Herz doch John Major gehörte? Je mehr mich aber Sian und AB wegen meiner Zuneigung zu ihm schimpften, desto mehr liebte ich ihn – eine weitere Form der Auflehnung. Außerdem hatte ich seit meinen Vergebungsritualen meine frühere Einschätzung von Uenis Cieppo so angepasst, dass auch er jetzt zu meinen Lieblingen gehörte. Ich schrieb Gedichte für ihn. Ich hatte mein Versprechen nicht vergessen, dass niemand allein sein sollte, wenn ich das verhindern konnte, und mein erster Akt der Güte bestand darin, meinem früheren Feind Liebe zu schenken. Er erschien mir wie ein Seelenverwandter, weil er wie ich oft die Zielscheibe von ABs Wut war.

Obwohl wir nicht mehr in Wembley wohnten, sprach AB immer noch voller Zorn über Uenis. Vielleicht lag es daran, dass ich auf so rebellische Weise meine Zuneigung für ihn nicht verbarg. Egal, was AB und Sian sagten, ich ließ mich nicht davon abbringen. Ich verkündete ganz offen, dass ich ihn nicht aufgeben würde.

»Ich weiß gar nicht, warum du deine Zeit so verschwendest«, beschimpfte mich AB. »Uenis Cieppo war angewidert von dir. Du bist so hässlich, dass dich niemals jemand auch nur anschauen wird.«

Diese Worte versetzten meinem Selbstbewusstsein den Todesstoß. Meine äußere Erscheinung mochte ich sowieso nicht, aber dieser Angriff löste große Unsicherheit in mir aus. Lange konnte ich sie nicht vergessen.

In dem Haus in Brixton sah ich AB viel seltener, und wie immer war das zugleich gut und schlecht. Ich konnte nicht länger seinen harmlosen Unterhaltungen mit Chanda beim Mittagessen zuhören oder versuchen, ihn davon zu überzeugen, dass ich durch meine Anwesenheit auch etwas Gutes leistete. Ich traf ihn bei den Diskussionsrunden, bei unseren unheimlichen Umarmungen und – das war ein neues »Privileg« – wenn ich ihm ein Tablett mit Essen brachte. Er aß jetzt zusammen mit Chanda in seinem Zimmer, und zu jeder Mahlzeit außer beim Frühstück klopfte ich mit dem Essen an seine Tür.

Es war nie in Ordnung. Entweder wurde es auf die falsche Art und Weise serviert – in einer Schüssel, wenn es auf einem Teller hätte sein sollen, und umgekehrt – oder es gab zu viel. Oft sagte er, die Genossinnen füllten seinen Teller mit zu großen Portionen und machten ihn damit dick. »Ich werde dir das Essen ins Gesicht werfen!«, drohte er mir dann, woraufhin ich versuchte, den Raum so schnell wie möglich wieder zu verlassen.

Der andere Nachteil des neuen Hauses bestand darin, dass uns Genosse Simons nicht mehr besuchte. Allerdings war er zeitgleich umgezogen. Seine neue Wohnung war deutlich kleiner, und unser Haus füllte sich mit Büchern, die er vorher für AB aufbewahrt hatte. Viele von ihnen stammten aus der Zeit, als das Kollektiv vom Mao-Gedächtniszentrum aus operiert hatte, und AB gab sie mir zum Lesen, weil sie alle von China und der Kulturrevolution handelten. Ich sollte wissen, wie brillant das gewesen war.

Was den Britisch-Faschistischen Staat betraf, ermutigte mich Bala zum kritischen Denken. Immer wieder erklärte er, wir dürften nicht alles glauben, was wir in den Massenmedien hörten oder lasen. Ausnahmsweise befolgte ich diese Anweisung. Beim Lesen über die Kulturrevolution gebrauchte ich meinen kritischen Blick.

Ich erinnere mich daran, dass es um ein Mädchen ging, das man auf die Straße gezerrt und mit Gewalt kahl geschoren hatte. Die Soldaten zerschlugen Spiegel und erniedrigten öffentlich Leute, die elegante Kleidung trugen. Die Regierung verhängte die lächerlichsten Auflagen; alles Künstlerische und Unterhaltsame war verboten, von

Musik bis hin zu Partys und Filmen. Weil ich durch meine heimliche Lektüre schon die liberaleren, toleranteren und aufgeklärteren Einstellungen des Westens kennengelernt hatte, entsetzte mich, was ich da las. *Ich mag das alles nicht*, dachte ich – im Kommunistischen Kollektiv stellte das eine rebellische Haltung dar.

Die Ereignisse, die ich dort kennenlernte, gehörten der Vergangenheit an. Trotzdem wusste ich, dass es sich dabei um die Visionen handelte, die AB für die Zukunft hatte. Auch das veranlasste mich dazu, die Ideen des Kollektivs infrage zu stellen. Ich war der Meinung, jeder solle tun dürfen, was er wollte, solange man anderen keinen Schaden zufügte. Durch die Art und Weise, wie das Kollektiv Uenis niedermachte, den ich liebte, wusste ich nur zu gut, wie es sich anfühlte, wenn das geschah.

»Wenn ich die Macht übernehme und alles Offenbar wird«, teilte AB mir mit grausamer Gelassenheit mit, »werde ich einen Scheiterhaufen errichten und Uenis darauf festbinden lassen, und ich werde von *dir* verlangen, das Feuer zu entzünden, das ihm den Tod bringen wird …«

Wenn deine Herrschaft Offenbar wird … Wann *wird* sie denn Offenbar? Im Sommer 1996 fanden die Olympischen Spiele in den USA statt, in Atlanta – und zwar die Olympischen Spiele, von denen AB einmal verkündet hatte, sie würden nie abgehalten werden, weil er bis dahin die Weltherrschaft übernommen hätte. Aber das schien er vergessen zu haben. Als er es zum ersten Mal gesagt hatte, war ich so jung gewesen, dass ich wahrscheinlich die Diskrepanz nicht so deutlich erkannte; trotzdem beeinflusste es mich und erfüllte mich mit nagenden Zweifeln. *Warum sind die Dinge nicht so, wie er sie vorhergesagt hat?*

Manchmal gab er seinen Anhängern die Schuld dafür: »Ihr arbeitet einfach nicht gut genug mit mir zusammen.« Natürlich stellte niemand ihn infrage. Als einsamer Schmetterling hatte ich das Gefühl, diesbezüglich meiner Intuition nicht vertrauen zu können.

Trotzdem geschahen in diesem Jahr immer mehr Dinge, die

mich zweifeln ließen. Ich schrieb immer noch heimlich scharfe Kritiken über AB (und zerstörte sie immer noch hinterher). Eines Tages, als ich wütend vor mich hinschrieb, dachte ich: *Wie kann es sein, dass dieser Stift funktioniert, während ich diese Dinge schreibe, wenn doch alles von Bala kontrolliert wird? Dann hätten er oder JACKIE doch sicher dafür gesorgt, dass der Stift nicht funktioniert, damit ich nichts gegen ihn aufschreiben kann?*

Dann, am 13. November 1996, verstarb ABs Mutter. Auch das war im Programm nicht vorgesehen. Als ich jünger gewesen war, hatte AB manchmal gesagt, eines Tages würde ich seine Mutter kennenlernen. Weil er wusste, wie sehr ich mich nach neuen Menschen in meinem Leben sehnte, hatte er das fast als Lockmittel benutzt, indem er mir sagte, es werde geschehen, wenn ich »gut genug« dafür war. In meinen Gedanken war Amma eine Großmutter für mich, obwohl sie nichts von meiner Existenz wusste. AB sprach so selbstverständlich davon, dass ich mir sicher war, dass es eines Tages wirklich geschehen würde. Aber jetzt war sie tot.

AB sagte, JACKIE habe das getan – um Genossin Sian zu bestrafen. Die Sache war kompliziert, aber als AB 1979 zuletzt Besuch von seinen Eltern bekam, hatten sie sich sehr gut mit Sian verstanden, und einmal hatte Amma gesagt, sie und Sian seien einander ähnlich. Jetzt verkündete AB, dass JACKIE Amma getötet hatte, damit Sian endlich aktiv wurde. Dass jemand getötet worden war, der Sian *ähnelte*, stellte eine Warnung dar: Wenn sie nicht aufpasste, würde Sian die Nächste sein.

»Meine Mutter ist gestorben, und das ist ganz allein *deine* Schuld!«, beschimpfte AB Sian.

Es war schrecklich mitanzusehen, wenn er sie während der Diskussionsrunden damit tadelte. Genossin Sian verehrte AB und seine Eltern, seine Beschuldigungen trafen sie hart. AB übte immer größeren Druck auf sie aus. Meine ständigen Aufsässigkeiten wurden ihr ebenfalls zur Last gelegt. Sian war einmal die beliebteste Genossin gewesen. Jetzt war sie dabei, in Ungnade zu fallen.

Sie diente AB mit so viel Hingabe, dass es mehr war, als sie ertragen konnte.

»Genossin Sian, dein Essen wird kalt«, sagte ich einmal zu ihr, ungefähr einen Monat nach Ammas Tod; seit etwa einem Monat wurde Sian täglich erniedrigt.

»Ich verdiene kein Essen«, gab sie zur Antwort. »Ich bin ein schlechter Mensch; es wäre besser, wenn ich sterbe.«

Ihre Stimme hatte einen seltsamen Klang: lauter als sonst und voller Unglück. Normalerweise war Genossin Sian sehr kontrolliert; das machte sie am allerunheimlichsten. Doch jetzt sprach sie oft zu laut, zu schnell, zu viel, immerzu. Die Veränderung war so extrem, dass sich alle Sorgen machten.

Alle – so schien es mir zumindest – außer Bala. Sogar als Sian sich völlig anders benahm als sonst, indem sie ihm widersprach, meinte er, sie spiele nur Spielchen. Wenn sie vor sich hin faselte, sagte er zu ihr: »Sei still.« Doch es war, als könnte sie gar nicht aufhören, mit dieser seltsam roboterhaften Stimme zu sprechen, selbst dann nicht, als Gott ihr geboten hatte zu schweigen. AB schlug sie, und sie begann zu weinen. Danach war sie zumindest für eine Weile ruhig.

Weil sie so durcheinander war, überwachte sie mich nicht mehr so genau. Es schien, als würde sich die Situation ins Gegenteil verkehren – fast vierzehn Jahre lang hatte sie mich für das kleinste Vergehen fertiggemacht, jetzt hingegen war sie es, die Ärger mit AB hatte. Gleichzeitig wirkte ihr Benehmen so merkwürdig, dass ich mir Sorgen um sie machte. Am 19. Dezember ließ sie mich mein Tagebuch holen und befahl mir aufzuschreiben: *Du verdankst dein Leben der Genossin Sian!*

»Schreib«, sagte sie in dieser seltsamen, hohen Stimme, »schreib Genossin Sian, meine geliebte *Mutter*.«

Ich tat, was sie sagte. Ich hatte Angst – ihre Stimme wechselte die Tonlage wie eine Sirene, fast als kämen da Radiosignale aus ihrem Mund, als spräche jemand anders durch sie. Aber was sie da sagte, verwirrte mich, und das erst recht, als sie mich Tage später, aus einer anderen, selbstzerstörerischen Laune heraus, wieder das Tagebuch zur Hand nehmen ließ.

»Schreib!«, befahl sie mir. »Diese verdammte Hure! Sie ist nicht meine Mutter, ich muss *verrückt* gewesen sein, das zu glauben. Genosse Bala und Genossin Chanda sind meine Eltern … Nur Bala allein hat uns alles Leben geschenkt, nicht eine Hure wie Sian!« Sie wies mich an, alles durchzustreichen, was ich vorher geschrieben hatte.

Ich verstand nicht, was da vor sich ging. Am 21. Dezember wachte ich nachts auf, weil ich Sian schreien hörte. Ich wollte nachsehen, was da vor sich ging, aber Aisha meinte, wir sollten bleiben, wo wir waren. (Erst Tage später erfuhr ich, was abgelaufen war: Sian hatte versucht, sich mitten in der Nacht mit einem Messer zu erstechen, doch Josie hatte sie davon abhalten können.)

Am nächsten Tag kam es zu dem seltsamsten Ereignis von allen. AB rief mich zu sich, nur wir beide waren im Zimmer. Endlich schien er sich Sorgen um Sian zu machen.

Sie hatte einen Bericht abgegeben, erklärte er mir. Ich bekam den Text erst Monate später zu sehen, aber AB hatte sich entschlossen, mir zu sagen, was Sian geschrieben hatte, weil er wollte, dass ich wegen ihrer Vergehen gegen sie aussagte. *Das* war etwas Neues – normalerweise durfte ich kein einziges Wort gegen Sian sagen, nicht einmal damals, als sie mich gezwungen hatte, mein eigenes Erbrochenes zu essen.

In meinem Kopf wirbelten die Gedanken durcheinander. *Was konnte sie nur gesagt haben?* Beim Schreiben hatte ich AB wütend beschuldigt, meine Gebete nicht erhört, mich unfair geschlagen, sich Uenis Cieppo gegenüber zu feindselig verhalten zu haben. Was konnte dann Sians Vergehen sein?

»Wenn du ein Gott bist«, hatte Genossin Sian gesagt, »wie kommt es dann, dass du älter wirst?«

21. Kapitel: Genossin Sian

Es wäre eine Untertreibung gewesen, meine Reaktion als Schock zu bezeichnen. Niemand stellte jemals infrage, dass AB ein Gott war – nicht einmal ich, die ich Tage des Vergebens abhielt und andere liebte und daran zweifelte, dass er meine Gedanken lesen konnte. Das hier war viel schlimmer. Natürlich war AB ein Gott – man denke nur an die Synchronisation. Warum sollten all diese Dinge auf der Welt passieren, wenn AB und JACKIE sie nicht verursacht hatten?

Was allerdings unbestreitbar stimmte, war, dass AB tatsächlich alterte. Das war mir aufgefallen. Wenn er mir eine Locke von seinem Haar gab, die ich in mein Tagebuch kleben sollte, befanden sich einige weiße Haare darunter. Als wir vor einiger Zeit seinen Geburtstag gefeiert hatten, war AB sechsundfünfzig Jahre alt geworden. Seine verfaulenden Zähne waren inzwischen fast alle verschwunden. Er sagte jedoch, seine schlechten Zähne seien unsere Schuld; er litt körperlich, weil er sich mit den ganzen bösen Leuten in seiner Umgebung auseinandersetzen musste.

Das schien jedoch nicht recht zu seiner Behauptung, unbesiegbar zu sein, zu passen …

Ich speicherte Sians Kommentar als Sakrileg irgendwo ab, weil ich nicht wusste, wie ich diesen unglaublichen Gedanken einordnen sollte. Am selben Tag schlich ich mich ins Hinterzimmer im Erdgeschoss, wo Sian auf einem Klappbett schlief. Es war ungewöhnlich, sie so spät im Bett vorzufinden. Sie trug einen türkisfarbenen Pyjama.

Vorsichtig betrat ich den Raum. Es war nicht Sians privates Schlafzimmer, sondern ein Gemeinschaftsbereich, fast wie ein Schuppen, in dem sich Kisten mit Zeitungen und Vorräte für den Haushalt türmten.

Obwohl Sian immer meine Feindin gewesen war, konnte ich nicht anders, als Mitleid für sie zu empfinden. Vielleicht hatten meine Tage des Vergebens hier einen positiven Effekt … Vorher hatte sie mir immer Angst eingejagt, aber vor der gebrochenen Frau da im Bett konnte sich niemand fürchten.

Ich setzte mich neben sie. Zögernd, weil ich wusste, dass es verboten war, streckte ich eine Hand aus und strich ihr sanft übers Haar. Ich wollte etwas Nettes zu ihr sagen.

»Du siehst richtig hübsch aus«, flüsterte ich.

Ihr Gesicht verzerrte sich vor Furcht. »Sag nicht, dass ich hübsch aussehe! Sag so was nicht!«

Mir war nicht klar, ob sie Angst hatte, wir würden Ärger bekommen, und mir beibringen wollte, was richtig war, oder ob sie mich sogar vor ABs Schlägen beschützen wollte, indem sie mich so warnte. Auf jeden Fall war sie ganz eindeutig aufgewühlt. Wieder fing sie an, schnell vor sich herzuplappern, und ich bekam Angst, weswegen ich rasch aus dem Zimmer ging. Es war nicht meine Absicht gewesen, sie nervös zu machen.

Noch mehr seltsame Dinge passierten. Als ich vor dem Badezimmer wartete, hörte ich, wie sie weinte, während sie auf der Toilette saß. *Ich dachte, das mache nur ich.* Ein anderes Mal ging ich nach oben in mein Schlafzimmer und fand sie auf Händen und Knien vor. Sie küsste ihre Sandalen, die sie ausgezogen hatte und die, das wusste ich, vom Stil her den Schuhen ähnelten, die ABs Mutter getragen hatte. Sian murmelte etwas, und ich fragte mich, ob sie sich vielleicht bei Amma entschuldigte, weil sie sie getötet hatte; ihr Verhalten wirkte jedenfalls so.

Und dann, am 23. Dezember, wachte ich mitten in der Nacht auf, weil von unten ein schlimmes Geschrei zu uns drang.

»Was ist denn da los?«, fragte ich Aisha flüsternd. Diesmal krochen wir zusammen aus dem Bett. Oh kam ebenfalls aus ihrem Zimmer, und wir drei drängten uns oben an der Treppe im zweiten Stock zusammen und lauschten dem Streit, der unten eskalierte.

»Genossin Chanda, du arbeitest nicht gut mit dem Team zusammen!«, hörte ich Genossin Sian schreien.

Ich drehte schockiert das Gesicht von allen anderen weg. Genossin Sian griff ABs Frau *niemals* an. Trotzdem war ich erfreut, weil sie endlich den Mund aufmachte, denn bisher hatte sie sich alles von Chanda gefallen lassen.

»Halt den Mund!«, kreischte Chanda. Auch AB mischte sich ein.

Aber Sian hielt nicht den Mund, und ich spürte ein seltsames Gefühl, weil alles so entgleiste: AB hatte sie nicht unter Kontrolle.

»Sollen wir nachschauen, was da los ist?«, flüsterte Oh. Zögernd traten wir die Stufen hinunter.

»Stalinist!«, hörte ich Sian schreien, als wir den ersten Stock erreichten. AB brüllte wütend zurück. Wir hörten lautstarke Kampfgeräusche. Dann schrie Sian aus Leibeskräften und verstummte plötzlich. Das war unheimlich.

Oh stand vor mir. Als sie sich einen Weg ins Wohnzimmer bahnte, hörte ich, wie AB ungeduldig schrie: »Haltet sie fest!« Bis ich es durch die Tür geschafft hatte, hatten einige der Genossinnen diesen Befehl bereits befolgt. Wie bei dem Übergriff auf Leanne, den ich als Fünfjährige miterlebt hatte, brauchten die Marionetten keine Vorbereitung. In dem Augenblick, als AB den Befehl erteilte, wurde er schon befolgt.

Sian lag auf dem Boden, umzingelt, mit einem Knebel im Mund und an Händen und Füßen gefesselten. Erstickte Schreie drangen durch den Knebel, und sie kämpfte mit aller Kraft gegen ihre Fesseln an. Sie wand sich verzweifelt und verdrehte ihre Augen, bis man nur noch das Weiße sah.

AB hatte sich triumphierend über Sian erhoben. Breitbeinig stand er da, während sie sich zwischen seinen Beinen wälzte.

Später sagte er, er habe sie gefesselt, um sie zu beschützen. Sie hatte in einer kalten Dezembernacht barfuß das Haus zu verlassen versucht; sie war, so sagte er, in keinem Zustand, der ihr das erlaubt hätte.

Ich sagte gar nichts, sondern nahm nur alles in mich auf. Ich hatte immer gewusst, dass es wieder geschehen würde, dass es zu körperlichen Auseinandersetzungen zwischen den Genossinnen käme. Trotzdem war dieser Anblick ernüchternd. Sian war so außer sich, dass ich es akzeptierte, als AB erklärte, sie wäre gefährlich, wenn wir sie losbinden würden. Ich setzte mich dicht neben sie.

Inzwischen war sie ruhiger, das Murmeln hatte aufgehört. Vorsichtig wurde der Knebel entfernt, aber sie fing sofort wieder an zu schreien. Ich sollte nicht hören, was sie sagte, deswegen gingen Aisha und ich nach oben in die Küche, saßen dort herum und fragten uns, was da wohl ablief.

Später hatte man Sian losgebunden. Sie saß aufrecht im Bett und war wieder ruhig – jedenfalls für den Moment.

»AB, kann ich das Telefon haben?«, hörte ich sie fragen. »Darf ich mit Ceri sprechen?«

»Mama« konnte sie nicht sagen, weil das verboten war.

»Ich habe es dir schon gesagt«, gab AB zurück. »Die Antwort lautet nein.«

Sian schien das zu akzeptieren und fragte nicht noch einmal.

Nach dieser unruhigen Nacht schliefen wir am nächsten Tag bis halb neun. Es war Heiligabend, aber im Kollektiv wurde nicht gefeiert – ABs Geburtstag war unser Weihnachten. Einmal mehr wachte ich auf, weil geschrien wurde: Sian hatte versucht, in das Zimmer von AB und Chanda einzudringen, und Josie und Oh hielten sie zurück.

Die Situation erforderte besondere Maßnahmen. AB befahl Josie und Oh, nach Draußen zu gehen und Medizin zu besorgen. *Medizin* – dieser Gedanke gehörte doch nur in die Alte Welt. Von dieser Entscheidung einmal abgesehen, wirkte AB jedoch unerschüttert.

Die emotionalen Zustände anderer Leute bedeuteten ihm nichts. Die betrachtete er als wertlos. Er war das natürliche Zentrum, deswegen musste sich alles um ihn drehen.

Und tatsächlich verkündete er, sobald ihr die Medizin verabreicht worden war: »Jetzt ist alles wieder in Ordnung. Alles kann weitergehen wie bisher.«

Obwohl mich Sians Verhalten sehr beunruhigt hatte, verspürte ich eine gewisse Enttäuschung, als AB das sagte. *Na wunderbar, jetzt wird sie mich wahrscheinlich bald wieder fertigmachen.* Mein Leben war so unerträglich langweilig, dass die Aufregung der vergangenen Abende mir eine willkommene Veränderung beschert hatte, trotz des damit verbundenen Horrors.

Später am Tag gingen Oh und Josie einkaufen und kamen mit einer großen Biskuitrolle zurück. Im Kollektiv machten wir nie etwas Schönes wie zusammen Kuchen zu essen: Man nahm sich einfach etwas, wann man wollte. Als ich aber an diesem Abend zufällig in die Küche ging, stand Sian dort mit einem scharfen Messer vor der Biskuitrolle.

Ich blieb wie angewurzelt stehen. Sie war so instabil gewesen in der letzten Zeit … *O Gott*, dachte ich und schaute alarmiert auf das Messer, *was macht sie denn jetzt? Wird sie mich erstechen?* Die Klinge glänzte, und ich zog mich langsam zurück.

Aber sie fragte nur: »Willst du ein Stück?«

Das beruhigte mich nicht. Obwohl AB ständig über »alles wie bisher« sprach, war Sian noch nicht wieder ganz sie selbst. Sie machte einen verletzlichen Eindruck, als brauche sie Bestätigung oder Zuneigung. Ich fragte mich, ob das wohl ein Trick war, ich jedenfalls traute ihr nicht. War sie nur so freundlich, damit ich mich ihr nähern sollte und sie mich mit dem Messer erstechen konnte? Ich war in letzter Zeit so rebellisch gewesen – ob sie darum glaubte, sie würde wieder in Balas Achtung steigen, wenn sie mich verletzte? Kühl musterte ich sie vom Türrahmen aus.

»Willst du ein Stück?«, fragte sie mich noch einmal. Ich konnte ihre Stimme nicht deuten. Sie klang, als wolle sie meine Zustimmung. All die Jahre hatte ich mich danach gesehnt, dass diese Frau mich liebte und freundlich zu mir war, und sie hatte mich immer von sich gestoßen. Immer hatte sie Meldung über mich erstattet, mich verraten. Trotz des Versprechens, das ich mir selbst gegeben hatte, konnte ich ihr das nicht verzeihen.

Stattdessen wollte ich ihr einmal zeigen, wie sich das anfühlte. Ich wollte sie für all die Grausamkeiten bestrafen, die sie mir in meinem Leben zugefügt hatte. Deswegen sagte ich brüsk: »Nein, ich will kein Stück!«

Sie machte einen kleinen Schritt rückwärts; vielleicht überraschte sie meine unverhohlene Abneigung. »Warum bist du so zu mir?«, wollte sie wissen.

Obwohl die Frage in einem eindringlichen Ton gestellt wurde, verhielt sie sich zu meiner Verwirrung *immer noch nicht* wie ein Schäferhund. Tatsächlich klang sie kläglich.

Doch fast vierzehn Jahre des Elends ließen sich nicht so einfach abschütteln. Ich hatte einfach die Nase voll. Ich hatte genug von ihr.

Ich wandte mich ab und verließ die Küche. Dabei erfüllte mich Triumph beim Gedanken an Rache und Vergeltung.

Etwa eine Stunde später passierte es. Es war ungefähr sechs Uhr abends, ich war mit Josie unten, als wir Schreie hörten. *Geht das schon wieder los …* Der vierte derartige Vorfall innerhalb kurzer Zeit.

Der Lärm kam von oben, deswegen rannten wir die Treppe hoch. AB und Chanda waren gerade aus ihrem Zimmer gekommen und schauten zum Badezimmer. Dort rief Aisha verzweifelt: »Unten!«

Unten?, dachte ich. *Das ist doch nicht unten. Die Schreie kamen von oben.*

Trotzdem drehten wir uns alle um und stürmten die Treppe hinunter. Ich hörte jemanden »Draußen« sagen, und wir quetschten uns durch die Hintertür. Ich ging so selten in den Garten, dass mich beim Überqueren der Schwelle für einen Moment lang die herrliche Empfindung überwältigte, Draußen zu sein.

Draußen, und das im Dunkeln … *Alles ist wie verzaubert …* Während der ersten paar Sekunden konzentrierte ich mich nur auf den weißen Mond über mir, der immer wieder zwischen den vorbeitreibenden Wolken hervorkam. Deshalb bemerkte ich nicht, dass alle anderen wie festgewachsen auf dem asphaltierten Teil des Hofes standen.

In einer Ecke des Gartens gab es einen Baum, und weil er den Mond teilweise verdeckte, drang das Licht nur teilweise durch. Es war schwierig, etwas zu erkennen. Aber was lag denn dort zwischen den sich sanft bewegenden Flecken aus Licht und Dunkel, seltsam verdreht und kaputt? Als AB in nüchternem Tonfall »Ruft einen Krankenwagen« sagte, begriff ich nicht, was er meinte.

Wortlos ging Genossin Josie ins Haus, um seinen Befehl zu befolgen. Der Rest von uns – ich eingeschlossen – starrte stumm auf die Szene vor unseren Augen.

Genossin Sian lag auf dem Hof. Ich blinzelte, als das Mondlicht kurz über sie hinwegstrich, ihr bleiches Gesicht aufleuchten ließ. Unter ihr breitete sich langsam ein geheimnisvoller schwarzer Fleck aus, obwohl der Asphalt normalerweise hellgrau und sauber war …

Alle anderen schienen wie erstarrt, doch ich ging zu ihr hin, wie ein verzaubertes Mädchen, das in einem Wald voller schlafender Menschen zum Leben erweckt worden war. Ich ging langsam, denn wenn der Mond kurz hinter den Wolken verschwand, konnte ich nicht viel erkennen. Vorsichtig beugte ich mich über sie. Und heimlich, genau wie vor ein paar Tagen in ihrem Schlafzimmer, streckte ich eine Hand aus, um ihr übers Haar zu streicheln. Ungeschickt bewegte ich meine Finger.

Nass. Nass war es.

In dem durchbrochenen Mondlicht starrte ich auf meine Hand hinunter.

Sie war klebrig und schwarz vom Blut.

Und da begriff ich erst, was passiert war. Kein Schatten, den die Wolken hervorriefen: Der Hof war voller Blut.

Erschrocken schnappte ich nach Luft.

»Fass sie nicht an«, befahl mir AB. »Das kann gegen uns verwendet werden. Vielleicht sagt jemand, wir haben sie gestoßen.«

Sie war aus dem Badezimmerfenster gefallen, drei Stockwerke tief. Als ich mich neben sie hockte, stöhnte sie ein wenig, wachte immer wieder auf und wurde wieder ohnmächtig, wie der Mond, der ab und zu durch die Wolken schimmerte.

AB stand jetzt neben ihr, und vielleicht nahm sie seine Anwesenheit wahr. Denn als sie sich bewegte, wiederholte sie immer wieder denselben Satz – eine Nachricht, die nur für ihn bestimmt war.

»Töte mich. Töte mich. Töte mich.«

22. Kapitel: Der Sturz

Das alles überwältigte mich. Nie passierte etwas in meinem Leben, und jetzt das. Es war einfach zu viel. Ich blieb im Hof, wie betäubt, starrte auf Sian in ihrer Blutlache hinunter, ohne sie wirklich zu sehen. AB gebot ihr, mit dem Unsinn aufzuhören, und fragte sie in drängendem Tonfall, ob sie ihre Zehen bewegen könne. Genossin Sian war eine Riesin in meinem Leben gewesen, jetzt aber war sie voller Blut und gebrochen. Nichts stimmte mehr.

Ich war so weggetreten, dass meine Sinnesorgane nicht mehr funktionierten. Ich hörte nicht, wie die Krankenwagensirenen immer lauter wurden. Doch die Genossinnen hörten es. Plötzlich wurde ich ins Haus gebracht.

Als aber die Sanitäter eintrafen, konzentrierten sich alle so sehr auf Sian, dass niemand auf mich achtete. Ich hing im Erdgeschoss herum und lauschte.

»Sie ist einfach gefallen«, hörte ich jemanden sagen.

Ich erinnere mich daran, dass ich sogar in meiner tiefen Angst damals dachte: *Da stimmt doch etwas nicht …* Wenn ich an Sians Zustand während der vergangenen paar Tage dachte, konnte es einfach keinen Zweifel geben. *Sie ist gesprungen.*

Die Sanitäter blieben lange Zeit bei ihr im Garten. Schließlich hoben sie sie auf eine Trage und brachten sie durchs Haus nach Draußen. In diesem Moment brach ich in Tränen aus. Ich hatte einen Schock, glaube ich, doch da war noch etwas anderes.

Ich war froh, dass sie das Haus verließ.

Ich wusste nicht, was mit ihr passieren würde, aber was immer das war, ich hätte zumindest eine Zeit lang Ruhe vor ihrem schrecklichen Verhalten, das wusste ich. Es klingt schrecklich. Aber ich hatte jeden einzelnen Tag meines Lebens unter dem stechenden Blick ihrer von Kritik erfüllten Augen verbracht; als sie auf dieser Trage nach draußen gebracht wurde, spürte ich, wie sich eine Last von meinen Schultern hob. Gleichzeitig hatte ich einen Schock, ich war traurig. Das Ganze war einfach schrecklich.

Aber in Wahrheit dachte ich: *Ich bin froh, dass sie weg ist.*

AB fuhr nicht mit Sian ins Krankenhaus: Er erklärte, sie solle denken, er hätte sie aufgegeben. Das überraschte mich nicht. Seit sie infrage gestellt hatte, dass er ein Gott war, war sie zur Niedrigsten von uns allen geworden. Josie und Oh fuhren mit und versorgten AB per Telefon mit Updates. Ich erinnere mich, dass er sich Notizen machte: *Sie ist halbseitig gelähmt …*

AB befahl Aisha, zu berichten, was geschehen war, weil sie Sian als Letzte gesehen hatte, bevor sie »aus dem Fenster gefallen« war. Aisha sagte, sie habe gehört, wie Sian ins Badezimmer ging und das Kippfenster öffnete. Das war ungewöhnlich, denn wir hielten die Fenster möglichst immer geschlossen, um den faschistischen Agenten kein Eindringen zu ermöglichen. Sie hatte »Alles in Ordnung bei dir?« gerufen, aber Sian hatte nicht geantwortet. Kurz darauf hatte Aisha an die Tür geklopft und den Raum betreten – erkennen konnte sie nur Sians Füße, die aus dem Fenster rutschten. Da hatte Aisha zu schreien begonnen. Sie sagte, nach diesem Anblick würde nichts mehr sie erschüttern können.

Im Krankenhaus ließ sich Genossin Josie als Sians nächste Verwandte eintragen. Ceri erfuhr von der ganzen Sache nichts. Tatsächlich teilten die Genossinnen Sians Familie in den kommenden Wochen mit, sie sei nach Indien gegangen, um dort an einem Wohltätigkeitsprojekt mitzuarbeiten. Der »Unfall« wurde mit keinem Wort erwähnt. Ceri hatte keine Ahnung, dass ihre Tochter hier in London in einem Krankenhausbett lag, vom Hals abwärts gelähmt.

Nachdem Sian weg war, wurde es leichter, ihr gegenüber sanftere Gefühle zu empfinden. Ich dachte immer wieder daran, wie ich zuletzt in der Küche mit ihr gesprochen hatte. Die Reue überwältigte mich. Warum hatte ich mein Versprechen an mich selbst nicht gehalten? Ich wünschte mir, ich hätte sie einfach umarmt. Denn ich fragte mich: Was, wenn sie es wegen mir getan hatte?

Doch Sian gab jemand anderem die Schuld. Am ersten Weihnachtsfeiertag besuchte AB sie endlich im Krankenhaus.

»All das ist nur passiert«, hatte sie angeblich gesagt, »weil ich mich von dir abgewendet habe.«

Zwölf kleine Worte. Aber welchen Unterschied sie machten. Was Sian zugestoßen war, war geschehen, *weil sie ihren Glauben an Bala verloren hatte.* Er hatte sie geprüft, und sie hatte die Prüfung nicht bestanden. AB wiederholte ihre Worte fast täglich und zitierte sie immer wieder, wenn es innerhalb des Kollektivs Uneinigkeit gab. Sians zerstörter Körper wurde zum Symbol: *Glaube an mich, oder …* Seit JACKIEs Ankunft hatte er Zerstörung über die ganze Welt gebracht, und jetzt war der Hurrikan sehr dicht an uns vorübergefegt. Hier wurden die Zusammenhänge ganz deutlich für uns sichtbar: Hier war der Beweis, den ich einmal gefordert hatte, ich konnte ihn mit meinen eigenen Augen sehen. *All das ist nur passiert, weil ich mich von dir abgewandt habe.*

Nach Sians Sturz war das Leben komplett anders als vorher. Nicht nur ruhte Sians Blick nicht mehr ständig auf mir; weil sie tägliche Besuche brauchte, waren auch die Blicke der Genossinnen nicht auf mich gerichtet. Jeden Nachmittag fuhr AB zusammen mit zwei der Frauen ins Krankenhaus, und normalerweise ließ man mich zu Hause. (Einmal in der Woche begleitete ich sie, dadurch wurden meine Ausflüge nach Draußen so regelmäßig, wie ich es mir in meinen schönsten Träumen nicht hätte ausmalen können.) Nie in meinem Leben hatte ich mich so frei gefühlt.

In dem großen Haus war ich fast wie allein; nur drei andere Genossinnen hielten sich noch mit mir zusammen dort auf, und Chanda und Shobha zogen sich immer zurück. Ich sang vor mich hin, während ich durchs Haus lief, und zwar kleine Gedichte, die ich selbst geschrieben und mit einer Melodie unterlegt hatte.

Jetzt hatte ich auch viel mehr Zeit, nach Draußen zu schauen. Shobhas Zimmer ging auf die Straße hinaus, und manchmal wagte ich mich hinein, während sie gerade aß und abgelenkt war. Dann blickte ich nach Draußen und traute mich sogar, den Netzvorhang hochzuheben. Im Haus gegenüber lebte ein älterer farbiger Mann, der viel Zeit damit zu verbringen schien, an seinem Fenster zu sitzen. Eines Tages winkte er mir zu – *und ich winkte zurück!* Nur ganz schnell, mit einer winzigen Handbewegung, aber es war einfach großartig, endlich einen Freund gefunden zu haben. Ich nannte ihn Peeper. Jedes Mal, wenn er winkte, leuchtete etwas in mir auf, und ich verspürte wochenlang ein warmes Gefühl.

Sians Abwesenheit hatte auch Auswirkungen auf die gemeinsamen Mahlzeiten. Da sie es uns nicht verbieten konnte, fingen wir an, beim Essen zu reden. Aisha und Oh erlaubten mir sogar, über Uenis zu sprechen, was vorher überhaupt nicht infrage gekommen wäre. Während des Mittagsschlafs, den ich manchmal mit Oh zusammen verbrachte, überredete ich sie dazu, mich zu umarmen. Es war einfach himmlisch!

Wir mussten immer noch vorsichtig sein. Genossin Josie kam eines Tages ins Zimmer und war schrecklich aufgebracht, als sie sah, wie ich mit Oh kuschelte. »Wenn ihr das noch mal macht, melde ich es Bala«, drohte sie uns. Ich dachte, dass Josie, die AB so treu ergeben war, an den alten Regeln festhalten wollte – mit einer Genossin weniger erforderte der Haushalt jedoch viel mehr Zeit, und sie konnte nicht immer alles genau im Blick behalten, selbst wenn sie das versuchte. Die Frauen hatten einen strengen Tagesplan zu befolgen – sie mussten das Bad für AB putzen, bevor er es benutzte, mussten sicherstellen, dass sein Badewasser warm war, mussten hinterher die feuchte Matte aufheben und sie trocknen, und dann war da noch das ganze Einkaufen, Kochen und Putzen – das war wichtiger als alles andere.

Ich verfolgte jetzt eine neue Taktik: teilweise aus strategischen Gründen und teilweise, weil ich ein besserer Mensch werden wollte. Ich sprach häufiger mit Josie, weil ich die vage Hoffnung hatte, sie würde mich weniger oft melden, wenn wir uns besser verstünden. Das funktionierte. Es gab weniger Meldungen von allen, und deswegen wurden wir alle seltener geschlagen. Hin und wieder versetzte uns AB einen Klaps oder eine Ohrfeige, denn wenn er wütend wurde, konnte ihn immer noch nichts aufhalten. Aber es waren nicht mehr die riesigen Explosionen, die es vorher gegeben hatte. Obwohl es eine schlimme Zeit hätte sein sollen, weil es Sian so schlecht ging, war es in Wirklichkeit die beste Zeit meines bisherigen Lebens.

Am allerbesten war jedoch, dass ich die Gelegenheit hatte, heimlich zu lesen. Ich hatte jetzt bis zu drei freie Stunden am Tag. Die Freizeit entstand, wenn die Genossinnen Sian besuchten und wenn sich jemand um Shobha kümmern musste, weil ihr zwei der Frauen zweimal am Tag beim Waschen halfen. Dann waren oft nur Aisha und ich unten, und ich sagte zu ihr: »Mein Busen juckt, darf ich ins vordere Zimmer gehen und ein bisschen Creme draufmachen?« Das erlaubte sie mir immer, und dann nahm ich eine Flasche mit Babylotion mit ins andere Zimmer. Ich schloss die Tür hinter mir, um »nicht gestört zu werden«, während ich »die Lotion auftrug«. Es schien Aisha nicht aufzufallen, dass die Flasche nie leerer wurde. Tatsächlich cremte ich mich kein einziges Mal ein. Ich hatte viel Wichtigeres zu tun.

Der Raum war fast wie ABs Arbeitszimmer, aber damals betrat er ihn nie. Wohin ich auch schaute, überall gab es Lesestoff. ABs Bücher türmten sich bis zu dreißig Zentimeter hoch auf dem

Schreibtisch, und es gab weitere Stapel auf den Kisten, die überall im Zimmer herumstanden. Außerdem war da ein kleiner begehbarer Schrank – und der war mit noch mehr Büchern gefüllt! Riesige Stapel mit Zeitschriften standen auch überall herum. Das reinste Paradies …

Ich wusste gar nicht, wo ich anfangen sollte. Ich nahm mir das nächstbeste Buch. Es gab Biografien von Führungspersönlichkeiten, medizinische Fachbücher, andere über Psychologie und Philosophie …

Jedes Mal, wenn ich ein Buch öffnete, gelangte ich in eine andere Welt. Für ein Mädchen, das selten nach Draußen kam, war es die beste Reise meines Lebens. Auf meinem Stuhl in dem vollgestopften Vorderzimmer fühlte ich mich nicht länger eingesperrt. Stattdessen begleitete ich die führenden Männer dieser Welt zu Staatsbanketten, verließ zusammen mit politischen Gefangenen ihre Zelle, wurde eins mit den Synapsen menschlichen Gehirns, wobei mich die berühmtesten Psychologen dieser Welt führten. Mein Gehirn jedenfalls explodierte förmlich dabei. Ich las über das Rechtssystem: darüber, dass jeder Mensch das Recht auf ein faires Verfahren hat und unschuldig ist, bis seine Schuld bewiesen wird. Was ich da las, machte tiefen Eindruck auf mich. Bala interessierte sich nicht dafür, »Beweise« zusammenzutragen oder sich bei einem Konflikt beide Seiten anzuhören.

Doch je mehr ich las, desto mehr erkannte ich, dass es *immer* zwei Seiten gab. Tatsächlich suchte ich mir mit Absicht verschiedene Bücher über dasselbe Thema zusammen, weil mich die Erkenntnis antrieb, dass man Dinge aus verschiedenen Perspektiven betrachten konnte. Noch mehr als zuvor in Wembley wandte ich mich innerlich gegen ABs Auffassung von totalitärer Kontrolle und vom Staat ausgeübter Gewalt. Als ich Gandhis Worte: »Auge um Auge – und die ganze Welt wird blind sein« las, fügte ich dem mein eigenes Motto hinzu: »Ein Leben für ein Leben – und die ganze Welt wird tot sein.«

Ich las nicht nur Bücher, sondern auch Zeitungen. Weil Sian im

Krankenhaus lag, stellten wir nicht mehr jeden Tag eine Ausgabe der *Neuen Welt* zusammen; stattdessen verteilte AB nur die ausgewählten Artikel. Den Rest der Zeitung warf er weg, und sie landete in einer Kiste neben seinem Schreibtisch. Doch sobald AB in der Badewanne saß, sagte ich: »Ich leere nur kurz diese Kiste aus …« Und während ich das tat, las ich so viel wie möglich von den aussortierten Artikeln.

Eines Tages griff ich mir eines der medizinischen Bücher. Vorher hatte ich ein Buch gelesen, in dem es um etwas mit »Embryos« und »Schwangerschaft« ging. Das war sehr rätselhaft für mich gewesen. *Wie kommen Babys überhaupt in die Gebärmutter? Ist die Gebärmutter so eine Art Reagenzglas, wie das, in dem ich geboren wurde?* Ich war verwirrt; ich brauchte weitere Informationen, um das Rätsel zu lösen.

In der medizinischen Enzyklopädie fand ich sie. Über die Jahre hatte ich mitbekommen, dass Männer und Frauen verschiedene Abflusslöcher hatten. AB hatte erklärt, dass der Akt des »Herumstocherns in Abflusslöchern« das Fundament war, auf dem die Alten Welt beruhte. Er beschützte mich und die anderen Genossinnen von solchen *widerwärtigen Handlungen* und dadurch auch vor dem *Bösen* und dem *Tod*. Er hatte es so geschrieben, dass ich glaubte, gewalttätige Männer würden Frauen mit Messern bearbeiten; von Schwänzen und Mösen war nie die Rede gewesen. Ich erinnere mich noch, dass ich dachte: *Das muss doch entsetzlich wehtun. Ich will in dieser Welt gar nicht das Haus verlassen!* AB zufolge war jede Form der körperlichen Intimität etwas Schmutziges; wenn wir irgendwo sahen, wie zwei Leute sich küssten, rief er »Igitt!« und befahl mir, da nicht hinzuschauen.

Aber jetzt las ich, dass uns Sex *das Leben* schenkte, nicht den Tod! So wurden Babys also gemacht! Jedes Kind entstand aus einem Ei und einer Samenzelle. Und jedes Kind hatte eine Mutter und einen Vater.

Für ein Schattenkind wie mich war das eine Offenbarung. *Ich komme irgendwoher. Ich bin nicht einfach nur ein Kind von JACKIE.* In gewisser Weise machte mich dieses Wissen jedoch noch entwurzelter, weil ich mich jetzt fragte, wer wohl meine Eltern waren. Es gab niemanden, den ich hätte fragen können; ich konnte ja niemandem sagen, dass ich das jetzt wusste, weil ich solche Dinge nicht wissen sollte.

Ich dachte, ich könnte begreifen, warum sie es mir vorenthalten hatten – wegen ABs prüder Einstellung (ich hatte bei meiner heimlichen Lektüre etwas über Prüderie gelernt). Jetzt stieg eine Erinnerung in mir auf. Ich war zehn, und AB hatte versucht mir Malayalam beizubringen, die Sprache von Kerala. Er hatte eine Wortliste, und er hatte auf ein Wort gezeigt und gesagt: »Das bist du. Du wirst immer eine Jungfrau sein.« Ich hatte damals nicht gewusst, was er damit meinte, aber jetzt wusste ich es. Der Gedanke gefiel mir überhaupt nicht – ich wollte Uenis Cieppo heiraten und drei süße Kinder haben. Aber wie man mir immer wieder sagte, war das nicht mein Schicksal: Ich war AB versprochen, mein Leben sollte seiner Sache geweiht sein.

Nachdem ich dieses Buch gelesen hatte, war mein neues Wissen wie ein kleines Geheimnis, das in mir brannte. Ich wurde zu einer Detektivin, wartete aufmerksam auf Indizien, versuchte herauszufinden, wer wohl meine Mutter sein könnte. Nach der Sache mit dem pinkfarbenen Stück Pappe war Sian die Hauptverdächtige.

Ich muss es zugeben: Dieser Gedanke enttäuschte mich. Sie war ein so böser Mensch. Ich hatte mich seit Jahren nach einer Mutter gesehnt, aber ich hatte sie mir immer als guten Menschen vorgestellt. Zu Genossin Sian passte das nicht.

Meine wöchentlichen Krankenhausbesuche waren jetzt von Neugierde erfüllt. Als ich hörte, wie Sian einer Schwester gegenüber erwähnte, dass sie mich großgezogen hatte, dachte ich: *Ist das ein Geständnis? Oder meint sie damit nur, dass sie meine Pflegemutter ist?* AB hatte das Ganze eilig unterbrochen.

Es war sehr wichtig, dass niemand im Krankenhaus glaubte, ich sei Sians Tochter. Das zumindest hatte ich begriffen. Ich denke, man verkaufte dem Krankenhauspersonal meine Beziehung zu ihr als »Freundin der Familie«. Insgesamt schien das Kollektiv jedoch wenig besorgt darüber, dass mich die Leute im Krankenhaus sahen; AB vertraute wohl auf seine Fähigkeit, meine Anwesenheit zu erklären, wenn das notwendig werden sollte. Ich war jetzt eine Jugendliche, und niemand schaute so genau hin.

Sian erholte sich gut von ihrem »Sturz«. Sie hatte zuerst auf der Intensivstation gelegen, aber jetzt, im April 1997, lag sie in einer Abteilung mit besonderer Betreuung. Sie konnte sprechen und essen, aber ihr Körper war noch immer gelähmt. Die Ärzte vermuteten, Sian würde nie wieder gehen können.

Während meiner Besuche hatte sie wie immer nur Augen für AB. Sie brachte ihre Reue zum Ausdruck, und meistens saß ich schweigend dabei, während die beiden sich unterhielten; dann freute ich mich einfach nur darüber, dass ich nach Draußen kam. Im Krankenhaus zu sein war so eine neue Erfahrung, dass ich alles in mich aufnehmen wollte, aber AB befahl mir ständig, nicht zu glotzen, die ganze Zeit dicht hinter ihm zu gehen und dabei den Blick immer auf seinen Rücken im Anorak zu richten. Ich durfte nicht mit den Schwestern sprechen.

Vielleicht war es wegen der medizinischen Enzyklopädie, vielleicht wegen der Tage der Vergebung oder einfach nur, weil sie mich nicht immer beobachtete – jedenfalls war ich Genossin Sian gegenüber jetzt viel positiver eingestellt. Erinnerungen verblassen, und weil mich meine heimliche Lektüre inspirierte, war ich fest entschlossen, nicht zu einem Menschen zu werden, der lange böse auf andere war.

Am 16. April 1997 fuhren AB, die Genossinnen und ich wie gewöhnlich ins Krankenhaus. Ich saß neben der Frau, von der ich vermutete, sie wäre meine Mutter, und ich konnte an nichts anderes denken. Deswegen tat ich beim Abschied etwas, von dem ich wusste, dass es AB nicht gefallen würde.

Als ich beim Verlassen des Zimmers in Sians braune Augen schaute, sagte ich zum ersten Mal in meinem Leben »Tschüss, Mummy.«

Ihr Gesichtsausdruck veränderte sich. Für einen kurzen Moment erhaschte ich einen Blick auf eine andere Frau. Eine ungewohnte, aber ganz eindeutig sichtbare Zärtlichkeit glitt über ihr Gesicht; da war sogar – ich wage es kaum auszusprechen – Liebe.

Ich hatte noch nie gesehen, wie sie mich so anschaute.

Sie öffnete den Mund. »Tschüss, Baby«, antwortete sie mir leise. Ich war so entzückt von diesen beiden kleinen Worten. Die Sache war damit immer noch nicht geklärt, aber zum ersten Mal in vierzehn Jahren hatte Sian zugegeben, überhaupt etwas mit mir zu tun zu haben. Ich spürte, wie sich ABs Körper versteifte, als er das hörte, aber wir waren an einem öffentlichen Ort, und er griff nicht ein. Ich bewahrte die Erinnerung an Sians Blick und ihre Worte wie einen Glücksbringer im Herzen: ein Zeichen dafür, dass sich irgendwo irgendjemand für mich interessierte.

Wie gerne hätte ich mehr mit ihr gesprochen, wie gerne hätte ich sie direkt gefragt: »Genossin Sian, bist du meine Mutter?«

Doch nur fünf Tage später schlug JACKIE zu: Er bestrafte uns für unseren kurzen Augenblick des Verbundenseins. Genossin Sian erlitt epileptische Anfälle und fiel dann in einen katatonischen Zustand.

Die Genossinnen erklärten, sie wollten nicht, dass ich sie so sah.

Also sah ich sie nie wieder.

23. Kapitel: Ermittlungen

Sian Davies starb am 3. August 1997. Ich erinnere mich noch gut, wie Josie reagierte, als der Anruf des Krankenhauses kam: »Was für ein Unsinn.« Fast zwei Jahrzehnte lang war Sian ABs ergebenste Jüngerin gewesen – und diejenigen, die ihm am nächsten standen, würden ein langes, vielleicht sogar ein ewiges Leben haben …

Sian war mit gerade einmal vierundvierzig Jahren gestorben.

All das ist nur passiert, weil ich mich von dir abgewandt habe.

War das ein Zeichen von JACKIEs Macht? Meine Reaktion bestand aus einer Mischung aus Angst, Gefühlen des Verlusts und – ich schäme mich, das zuzugeben – der Dankbarkeit über Sians Tod. Nie wieder würde sie mich fertigmachen, nie wieder würde sie mich voller Liebe anschauen. Ich malte ihr ein Bild, eine leuchtend rote Rose, und für kurze Zeit trug ich einige ihrer Kleidungsstücke, unter anderem eine lange Strickjacke aus unechtem Mohair, die sie gemacht hatte. Doch AB wurde wütend, weil ich »mich zu sehr an sie klammerte«, und befahl mir, damit aufzuhören. Das einzige Stück, das ich retten konnte, war ihr knallrosa BH, den ich mir heimlich genommen hatte, um meine Rückenschmerzen zu bekämpfen. Es war mein erster BH. In gewisser Weise stellte er ihr Abschiedsgeschenk dar.

AB zeigte keine erkennbare Trauer wegen Sians Tod. Emotionen preiszugeben war für ihn ein Zeichen der Schwäche. Allerdings forderte er etwas Seltsames: »Wenn jemand vor der Tür steht oder anruft und nach Genossin Prem fragt, müsst ihr sagen: Hier lebt niemand, der so heißt.«

Ich war verwirrt – warum sollte plötzlich jemand nach mir fragen? Gleichzeitig erfüllte mich seine Instruktion mit Unbehagen. Seit ich dieses medizinische Buch gelesen hatte, hatte ich AB genau studiert. War mein »Papa« möglicherweise mein biologischer Vater? Denn wenn Sian meine Mutter war – mit hundertprozentiger Sicherheit wusste ich das immer noch nicht –, war unwahrscheinlich, dass irgendjemand anders das war, weil Sian AB immer so ergeben gewesen war.

Während meiner heimlichen Lektüre war ich über ein Buch gestolpert, das in meinen Augen seine Vaterschaft fast bewies. In diesem Buch ging es um Janet Jackson. AB las gerne über berühmte Leute, weil er sagte, wenn er die Weltherrschaft antrete, würden all diese »Granaten« seine Repräsentantinnen werden. Er wollte alles über sie wissen, weil er sie dann würde kontrollieren können, wenn er über die Welt regierte. In dem Buch stand, dass Janets Mutter wütend gewesen war, weil Janets Vater Ehebruch begangen und so außereheliche Kinder gezeugt hatte. Und da war etwas an der Reaktion der Mutter, das ich nur zu gut kannte. Fast überwältigt von dieser Offenbarung dachte ich: *Das klingt ja wie Genossin Chanda …* Das war nur ein Gedanke, aber für mich ergab in diesem Augenblick alles einen Sinn – *kein Wunder, dass mich Chanda immer anschaut, als wünsche sie mir den Tod: Ich bin der lebendige Beweis dafür, dass AB eine Affäre mit Genossin Sian hatte! Er ist mein Vater! Ich bin ein Bastard!*

Weil der Gedanke in mir aufkeimte, dass ich ABs Tochter war, begriff ich langsam auch etwas anderes – etwas, das ich nie vergaß, während ich hörte, wie AB den Genossinnen befahl, zu verschweigen, dass ich hier wohnte. Wenn ich der lebende Beweis für ABs außereheliche Affäre war, dann musste man mich wirklich versteckt halten. Ich fragte mich jetzt: *Wurde ich nicht hier gefangen gehalten, weil man mich vor dem Britisch-Faschistischen Staat beschützen wollte, sondern weil es galt, Balas Ruf zu beschützen, denn er würde ja irgendwann einmal über die Welt herrschen?* Das Kollektiv hatte immer gesagt, sie hätten in den Untergrund gehen müssen, als ich zur Welt kam – vielleicht hatte mich aber AB nicht im Haus behalten, um mich zu beschützen, sondern weil er sich schämte. Er wollte nicht, dass die Leute Fragen stellten. Wenn er die Welt beherrschen würde, sollte es keinen Klatsch über sein Privatleben geben.

Dank meiner heimlichen Lektüre wusste ich, dass es normalerweise eine Bestattung gibt, wenn jemand stirbt. Deswegen erwartete ich, die Gruppe werde entsprechende Vorbereitungen für Sian treffen, doch überraschenderweise nahm man uns das Ganze aus der Hand. Ich weiß nicht, wie, aber Sians Familie fand heraus, dass sie tot war. Sie bestanden darauf, Sians Beerdigung zu organisieren – und dem Kollektiv verboten sie, daran teilzunehmen.

Ich habe keine Ahnung, wie Ceri auf die Nachricht vom Tod ihrer Tochter reagierte, und auch nicht, was sie dachte, als sie herausfand, dass Sian nie in Indien gewesen war, sondern die letzten sieben Monate ihres Lebens gelähmt in einem Krankenhausbett verbracht hatte, nachdem sie aus einem Fenster »gefallen« war. Ich weiß nur, dass zwei Tage nach Sians Tod energisch an unsere Haustür geklopft wurde.

Die Polizei war da.

»Das Mädchen da besucht uns nur für eine Weile«, sagte AB zu den Polizisten, als sie mich neugierig musterten. Sie schrieben sich die Namen aller Gruppenmitglieder auf. Sie waren ohne Vorwarnung erschienen, deswegen war keine Zeit geblieben, mich zu verstecken. Ich hatte mit den anderen zusammengesessen, als uns zwei Beamte erklärten, sie wollten Sians Tod näher untersuchen.

Obwohl ich die ganze Zeit anwesend war, kann ich nicht sagen, was gesprochen wurde. Wie immer, wenn etwas Neues passierte, vermochte ich es nicht aufzunehmen. Die Leute von Draußen rochen sogar anders, deswegen war ich mehr auf diese überwältigenden Eindrücke fixiert als auf das Gesprächsthema. Was auch immer gesagt wurde, es ließ Bala vor Wut erzittern, auch wenn er sorgfältig darauf achtete, das vor den Beamten zu verbergen.

Als sie mit den Worten, sie würden bald wiederkommen, gegangen waren, explodierte er.

»Der verdammte Britisch-Faschistische Staat will uns Schwierigkeiten machen!«, tobte er. »Diese Schweine wollen uns unterstellen, wir hätten sie ermordet! Dafür werden sie bezahlen!«

Anscheinend bestand ein gewisser Verdacht, jemand habe Sian aus dem Fenster gestoßen. Weil sie nun ihren Verletzungen erlegen war, hatte man eine Mordermittlung in Gang gesetzt. Ich vermute, dass auch Ceri sich das überlegt hatte: Warum sonst hätte das Kollektiv die Wahrheit vor ihr verheimlichen sollen? Warum hatten sie ihr nicht erlaubt, ihre einzige Tochter zu besuchen, und ihr damit die Chance gegeben, sich zu verabschieden, wenn sie nicht etwas zu verbergen gehabt hätten?

Ich verstand nicht, warum das Kollektiv nicht die Wahrheit sagte und zugab, dass sie wahrscheinlich gesprungen war. Sian war so verzagt gewesen, dass es für mich überhaupt keinen Zweifel gab: Als sie aus dem Fenster fiel, wollte sie entweder Selbstmord begehen oder fliehen. Aber vielleicht würden die Leute nach ihren Motiven forschen, wenn man an Selbstmord dachte … Eine solche Einmischung des Britisch-Faschistischen Staats konnte AB nicht dulden.

Wie sie es angekündigt hatten, kam die Polizei immer wieder in diesem August 1997. Obwohl die Frauen sich den Beamten gegenüber unzugänglich verhielten, schritten die Ermittlungen weiter fort, und alle Gruppenmitglieder außer mir wurden befragt. Fasziniert beobachtete ich die Besuche, denn für mich war es einfach unbegreiflich, dass jetzt neue Menschen das Haus betraten.

Die bloße Anwesenheit der Beamten war so überwältigend, dass mir keine Zeit zum Nachdenken blieb. Außerdem hätte ich mich sowieso nicht getraut, sie anzusprechen. So vieles schnürte mir den Mund zu: die Angst vor JACKIE, vor AB, ein ewiges Misstrauen gegenüber diesen uniformierten »faschistischen Hunden«. Davon abgesehen war mein Leben jetzt vergleichsweise frei. Ich wagte nicht, irgendwelche Unruhe zu verursachen. Ich war so dankbar, weil ich jetzt (heimlich) Oh umarmen konnte und es während der Mahlzeiten Unterhaltungen gab. Diese Dinge bedeuteten für mich Freiheit.

Stumm saß ich jedes Mal da, wenn die Beamten kamen.

AB schien sich jedoch Sorgen zu machen, dass sie sich für mich interessieren könnten. Er produzierte verschiedene Geschichten, die die Genossinnen vorbringen sollten. »Schlimmstenfalls müsst ihr den Polizisten sagen, dass Prem das Resultat einer Beziehung zwischen Sian und dem Genossen Simons ist.« Dann wies er sie an: »Ihr müsst sagen, dass Chanda und ich sie adoptiert haben.« Und schließlich: »Ihr dürft sagen, dass Prem aus einer Beziehung zwischen mir und der Genossin Sian entstanden ist.«

In diesem Moment rief ich laut: »Ja!« Ich sah seine Äußerungen als Bestätigung meines Verdachts.

Und doch … Das war nur eines von vielen Dingen, die er gesagt hatte, deswegen war ich mir immer noch nicht zu hundert Prozent sicher. Als ich später mit ihm allein war, fragte ich ihn, ob er mein Vater sei. Ich wollte es ihn sagen hören, damit ich meine Schattengefühle begraben konnte und endlich wusste: *Ich bin die Tochter von Sian und AB.*

Er gönnte mir diese Gewissheit nicht.

»Habe Geduld«, sagte er stattdessen. »Wenn der Zeitpunkt gekommen ist, werde ich dir alles sagen.«

Aber »der Zeitpunkt« kam nie. Wann immer ich ihn direkt fragte, druckste er herum und wich mir aus. Allerdings sagte er jetzt, dass meine fünfundneunzig Prozent (meine guten Eigenschaften) von ihm stammten, und das schien zu bedeuten, dass die fünf Prozent (meine schlechten Eigenschaften) Sian zuzuschreiben waren, aber ich war nicht sicher, was das bedeuten sollte. Wollte AB einfach Anspruch auf mich und mein Leben erheben, wie er das immer tat?

Ich wollte so gern Zugehörigkeit verspüren, aber solange mir das kein Erwachsener bestätigte, konnte ich keine Sicherheit erlangen. Wenn er mein Vater war, warum sagte er das nicht einfach? Oder war er es vielleicht *nicht* und wollte deswegen nichts Eindeutiges von sich geben? Behauptete er nur, dass meine 95 Prozent von ihm stammten, damit ich nicht nach meinem *wahren* Vater suchte? Ich kam zu dem Schluss, es wäre nicht ausgeschlossen, dass er nur gesagt hatte, er sei mein Vater, um uns den Britisch-Faschistischen Staat vom Hals zu halten. Wenn er behauptete, mein leiblicher Vater zu sein, würden sie uns in Ruhe lassen.

Aber niemand fragte jemals nach mir; ich war einfach nur ein »Gast«, und deswegen konzentrierte man sich während der polizeilichen Ermittlungen nicht auf mich.

Trotzdem glaube ich, dass meine Fragen AB verärgerten. Einige Wochen nach Sians Tod ging er zum Angriff über.

»Weißt du, warum sie gestorben ist?«, fragte er mich. »Das ist *deine* Schuld, Genossin Prem. Du hast ›Mummy‹ zu ihr gesagt. Darüber war JACKIE *sehr* wütend, denn das ist Anti-AB. Darum ist sie gestorben.«

Mein kleiner Glücksbringer … Mein einziger schöner Moment mit der Frau, die ich für meine Mutter gehalten hatte. Die Liebe in ihrem Blick … Die kleine Kerze, die ich in mir am Brennen gehalten hatte – die Erinnerung an diesen Moment –, flackerte und erlosch. Seit Sians Tod hatte ich gedacht: *Vielleicht haben wir diesen Moment geteilt, weil Sian nicht sterben wollte, ohne mich wissen zu lassen, dass ich ihr etwas bedeutete.* Jetzt war das einzig Schöne zerstört worden, befleckt von dem Wissen, dass ich sie (meine Mutter?) mit meinem selbstsüchtigen Verhalten getötet hatte. Die fünf Prozent bedeuteten nichts mehr: *Alles* an mir war schlecht.

Und JACKIE war noch nicht fertig mit seiner Rache. Obwohl die Mordermittlung im Sommer abgeschlossen wurde, ohne dass es zur Anklage kam, duldete AB eine so hartnäckige Verfolgung durch den Britisch-Faschistischen Staat nicht. Deswegen sorgte er dafür, dass in der Nacht des 31. August 1997, etwa um 00:23 Uhr, ein schwarzer Mercedes in einem unterirdischen Tunnel drüben in Frankreich ins Schlingern geriet. Mit 65 Meilen pro Stunde fuhr er gegen die dreizehnte Säule.

Als Racheakt hatte JACKIE Diana getötet, die Prinzessin von Wales.

24. Kapitel: Freispruch

Ich hielt die beiden Schweigeminuten für Prinzessin Diana ein, ohne dass irgendjemand etwas mitbekam. Wahrscheinlich glaubten die anderen, ich befolgte ABs Anweisung, nicht zu sprechen. Aber heimlich dachte ich an sie. Die Zeitungen Draußen waren voller Verschwörungstheorien: Wer hatte sie umgebracht, der betrunkene Chauffeur oder die Paparazzi? Niemand von ihnen fand heraus, dass JACKIE zugeschlagen hatte, wie wir von AB wussten.

Als hätten Sians Sturz und ihr Tod keine ausreichende Warnung bedeutet, stellte das hier eine ausgezeichnete Demonstration dessen dar, wozu JACKIE in der Lage war. AB wiederholte ständig, meine Taten hätten JACKIE dazu gezwungen, Sian zu töten. So konnte ich unmöglich weiterleben. Ich fühlte mich verantwortlich.

Denn es war nicht nur AB, der mir immer wieder sagte, es sei meine Schuld: Eine leise Stimme in meinem Inneren verkündete immer wieder, ich hätte mich von Sian abgewandt, eine Stunde vor ihrem »Sturz«.

Während der Sommer sich in den Herbst verwandelte, nahm meine Verzweiflung immer mehr zu. AB attackierte mich ständig. Ich verlor jede Hoffnung, und meine Suizidgedanken erwachten wieder. Einmal öffnete ich sogar selbst das Badezimmerfenster, weil ich dachte, ich wäre gern bei Sian, dort, wo uns AB nicht erreichen konnte. Am offenen Fenster schaute ich zitternd nach unten auf die Asphaltdecke des Hofes, und sie schien mir sehr, sehr weit weg.

Doch mir fehlte der Mut, und auch deswegen fühlte ich mich wertlos. Ich hatte Angst davor, bei meinem Fall nicht zu sterben. Wenn ich gelähmt gewesen wäre, das wusste ich, hätte mich AB noch besser kontrollieren können.

Wir befolgten die Anweisung von Sians Familie, und niemand von uns wohnte Sians Beerdigung bei. Ich erinnere mich daran, dass ich eine wütende Auseinandersetzung am Telefon zwischen dem Kollektiv und Sians Verwandten mitbekam. Sians Mutter Ceri und ihre Cousine Eleri hatten angerufen, ihre erhobenen Stimmen drangen aus dem Hörer wie die negativen Maozi-Wellen, vor denen man mich gewarnt hatte. Wie sich herausstellte, lebte Eleri in London, nicht weit vom Krankenhaus entfernt. Sie war verzweifelt gewesen, als sie herausfand, dass sie Sian nicht hatte besuchen können, als sie noch lebte. Tatsächlich hatte sie sie erst zu Gesicht bekommen, als sie die Leiche identifizieren musste. Ceri brüllte: »Er hat sie in Besitz genommen!« Damit meinte sie, dass AB Sian einer Gehirnwäsche unterzogen hatte; das warf sie ihm schon lange vor, und er hatte es in der Vergangenheit manchmal in den Diskussionsrunden erwähnt, wenn Sian gezwungen worden war, ihre Mutter lächerlich zu machen. Sian sagte dann immer, und damit verspottete sie ihre Mutter: »Wenn ein Gehirn schmutzig ist, muss man es waschen.« Nach dieser hitzigen Auseinandersetzung hatte Ceri den Hörer aufgelegt. Im Kollektiv empörte man sich sehr darüber, wie unhöflich und böse Sians Mutter doch war.

Ich hatte den Anruf gebannt verfolgt. Wenn Sian tatsächlich meine Mutter war, waren diese Leute meine Angehörigen, und obwohl sie nichts von meiner Existenz wussten, hoffte ich, sie würden mich finden und zu sich nehmen. Doch nach diesem wütenden Telefongespräch brach Ceri den Kontakt zum Kollektiv ab; sie änderte sogar ihre Telefonnummer, damit sie niemand anrufen konnte.

Es gab noch einen abschließenden Teil der Bürokratie des Britisch-Faschistischen Staates, mit dem sich das Kollektiv nach Sians Tod befassen musste. Mitte Oktober trafen offizielle Schreiben für alle Mitglieder ein: Wie gewöhnlich war ich die Einzige im Kollektiv, die keines bekam. Sie wurden am 15. Oktober 1997 zu einer Anhörung im Rahmen der Ermittlungen vorgeladen.

Vorher gab AB genaue Instruktionen: Die Genossinnen würden unter Eid lügen müssen. Niemand durfte zugeben, dass Sian aus dem Fenster gesprungen war.

Und wenn sie nach irgendwelchen abhängigen Personen gefragt wurden, mussten sie mit Nein antworten. Ich erinnere mich, dass ich mich fragte, was »abhängige Personen« waren. Ich wusste nicht, dass damit Kinder gemeint waren; und auch nicht, dass man Draußen mit dem Wissen, dass Sian eine vierzehn Jahre alte Tochter hatte, versucht hätte, für die Sicherheit dieses Kindes zu sorgen, jetzt, wo seine Mutter tot war. Für mich bedeutete das Ganze gar nichts; ich begriff nur, dass Bala von den Frauen verlangte, wegen Sians »Sturz« zu lügen. Das machte mich wütend. Ich wollte, dass sie die Wahrheit sagten, so wie man es immer von mir verlangte. Das war das Mindeste, was Sian meiner Ansicht nach verdient hatte.

Doch hier ging es darum, sich den Britisch-Faschistischen Staat vom Leib zu halten, und ihrer Auffassung nach heiligte der Zweck dabei die Mittel.

Das waren nicht die einzigen Lügen, die sie erzählten. Genossin Sian hatte hin und wieder mit den Nachbarn gesprochen, und sie hatten alle angefangen, Fragen zu stellen: »Wo ist denn die große Frau geblieben?«

Es war unglaublich, dass die Genossinnen ohne jede Mühe sagten: »Die ist weggezogen.«

Obwohl es kein Mord gewesen war, gelang ihnen eine völlige Vertuschung.

Am Tage der Anhörung geschah etwas Wunderbares: Alle Mitglieder des Kollektivs gingen nach Draußen, wie es ihnen per Brief vom Britisch-Faschistischen Staat befohlen worden war. Sie bestanden darauf, dass ich sie nicht begleiten konnte, doch natürlich konnte ich auch nicht allein bleiben. Deswegen kam Genosse Simons, um auf mich aufzupassen. Es war so schön, ihn wiederzusehen, wie eine seltene Belohnung für mich, weil ich endlich jemand anderen und nicht immer nur dieselben sechs Gesichter vor mir hatte.

Mit den letzten Ermittlungen hätte die Sache einen Abschluss finden sollen. Doch jetzt interessierten sich Journalisten für die Geschichte, ich vermute, sie fanden es seltsam, dass das Kollektiv Ceri belogen und ihr den Zugang zu Sians Sterbebett verweigert hatte. »Warum haben Sie Sians Mutter nicht die Wahrheit gesagt?«, wollte einer der Reporter wissen, der den Genossinnen auf dem Weg zum Waschsalon aufgelauert hatte. Ständig klingelte das Telefon; die Medien wollten mit dem Genossen Bala sprechen.

Eines Tages erschien sogar ein Mann in einer blauen Jacke an unserer Haustür. Ich war gerade in meinem Zimmer, um ABs Übungen zu machen. Deswegen schaute ich nicht nach Draußen, aber ich konnte nicht anders, sondern musste das Ganze mit anhören.

»Können wir bitte mit dem Genossen Bala sprechen?«, fragte der Mann höflich.

Genossin Josie fertigte ihn auf der Türschwelle ab: »Sie sind Teil des Britisch-Faschistischen Staates!«

»Wir möchten doch nur, dass Sie ein paar simple Fragen beantworten. Warum sprechen Sie nicht mit uns?«, blieb er hartnäckig.

»Damit zeigen Sie nur«, erwiderte Josie voller Verachtung, »dass Sie Teil des Britisch-Faschistischen Staates sind!« Zum Beweis brachte sie vor, dass der Journalist im selben Moment erschienen war wie der Milchmann – was bedeutete, dass es sich bei beiden um feindliche Agenten handelte. Dann schlug sie ihm die Tür vor der Nase zu.

Warum sagt ihr nicht einfach die Wahrheit?, fragte ich mich. Ich hatte Tränen in den Augen. Das alles geschah nur, weil Ceri erfahren wollte, was wirklich mit ihrer Tochter passiert war. Das Kollektiv wiederum konnte nicht dulden, dass Institutionen von Draußen irgendetwas mit den Vorgängen innerhalb der Gemeinschaft zu tun bekamen.

Deshalb blieb die Tür geschlossen. Das Telefon verstummte wieder. AB konnte schließlich zufrieden feststellen, jedem Eindringen von außen ein Ende bereitet zu haben: dem der Polizei, des Gerichts, der Medien. Obwohl es manchmal schwierig gewesen war, hatte er für alles Erklärungen gefunden. Von offizieller Seite gab es keine Untersuchung mehr, weitere Fragen wurden nicht gestellt.

Niemand schaute hoch zu dem Fenster im zweiten Stock, wo ich stand und sehnsüchtig in die Welt hinausblickte.

Dritter Teil: Gestutzte Flügel

25. Kapitel: Ein bisschen mehr Freiheit

»Ich möchte diese hier, bitte«, sagte ich und zeigte auf eine Salwar-Kamiz-Kombination. Es war der 21. Dezember 2001, und ich durfte mir ein Outfit für meinen bevorstehenden neunzehnten Geburtstag aussuchen. Das war wirklich ein Geschenk: Zum ersten Mal in meinem Leben konnte ich mir selbst etwas in einem Geschäft aussuchen. Die Tatsache, dass es sich dabei um ein indisches Kleidungsstück von der Sorte handelte, die ich mir immer gewünscht hatte, war ebenfalls ein Wunder. Obwohl Dad – AB – die ganze Zeit unangenehm nah neben mir stand und obwohl ich etwas auswählte, von dem ich glaubte, er würde es gut finden, fühlte sich das trotzdem an wie ein großer Sieg.

Ich wusste nicht, warum er mir plötzlich erlaubt hatte, indische Kleidung zu tragen, doch während der letzten Jahre hatte sich einiges verändert. Nach Genossin Sians Tod hatte Dad Genossin Chanda gebeten, meine Ausbildung zu übernehmen. Daraufhin hatte sie mir Kleidungsstücke in femininen Farben gekauft, Dad davon abgehalten, mich dazu zu zwingen, mich ihm auf Knien zu unterwerfen, und ein Jahr lang hatte sie ihn sogar dazu gebracht, mich *alle drei Tage* mit hinaus in den Garten zu nehmen. Ich hatte sie »Mum« genannt und auf das Mutter-Tochter-Verhältnis gehofft, das ich niemals gekannt hatte. Eine Bestrafung durch JACKIE war ausgeblieben. Im Gegenteil, Dad schien erfreut darüber zu sein, dass ich meine schlechten fünf Prozent abstieß. Ich las meine alten Tagebücher und fügte meinen Namen zu den Diagrammen von ABs Stammbaum aus meiner Kindheit hinzu. Stolz schrieb ich daneben: *Prem Balakrishnan*. AB gestattete mir, ihn »Dad« zu nennen.

Während ich mich mit Freuden in diese neue Familie einfügte, dachte ich nicht oft an Genossin Sian. Ich hatte immer noch keinen definitiven Beweis dafür, dass sie meine Mutter war, und selbst, wenn das der Fall war, verspürte ich wegen der Art und Weise, wie sie mich behandelt hatte, keine Loyalität zu ihr.

Zu meiner Enttäuschung war das neue Mutter-Tochter-Verhältnis zu Chanda nicht von langer Dauer. Eine Zeit lang schien sie die Kontrolle zu genießen, die sie nun über mich hatte. Alles in allem hatte sie jedoch für einen Kuckuck in ihrem Nest keinen Platz in ihrem Herzen. Ich wollte sie lieben, doch sie starrte mich immer nur hasserfüllt an. Obwohl ich sie weiterhin »Mum« nannte, war sie in meinen Augen keine. Ich fand sie auf ihre eigene Art und Weise sogar noch manipulativer als Dad.

»Gut, gehen wir nach Hause«, sagte Dad, sobald der Ladenbesitzer mein brandneues Kleidungsstück eingepackt hatte; jedes Mal, wenn er mich mit nach Draußen nahm, wollte er so schnell wie möglich zurück. Ich hatte das neue Outfit nicht anprobiert; stattdessen hatte Josie fachkundig die richtige Größe für mich herausgesucht. Ich hatte keine Ahnung, welche Kleidergröße ich trug, weil ich nie für mich selbst eingekauft hatte. Trotzdem war sie nicht nur aus diesem Grund dabei; es lag auch daran, dass Dad mich Draußen keinen Schritt ohne weibliche Begleitung tun ließ. Obwohl man mich zu Hause nicht mehr im Badezimmer überwachte, begleitete man mich Draußen immer zur Toilette, weil man fürchtete, faschistische Agenten würden mich entführen. Dann standen Josie, Aisha oder Oh vor der Kabine herum, warteten auf mich und hörten alles. Das fühlte sich immer an, als wäre mir meine Würde genommen worden. Tatsächlich ruinierte es die seltenen Gelegenheiten, zu denen ich nach Draußen kam, denn es erinnerte mich an meine unsichtbaren Fesseln.

Obwohl heute ein besonderer Tag war, waren diese Ketten nun fester als jemals zuvor. Ich hatte immer Angst vor Dad gehabt, aber jetzt, wo ich älter war, war mir noch stärker bewusst, was er tun konnte. Im Vorjahr hatte es eine riesige Szene gegeben, als ich enthüllte, dass ich in den Politiker Ken Livingston verliebt war. Dads Gesicht hatte sich vor Wut verzerrt, als ihm klar wurde, dass ich mich gegen ihn wandte: Ich war *ihm* versprochen. Sofort hatte er einen Wutanfall bekommen und wurde handgreiflich. Das war mir nur zu bekannt, aber als er mich dieses Mal mit Schlägen traktierte, sagte er etwas Neues: »Niemand weiß, dass du hier bist, Genossin Prem. Deswegen solltest du es nicht drauf ankommen lassen. Ich könnte dich zu Tode foltern und im Garten verscharren. Niemand würde davon wissen.«

Als ich hinter dem Sofa kauerte und versuchte, mich vor seinen Blicken zu verbergen, erkannte ich die grausame Wahrheit: Niemand wusste von meiner Existenz. Mein Name erschien in keiner offiziellen Datenbank. Bei den wenigen Gelegenheiten, zu denen ich das Haus verließ, durfte ich mit niemandem sprechen, deswegen würde auch niemand nach mir fragen. Wenn Dad wollte, da war ich mir sicher, würde man ihm nicht einmal einen Mord anlasten.

»Vielen Dank!«, sagte er jetzt, als wir den Laden verließen und auf die Upper Tooting Road hinaustraten. Ich betrachtete ihn in meiner üblichen Verwirrung. Wie kam es nur, dass er manchmal so nett war und dann wieder ein solches Monster?

Ich hatte während der vergangenen drei Jahre ziemlich viel Zeit damit verbracht, darüber nachzudenken: Weil ich jeden Tag im Haus eingeschlossen war, blieb mir sehr viel Zeit dafür. Ich konnte nicht verstehen, warum er so war, warum sie *alle* so böse waren, wo sie doch alle lieb sein konnten, wenn sie nur wollten. Sogar Josie, die früher so gerne Meldung gemacht hatte, war zu einer Freundin für mich geworden; sie hatte mir das Stricken beigebracht und erzählte mir Geschichten über ihre Kindheit auf dem Land, denen ich fasziniert und ziemlich neidisch lauschte. Die Mitglieder des Kollektivs wechselten sich darin ab, mich zu verwöhnen und zu umsorgen, und eine Zeit lang schien es dann, als wäre alles normal. Irgendwann kam jedoch immer der Moment, in dem eine der Frauen wieder Meldung über etwas machte. Dann verwandelten sie sich in ein Rudel, herzlos und sadistisch.

Vor Jahren, 1999, hatte ich mir dazu eine Theorie überlegt. *Das Einzige, woran sie alle glauben, ist der Kommunismus.* Ich entschied, es müsse der Kommunismus sein, der sie alle zu schrecklichen Menschen machte, und stellte mir vor, dass ich eines Tages einen Artikel für eine wichtige Zeitung schreiben würde, der den Titel »Kommunismus – die Religion des Hasses« tragen sollte.

Dass ich den Schuldigen gefunden hatte, machte mein Leben jedoch nicht einfacher. Wenn überhaupt, ließ es meine Einsamkeit noch bitterer werden, denn sie alle glaubten an den Kommunismus, und ich tat das (wenn auch nur insgeheim) nicht. Nie zuvor hatte ich mich mehr wie der einzige Schmetterling auf diesem Planeten gefühlt. Jetzt, wo ich älter war, boten mir auch die Sanitäranlagen im Badezimmer keinen Trost mehr. Meine einzigen Freunde waren die Hunde, die ich aus der Entfernung im Garten der Nachbarn sah, und dann gab es noch meine Texte. Peeper war schon lange verschwunden: Etwa ein Jahr, nachdem ich ihm zum ersten Mal gewunken hatte, hatte ein Leichenwagen vor seinem Haus gestanden und war dann weggefahren, und der Blumenschmuck hatte die Buchstaben »Großvater« enthalten. Da musste ich weinen, und Dad hatte mich ärgerlich gefragt, warum ich so schlecht gelaunt sei.

»Wir waren Freunde«, antwortete ich.

»Und genau darum hat JACKIE ihn getötet«, sagte er bösartig.

Um in der Neuen Welt eine gute Soldatin sein zu können, durfte ich in der Alten keine Verbindungen haben. Dad, Josie und ich liefen im Gänsemarsch über die Hauptstraße, zu meinem Schutz ging ich zwischen den beiden. Wie immer fixierte ich Dads Anorak und behielt diesen Tunnelblick die ganze Zeit bei. In über achtzehn Jahren hatte sich mir diese Gewohnheit so tief eingeprägt, dass die Genossinnen nicht mehr länger »Nicht glotzen!« zu zischen brauchten.

Mittlerweile war mir außerdem bewusst, dass ich es zu überwältigend finden würde, irgendwo anders hinzuschauen als auf Dads Mantelkragen. Ich war nur die Zimmer im Haus und den Ausblick aus den Fenstern gewohnt – die Erfahrung, eine Hauptstraße entlangzugehen, mit so vielen Fremden in so vielen interessanten Kleidungsstücken, mit so vielen Läden, die man hätte betreten können, überwältigte mich völlig. Inzwischen ging ich ungefähr einmal in der Woche oder alle zwei Wochen nach Draußen, aber nur in den Garten oder vielleicht ein Stück die Straße hoch. Bis zur Hauptstraße kamen wir nur, wenn es einen speziellen Anlass gab. Jetzt, wo ich offiziell erwachsen war, war es Dad nicht mehr so wichtig, ob andere mich sahen oder nicht.

Tatsächlich hatte mir Dad an meinem Geburtstag Ausflüge erlaubt, seit ich sechzehn war. Dann fuhren wir in die Stadtmitte und gingen in einen Buchladen, oder taten etwas anderes, was nicht unserer Routine entsprach. Heute hatten wir das Salwar-Kamiz-Gewand gekauft, damit ich für meinen Geburtstag im Januar etwas anzuziehen hatte. Auf dem Rückweg bewegte ich mich quälend langsam die Straße entlang. Dad tadelte mich immer, weil ich so langsam ging; er meinte, ich wäre faul. Jetzt, mit einundsechzig, lief allerdings auch er langsamer, deswegen konnte ich immer öfter das Tempo vorlegen, das mir am besten gefiel.

Die Menschen um uns herum bewegten sich jedoch schnell; die Mäntel waren bis obenhin zugeknöpft, und ihre Körper krümmten sich unter der schneidenden Kälte des Dezembertages. Wenn ich nach Draußen kam, war das Wetter fast immer schlecht – so als würde sich Dad diese Zeitfenster mit Absicht aussuchen, weil sie der schlechten Laune entsprachen, die er bekam, wenn er mich mit nach Draußen nehmen musste. Er ließ mich immer monatelang um solche Ausflüge betteln und erfand eine Entschuldigung nach der anderen, um die Sache zu verzögern. Schließlich gingen wir nur nach Draußen, wenn das Wetter scheußlich war, deswegen erkältete ich mich häufig – das lieferte dann die nächste Entschuldigung dafür, mich im Haus zu behalten, schließlich wurde ich Draußen immer krank.

Natürlich *musste* Dad meinen Bitten nicht nachgeben, und er versuchte auch, das möglichst zu vermeiden. »Wenn ich erst die Weltherrschaft übernommen habe, kannst du machen, was du willst«, erklärte er mit großer Geste. »Warum bist du nur so ungeduldig?«

Die nahende Übernahme der Weltherrschaft hielt mich am Leben. Sie war der einzige Grund dafür, dass ich überhaupt nach Draußen kam. Ich hatte Dads Achillesferse entdeckt: seinen guten Ruf. Wenn er einmal an die Macht kam und man mir erlaubte, mein Schattenversteck zu verlassen, wie hätte es dann ausgesehen, wenn ich schlecht über ihn redete, anderen erzählte, dass er mich in der Alten Welt nie mit nach Draußen genommen hatte? Deswegen, so schien es, hatte er sich dafür entschieden, mir ab und zu einen Knochen hinzuwerfen und mich auf diese Weise bei guter Laune zu halten. »Jetzt kannst du nicht mehr behaupten, ich würde dich nie mit nach Draußen nehmen!«, verkündete er bei unserer Rückkehr immer triumphierend.

Wenn das eine List sein sollte, um sich meinen Gehorsam zu sichern, funktionierte sie. Als ich an diesem Abend wieder zu Hause war, nahm ich voller Ehrfurcht jedes einzelne Teil des Salwar-Kamiz-Gewandes in die Hand und hielt es mir vor den Körper. Braun mit rostroter Stickerei war es, und es war das schönste Kleidungsstück, das ich jemals getragen hatte. Im Kollektiv hatten wir keine Ganzkörperspiegel, deswegen versuchte ich, stattdessen im verdunkelten Fenster einen Blick auf mich selbst zu erhaschen. Mein Spiegelbild wurde scharf und wieder verschwommen; auf der Glasfläche glänzte es wie ein Geist.

Mit zusammengekniffenen Augen betrachtete ich mein Gegenüber, dann runzelte ich die Stirn. Obwohl ich geradezu verliebt in das Gewand war, hasste ich den Rest von dem, was ich sah. Ich war eine hässliche, ungesund wirkende Erscheinung. Weil ich nie nach

Draußen kam, hatte ich extrem blasse Haut, dunkle Ringe unter den blutunterlaufenen, geschwollenen Augen; trockene Haut und ebensolche Lippen. Doch am meisten schämte ich mich für mein Haar.

Als ich sechzehn war, hatte bei mir Haarausfall eingesetzt. Jetzt war mein Haar sehr dünn, an einigen Stellen hatte ich Glatzen, und ich wusste, bald würde ich es ganz abschneiden müssen. Wie sehr ich mir wünschte, Sonnenbräune abzubekommen, Make-up zu tragen oder mir das Haar zu färben, so wie ich es in den Zeitschriften gelesen hatte! Aber solche Freiheiten waren für mich unerreichbar.

Trotzdem gefiel mir diese Salwar-Kamiz-Kombination sehr. Wenn ich sie trug, konnte ich mir wenigstens vorstellen, ich wäre schön. – Meine Fantasie war immer noch mein bester Freund, mein Kokon immer noch derselbe Rückzugsort wie vorher. Geschenke wie dieses Kleidungsstück stellten eine weitere Feder für mein mentales Nest dar; durch sie konnte ich vergessen, dass man mich gefangen hielt. Die meiste Zeit lebte ich in meinem Kopf, in seliger, beabsichtigter Ignoranz. In meinen Gedanken war ich nicht Genossin Prem, sondern Preethi, ein freies Mädchen. Manchmal winkte Preethi sogar mit beiden Armen in der Luft, wenn sie allein war, weil sie sich davon überzeugen wollte. *Schau nur – keine unsichtbaren Ketten! Wenn ich die Arme so bewege, fühlt es sich an, als wäre ich* wirklich *frei.*

Durch meine heimliche Lektüre hatte ich zufällig ein Zitat entdeckt, das, so meinte ich, meinen Rückzugsort beschrieb. »Schizophrenes Verhalten ist eine spezielle Strategie, die eine Person wählt, um in einer Situation leben zu können, in der man eigentlich nicht leben kann«, schrieb R. D. Laing in seinem Buch *The Politics of Experience.* Ich wusste, es war verrückt, was ich tat, aber es gab mir so viel Trost, dass ich nicht damit aufhören konnte.

In gewisser Weise bestätigte die Erkenntnis über die Verrücktheit meiner Taten jedoch etwas, was ich schon länger vermutete: Der wahre Grund dafür, dass das Kollektiv mich versteckt hielt, bestand darin, dass ich geisteskrank war. Vielleicht hielt man mich nicht im Schatten, um mich zu beschützen, sondern um die anderen zu schützen. Vielleicht war ich einfach nicht geeignet dafür, mit Leuten außerhalb der Gruppe in Kontakt zu kommen; vielleicht wäre niemand sonst so großzügig und so hilfsbereit wie jene, die sich im Kollektiv um mich kümmerten. Ich dachte anders als alle, die ich kannte – war das nicht auch ein Anzeichen für Geisteskrankheit?

Weil ich mich in meinem Kokon so wohl fühlte, kehrte ich nur in die Realität zurück, wenn es sein musste: wenn eine Genossin mich meldete und ich Schläge von Dad bekam, als die Wahlen stattfanden und ich mir zum ersten Mal eingestehen musste, dass ich nicht wegen meines Alters nicht wählen konnte, sondern weil Dad es mir nicht erlaubte; als am 11. September 2001 in Amerika vier Flugzeuge entführt wurden und Dad wegen des schrecklichen Verlustes an Menschenleben triumphierte. Er sagte, das sei JACKIEs Rache für all die Verbrechen, die Amerika auf der Welt begangen hatte … Ich erinnere mich, dass ich mich fragte, welches Verbrechen ich wohl in meinem Vorleben begangen hatte, um mit einem Mann zusammenwohnen zu müssen, der beim Anblick des Massenmordes an Unschuldigen derartige Freude empfand.

In solchen Momenten wurde mein sorgfältig gesponnener Kokon in eine Million Stücke zerrissen, wie ein Spinnennetz, das in einen Tornado geriet, und dann konnte ich nicht anders, sondern musste mich der schrecklichen Realität meiner Situation stellen: Ich saß hier in der Falle, bis Dad die Weltherrschaft übernahm, aber wenn das geschah, würde das für mich keine Erleichterung bedeuten, denn wenn Dad seine neue Macht ausübte, würden die Dinge noch eine Million Mal schlimmer werden.

Die Vorstellung, es wäre überall so düster und bedrückend wie im Kollektiv, war ein einziger Albtraum. Oft stand ich am Fenster und wünschte mir, das Glas würde verschwinden, damit ich *sofort* nach Draußen könnte. Ich starrte auf die Nachbarn hinunter, die da in ihrem Hof saßen und abends einen gemütlichen Drink zu sich nahmen, und dann träumte ich davon, ich könnte dasselbe tun –

gleichzeitig wusste ich, dass das nie passieren würde, denn wenn Dad die Weltherrschaft übernommen hätte, würde er solche Dinge verbieten. Die Zukunft erschien mir wie eine Sackgasse: Es gab keinen Ausweg.

Ich stand am Fenster und hatte eine Hand an die Scheibe gepresst, die ich so gerne weggeschmolzen hätte. Außerdem starrte ich neiderfüllt die fröhlich zwitschernden Blaumeisen an. Ich stellte mir vor, ich könnte so frei durch die Luft fliegen wie sie … Aber das war nicht meine Bestimmung. Das hatte Dad nicht für mich vorgesehen.

Ich fühlte mich so isoliert, dass ich begann, mit meinem jüngeren Ich zu kommunizieren: Ich blätterte in meinen Tagebüchern zurück und kommentierte alte Einträge. Als eine siebenjährige Prem Bala alles nachgeplappert und Dinge über die Queen aufgeschrieben hatte: *Warum betreibt Großbritannien so einen Kult wegen Lala-Liz? Sie ist eine Verbrecherin, an deren Händen Blut klebt!* Ich strich das durch und korrigierte es: *Nein, das ist sie nicht! Sie ist eine wundervolle, elegante Dame, die alle anständigen Menschen mit Respekt erfüllt.*

Inzwischen war ich selbstbewusster, was das Aufschreiben meiner kontroversen Ansichten betraf. Obwohl mich die Genossinnen mit Strenge behandelten, war ihre Überwachung bei Weitem nicht mehr so gründlich wie vor Sians Tod. Ich bewahrte meine Aufzeichnungen in einem Ordner mit der Aufschrift »Für niemandes Augen bestimmte Akten« auf und teilte den Genossinnen mit, ich würde eine besondere Überraschung für Balas Geburtstags vorbereiten und wollte nicht, dass jemand sie sah. Dahingehend respektierten sie meine Privatsphäre, weil sie es für einen Akt der Verehrung zwischen meinem Vater und mir hielten. Ich konnte sie inzwischen gut anlügen und Geheimnisse für mich behalten.

Vielleicht war das größte Geheimnis von allen, dass ich, wie Sian vor mir, langsam zu bezweifeln begann, dass mein Vater *wirklich* ein Gott war. Konnte er wirklich unsterblich sein, wenn er so offensichtlich alterte? Sians Worte hatte ich nie vergessen: *Wenn du ein*

Gott bist, wie kommt es dann, dass du älter wirst? Als wäre das Stück Papier, auf dem sie das niedergeschrieben hatte, ein Samenkorn, spürte ich, wie die Zweige einer anderen Ideologie langsam, aber gleichmäßig in mir wuchsen.

Meine Aufzeichnungen waren wie meine Babys; manchmal nahm ich sie sogar in die Arme und presste mir das Papier auf die bloße Haut. Diese Stücke Papier waren mir wertvoller als irgendjemand sonst im Haus. Es war nur schade, dass sie nie antworteten. Manchmal wollte ich sie dazu bringen: *Hallo! Wo bist du? Wie geht es dir?*, schrieb ich eines Tages in mein Tagebuch. Doch die Seite blieb leer. Niemand schickte mir eine wichtige Nachricht.

Am Abend des 21. Dezember 2001 zog ich traurig mein Salwar-Kamiz-Gewand aus, als ich mich zum Schlafengehen zurechtmachte. Ich wünschte mir, es die ganze Zeit tragen zu können. Es diente mir als Rüstung gegen die Realität meines Lebens: ein Freund aus Stoff.

Ich hatte keine Ahnung, dass ich sehr bald jemanden treffen sollte, der vielleicht der wichtigste Freund meines ganzen Lebens werden würde. Sein Name war Harry Potter.

26. Kapitel: Harry Potter und das einsame Mädchen

Ich hätte den jungen Zauberer wohl nie kennenlernen dürfen, wenn Dad nicht gewollt hätte, dass ich einmal seine Kinderministerin wurde. Doch im Januar 2002 eroberte Harry Potter die Welt im Sturm, und die Verfilmung des ersten Teils kam auf die Leinwand. Dad entschied, wir sollten ihn uns alle ansehen, damit ich ihn verwerfen und den Kindern der Neuen Welt empfehlen konnte, den Film um jeden Preis zu meiden.

Der Ausflug ins Kino war die Feier für meinen neunzehnten Geburtstag. Ich konnte der Filmhandlung folgen, was mir vorher schwergefallen war. Vielleicht half mir die Tatsache, dass ich während des vergangenen Jahres manchmal mit Shobha hatte fernsehen dürfen, während ich ihr in ihrem Zimmer Gesellschaft leistete. Allein durfte ich das nicht, und ich durfte nur Sendungen sehen, die mir Dad erlaubte, aber es war trotzdem eine ganz außergewöhnliche Erfahrung, denn Shobha mochte Naturdokumentationen.

Was ich dort sah, war so ganz anderes als alles, was ich jemals gesehen hatte. Ozeane! Wüsten! Regenwälder! Felder! Bisher kannte ich nur Parks, aber das da war wirklich eine ganz andere Welt. Ich sehnte mich danach, einige der Orte zu besuchen, und wenn ich einschlief, träumte ich, ich flöge über die Landschaften, würde ins Meer eintauchen und das Salzwasser schmecken. Als ich so auf die Kinoleinwand hochstarrte, wirkte Harrys Welt genauso verzaubernd auf mich.

Dad teilte diese Ansicht. Nach dem Film redete er ganz anders. Er verkündete, die Bücher handelten eigentlich von *ihm*. Harry – Arry – Ara – Aravindan Balakrishnan! Die Geschichte eines scheinbar gewöhnlichen Jungen, der aber in Wirklichkeit ein Zauberer ist, beschrieb perfekt seine eigene Rolle auf dieser Welt: die eines scheinbar gewöhnlichen Mannes, der in Wirklichkeit ein mächtiger Gott war und der – obwohl die »Muggels« das kaum ahnten – insgeheim die Welt beherrschte.

Geistesgegenwärtig fragte ich ihn, ob ich die Bücher lesen dürfe. Darüber musste Dad erst sorgfältig nachdenken; er verabscheute es, mir irgendetwas zu erlauben, das mich vielleicht glücklich machte, denn eine unseriöse Lebensweise würde nichts dazu beitragen, seine Neue Welt zu errichten. Ich konnte förmlich sehen, wie es in seinem Gehirn arbeitete. Also zog ich alle Register. »Die Bücher handeln doch von dir, Dad! Bitte erlaube sie mir, ich will alles über dich lesen!«

Schließlich gab er nach. Ein Mann, der nur zu gerne verkündete: »Ich *liebe* mich selbst, ich *verehre* mich selbst!«, empfand zu viel Eitelkeit, als dass er hätte nein sagen können.

Vom ersten Wort des ersten Kapitels an war ich wie verzaubert. Erstens tröstete mich die Geschichte, weil ich mir vorstellte, wir hier im Kollektiv wären ein bisschen wie Zauberer: Wir durften nicht riskieren, dass die Muggels da Draußen irgendetwas über unsere geheime Welt erfuhren. Doch als ich weiterlas, fühlte es sich für mich an, als käme da eine andere Art des Zaubers zum Einsatz. Bücher wurden zu einem magischen Spiegel, und als ich das Kollektiv und mich selbst darin sah, lernte ich, unser Leben in einem anderen Licht zu sehen.

Bis dahin hatte ich Dads Ideen darüber, wie die Welt regiert werden sollte, infrage gestellt, aber ich war nie sicher gewesen, ob ich damit auch Recht hatte. Denn obwohl ich langsam vermutete, dass seine Ideologie verkehrt war, kannte ich keine Alternative: Ich wusste nicht genau, was richtig war. Durch Harry Potter bot sich mir endlich eine Messlatte, die ich an Dads Ideen anlegen konnte. Meinen großen Helden fand ich dabei in Harrys Schuldirektor, Albus Dumbledore. Gütig, gnädig und geduldig, wie er war, beeinflusste er meine mentale Einstellung und inspirierte viele meiner zentralen Werte. Er vertrat das absolute Gegenteil von Dads Liebe zum Hass, und ich wollte durch und durch so sein wie er.

Außerdem entdeckte ich in der Handlung Parallelen zu dem, was im Haus passierte. Dazu zählte unsere fragwürdige Hierarchie. – Warum mussten wir Mum und Dad wie Leibeigene bedienen, während sich Aisha, Josie und Oh durch die Arbeit fast zugrunde richteten? Als ich die versklavten Hauselfen aus dem zweiten Band kennenlernte, erkannte ich die Ungerechtigkeit der Situation. Außerdem schien mir meine Beziehung zu Dads so verehrter biologischer Familie in Harrys Erfahrung mit den Dursleys widergespiegelt: die Art und Weise, wie sie alles in den Schmutz zogen, was ihm etwas bedeutete, oder die Tatsache, dass ich wie Harry nie auch nur einen einzigen Brief bekommen hatte. In Chandas hasserfüllten Blicken erkannte ich nun wieder, was mir aus den monströsen Augen des Basilisken entgegenstarrte.

Diese Erkenntnisse waren bahnbrechend: Jahrelang hatte ich nicht aufhören können, mich nach der Akzeptanz der anderen zu sehnen. Ich war innerlich zerrissen: Ich wollte dazugehören, und gleichzeitig wollte ich das nicht, weil Dazugehören bedeutet hätte, Teil von etwas zu sein, das sich hässlich anfühlte. Doch nachdem ich das Kollektiv durch das Prisma von Harrys Welt gesehen hatte, entschied ich, dass ich Teil der Hauselfengemeinschaft und nicht Teil der Dursleys sein wollte. – Ganz egal, wie viele Privilegien man als Dursley bekam.

Ich begann, in einem Harry-Potter-Universum zu leben. Die Figuren waren für mich so real, dass ich ihre Geburtstage feierte. In meinem Kokon entstand genug Platz für ganze Zimmer: den Gryffindor-Aufenthaltsraum, die Küche der Weasleys, die Große Halle in Hogwarts, in der ein rauschendes Fest stattfand. Wieder und wieder las ich die Bücher und fand dadurch auch einen besseren Zugang zur britischen Kultur – was Dad anwiderte.

Weil ich so ins Lesen versunken war, war ich viel glücklicher im Haus, und ich bettelte Dad viel seltener an, mich mit nach Draußen zu nehmen. Ich glaube, darum erlaubte er mir im September 2002, den *Herrn der Ringe* zu lesen. Deshalb – und weil die Bücher einmal mehr von ihm handelten: Aragorn, ein künftiger Anführer im Exil, war ganz eindeutig eine Verkörperung von Aravindan Balakrishnan.

In gewisser Weise hatte Dad Recht. Je mehr ich über Harry Potter und von Tolkiens Meisterwerk las, desto mehr entdeckte ich ihn zwischen den Seiten des Buches. Allerdings in den *Schurken* der Romane – in Voldemort und Sauron.

»Ich vergebe nie, und ich vergesse nie«, so lautete Dads Motto. Doch es war Voldemort, der diese Position einnahm, Voldemort, der so auf den Gedanken an Unsterblichkeit fixiert war, genau wie Dad. Beide, Voldemort und Sauron, bestanden darauf, dass sich ihnen ihre Anhänger völlig unterwarfen, und terrorisierten sie, bis sie ihnen gehorchten. Und vielleicht war es beim Lesen über diese Anhängerschaft – die Todesser und die Schwarzen Reiter –, dass ich die gruseligste Parallele von allen entdeckte. Denn die Schwarzen Reiter waren genau die Soldaten, die Dad haben wollte: Menschen ohne jede Persönlichkeit, die nicht eigenständig dachten, sondern nur Saurons Willen in sich trugen. Sie hatten keine Beziehungen zu anderen, kein Herz, nichts außer dem Bedürfnis, ihm zu dienen. War ich nicht dazu erzogen worden, genauso zu leben? War es nicht das, wonach die Genossinnen strebten, mit ihrer Selbstkritik und ihren Erinnerungen und Gehirnen, die saubergewaschen werden mussten? Ich sah die Genossinnen jetzt als Schwarze Reiter, und als ich sie einmal so betrachtete, konnte ich nicht damit aufhören.

Das faszinierendste Element im *Herrn der Ringe* war für mich vielleicht das Konzept der Macht des Einen Rings. Dieses Böse war so mächtig, dass es sogar die besten Menschen zu schlechten machte, nicht einmal die friedfertigen Hobbits konnten sich ihm entziehen! Passierte im Kollektiv denn nicht dasselbe? Die Genossinnen, die jede für sich manchmal so lieb waren, verwandelten sich in sklavisch ergebene Orks, sobald Dad auch nur ein Wort sagte: Der Eine Ring des Kommunismus besaß wirklich große Macht.

Die Bücher bestärkten mich darin, dass da *irgendetwas* einen Effekt auf das Kollektiv haben musste: Sie waren nicht *ganz und gar* schlecht. Denn obwohl ich meinen Vater in den Schurken wiedererkannte, meinte ich, sie würden nur seine schlechte Seite verkörpern. Der Dad, der mich mitgenommen hatte, um das Salwar-Kamiz-Gewand zu kaufen, war nicht der Vater, der mich schlug: Ich weigerte mich, die beiden gedanklich zu einer Person verschmelzen zu lassen. Dad war durch seine eigene Ideologie einer Gehirnwäsche unterzogen worden, darum war er böse. Im Grunde seines Herzens war er ein guter Mensch – man hatte ihn nur fehlgeleitet. Er war vom Kommunismus vergiftet worden: beeinflusst von dem Einen Ring. Ich hasste ihn nicht; ich hasste das Böse, das ihn in seinen Klauen hielt.

Aber, so überlegte ich nun, was, wenn es einen Weg gab, den Griff dieser Klauen zu lockern? Als ich im Laufe des Jahres 2002 alles las und wiederlas, fasste ich Mut. Denn die Bücher erzählten die Geschichten von kleinen, scheinbar machtlosen Leuten, die trotzdem die Möglichkeit fanden, die Welt zu verändern. War *ich* vielleicht diejenige, die diese Änderung vollbringen konnte?

Inzwischen dachte ich: Was, wenn Dad diese schrecklichen Ansichten nur vertrat, weil ihn ganz einfach noch niemand herausgefordert hatte? Konnte ich ihn vielleicht überzeugen, ein besserer Mensch zu sein?

Sobald ich diesen Gedanken einmal gehabt hatte, konnte ich ihn nicht mehr abschütteln. Er hielt mich nachts lange wach, wenn ich neben Genossin Aisha lag. Aber sollte ich es wirklich wagen, meine innersten Überzeugungen mit Dad zu teilen, und ihm sagen, dass ich glaubte, sein Streben nach Weltherrschaft wäre falsch? Ich wusste doch, dass das in diesem Haus der Blasphemie gleichkam. Ich hatte nicht nur vor ihm Angst, sondern auch vor JACKIE, denn JACKIE war immer noch allgegenwärtig. Wenn ich das wirklich tun wollte, würde ich sehr tapfer sein müssen.

Meine Sicht auf JACKIE hatte sich allerdings ein wenig verändert, seit ich die Bücher gelesen hatte. Jetzt war er für mich eine Art »schwarze Magie«, die Dad einsetzen konnte. Irgendwie fand ich diese Vorstellung viel leichter zu akzeptieren als die, dass er eine unsichtbare Gedankenkontrollmaschine besaß.

Sollte ich mit Dad sprechen oder nicht? Mein Dilemma bereitete mir Kopfschmerzen. Trotzdem kam ich immer wieder auf die Sackgasse der Zukunft zurück. Meine einzige Hoffnung auf Freiheit bestand darin, dass Dad die Weltherrschaft übernehmen würde. Doch der Gedanke daran, was für eine Hölle die Welt werden würde, wenn man Dad gewähren ließ, machte mich schaudern. Aber was, wenn ich mit ihm zusammenarbeiten und damit verhindern konnte, dass er zu viel Böses anrichtete? Könnte ich meinen Einfluss als seine Adoptivtochter nutzen, um einen Wechsel zum Besseren zu bewirken? Dann wäre alles in Ordnung, wenn er die Weltherrschaft übernahm: Vielleicht wurde die Welt dann sogar ein besserer Ort. Als die Erkenntnis mich überkam, holte ich tief Luft: *Vielleicht bin ich der einzige Mensch, der die Welt retten kann.*

Deswegen blieb ich am 30. Januar 2003 bis spät in die Nacht hinein auf, trotz der Bedrohung für mein eigenes Leben. Ein Kopfschmerz brannte sich mir ins Gehirn, als versuche mir JACKIE Einhalt zu gebieten, doch ich ignorierte ihn. Stattdessen nahm ich meinen Stift zur Hand und fing an zu schreiben.

27. Kapitel: Vorsichtige Gegenwehr

Es war Dad selbst, der mir Gelegenheit bot, meine Auffassungen mit ihm zu teilen. Seit einiger Zeit gab es einen neuen Punkt in unserem streng reglementierten täglichen Arbeitsplan: Alle Genossinnen mussten die Abendnachrichten anschauen und dann zuhören, wie Dad die Ereignisse analysierte. Er schrie und fluchte dabei lauthals. Schon bald nannte ich diese vor Gift sprühenden Predigten insgeheim »Vampirkotzen«, denn seine Überzeugungen sprudelten aus ihm heraus wie Erbrochenes.

Im Januar 2003 beschäftigte man sich in den Nachrichten sehr ausführlich mit der Frage, ob das Vereinigte Königreich und die Vereinigten Staaten von Amerika gegen den Irak in den Krieg ziehen würden. Saddam Hussein gehörte zu Dads Helden. Er war absolut dagegen, dass die faschistischen Hunde ein Regime angegriffen, das er seit Langem bewunderte. Ich war hin- und hergerissen, was das betraf, weil ich Krieg hasste, totalitäre Diktaturen jedoch noch viel mehr verachtete. Da ich selbst in einer solchen Diktatur lebte, sah ich eine direkte Parallele zu meiner eigenen Situation – und ich wusste, ich wünschte mir sehnlichst, ein »Tony Blair« würde eingreifen. Schließlich gelangte ich zu der Überzeugung, dass ich die militärische Aktion nicht direkt verurteilen konnte, obwohl es mir nicht gefiel, wie grob man agierte, wenn es um das »höhere Ziel« ging, einen Tyrannen zu stürzen.

»Bist du etwa die eine von uns, die Blair unterstützt?«, fragte mich mein Vater am 30. Januar. Mein Schweigen, als die faschistischen Hunde mit Kritik überschüttet wurden, ließ ihn Verdacht schöpfen.

Ich gab keine direkte Antwort. Zum Glück erwartete er auch nicht unbedingt eine, weil er sich gerade mitten in einer seiner wütenden Predigten befand. Trotzdem erkannte ich in dieser direkten Frage die Gelegenheit, ihm mitzuteilen, wie ich die Sache wirklich sah. Darum blieb ich an diesem Abend lange auf und schrieb meine wahren Gefühle nieder. Am nächsten Tag, während mir das Herz bis zum Hals klopfte, überreichte ich Dad einen Brief, der meine dunkelsten Geheimnisse enthüllte.

> *All das hier habe ich schon lange sagen wollen, es aber nicht gewagt, weil du dann vielleicht zu wütend werden würdest. Doch ich muss ehrlich sein und dir die Wahrheit sagen. Jetzt, nachdem ich Bücher wie* Harry Potter *und den* Herrn der Ringe *gelesen habe, hat sich meine ganze Einstellung dramatisch verändert. Ich verachte diese totalitären, auf Unterdrückung basierenden Regimes, in denen jemand als selbst ernannter Overlord agiert und ihn alle anbeten oder leiden müssen. Ich kann mich nicht dazu bewegen, eine solche Herrschaft zu unterstützen, so sehr ich es auch versucht habe. Darum verziehe ich immer das Gesicht, wenn du über solche Dinge sprichst … Ich kann nicht begreifen, warum du diese schlimmen Dinge unterstützt.*
>
> *Ich hoffe, du wirst nicht wütend auf mich sein, weil ich so offen bin. Ich hoffe, das hier wird uns dabei helfen, einander besser zu verstehen. Mir ist es nie gelungen, dir all das zu erklären, auch wenn ich das sehr gern getan hätte – viele, viele Male. Es ist höchste Zeit, dass diese Dinge angesprochen werden, denke ich.*

Das war wahrscheinlich das Tapferste, was ich je in meinem Leben getan hatte. Ich schloss mein Schreiben in versöhnlichem Ton ab, streckte meinem Vater die Hand hin, und dabei konnte ich nur hoffen, seine gute Seite würde mir ihrerseits eine Hand hinstrecken.

Zu meinem Erstaunen war Dad nicht außer sich vor Wut, als er den Text las. Darüber war ich *unendlich* erleichtert … Stattdessen ging er das Schreiben sorgfältig mit mir durch, ganz wie es der Lehrer getan hätte, für den er sich hielt, und schrieb Anmerkungen an die Ränder.

Statt mit Zorn behandelte er das Ganze mit einer spöttischen Herablassung. *Du irrst dich, Dodo*, schrieb er und verwendete dabei den Spitznamen, der andeuten sollte, wie überholt meine Überzeugungen waren.

In gewisser Weise wäre Zorn womöglich die bessere Reaktion gewesen – damit hätte er meiner Perspektive einen gewissen Respekt gezollt, signalisiert, dass er sich von meiner kontroversen Meinung bedroht fühlte. Stattdessen wurde aus seiner Reaktion deutlich, dass ihn meine Einstellung überhaupt nicht interessierte. Dad – und mit ihm das ganze Kollektiv – sah mich als ewiges Kind, obwohl ich zwanzig Jahre alt war. Was ich geschrieben hatte, brauchte man nicht ernster zu nehmen als die Kritzeleien eines Kleinkindes.

Ich fühlte mich kraftlos und war besorgt, als mir klar wurde, dass mein Versuch, Einfluss auf ihn zu nehmen, nichts gefruchtet hatte. Gleichzeitig, so sagte ich mir, hätte ich dazu noch länger die Chance, denn bis direkt vor seiner Übernahme der Weltherrschaft könnte ich es wieder versuchen. Doch als ich weiterhin laut meine Überzeugungen äußerte, reagierte Dad heftiger.

»Wenn du so weitermachst«, drohte er, »wirst du keinen Teil meiner Regierung ausmachen, wenn ich die Welt beherrsche!« – Als wäre das etwas Schlimmes!

Ich wünschte mir, ich könnte stattdessen einen richtigen Beruf ausüben. Wenn mir Josie half, war ich immerhin nicht schlecht im Stricken, und ich träumte irgendwann davon, meine Produkte in einem kleinen Laden hoch oben in Schottland zu verkaufen. Dieser Wunsch ließ mich allerdings immer deutlicher begreifen, dass ich die Dinge nicht selbst herbeiführen konnte. Ich war in so vieler Hinsicht von Dad und den Genossinnen abhängig. Wenn ich in die schottischen Highlands ziehen wollte, um dort einen Strickladen zu eröffnen, wie würde ich das anstellen? Von welchem Bahnhof aus würde ich die Highlands erreichen? Wie sollte ich dort hinkommen? Wie sollte ich bezahlen? Ich hatte keine Ahnung, wo ich bei einem solchen Abenteuer hätte anfangen sollen.

Nachdem ich meine wahren Überzeugungen Dad gegenüber geäußert hatte, versuchte ich nun, die mir gesetzten Grenzen ein wenig mehr zu erweitern. Ich war zwanzig Jahre alt. Warum musste ich immer im Haus bleiben? Warum durfte ich keinen Beruf ausüben?

»Du hast keine Qualifikationen. Deshalb kannst du nicht arbeiten gehen«, hatte mir Dad einmal erklärt.

Ich hätte ja ans College gehen und dort diese Qualifikationen erwerben können, die man mir als Kind verweigert hatte, aber wenn ich versuchte, etwas in diese Richtung zu bewegen, teilte mir Dad endlich etwas mit, was er mir während dieser ganzen Jahre vorenthalten hatte: »Du bist überhaupt nicht dazu in der Lage, dich um dich selbst zu kümmern. Und *genau aus diesem Grund* beschützen wir dich.«

Wie es schien, war ich nicht nur verrückt. Schlimmer noch: Ganz offensichtlich war ich außerdem auch noch zurückgeblieben.

28. Kapitel: Ein neues Zuhause

Meine Dummheit äußerte sich darin, dass ich im Frühling 2003 den Wunsch entwickelte, ein unsterblicher Mann solle sterben … *Wenn du ein Gott bist, wie kommt es dann, dass du älter wirst? Wenn du kein Gott bist, dann hoffe ich, dass du sterben kannst.*

Wenn Mum und Dad in dieser Zeit im Auto des Genossen Simons davonfuhren, wünschte ich mir immer, sie hätten einen schrecklichen Unfall, der Dads Leben ein Ende setzen würde. Das fühlte sich ganz entsetzlich an, vor allem weil es nur der Kommunismus war, der Dad so handeln ließ, wie er es tat. Aber da meine ganzen Bitten an ihn auf taube Ohren gestoßen waren, hätte ich keinen anderen Weg gewusst, der für mich in die Freiheit geführt hätte.

Der Samen, den Sian gepflanzt hatte, erblühte nun; meine dunklen Hoffnungen wuchsen mit ihm. Jeden Tag entdeckte ich Anzeichen dafür, dass Dad älter wurde: seine zittrige Handschrift, seine langsamen Schritte. Vielleicht brauchte es ja gar keinen Autounfall, vielleicht würde er einfach eines Tages einen Herzinfarkt bekommen und tot umfallen. Wenigstens entwickelte ich genug Vertrauen, um ausschließen zu können, dass Dad ein Gott war oder das ewige Leben besäße. Offen gestanden war der Gedanke, er könnte getötet werden, das Einzige, was in mir die Hoffnung auf bessere Zeiten am Leben erhielt.

Während dieser Autofahrten waren Mum und Dad auf der

Suche nach einem neuen Haus. Unseres wollte die Gemeinde in Wohnungen umwandeln, deswegen würde man uns bald rausschmeißen.

Ich war am Boden zerstört. Dieses Haus war sieben Jahre lang mein Zuhause gewesen. Während der Zeit hier hatte ich so viele ungekannte Freiheiten gewonnen, und ich hatte Angst, sie in einem neuen Haus wieder zu verlieren. Was wäre dann mit meiner heimlichen Lektüre? Welche Aussicht würde ich vom Fenster aus haben?

Als ewiges Kind zog man mich nicht zurate, wenn es um die Auswahl des neuen Hauses ging. Wie immer würden Mum und Dad die Entscheidung für mich treffen und erwarteten von mir, das Ergebnis zu akzeptieren. Ohne jedes Mitspracherecht konnte ich nur beten, dass der Ort, den sie schließlich auswählten, mein Leben nicht zu sehr in eine Hölle verwandeln würde.

Meine Gebete wurden nicht erhört. Am 3. Juni 2003 zogen wir in eine winzige Erdgeschosswohnung; sie war sogar noch kleiner als die in Wembley. Weil hier offiziell nur vier Personen lebten, gab es für uns sieben nicht genug Schlafzimmer. Nur die Familie bekam Schlafzimmer; Josie, Aisha und ich schliefen im großen Wohnzimmer, Josie und ich teilten uns ein Stockbett hinter einem blassgrünen Vorhang. (Oh schlief bei Shobha, weil sie sich rund um die Uhr um sie kümmern musste.) Wie sehr es mir fehlte, neben Aisha zu schlafen! In der neuen Wohnung stieß ich jedes Mal mit dem Kopf an Josies Bett über mir, wenn ich mich aufrecht hinsetzte.

Die Wohnung war unglaublich feucht: Schwarzer Schimmel überwucherte alle Wände. Da ich nur sehr selten die Gelegenheit bekam, frische Luft zu schnappen, entwickelte ich bald einen schlimmen Husten, und der diente Dad als weitere Ausrede, mich nicht nach Draußen zu lassen. Einmal mehr erwiesen sich die elektrischen Leitungen als gefährlich: Ich konnte nicht darauf vertrauen, dass Dad nicht seine schwarze Magie einsetzen würde, um mir auf diese Weise wehzutun, deswegen vermied ich es weiterhin, Haushaltsgeräte zu benutzen. Durch die Feuchtigkeit hatten wir auch Ungeziefer; überall krochen Silberfische. Dad sagte, mit ihnen wolle der faschistische Staat ihn angreifen, und weigerte sich, etwas gegen diese Plage zu unternehmen. Schlimmer als all das war allerdings, dass ich nicht mehr länger heimlich lesen konnte. Ich versuchte es weiterhin, schlich mich in Dads Zimmer, wenn er nach Draußen ging, und las so viel, wie ich nur konnte. Aber die Gelegenheit ergab sich viel seltener, weil wir so dicht gedrängt zusammenlebten.

Es gab keinen Garten, nur einen geteilten Hof. Hin und wieder traute ich mich, ein paar Brotkrumen für die Vögel aus dem Fenster zu werfen. Hier lebten ein Grünspecht, verschiedene Meisenarten, Zaunkönige, Rotkehlchen und Heckenbraunellen. Manchmal flogen sogar Enten, ein Reiher oder ein Adler vorbei! Ich liebte es, ihnen zuzusehen, und freute mich sehr über die ausgelassene Freiheit der Vögel. Ich wünschte mir nur, dasselbe tun zu können, aber bei den wenigen Gelegenheiten, zu denen ich jetzt nach Draußen durfte, konnte ich es nicht mehr länger sehr genießen, denn ich hatte Kopfschmerzen entwickelt, die leider immer wiederkamen. Der Lärm, die Farben und die ganzen neuen Eindrücke waren zu überwältigend: Dann fing es in meinen Schläfen an zu pochen, und ich musste heftig gegen den Schmerz kämpfen, um dem Ausflug eine gewisse Freude abzugewinnen.

Ansonsten verbrachte ich die ganze Zeit zu Hause. Mein Lieblingsplatz war neben der Haustür; dort konnte ich nicht nur hören, was Draußen vor sich ging, sondern auch dem Fernseher in Dads und Chandas Zimmer lauschen. Wenn ich dort saß und versuchte, mir aus den Geräuschen Geschichten zusammenzureimen, beobachtete ich durch das Wohnzimmerfenster die Nachbarn. Das war jedoch nicht der einzige Vorzug, die diese Wohnung mit sich brachte. In unserem vorherigen Haus hatte ich von meinem Schlafzimmer aus die spärlich bevölkerten rückwärtigen Gärten ansehen können. Die Aussicht in unserer neuen Wohnung jedoch erschloss mir den Weg von der Haustür bis zu dem niedrigen Apartmentblock, und deswegen konnte ich ohne Probleme beobachten, wie all unsere Nachbarn kamen und gingen. Für mich wurden sie zu Figuren, so real und mit Lebensgeschichten, die so aufregend waren wie die von Harry Potter und seinen Freunden.

Vielleicht lag es daran, dass ich alles von ihnen hören konnte, jedenfalls interessierte ich mich mit der Zeit ganz besonders für die Familie direkt über uns. Ich mochte es, der Rockmusik zu lauschen, die der Mann spielte, und mir gefiel sein Hämmern, wenn er im Haus kleinere Arbeiten erledigte. Dad war sehr wütend wegen der »Lärmattacke« dieser »faschistischen Agenten«, ich dagegen fand es ganz unterhaltsam – nicht nur, weil ich die verschiedenen Geräusche mochte, die meinem ansonsten so langweiligen Leben eine gewisse Abwechslung verschafften, sondern auch, weil Dad über den Krach so böse war. Fast fühlte es sich so an, als wäre der Mann, dem ich den Namen Peregrine McConaughey gegeben hatte, als Kämpfer auf meiner Seite und würde Dad für mich bestrafen. Wann auch immer Dad jemanden hasste, hielt ich den Betreffenden für meinen Verbündeten. Und Peregrine verkörperte alles, was Dad zuwider war; er hängte sogar britische Flaggen ins Fenster.

Je länger ich ihn beobachtete, desto mehr mochte ich ihn. Sein Leben wurde zu meiner persönlichen Seifenoper: Ich hörte das dramatische Geräusch, als jemand oben stürzte, und am nächsten Tag war Peregrines Knöchel lilafarben und geschwollen. Eine solche Verletzung versorgte mich wochenlang mit Material: Jeden Tag schrieb ich in mein Tagebuch, wie schlimm er hinkte und ob die Schwellung zurückgegangen war. Ich empfand eine Intimität mit ihm, machte mir Sorgen, wenn er häufiger zur Toilette ging als sonst oder beim Zähneputzen Schleim abhustete. Indem ich Peregrine über Sichtungen und Geräusche observierte, erhielt mein bedeutungsloses Leben eine gewisse Bedeutung. Schade war nur, dass ich die Nachbarn lediglich durchs Fenster zu sehen bekam und niemals mit ihnen interagieren konnte. Sie waren alle so weit von mir entfernt, als hätte ich sie *wirklich* nur im Fernsehen gesehen.

Leider bestand Dad weiterhin darauf, dass ich im Schatten bleiben musste. Weil die Wohnung so klein war und hier so viele Genossinnen lebten, wurde das Ganze sehr, sehr unangenehm. In dem Haus in Brixton hatte es genug Räume geben, die uns erlaubt hatten, Abstand voneinander zu halten, und dadurch war eine sehr harmonische Atmosphäre entstanden. Unangenehme Vorfälle gab es eher, wenn die Gruppe zusammenkam.

Als die Monate in diesem neuen »Zuhause« vergingen, wurde ich immer depressiver. Ich sehnte mich nach den Freiheiten, die ich in unserem alten Haus gehabt hatte, und spürte, wie der Schmerz des Verrats durch die Genossinnen brannte, wenn sie meine Freiheiten beschnitten, weil Mum oder Dad es so wollten. Josie hatte einmal zu mir gesagt, sie wäre überhaupt nur nett zu mir, weil sie dann »auf der Ebene agierte, auf der ich mich befand« – damit, dass sie mich mochte oder respektierte, hatte es nichts zu tun. Danach ertrug ich es nicht mehr, ihr in die Augen zu sehen. Ich vermied Blickkontakt mit allen, denn jedes Mal, wenn ich ihnen in die Augen sah, glaubte ich nichts als Hass zu sehen. Der Schmerz jedes einzelnen Verrats – zum Beispiel, wenn man mich meldete, weil ich freundlich über die Nachbarn gesprochen hatte – war geradezu greifbar, wie ein Untier, das mit seinen Klauen von innen meine Bauchdecke bearbeitete, weil es darum kämpfte, herauszukommen.

All diesem Schmerz und der Isolation zum Trotz war ich nicht bereit, meine eigene Wahrheit nicht mehr laut auszusprechen. Jeden Tag sah ich Beweise dafür, welche Vorurteile mein Vater hatte: Zum Beispiel verkündete er, die Leute wären das absolute Böse, nur weil sie laut Musik spielten, und er drohte damit, alle möglichen Arten der Folter würden über sie hereinbrechen, wenn er die Weltherrschaft übernahm. Bald startete er Rachefeldzüge gegen meine neuen Freunde – und ich zeigte meine noble Einstellung, indem ich mich weigerte, mich in irgendeiner Form daran zu beteiligen. Stattdessen traute ich mich zum allerersten Mal, die anderen zu verteidigen. Das sah ich als meine Pflicht an: als Teil meiner Kampagne, Dad zu beeinflussen, damit er ein besserer Mensch wurde. Kinderministerin zu werden interessierte mich nicht mehr – eine Kämpferin für die Benachteiligten wollte ich sein!

Man warf mir vor, ich wäre apologetisch; ich wurde verspottet und fertiggemacht, aber ich blieb bei meiner Überzeugung und kümmerte mich nicht darum. Wenn es bedeutete, ein Apologet zu sein, weil man gerecht war und sich dafür einsetzte, dann war ich stolz darauf, einer zu sein.

Trotzdem war es schwer, als einzige Festung des Guten in einer Welt des Bösen zu leben, und ich war kein mutiger Mensch. Mit schwachen Knien und voller Furcht ließ ich mich immer noch zu leicht von einem freundlichen Wort meines Vaters oder einer Genossin beeinflussen. Ich fühlte mich wie ein Jo-Jo. Ich versuchte ihnen zu entkommen, aber in dem Augenblick, in dem sie nett zu mir waren, wurde ich zu ihnen zurückgezogen, weil ich mich so unendlich nach Zuneigung sehnte. Ich wünschte mir nur, ich hätte jemanden gehabt, der wie ich war, jemanden, mit dem ich über diese Dinge hätte reden können, aber mein einziger wirklicher Freund war das Papier, auf dem ich mein Herz ausschüttete …

Ich sollte stolz auf das sein, was ich bin, und mein Glück nicht davon abhängig machen, ob irgendein dummer Kommi meiner Ansicht ist oder nicht. Das ist schwer, aber die richtigen Dinge sind oft schwer … Tatsächlich sollte ich mich darüber freuen, wenn sie nicht damit einverstanden sind! Denn ich bin ihnen weit voraus … Ich sollte froh sein, dass ich ihnen schon so weit voraus bin, obwohl ich kaum etwas anderes kenne – man könnte sagen, dass ich mit Saurons Ring am Finger geboren wurde! Trotzdem habe ich ihn weggeworfen! Und wenn ich darauf nicht stolz sein kann, dann weiß ich nicht, worauf sonst.

Sie können mir voller Verachtung begegnen. Sollen sie doch! Haben denn Gandalf oder Dumbledore nachgegeben, wenn die Leute sie mit Verachtung gestraft haben? Nein, das haben sie nicht!

Das Weihnachtsfest des Jahres 2003 näherte sich. Ich saß am Fenster und sah dabei zu, wie die Nachbarn ihre Vorbereitungen trafen, mit Einkäufen beladene Taschen und Tannenbäume zum Dekorieren heimschleppten. Auch Peregrine war sehr umtriebig. Noch besser fand ich es allerdings, wenn er daheimblieb, weil er dann manchmal bis zwei Uhr morgens Musik spielte. Ich nannte das »Oin«, ein Wort, das ich mir für »Unterhaltung« ausgedacht hatte. Peregrine schenkte mir im Winter 2003 so viel Oin, dass ich mich Hals über Kopf verliebte. Deshalb riss mir am 23. Dezember der Geduldsfaden, nachdem Dad »diesen Mann da oben« monatelang verspottet hatte. An jenem Abend erledigte Peregrine Bohrarbeiten. Es war zwei Tage vor Weihnachten, und ganz eindeutig bereitete er die Familienfeier vor. Doch Dad sah das ganz anders.

»Hört euch das an!«, tobte er, zeigte nach oben und zitterte vor Wut. »Dieser Mann da oben folgt den Befehlen des Britisch-Faschistischen Staates und macht uns mit Absicht das Leben schwer!«

»Dad …«, setzte ich an und wollte meinen Freund verteidigen.

Er wandte sich gegen mich. »Das ist deine Schuld, Genossin Prem! Deine Weichheit erlaubt dem Feind, das Kollektiv anzugreifen!«

Von oben drang das laute Gelächter von Peregrines Sohn herunter, und Dad kniff die Augen noch mehr zusammen. »Am besten, ich entführe dieses Kind und töte es«, verkündete er. Der kleine Junge war fünf Jahre alt. Aber kein Angehöriger des Britisch-Faschistischen Staates konnte dem Zorn meines Vaters entkommen.

»Dad«, versuchte ich es noch einmal, aber er unterbrach mich.

Er ließ den Blick über die Gruppe schweifen, wollte sicherstellen, dass ihm jede Frau an den Lippen hing. Monatelang hatte ich die Nachbarn verteidigt, gleichzeitig hatte ich den Genossinnen immer Amüsantes von meiner »Seifenoper« berichtet (wenn sie guter Stimmung waren). Aber ein solches Vergnügen ließ Dad nicht zu. Drohend verkündete er: »Wenn Genossin Prem darüber spricht, was da oben an Klamauk vor sich geht, dürft ihr solch einen Ungehorsam nicht durchgehen lassen. Wenn ihr sie jemals wieder auch nur ein Wort über diese Familie sagen hört, müsst ihr mir sofort Meldung davon machen.«

Seine Worte hatten die Wirkung einer Gefängnistür, die zuschlug und mich noch tiefer in seinen Kerker verbannte. Es fühlte sich an, als würden mir all die kleinen Freiheiten wieder genommen, die ich mir zu sichern vermocht hatte, seit Sian gestorben war. Innerhalb des Kollektivs funktionierte es so, dass die Schwarzen Reiter Dad nie zuwiderhandeln würden, wenn er etwas *ganz spezifisch* verbot. Wenn er nicht ganz eindeutig ein Gesetz erlassen hatte, blieb mir ein bisschen Bewegungsfreiheit; zum Beispiel konnte ich mit Aisha darüber sprechen, wie Peregrines Bein verheilte. Solche Details waren meine einzige Quelle der Unterhaltung oder des sozialen Kontakts. Dass man sie mir wegnahm, war mehr, als ich ertragen konnte.

Ich fühlte mich, als hätte man mir Gewalt angetan. Ich wusste, dass die Genossinnen Dads Verfügung mit Genuss in die Tat umsetzen würden: Es gab weder Erleichterung noch ein Entkommen für mich.

So konnte ich nicht mehr leben, keinen Tag länger, so auf Gedeih und Verderb den anderen ausgeliefert und ohne jede Unabhängigkeit. Ich saß auf meinem Stockbett, einen Notizblock auf dem Schoß, zitterte vor Wut und weinte wegen der Ungerechtigkeit des Ganzen. Dann fing ich an zu schreiben.

Zu dieser Zeit fragte mich Dad immer, was ich mir zum Geburtstag wünschte. Er erfüllte mir diesen Wunsch dann nicht genauso, aber immerhin hatte ich die Gelegenheit erhalten, meine Wünsche zu äußern. Im neuen Jahr würde ich einundzwanzig werden … Deswegen entschied ich mich in jener Dezembernacht, um das zu bitten, was ich nun jahrelang im Herzen getragen hatte: *Zu meinem einundzwanzigsten Geburtstag wünsche ich mir, das Kollektiv zu verlassen.*

29. Kapitel: Eine eigene Wohnung?

Ob ich mich wirklich getraut hätte, Dad den Zettel zu geben, weiß ich nicht, doch im Endeffekt wurde mir die Entscheidung aus der Hand genommen. Josie, oder Gollum, wie ich sie gern insgeheim nannte, kroch hinter den blassgrünen Vorhang, als ich gerade völlig vertieft meine Gedanken niederschrieb. Sie hatte mir heimlich über die Schulter geschaut und so ausspioniert, was ich geschrieben hatte. Am nächsten Morgen erreichte ein Flüstern das Ohr unseres Großen Anführers, und ich wurde in sein Zimmer zitiert, um mich selbst zu erklären.

Ich hatte Angst, als ich diesen Raum betrat, aber er war nicht so wütend, wie ich erwartet hatte. Er verhielt sich sogar vernünftig, als wir darüber sprachen, was ich geschrieben hatte. Sofort hatte ich heftige Schuldgefühle. Verletzte es Dad, dass ich das Kollektiv verlassen wollte? Mein weiches Herz konnte den Gedanken, jemandem Schmerzen zugefügt zu haben, nicht ertragen. Aber der Gedanke an Freiheit hatte sich in mir eingenistet, und Dad schien sogar bereit zu sein, darüber zu reden. Das war zu aussichtsreich, als dass ich auf diese Chance hätte verzichten können. Als ich meinem Vater gegenübertrat, fühlte sich das an, als wäre ich der Freiheit ganz nah.

»Ich finde, es ist berechnend, wie du mich behandelst«, begann ich.

»Warum?«, fragte er. »Was gefällt dir denn nicht?«

»Ich fühle mich, als würde man mich ständig überwachen«, erklärte ich. Ich holte tief Luft. »Ich will hier weg, weil ich so nicht länger leben kann, weil ich es nicht länger ertrage, dass mein Leben, meine Gesundheit und mein Glück von anderen abhängen.«

»Du musst dich einfach gedulden, Genossin«, gab er zurück – da war keine Wut in seiner Stimme, nur Vernunft. »Warte, bis ich die Weltherrschaft übernehme. Dann wirst du alle Freiheiten haben, die du willst.«

Ich will aber jetzt frei sein …

An diesem Tag schrieb ich ihm noch mehr Briefe, sprach immer wieder mit ihm, sagte ihm ganz frei heraus, wie unglücklich ich war. An einem Punkt erwiderte er, er liebe und respektiere mich trotz allem immer noch, und in diesem Augenblick verspürte ich ein heftiges Schuldgefühl, weil er noch nie zuvor so mit mir gesprochen hatte. Er stimmte sogar zu, den anderen zu erlauben, mich über die Ereignisse von oben sprechen zu lassen: Daran konnte man sowohl erkennen, wie sehr ihn meine Rebellion erschreckte, als auch, wie enorm sie war.

Dann geschah ein Wunder.

»Okay«, sagte er. »Ich werde dafür sorgen, dass du deine eigene Wohnung bekommst. Vielleicht können wir ja an deinem Geburtstag ins Kino gehen, und dann lasse ich dich einfach dort.«

Aus seinen Worten klang eine Drohung – genauso wie damals, als ich ein Kind war und er zu mir gesagt hatte, wenn ich auf dieser knallroten Rutsche spielen wollte, wäre das möglich, ich könnte dann nur nie wieder nach Hause. Das war immer noch eine furchteinflößende Vorstellung, weil ich keine Ahnung hatte, was ich ohne ihn Draußen anfangen sollte, aber trotz allem, was er dachte, war ich kein Kind mehr. Ich sagte zu mir selbst: *Jetzt weißt du es nicht, aber du wirst es lernen!*

Ich war außer mir vor Freude, weil wir eine Übereinkunft getroffen haben. Ich stellte mir all die wunderschönen Dinge vor, die ich würde tun können, sobald ich meine Freiheit erlangt hatte. Ich konnte ins Kino gehen, wann immer ich wollte, ich konnte nach

Draußen, wann immer ich wollte. Ich konnte in meinem eigenen Zimmer schlafen und zur Toilette gehen, ohne eskortiert zu werden. Ich konnte meine eigenen Kleidungsstücke einkaufen! (Das Salwar-Kamiz-Gewand war eine Ausnahme geblieben; ich durfte immer noch nicht mit den Genossinnen mitgehen, wenn sie Einkäufe machten.)

Bald komme ich hier raus!, schrieb ich an diesem Weihnachtsabend voller Glück in mein Tagebuch. »Im Herzen bin ich schon seit langer, sehr langer Zeit Draußen, und jetzt wird das auch in Wirklichkeit passieren!«

Ich konnte die Freiheit fast schmecken, und die feuchte Luft in der Wohnung schien einen kleinen Teil ihres Schimmelgeruchs zu verlieren, als wehe ein frischer Wind hindurch. Und wie herrlich war der Gedanke, dass es meine Verhandlungen gewesen waren, die uns in diese Situation gebracht hatten! Ich hatte gehofft, dass Dad irgendwann etwas von mir lernen würde, dass er begriff, dass es in der Neuen Welt einen Platz für Kompromisse und Toleranz gab. Obwohl ich gehen würde, hatte ich etwas für die Zeit hinterlassen, in der er die Weltherrschaft übernehmen würde. Das erfüllte mich mit großem Stolz.

Als ich am ersten Weihnachtsfeiertag aufwachte, fühlte ich mich, als wäre ich auf dem Weg in meine eigene Neue Welt. Mit neuer Entschlossenheit wusch ich mich und zog mich an, dabei stellte ich mir vor, wie ich das bald jeden Tag in meiner eigenen Wohnung tun würde. Fast konnte ich mir das gar nicht vorstellen – so viel Freiheit.

»Genossin Prem, auf ein Wort«, sagte Dad an diesem Morgen. Mein Herzschlag beschleunigte sich. *Was ist denn jetzt los?*

Der Eine Ring hatte sich seiner bemächtigt. Der gute Mensch von gestern war verschwunden. »Wenn du jetzt gehst, werde ich sofort umziehen, und du wirst weder mich noch das Kollektiv jemals wieder erreichen können. Du musst mir die Zustimmung geben, zu warten, bis ich die Weltherrschaft übernehme, jetzt sofort, oder die Alte Welt wird langsam explodieren.« Er fixierte mich mit seinen dunklen Augen, die hinter seinen Brillengläsern leuchteten. »Du hast die Wahl.«

Wahl? Was denn für eine Wahl? Ich hatte gar keine Wahl. Seine Worte erfüllten mich mit Furcht. JACKIE hatte die Macht, sogar Amerika in die Knie zu zwingen – was konnte ich da schon gegen ihn ausrichten? Was könnte er noch tun? – *Sich an denen rächen, die mir am nächsten stehen? Aisha den Immigrationsbehörden melden, wie er ihr so oft droht, damit ich leiden muss? Und er hat auch mal gesagt, dass er mich umbringen und im Garten verscharren wird, würde er das tun? Er könnte es, ich weiß, dass er es könnte. Niemand weiß, dass ich überhaupt existiere …*

Schließlich gelangte ich zu der Überzeugung, dass keine dieser Entwicklungen das Risiko wert war. Ich konnte nicht andere zum Tode verurteilen, nur um meinen eigenen egoistischen Bedürfnissen zu folgen.

Er wartete immer noch auf eine Antwort.

»Okay«, sagte ich nach einer Weile, und dabei schaute ich ihm nicht in die Augen, jedes Wort war mir bitter im Mund. »Ich bin bereit, zu warten, bis du die Weltherrschaft übernimmst.«

Meinen Traum von der Freiheit gab ich nicht auf. Ich fühlte mich immer mehr wie in einem Käfig. Die ganze Zeit dachte ich an die Tiere, die ich im Londoner Zoo gesehen hatte. Bei einem zweiten Ausflug dorthin, im Jahr 2002, hatte ich endlich das Vogelhaus zu sehen bekommen mit seinen Eulen und Webervögeln, den Fruchttauben und den Loris. Schon damals hatte ich mich zu ihnen hingezogen gefühlt, aber weil Dad nun die Tür zugeschlagen hatte, die sich vorher langsam zu öffnen schien, spürte ich diese Verbindung nur stärker.

»Ich fühle mich, als wäre ich ein gefangener Vogel im Käfig«, sagte ich eines Tages zu Josie.

Sie wandte mir den ewig stechenden Blick ihrer blauen Augen zu, und ich schaute rasch zur Seite. Josie konnte leider nicht begreifen, dass jemand Dad und seine Sekte nicht verehrte (inzwischen nannte ich das Kollektiv für mich die »Schwarzen Reiter«) – ganz besonders, wenn man wie ich seit der Geburt von seiner Führung »profitiert« hatte. Obwohl Dad mir wieder erlaubt hatte, über Peregrine zu sprechen, machte mir Josie deswegen Probleme, als wolle sie ihre Loyalität beweisen.

Sie berichtete Dad, was ich gesagt hatte.

»Vögel in Käfigen leben länger«, sagte Dad zu mir, als wir darüber sprachen, als wäre damit alles in Ordnung.

Es ist doch aber sicher nicht entscheidend, wie lange man lebt, sondern unter welchen Umständen, dachte ich. *Was nützt es einem, wenn man tausend Jahre lang in der Hölle lebt?*

Ich versuchte, mein eigenes Glück zu finden, wo immer es ging. Da die Schwarzen Reiter des Kollektivs immer darauf aus waren, mich zu melden, lag mein einziges Heil bei Peregrine McConaughey. Zu meiner Freude schien er mir zu signalisieren, dass er meine Zuneigung erwiderte. Wenn ich nachts hustete, wachte er auf und ging zur Toilette; wenn ich Drinnen einen Ball hüpfen ließ, schlug er auf den Boden, um mir zu zeigen, dass er mich gehört hatte. Einmal waren wir sogar gleichzeitig auf der Toilette und zogen simultan die Spülung! Unser Balztanz lief über diese auditiven Impulse und Reaktionen: Ich wartete gierig auf seine Schritte über mir, darauf, wie er beim Musikhören mitsang, darauf, wie er mit dem Löffel auf den Teller schlug, *ping, ping, ping*. Ich konzentrierte mich dermaßen auf die Geräusche von oben, dass es sich fast so anfühlte, als lebte ich nicht länger mit dem Kollektiv zusammen; mein Körper war dort, aber mein Herz und meine Gedanken waren oben.

Ich nannte ihn meinen »Herrn« – teilweise hatte mich Sam aus dem *Herrn der Ringe* dazu inspiriert, denn so sprach er seinen Freund Frodo an, aber vielleicht lag es auch daran, dass die einzige Liebe, die ich jemals gekannt hatte, die der unterwürfigen Dienerhaltung war. Ich schrieb Lieder über Peregrines blauen Kapuzenpulli und seine rote Jacke; schrieb die Autonummern seiner

Besucher auf, notierte, ob er sich zu Fuß oder mit dem Fahrrad auf den Weg machte, und darüber, wie er sein Haar trug. Er hatte wunderschönes Haar. Dicke dunkle Locken bedeckten seinen Kopf und fielen anmutig über seine Stirn. Bei seinem Anblick musste ich an Frodo denken.

Auch seine Hände faszinierten mich. Von Dads unheimlichen Streicheleinheiten einmal abgesehen, war ich erst sehr selten von irgendjemandem berührt worden, deswegen erfüllte mich die Art, wie Peregrine sich beispielsweise ins Haar fasste, mit einer eifersüchtigen Neugierde. Wie würde es sich wohl für ihn anfühlen, wenn er *mein* Haar so anfassen würde? Mein ganzes Sein sehnte sich nach dieser menschlichen Verbindung: nach einer Berührung, die mich zu mehr als nur einem Schatten machen würde. Peregrine war mein Sonnenschein, die süß duftende Blume blühte in meinem Herzen. Ich betete den Grund und Boden an, über den er lief.

Irgendwo ahnte ich, glaube ich, dass diese Liebe zu ihm eine Art des Schutzes war. *Er füllt die Leere in mir*, schrieb ich. *Ganz eindeutig ist in ihm etwas, das mich am Leben erhält.* Mit Peregrine hatte ich etwas gefunden, in dem ich mich vor der Bösartigkeit meines Vaters verstecken konnte. Es lag daran, dass sich Peregrine mir nicht aufgezwungen hatte. Ich hatte ihn *ausgewählt* – ich, die ich im Leben nie eine Wahl gehabt hatte. Indem ich ihn liebte, fühlte ich mich nicht unterdrückt, manipuliert und gezügelt, wie das immer bei Dad der Fall war. Ich fühlte mich ein einziges Mal wie ich selbst. Ihn zu lieben war eine Unabhängigkeitserklärung, er wurde zum Symbol meiner Weigerung, mich unterdrücken zu lassen.

Auch auf andere Art und Weise spürte ich seinen Schutz. Die tiefe Liebe wurde zum Talisman, den ich mit mir herumtrug. Sie stärkte mich in meinem Entschluss, nicht von der Sekte meines Vaters eingesogen zu werden, obwohl mich der Abstand zu den Genossinnen und ihren Überzeugungen ins Alleinsein zwang. Peregrine zu lieben ließ mich gegenüber dem Bösen, das mein Vater vertrat, immun werden, denn die Schatten der Dunkelheit, die mich umgaben, konnten solche dem Licht angehörenden Emotionen wie Liebe und Güte nicht ertragen. Diese Emotionen machten mich menschlich und verhinderten, dass ich ein Schwarzer Reiter wurde. Wie in *Harry Potter* entdeckte ich, dass Liebe das beste Gegenmittel gegen schwarze Magie war.

Ich glaube, ein kleiner Teil von mir begriff, dass meine intensive Verbindung zu Peregrine eine Art der Verrücktheit war. Ironischerweise war sie aber auch das Einzige, was mir half, den Verstand nicht zu verlieren.

Ich hielt immer nach ihm Ausschau und lauschte auf ihn – Tag und Nacht. Nachdem Josie in ihr Bett geklettert war und schlief, stand ich auf und starrte bis früh am Morgen aus dem Fenster. Dabei hoffte ich, ich würde einen Blick auf Peregrine erhaschen, wenn er nach Hause kam. Ich versuchte mich versteckt zu halten, aber manchmal, als könnte er meinen Blick auf sich spüren, schaute er in meine Richtung. Dann strahlte ich ihn schüchtern an; dabei verfluchte ich innerlich mein Äußeres, hoffte jedoch, er würde durch meine Hässlichkeit hindurchsehen und mein wahres, gutes Herz erkennen. Ein oder zwei Mal begrüßte er mich sogar …

Wenn Dad nur erlaubt hätte, dass man im Kollektiv Medikamente nahm. Ich machte mir schon eine ganze Weile Sorgen um Genossin Oh. Trotz ihrer geringen Körpergröße erledigte sie viel schweres Heben, wenn sie Shobha aus dem Rollstuhl in die Badewanne und wieder zurückhalf. Außerdem trug sie immer die ganzen Einkäufe nach Hause. Sie klagte schon seit Jahren über Schmerzen im Nacken, und jetzt sagte sie hin und wieder, dass sie sich sehr merkwürdig fühlte, wenn sie nach unten schaute. Sie übergab sich, bekam eine Erkältung. Sie sagte, sie fühle sich einfach nicht gut.

»Konzentriere dich auf mich«, so lautete ABs Ratschlag.

Am 11. Mai 2004 arbeiteten Oh und Josie in der Küche. Ihre Beziehung war noch immer so von gegenseitiger Abneigung geprägt wie früher; eine Zeit lang hatte ich versucht, zwischen den beiden zu vermitteln, aber ihre Auseinandersetzungen konnten sehr extreme

Formen annehmen; ihre Charaktere waren einfach so grundverschieden, dass sie immer aneinandergerieten. An diesem Tag saß ich auf meinem Bett im Wohnzimmer und schrieb, als ich plötzlich hörte, wie Oh ärgerlich ausrief: »Das zeigt doch eindeutig, was für ein Mensch du bist!«

Ich ignorierte das; Oh und Josie stritten sich ja ständig. In den nächsten zwanzig Minuten bekam ich gar nichts mit, dann hörte ich Oh wieder schreien. Aus dem Flur konnte ich gedämpfte und gleichzeitig laute Stimmen hören. Es hörte sich so an, als würden sich alle einmischen, wie die Geier beim Angriff, deswegen blieb ich, wo ich war.

»Niemand schlägt sich den Kopf an und weigert sich dann, etwas zu sagen!«, sagte Mum. Ich dachte, sie und Dad hätten einfach einen »Guten Kampf« mit Oh; das war nichts Ungewöhnliches. Was allerdings sehr wohl ungewöhnlich war: Ich konnte Oh nicht hören, und normalerweise gab sie immer Widerworte. Aber von ihr kam nichts – sie schwieg, während Dad und Mum tobten.

Ich hätte mich ganz und gar herausgehalten, wäre mich Aisha nicht holen gekommen.

»Schau doch, was da passiert«, sagte sie.

Ich dachte, sie meinte, dass sich Oh ungehorsam verhielt; wenn ich mitging wie erbeten, würde ich mir das Ganze als Zeugin anschauen müssen. Widerwillig stand ich auf und drückte mich in den Flur. Auf den Anblick, der mich dort erwartete, war ich ganz und gar nicht gefasst.

Genossin Oh lag wie tot auf dem Boden.

30. Kapitel: Genossin Oh

Niemand rief einen Krankenwagen. Mum und Dad schauten einfach nur auf Oh herunter und schrien herum.

»Los jetzt, hoch vom Boden mit ihr!«, befahl Dad, als er mich sah.

Wie Marionetten an ihren Fäden (und diesmal war ich unter ihnen) hoben wir Oh zusammen hoch und zogen sie aus der offenen Badezimmertür in den Flur. Ihr Körper war steif, die Augen hatte sie geschlossen. Meine Armmuskeln schmerzten, als ich sie an den Schultern packte, und ich merkte, dass Oh viel wog, obwohl sie klein war. Ich konnte nicht begreifen, was da vor sich ging. Ich fühlte mich wie betäubt.

Als ich sie vorsichtig auf den Boden sinken ließ, kam ich mit dem Gesicht dicht vor ihres, und ich stellte fest, dass sie kaum atmete.

»Sie atmet ...«, setzte ich an.

»Halt den Mund!«

Ich durfte noch nicht einmal sagen, dass es ihr nicht gut ging – alles konnte geheilt werden, wenn wir nur Dad folgten.

Etwa eine Stunde lang lag Oh im Flur auf dem Boden, ohne dass ihr jemand zu Hilfe gekommen wäre. Dad und Mum schauten immer noch auf sie herunter und murmelten verstimmt vor sich hin, weil sie diesen »Aufstand« gemacht hatte. Sie schienen zu glauben, dass ihre Unfähigkeit zu sprechen eine Weigerung war – eben typisch Oh. Immer wieder streichelte ich ihr das Haar, aber nicht einmal auf diese liebevolle Geste reagierte sie.

In Bruchstücken kam jetzt auch heraus, was vorgefallen war. Josie hatte nicht aufgepasst und eine Schranktür in der Küche aufgelassen, während sie Tassen vom Ablaufbrett räumte; Oh hatte in gebückter Haltung unter diesem Schrank gehockt und nicht bemerkt, was Josie getan hatte. Beim Aufstehen stieß sie sich den Kopf sehr fest an der offenen Tür. Zwanzig Minuten später hatte Oh angefangen sich zu übergeben und plötzlich nach einem Arzt gerufen.

Aber AB erlaubte uns nicht, medizinische Hilfe zu holen. Erst als Oh etwa eine Stunde ganz still dagelegen hatte, sagte Dad, wir dürften es tun.

Man befahl mir, im Wohnzimmer zu warten, als die Sanitäter eintrafen. Sie nahmen Oh mit ins Krankenhaus. Sie lebte noch – aber nur gerade so. Man schloss sie an lebenserhaltende Apparate an, doch sie kam nicht wieder zu Bewusstsein. Am selben Abend klopfte es an die Tür: die Polizei. Sie spannten blau-weißes Absperrband quer durch die Küche und riefen uns zusammen.

»Wir werden jetzt alle befragen«, kündigten sie an. »Erst schreiben wir Ihre Namen auf. Wie heißen Sie, Miss?«

Ich fuhr zusammen, weil mich ein Fremder ansprach, was ich überhaupt nicht gewohnt war.

»Prem Mapinduzi«, antwortete ich. Ich spürte, wie mein Herz, auch ein gefangener Vogel, in meinem Brustkorb herumflatterte. Ich wünschte mir so sehr, der Polizei sagen zu können, was hier vor sich ging; zu sagen, dass Dad eine Ewigkeit keinen Krankenwagen gerufen hatte. *Ich hoffe, sie befragen mich allein; ich kann nichts sagen, wenn er dabei ist.*

Aber Dad räusperte sich, als der Polizist meinen Namen in sein Notizbuch schrieb. »Prem war nicht im Haus, als sich Oh den Kopf angeschlagen hat. Sie war mit mir unterwegs«, erklärte er.

Alle Marionetten nickten. »Ja, sie war unterwegs. Bala und Prem wissen gar nichts über den Vorfall.« Das Kollektiv benutzte nie die

Anrede »Genosse« oder »Genossin«, wenn man mit Leuten von Draußen sprach.

Wut erfüllte mich, weil ich zum Schweigen gebracht wurde – aber ich konnte nichts machen, nicht in Anwesenheit der Gruppe. Wenn ich etwas sagte, das wusste ich, würde Dad es widerlegen können. (Ich hätte außerdem gar nicht gewusst, wie ich das hätte machen sollen, weil ich noch niemals mit jemandem von Draußen ein Gespräch geführt hatte.) Es wäre so einfach für ihn, zu behaupten, ich wäre autistisch oder verrückt, und dann würde mich die Polizei einfach ignorieren … Wenn ich es überhaupt versuchte, das wusste ich, würde die Rache von JACKIE und Dad schrecklich sein. Ich sagte nichts mehr und lauschte stattdessen den Lügen der anderen.

Die Polizei schrieb weitere Details über den Unfall auf. Josie musste mit aufs Revier, um eine Zeugenaussage zu machen. Danach kamen die Beamten zurück und entfernten das Absperrband. Die polizeilichen Ermittlungen waren vorbei.

Anders als bei Sian durfte ich Oh nicht im Krankenhaus besuchen. Vielleicht dachte Dad nach meinen ganzen Bitten um Freiheit der letzten Zeit, er könne dieses Risiko nicht eingehen. Die anderen Genossinnen besuchten sie, aber ich blieb zu Hause.

Am Abend nach dem Unfall, am 12. Mai, klingelte das Telefon, während ich gerade duschte. Ich hörte, wie Josie das Gespräch entgegennahm, verstand jedoch nicht, was gesagt wurde. Trotzdem wurde ich ganz aufgeregt. Ich ließ mir Zeit, mit dem Duschen und Abtrocknen, so als könnte das irgendwelche schrecklichen Neuigkeiten vom Badezimmer fernhalten. Als ich aus dem Bad ins Wohnzimmer kam, saßen alle auf den nicht zueinanderpassenden Stühlen. Es herrschte eine merkwürdige Atmosphäre.

»Genossin Prem«, wandte sich Dad an mich. »Der Faschistische Staat hat Genossin Oh ermordet.«

Das Krankenhaus hatte die Maschinen abgestellt und erklärt, es gebe nichts mehr, was man tun könne. Die Autopsie sollte später ergeben, dass sie an einem zerebralen Arterienatherom gestorben war – also an einer Art Schlaganfall.

Arme Oh, dachte ich, und fühlte mich auf seltsame Weise wie betäubt. Weil ich mir nie zugestanden hatte, Gefühle für die Genossinnen zu entwickeln, wusste ich nicht ganz, wie ich reagieren sollte. Man ermutigte mich auch nicht, um Oh zu trauern. Diesmal organisierten die Genossen die Bestattung, und sie sorgten dafür, dass die Familie ihre Asche nicht bekam, obwohl ihre Angehörigen darum baten. Ich durfte nicht an der Beisetzung teilnehmen. Trotzdem wusste ich, dass ich Oh vermissen würde – ich würde vermissen, wie sie mich hin und wieder in eine warme Umarmung zog, und besonders, wie sie manchmal gewagt hatte, Dad zu widersprechen.

Als könne er meine Gedanken lesen, begann Dad bald, Oh zu verfluchen, weil sie »sich selbst umgebracht hatte«, indem sie sich weigerte, »sich ganz auf ihn zu konzentrieren«. Wie vorher Sian wurde nun Oh für uns alle zum Beispiel dafür, was passieren konnte, wenn wir uns nicht ganz seiner Autorität unterwarfen. Dad deutete den Vorfall doppelt: Die Schuld trugen der Faschistische Staat *und* Oh selbst. Er tadelte auch Josie, weil sie die Schranktür offen gelassen hatte, und beschuldigte sie sogar, Oh umgebracht zu haben. Seine eigene Rolle in ihrem Untergang erwähnte er mit keinem Wort.

Ohs Tod hatte auf entsetzliche Weise etwas Bittersüßes. Für unsere kleine Wohnung waren wir zu viele gewesen, und ohne sie hatten wir alle ein wenig mehr Platz. Aisha zog in Shobhas Zimmer, obwohl es Josie war, die Ohs Pflichten übernahm. Mir wäre es viel lieber gewesen, wenn Aisha bei mir geblieben und Josie umgezogen wäre, aber wie üblich durfte ich nicht mitbestimmen. Die andere große Veränderung bestand darin, dass ich endlich, mit einundzwanzig Jahren, die Erlaubnis bekam, die Genossinnen zum Einkaufen zu begleiten. Diese Änderung in der Routine war weder eine Bitte noch eine Einladung, sondern ein Befehl: Ich wurde gebraucht, weil man meine Hilfe benötigte, um das Kollektiv am Laufen zu halten. Dad wollte, dass ich Ohs Platz einnahm.

Obwohl ich jetzt einkaufen durfte, galt noch immer die Regel, dass ich ohne Dad nicht das Haus verlassen konnte. Jede Woche begleitete ich ihn nun zusammen mit einer anderen Genossin zu den Geschäften in der Nähe; einmal im Monat gingen wir in den großen Tesco-Supermarkt ganz in der Nähe. Zufälligerweise war der Maibesuch für kurz nach Ohs Unfall abgesetzt, deswegen fand ich mich am 13. Mai 2004 im Auto des Genossen Simons auf dem Weg zum Supermarkt wieder.

Was für eine außergewöhnliche Erfahrung. Als wir das Geschäft mit seinen vielen Gängen betraten – es war so viel größer als die winzigen Läden, die ich von früher kannte –, war ich zum ersten Mal in meinem Leben froh und nicht mehr voller Wut, weil mich die Genossinnen umringten. Der Laden war so *riesig*! Ich hatte Angst, mich zu verlaufen, deswegen hielt ich mich dicht bei Josie. Ein Gang nach dem anderen erstreckte sich vor mir. Mein Blick sprang von hier nach da und wieder zurück, ich las die riesigen Hinweisschilder über den Gängen, die Markennamen, die mir von jeder Schachtel entgegensprangen. Preisschilder in knalligen Farben riefen mir etwas von »Sonderangeboten« zu, was ich gar nicht verstand.

Am faszinierendsten fand ich aber die unzähligen Regale voller Produkte – so etwas hatte ich noch nie im Leben gesehen. Da gab es so viele verschiedene Sachen! Dad probierte nicht gern neue Sachen aus, deswegen enthielten die Einkäufe, die ich zu Hause gesehen hatte, immer dieselben Produkte. Hier hatte man eine unendliche Auswahl: seltsam geformte Gemüsesorten, Früchte in exotischen Farben, fertig zubereitete Sandwiches und ganze Gänge voller Kosmetika, die ich so gern selbst ausprobiert hätte. Ich blinzelte heftig, war nicht in der Lage, das alles in mich aufzunehmen. Rasch entwickelte sich eine meiner Draußen-Kopfschmerzattacken.

Obwohl ich ja hatte mitfahren müssen, um zu helfen, kann ich nicht sagen, wie viel Unterstützung ich tatsächlich bot. Ich schlich hinter Josie her, während sie auf ihre Einkaufsliste schaute und mit schneller Effizienz die Produkte in den Einkaufswagen legte. Als sie fertig war, gingen wir zur Kasse, und ich half, die Produkte aufs Band zu legen. Josie oder Dad kümmerten sich um die Bezahlung; sie gaben Geldscheine und Münzen weg, die mir fremd waren. Ich hatte genauso wenig Ahnung von Geld wie damals vor vierzehn Jahren in Streatham. Was hatten diese ganzen verschiedenen Münzen zu bedeuten? Für mich waren es einfach Metallstücke. Und was sollten die Scheine?

Wenn er wollte, war Dad außer Haus ein ganz anderer Mensch – eine weitere erfreuliche Tatsache, die mit dem Einkaufen zu tun hatte. Es war fast so, als erwache seine gute Seite, wenn wir die Wohnung verließen, die wie ein Hort des Bösen war, als halte er wie ein Maulwurf, der aus seinem Hügel kroch, vorsichtig die schnuppernde Nase in den Wind. Manchmal sagte er sogar freundliche Dinge über die Leute, denen wir begegneten, als hätte er vergessen, gemein zu sein.

Gern hätte ich wie er und Josie ein paar Worte mit den Verkäufern gewechselt, aber man ermutigte mich, nicht zu sprechen. Wenn ich es versuchte, lagen mir die Wörter wie lose Kiesel im Mund, und ich stolperte über sie. Ich hätte nicht gewusst, wie ich irgendeine Art von Gespräch mit jemandem hätte anfangen sollen, der nicht zu den Genossen gehörte. Jedes Mal mischten sich Josie oder Dad ein und übernahmen die Führung, weswegen ich keine Gelegenheit hatte, mich zu unterhalten.

Danach war ich noch mehr davon überzeugt, ich müsse zurückgeblieben sein, denn das sagte Dad oft zu mir; seit meiner Bitte vom 23. Dezember, das Kollektiv verlassen zu dürfen, hatte er mich immer wieder an meinen niedrigen IQ erinnert, weil er mich warnen wollte, dass ich draußen unweigerlich versinken würde, wenn er meiner Bitte nachgab. Und in gewisser Weise trugen diese Einkaufsausflüge dazu bei, mich davon zu überzeugen, dass ich wirklich nicht für ein Leben Draußen geeignet war. Mein Dasein *fühlte sich an* wie ein Käfig, aber war es vielleicht wirklich zu meinem eigenen Besten, dass man mich einsperrte?

Nach Ohs Tod wurde Dad allerdings immer gemeiner. Die größte Quelle des Konflikts war meine leidenschaftliche Zuneigung zu Peregrine: Die konnte Dad einfach nicht ertragen. Da ich seinen Geboten nicht folgte, rächte sich Dad schließlich auf seine eigene, verletzende Weise. In diesem Sommer kam mein Oin mit Peregrine zu einem abrupten Ende. Er hörte auf, bis spät in die Nacht Musik zu hören, niemand besuchte ihn mehr und kam mit dem Auto; er ging abends auch nicht mehr aus. Anfang August sang er nicht mehr zur Musik, und sein Temperament beruhigte sich (vorher hatte ich hören können, wie er seine Kinder schimpfte, aber nun erklang seine süße ärgerliche Stimme nicht mehr). Jetzt kam es aber immer seltener vor, dass er überhaupt an meinem Fenster vorbeiging; ganze Tage vergingen, ohne dass ich ihn sah. Es fühlte sich an, als wäre die gute Zeit vorbei – und ich zweifelte keinen Moment lang, wer daran die Schuld trug.

Mein Dad hat seine schwarze Magie gegen ihn eingesetzt!, schrieb ich ärgerlich in mein Tagebuch. *Vater erträgt nicht, dass ich es gewagt habe, gegen die eisernen Ketten zu kämpfen, mit denen er mich zu fesseln versucht hat! Und er lässt seine Wut an meinem Herrn aus.*

Da ich nun ohnmächtig mit ansehen musste, dass Peregrine für mich nicht mehr erreichbar war, begann ich meine eigenen kleinen rebellischen Taten. Ich überzeugte Josie irgendwie davon, mir ein Paar Netzstrumpfhosen zu kaufen, denn ich hatte gesehen, dass Peregrines Partnerin die trug, und gefunden, dass sie schön aussahen. Schon allein der Besitz linderte mein Gefühl des Eingesperrtseins; es war eine weitere Feder für mein mentales Nest. Ich trug sie nur unter langen Röcken und Hosen, deswegen wusste Dad nichts davon. Es fühlte sich an wie ein großer Sieg.

Das traf auch auf den Tag im Herbst 2004 zu: Dad hatte vor dem Laden gewartet, während Aisha und ich reingingen, deswegen nahm ich heimlich ein kaltes Mixgetränk aus dem Kühlschrank anstelle einer Cola. Ich glaube nicht, dass Aisha das überhaupt merkte. Sobald wir zu Hause ankamen, schmuggelte ich es aus der Einkaufstüte.

Am selben Nachmittag, als Dad im Wohnzimmer den Genossen Simons unterhielt, saß ich an meinem Lieblingsplatz im Flur und trank die komplette Dose auf einmal aus. Das gab mir so ein gutes Gefühl! Es war nicht das beste Getränk, das ich jemals probiert hatte, und der Alkoholgehalt war auch nicht besonders hoch, aber es war angenehm, und am allerbesten war, dass ich damit etwas tat, was Dad nicht gefallen hätte! Das fand ich wirklich toll; als ich mich später am Nachmittag in meinen Kokon zurückzog, fühlte ich mich ein ganz kleines bisschen normaler, mehr wie andere junge Leute, weil ich endlich einmal Alkohol getrunken hatte.

Im Dezember wurde ich noch mutiger und schmuggelte einen Weihnachtskuchen in den Einkaufswagen. Das war nicht ganz so problematisch, wie es vielleicht klingt; im vergangenen Jahr war es mir gelungen, im Dezember ein wenig Weihnachtsschmuck aufzuhängen, ohne dass mich Dad dafür zur Rechenschaft gezogen hätte, deswegen hoffte ich, das ein bisschen Kuchen an Weihnachten nicht sofort verboten werden würde. Dad sagte nichts, als die Dame an der Kasse den Kuchen einscannte, daher antwortete ich am nächsten Tag, als er wissen wollte, wann wir den Kuchen essen würden, in munterem Ton: »An Weihnachten!«

Seine Miene verdunkelte sich. Es war einer dieser schrecklichen Momente, die innerhalb der Sekte häufig vorkamen: Dad hatte gerade die Regeln geändert.

»Warum willst du Weihnachten feiern? Weihnachten feiern bedeutet die Tatsache feiern, dass du *Britin* bist!« Er spie das vorletzte Wort aus wie einen Fluch. »Diese Imperialisten versuchen immer, uns herabzuwürdigen, und du willst ihre Bräuche feiern?« Als er fortfuhr, flog ihm die Spucke aus dem zahnlosen Mund: »Eines Tages wirst du vor mir niederknien und mich um Verzeihung bitten.«

Ich sah ihn an, diesen Mann, der mich immer kleinmachte und trotzdem als Gegenleistung erwartete, dass ich ihn verehrte.

»Nein, das werde ich nicht tun«, gab ich zurück. Zu meiner

Überraschung klang meine Stimme fest, obwohl ich am ganzen Körper zitterte.

»Doch, das wirst du!«, schrie er außer sich vor Wut zurück.

»Nein. Werde ich nicht.«

Dad schlug mich heftig ins Gesicht. Trotzdem verspürte ich selbst durch den stechenden Schmerz hindurch auch Stolz. Es fühlte sich gut an, nein zu ihm zu sagen.

»Du wirst für deinen Ungehorsam bezahlen«, zischte er.

Darauf brauchte ich nicht lange zu warten. Genau ein Jahr und drei Tage nach meiner Bitte, das Kollektiv verlassen zu dürfen, am 26. Dezember 2004, verursachte JACKIE vor der Westküste von Sumatra ein großes Erdbeben, »aus Rache für meine Illoyalität«. Es war das drittschwerste Erdbeben seit Beginn der Aufzeichnungen, und es löste einen riesigen Tsunami aus, der unaufhaltsam über den Indischen Ozean fegte und mit dreißig Meter hohen Wellen das Ufer traf. Als sich die Wassermassen zurückzogen, waren mehr als 250 000 Menschen ums Leben gekommen.

Meine erste Reaktion bestand aus Horror – Horror darüber, dass sich mein Verdacht, Dad wäre böse, so unwiderlegbar bestätigt hatte. Ich verspürte allerdings auch ein starkes Beben in meinem Geist, als liefen die Wellen des Nachbebens durch mich hindurch. Ich hatte einen Blick auf etwas erhascht, auf eine sich gerade entwickelnde Idee, die an die Oberfläche kam und wieder unterging, wie beim Ertrinken, aber ich konnte sie nicht packen und aus dem wuchernden Chaos meiner Erziehung herausziehen: Sie zeigte sich mir nur ganz kurz, aber ich verstand auf irgendeine Weise, dass Dad das hier als eine Möglichkeit der Kontrolle verwendete.

Ist das alles? Hat er wirklich diese Macht? Ist er wirklich der, der er zu sein behauptet? – Diese Fragen waren eine Zeit lang in mir gewachsen, genau wie sich der Druck unter der Erdoberfläche aufgestaut hatte. *Die Übernahme der Weltherrschaft, die nie eintrat, die Dinge, die einfach nicht zusammenpassen wollten …* Ich vernahm die ersten geflüsterten Zweifel, die Äußerungen des Unglaubens, doch sie waren so leise, dass ich die Worte kaum verstand.

Ich wollte auch gar nicht zuhören, ich *wollte* nicht. Denn wenn ich als ihre Untergebene an Dad und an JACKIE zweifelte, musste ich an allem zweifeln – auch daran, dass alles eines Tages Offenbar werden und er die Weltherrschaft übernehmen würde. Doch daran musste ich einfach glauben, weil ich irgendwann frei sein wollte. Es musste wahr sein – worauf wartete ich denn sonst? Was sollte aus meiner Hoffnung auf die Freiheit werden?

Deswegen hörte ich nicht auf die nagenden Zweifel. Ich musste Hoffnung haben. Ich musste Vertrauen haben. Ich musste an meinen Vater glauben.

31. Kapitel: Peregrine

Am 7. Januar wurde ich zweiundzwanzig. Wir gingen in ein Café, und ich nahm meinen ganzen Mut zusammen und bestellte ein Radler. *Ich bin erwachsen; eigentlich* müsste *man mir das sowieso erlauben.* Aber sobald Dad das Radler sah, sagte er: »Das darfst du nicht trinken.«

»Nur das eine …«, bat ich und war angewidert, weil er mich so betteln ließ.

»Nein!«

Aisha winkte der Bedienung, und das Getränk wurde weggeholt. Das Ganze war mir so unendlich peinlich, dass mir die Wangen brannten. *Ich bin zweiundzwanzig Jahre alt, keine zehn.* Diese Beschämung wirkte wie ein Katalysator und verstärkte meine Sehnsucht, den mir von Dad auferlegten Einschränkungen zu entkommen, auch wenn ich noch nicht wusste, wie das geschehen sollte.

Als es Mitte Januar wurde, sah ich von meinem Fenster aus einige Bauarbeiter: Ein Gerüst wurde um das Haus herum aufgebaut, damit sie das Dach reparieren konnten. Ich verbrachte Stunden damit, sie zu beobachten. Einer von ihnen bemerkte mich. Als ich eines Tages am Fenster stand, kam er auf mich zu und bat mich höflich, seine Wasserflasche aufzufüllen. Meine Freude darüber, dass er ausgerechnet mit *mir* sprach, fand ein jähes Ende, als mir bewusst wurde, dass sich alle Sektenmitglieder gerade in der Wohnung aufhielten, und mein Mut sank. Ich wusste, es gab keine Möglichkeit für mich, seine Bitte zu erfüllen, ohne dass man es bemerkt hätte, und ganz bestimmt wäre man mit einem solchen Akt der Hilfsbereitschaft nicht einverstanden gewesen: Stattdessen hätte man mich für meine »Weichheit« gegenüber diesem »faschistischen Agenten« verspottet.

Darum schüttelte ich den Kopf, war nicht in der Lage zu sprechen, weil mir die Worte fehlten, ihm meine problematische Situation zu erklären. Ich ließ den Netzvorhang sinken, damit man mich nicht mehr sah … Dieser Vorfall ging mir sehr zu Herzen. Ich quälte mich noch Wochen später mit dem Gedanken daran, was ich getan hatte. Ich hasste es, unfreundlich zu Leuten zu sein; in meinen Augen bedeutete das, dass ich genauso schlecht war wie das Kollektiv.

Allerdings geschah in diesem Zusammenhang auch etwas Merkwürdiges. Meine Verzweiflung verwandelte sich in eine unglaubliche Wut. Ich konnte natürlich nicht darüber sprechen, aber ich zitterte oft vor Zorn darüber, wie sich das Kollektiv benahm und wie ich behandelt wurde. Jetzt reagierte ich manchmal schnippisch, drängte mich grob an den anderen vorbei. Mein Verhalten erinnerte mich daran, wie sich Cindy benommen hatte, bevor sie das Kollektiv damals verließ; ich empfand eine plötzlich aufflammende Sympathie für sie, fühlte mich jetzt schuldig, weil ich sie jemals für unfreundlich gehalten hatte, denn jetzt begriff ich, dass es nicht ihre Schuld gewesen war. Wenn man irgendwo festsitzt, wo die Leute die ganze Zeit über gemein zu einem sind, ist es sehr schwierig, nicht selbst ein gemeiner Mensch zu werden. Genau genommen war es das, worüber ich die größte Wut empfand: Das Einzige, was ich hasste, war der Hass selbst, und trotzdem brachte mich das Kollektiv dazu, die Genossinnen zu hassen, wo ich doch nur lieben wollte.

Abgesehen von Mum und Dad richtete sich meine Wut vor allem gegen Josie. Sie schien es als persönliche Beleidigung aufzufassen, dass ich mich in Peregrine verliebt hatte, in einen weißen Mann. Es war, als fürchte sie, Dad werde aus irgendeinem Grund sie dafür verantwortlich machen – so wie er früher Sian für meine

Vergehen verantwortlich gemacht hatte. Deswegen tat sie ihr Bestes, alles zu melden und sowohl mich als auch Peregrine verbal anzugreifen. Sie übte sogar Druck auf Aisha aus, damit diese strenger zu mir war, und führte Buch über den »asozialen Lärm«, den Peregrine veranstaltete; vielleicht wollte sie ihre Aufzeichnungen eines Tages der Polizei oder der Wohnungsbaugesellschaft übergeben, damit er aus dem Haus gezwungen würde.

Monatelang hatten mich die merkwürdigen Veränderungen in Peregrines Alltagsroutine verblüfft; jetzt begriff ich endlich, dass er wohl Arbeit gefunden hatte und dort hinging, wenn er jeden Morgen das Haus verließ. Obwohl die laute Musik und das lange Aufbleiben ein Ende gefunden hatten, konnte ich meinen Herrn immer noch manchmal über mir rülpsen oder husten hören: Das waren immer besondere Leckerbissen, für mich so wertvoll wie Diamanten.

Er war und blieb das einzige Licht meines Lebens. Und deswegen war so unendlich dunkel für mich, was in diesem Frühling passierte. Eines Abends ging Peregrine um Viertel vor elf aus. Natürlich wartete ich darauf, dass mein Herr zurückkehrte, und stand mehr als eine Stunde lang im Pyjama am Fenster, starrte wie besessen in die Dunkelheit, weil ich mir die Gelegenheit nicht entgehen lassen wollte, meinen Geliebten zu sehen.

Wie ein Geist stand ich am Fenster. Peregrine schwankte ein wenig, als er den Weg hinaufkam; ich glaube, er war ein bisschen angetrunken. Er schaute in meine Richtung und sah mich stehen – sah mich dort, wo ich immer war, wenn er nach Hause kam oder morgens aufbrach, wo ich jede seiner Bewegungen beobachtete. Ich versuchte mich zu verstecken, doch es war zu spät. »Scheiße noch mal, was stehst du da und glotzt?«, schrie er wütend, dann stürmte er ins Haus. Diese neun Worte zerstörten mich förmlich. Ein winziger Teil von mir war auf eine sehr flüchtige Weise dankbar, dass er mich *bemerkt* hatte, aber der größte Teil wollte einfach nur sterben.

Ich nannte diesen Vorfall »die Schwarze Mitternacht«. Und obwohl ich mich selbst tadelte, erkannte ich auch klar und deutlich, dass diese Katastrophe nur eingetreten war, weil mich mein Vater in einem Käfig gefangen hielt und mir nie erlaubte, mit anderen Leuten in Kontakt zu treten.

Als hätte mein Vater einen weiteren Zauber ausgesprochen, schnitt sich Peregrine bald darauf die prächtigen Locken ab, die ich so liebte. Sein Haar war jetzt nicht mehr so dick wie vorher, als er es lang getragen hatte; ohne seine Locken sah man außerdem, dass er eine Glatze bekam. *Er wird älter*, begriff ich. Wenn ich noch viel länger in meinem Käfig bleibe, wird Peregrine eine Glatze haben, und ich werde nie mit dem jungen, gut aussehenden Herrn zusammen sein können. *Du verwelkst, Herr, und ich verwelke mit dir …* Das war ein weiterer Katalysator, wurde zu einem Teil des Rades, das mich unbarmherzig antrieb.

> *Warum nur sitze ich in diesem* Drecksloch *fest? All meine Probleme hängen unmittelbar damit zusammen, dass mein Vater verrückt ist. Er weiß, wie ich mich fühle, und trotzdem vergisst er das, wenn es ihm passt, einfach aus Bequemlichkeit, und quält mich immerzu. Ich muss begreifen, ein für alle Mal, und ich hasse es, das einzugestehen, dass ich* niemals *wirklich glücklich sein werde, solange mein schrecklicher Vater am Leben ist. Er wird mich auch niemals freilassen. Das Gerede davon, mir »mehr Raum zuzubilligen«, ist nur ein Trick, damit ich Ruhe gebe. Ich werde als Gefangene sterben, so wie ich gelebt habe.*
>
> *Wenn ich zu entkommen versuche, wird mein Vater sicher seine schwarze Magie einsetzen und mir das Leben völlig zur Hölle machen … Was soll ich nur tun? Ich sterbe, ich verwelke hier … Da ist niemand, an den ich mich wenden kann, und jeder Tag bringt mir nur unendliche, quälende Verzweiflung … Ich brauche Hilfe, etwas muss sich ändern …*

Nicht einmal im Schlaf fand ich Erlösung. Eines Abends träumte ich, dass ich Peregrine traf – doch als er mich sah, wirkte er nicht wütend, sondern verängstigt. Verblüfft wandte ich mich ab und hoffte, in der Glasscheibe der Tür hinter mir einen Blick auf mein Spiegelbild zu erhaschen. Als mir das gelang, schrie ich auf. Denn ich sah nicht aus wie sonst: Ich hatte mich in einen Schwarzen Reiter verwandelt, weil ich zu lange unter dem Einfluss des Dunklen Lords gelebt hatte. Weil mich der Hass auf die verzehrte, die mich gefangen hielten, wurde ich zu einem Menschen, der ich nicht sein wollte. Wenn ich meinem Käfig nicht bald entkam, würde das unabhängige, gütige Ich, das ich unter so großen Anstrengungen erschaffen hatte, für immer verloren sein.

Ich kann nicht mehr hierbleiben, dachte ich. *Egal, was für Konsequenzen das hat, ich muss hier weg. In einem Monat werde ich nicht mehr in diesem Haus sein.*

32. Kapitel: Fluchtpläne

Von diesem Moment an galt jeder meiner wachen Gedanken meiner Flucht. »Meinem Flug in die Freiheit«, wie ich das Ganze nannte; das erschien mir angemessen für einen Vogel im Käfig. Ich wusste, es würde schwer werden, weil ich keine Ahnung von der Draußen-Welt hatte und keine Unterstützung bekam. Doch in diesem Irrenhaus konnte ich einfach nicht mehr länger überleben. Ich bestimmte den 18. April zu meinem Aufbruchsdatum und begann mit den Vorbereitungen.

Meine oberste Priorität bestand im Packen – das betraf in erster Linie meine gesamten Aufzeichnungen und Gedichte. Zum Glück besaß ich so viele davon, dass ich mir angewöhnt hatte, regelmäßig Ordnung in meine gesamten Papiere zu bringen. Die Genossinnen merkten nichts, während ich sorgfältig die lieben Freunde auswählte, die mich auf meinem Flug begleiten würden. Ich begann, auf den Einkaufsausflügen Münzen abzuzweigen; manchmal forderte man mich auf, dem Verkäufer den Schein zu überreichen, und jetzt behielt ich heimlich einige der Münzen zurück, die er mir zurückgab. Obwohl ich das Konzept »Geld« nicht begriff, hatte ich eins verstanden: Ohne Geld würde ich Draußen nicht überleben können.

Ausnahmsweise erwies sich die geistestötende Vorhersagbarkeit von Dads Tagesplan als Segen. Ich wusste, ich würde für meine Flucht eine Gelegenheit auswählen müssen, wenn niemand sonst anwesend war, und als ich unseren Plan studierte, fand ich auch einen solchen Zeitpunkt. Alle zwei Wochen gingen Josie und Aisha am Montagmorgen zum Einkaufen auf die Hauptstraße, ein wenig weiter weg als unsere in unmittelbarer Nähe gelegenen Läden, und das bedeutete, dass sie länger aus dem Haus waren als sonst. Zu genau der gleichen Zeit badete Dad immer; davon wich er nicht ab, also würde auch er beschäftigt sein. Weil »Mum« jetzt offensichtlich nichts mehr mit mir zu tun haben wollte, außer mir ab und zu Blicke zuzuwerfen, die ich als bösartig empfand, stellten weder sie noch Shobha ein Problem für mich dar.

Ich hatte keine Ahnung, wohin ich fliehen sollte. Ganz kurz streifte mich der Gedanke, ich könnte zu Sians Mutter Ceri gehen, als klammere sich mein Gehirn plötzlich an eine vage Erinnerung. Aber weil ich nicht wusste, ob ich auch wirklich Sians Tochter war, erschien mir das eine verrückte Idee, und ich verwarf sie rasch wieder. Sogar wenn Ceri mich nicht wegschickte – mich, den halb indischen Bastard aus einer Sekte, die sie verachtete, ein Kind, das vielleicht gar nichts mit ihr zu tun hatte – würde ich mich damit vielleicht einfach vom Regen in die Traufe begeben? Dad sagte immer, dass Sians Angehörige schreckliche Menschen waren.

Während ich meine Habseligkeiten in einem bunten Raffia-Wäschesack und einer rosafarbenen Schultertasche verstaute, packte und wieder umpackte, war ich gleichzeitig froh und angespannt. *Alles fühlt sich jetzt seltsam an, anders*, schrieb ich in mein Tagebuch.

Je mehr ich plante, desto stärker wurde mir bewusst, dass meine Flügel tatsächlich beschnitten waren, und das würde mich am Wegfliegen hindern. Ich hatte kein eigenes Geld, keine Arbeit, kein Zuhause, keine einzige Qualifikation; ich hatte keine Freunde. Wie sollte ich Draußen überleben? Ich glaube, meine größte Angst bestand darin, man würde mich irgendwie zurückschicken, oder ich würde heimkriechen müssen, weil ich ohne das Kollektiv nicht zurechtkam – und dann würde mich Dad umbringen, weil ich zu entkommen versucht hatte.

Der wichtigste Teil meiner Vorbereitungen bestand vermutlich darin, einen Abschiedsbrief an meinen Vater zu schreiben. Weil ich daran glaubte, dass er einmal die Weltherrschaft übernehmen würde, lastete die Verantwortung, ihn zu einem besseren Menschen zu machen, noch immer schwer auf meinen zweiundzwanzigjährigen Schultern. Weil meine Zuneigung zu ihm ständig zu- und wieder abnahm, hatte ich das Gefühl, ihm außerdem wenigstens eine Erklärung zu schulden.

Lieber Papa,

das hier ist ein Brief, von dem ich wünschte, ich müsste ihn niemals verfassen. Es fällt mir schwer, ihn zu schreiben. Es fällt mir schwer, weil er die traurige Nachricht enthält, dass du mich wegen Umständen, die außerhalb meiner Kontrolle liegen, nicht wiedersehen wirst, zumindest nicht für eine sehr lange Zeit.

Leider scheinst du dich zu einem sehr grausamen Dunklen Lord entwickelt zu haben, wie Voldemort und Sauron. Wenn ich weiter bei dir bleibe und deinen ganzen verrückten Hasstiraden weiter zuhöre – dann werde ich selbst verrückt. Ich werde mich nicht schuldig machen, ich werde nicht tatenlos zusehen und mich abwenden, wenn solche Dinge geschehen. Voldemort und Sauron konnten sich Macht aneignen, weil gute Menschen ihren Pflichten nicht nachgekommen sind. Und so werde ich nicht sein.

Ich bin kein tapferer Mensch, aber ich werde mich dazu entwickeln … Du kannst alle schwarze Magie gegen mich einsetzen, die du willst – ich will trotzdem lieber das Opfer sein als der schreckliche Täter. Ich will mit dir und dem Mist von deinen Leuten nichts mehr zu tun haben …

Ich weiß, du wirst mich hassen, weil ich dir gegenüber sehr offen bin. Aber ehrlich gesagt interessiert mich nicht, was du von mir denkst. Von meiner Seite aus werde ich dich nur lieben. Aber eines will ich dir als deine einzige Tochter sagen: Du bist selbstgerecht und lebst in einer Selbsttäuschung, und weil du von albernen Menschen (wie Aisha und Josie) umgeben bist, die dich vergöttern und die deinen Fehlern gegenüber völlig blind sind, merkst du nichts davon. Wie das alte Sprichwort sagt: Man braucht ein Kind, um zu erkennen, dass der Kaiser nackt ist. *Und das mache ich jetzt bekannt. In dieser Welt gibt es keinen Platz für Dunkle Lords und ihre Anhänger. Zumindest nicht in einer Welt, in der ich leben will.*

… Da sind noch andere Dinge, andere Gründe, warum ich einfach nicht dazu in der Lage bin, ein Leben als Vogel im Käfig ertragen zu können. Du sprichst auf die arroganteste, hochmütigste Weise über dich selbst und findest nie ein Ende: Mein Ekel darüber findet auch nie ein Ende. Oft muss ich mich zusammenreißen, um mich nicht zu übergeben … Die Art der Welt, die du errichten willst – eine Welt, in der jeder dein Sklave ist und niemand seinen eigenen Willen haben kann! In so einem Drecksloch will ich nicht leben …

Wenn du das hier liest, werde ich nicht mehr hier sein. Ich wünsche mir so sehr, es wäre nicht dazu gekommen. … Es tut mir unendlich weh, das zu tun. Weil ich dich so sehr liebe. Aber ich hasse und verachte diese ganze Kommunistenscheiße. Ich hoffe, dass wir uns in der Zukunft wieder werden treffen können, als Vater und Tochter … Ich bin keine Kommunistin, ich gehöre nicht zu deinem Kader, ich will nicht Teil deiner dunklen Machenschaften sein. Auf gar keinen Fall. *Ich bin deine Tochter, und Schluss. Wenn wir nicht einfach nur Vater und Tochter sein können, dann, so fürchte ich, können wir überhaupt keine Beziehung zueinander haben. Niemals werde ich mich deiner Verrücktheit unterwerfen und ein böses Monster werden, das sich am Anblick von Leichen erfreut. Nie, nie im Leben! Wenigstens so viel Würde habe ich.*

Ich schäme mich für dich, Vater, und hoffe, dass wir uns in der Zukunft werden versöhnen können … Was auch immer geschieht, wir sind noch Vater und Tochter, und ich werde immer gut von dir denken, außer natürlich, du gibst mir einen Grund dafür, das nicht zu tun.

Also, fürs Erste, lebe wohl, Vater. Ich glaube, ich werde dir nie vermitteln können, wie traurig ich darüber bin, dass es dazu gekommen ist. Und ich werde all die anderen auch vermissen. … Oh, ich kann es wirklich nicht ertragen! Lebe wohl, mein Vater! Ich gehe, um den Himmel auf Erden zu finden!

Ich unterschrieb mit meinem Namen in Malayalam-Buchstaben: Das war eine Art Friedensangebot. Danach zählte ich mit wachsender Aufregung die Tage. Noch eine Woche, noch fünf Tage, vier, drei, zwei …

»Genossin Prem, du sollst sofort zum Genossen Bala kommen.« *Was ist denn jetzt los?* Es war ungewöhnlich, dass er mich so zu sich bestellte. Unser Haushalt funktionierte wie ein Uhrwerk: Ich sah Dad am Morgen und am Abend im Wohnzimmer (»Körperwäsche oder Haarwäsche?«, fragte er mich immer noch, wenn er mich so gruselig umarmte), nicht aber zu anderen Zeiten. Mein Mund wurde ganz trocken, als ich vor seiner Tür stand. Nervös klopfte ich an, um eingelassen zu werden.

Dad hatte eine Meldung erhalten, so teilte er mir mit. Die stets misstrauische Josie hatte heimlich in eine meiner Taschen geschaut. Darin waren inzwischen nicht mehr nur meine Aufzeichnungen, sondern auch Kleidungsstücke und Unterwäsche direkt neben meinen Notizblocks. Das kam ihr komisch vor. Sie war sofort zu Dad gelaufen.

»Willst du von hier weg?«, fragte er mich jetzt geradeheraus.

Ich konnte meinen eigenen Herzschlag hören. Insgeheim dankte ich Gott für all die Jahre der Verstellung und der Geheimhaltung, denn sie hatten mich auf diesen Augenblick vorbereitet. Trotz meiner Anspannung zwang ich mir ein breites Lächeln aufs Gesicht. Schon vor langer Zeit hatte ich gelernt, für alles eine Antwort parat zu haben, deswegen kam mir die Lüge problemlos über die Lippen.

»Warum sollte ich dich verlassen?«, fragte ich mit gespielter Überraschung. »Ich liebe dich. Ich liebe diesen Ort – diesen schönen Ort. Warum sollte ich jemals von hier wegwollen?«

Angesichts dessen, wie leidenschaftlich ich im vergangenen Jahr seine Überzeugungen abgelehnt hatte, bestand ein realistisches Risiko, dass er mich durchschaute. Aber ich trug richtig dick auf, und sein Ego war so groß, dass er mir nicht widerstehen konnte; er musste sich einfach geschmeichelt fühlen. Er schluckte das Ganze, ohne Wenn und Aber. Trotzdem ließ er mich nicht aus dem Zimmer, ohne noch eine Drohung zu äußern, nur zur Sicherheit.

»Wenn du gehst«, sagte er leichthin, »wirst du vom Blitz erschlagen, oder vielleicht kommt es auch zur Spontanen Selbstentzündung …«

Ich nickte: Ich wusste alles über JACKIEs Macht.

Aber während ich mich dafür entschied, meinen Aufbruch um zwei Wochen zu verschieben, weil ich es für unklug hielt, fliehen zu wollen, während Josie so wachsam war, ließen mich seine Drohungen möglicherweise noch entschlossener werden als jemals zuvor.

33. Kapitel: Nach Draußen

Am Montag, dem 2. Mai 2005, schloss sich die Haustür hinter Aisha und Josie mit einem Klicken, das anders klang als sonst. Es war das Geräusch, das den Beginn meines Fluges signalisierte, meiner Flucht.

Dad saß schon in der Badewanne. Also zog ich rasch meinen Mantel an, sobald ich die Haustür hörte – linksherum, was Teil meines genialen Plans war: Es war ein bunter Mantel, den ich selbst gestrickt hatte, und die Genossinnen kannten ihn gut. Wenn man nur das schwarze Futter sah, würde man mich nicht so gut erkennen. Ich drapierte außerdem einen schwarzen Dupatta-Schal über mein dünner werdendes Haar. Zuletzt holte ich den Brief hervor, den ich Dad geschrieben hatte, und lehnte den Umschlag neben der Hintertür an die Wand.

Der Schlüssel steckte dort bereits im Schloss: eine positive Auswirkung von Dads Paranoia. Er sagte immer, der faschistische Staat könne sehr leicht einen Schlüssel für dieses Schloss machen lassen, das sei Teil der Verschwörung gegen ihn, deswegen ließ er den Schlüssel immer im Schloss stecken, um sicher sein zu können, dass niemand von Draußen eindringen konnte. Ich brauchte kein Schloss aufzubrechen oder über Mauern zu klettern, um zu entkommen: Ich brauchte nur den Schlüssel im Schloss umzudrehen.

Ich brauchte nur … Trotzdem befand ich mich am Rand einer schiefen Ebene, und in dem Moment, in dem meine Finger den

Schlüssel berührten, konnte mein Fall einsetzen. Visionen von JACKIEs sämtlichen rachsüchtigen Attacken während der vergangenen Jahre verfolgten mich, jedes seiner Millionen von Opfern schrie mir eine Warnung zu, die ich (was vielleicht verrückt war?) absichtlich ignorierte. Außerdem erinnerte ich mich an Dads zahlreiche Drohungen, wegzuziehen, wenn ich ihn jemals verließ, sodass ich das Kollektiv nie, nie wiedersehen würde: diese Leute, die meine einzige Verbindung zum Leben darstellten, die mir alles beigebracht hatten, was ich wusste. Die Vorstellung, ohne sie in der Welt zu sein, war ebenso furchteinflößend wie befreiend. Ich fluchte innerlich, als ich wie betäubt den Schlüssel anstarrte und mich fragte, ob ich wirklich den Mut hatte, das hier zu tun.

Dann holte ich jedoch tief Atem und nahm wahr, wie schwer meine Taschen waren. Ich hatte alles eingepackt, von dem ich vermutete, ich könnte es Draußen brauchen – alles, was mir nach zweiundzwanzig Jahren der Gefangenschaft etwas bedeutete. Ich streckte eine zitternde Hand nach dem Schlüssel aus. Das Metall fühlte sich kühl und unvertraut an. Ich hatte solche Angst, er könnte rasseln oder quietschen und mich verraten. Aber ich sagte zu mir selbst: *Tu es einfach. Wenn du jetzt nachdenkst, machst du sowieso einen Rückzug, also tu es einfach.*

Irgendwie schaffte ich es. Ich drehte den Schlüssel um und zog an der Türklinke, und die Hintertür öffnete sich … Ich spürte frische Luft auf dem Gesicht. *Freiheit.*

Aber erst musste ich die Schwelle überqueren. Vorsichtig spähte ich nach Draußen, dabei nahm ich wahr, dass wir einen sonnigen Maitag hatten. Es wirkte nicht besonders wahrscheinlich, dass ein Blitzschlag von JACKIE herabkommen würde, um mich zu töten. Ich nahm meinen ganzen Mut zusammen und beschloss, selbst wenn es dazu käme, würde ich lieber aufrecht für meine Überzeugungen sterben, als ein Leben zu leben, das aus einer Lüge bestand.

Deswegen holte ich tief Luft und ging durch die Hintertür. Ich bewegte mich schnell, weil ich zu viel Angst hatte, um langsam zu sein; ungeschickt stolperte ich durch die Tür und in meine Zukunft. Es fühlte sich an wie ein Wunder: Ich war noch heil und ganz, obwohl ich meine Grenzen überschritten hatte. Ich blinzelte heftig, und der Sonnenschein betäubte mich genauso wie die Tatsache, dass ich überlebt hatte.

Doch ich hatte keine Zeit, mich damit auseinanderzusetzen: Ich musste so weit wegkommen wie möglich. In völliger Panik schaute ich nach links, dann nach rechts … Aber es gab niemanden, dem ich hätte folgen, keine Schulter, an der ich mich hätte orientieren können, deswegen wusste ich nicht, wohin ich gehen sollte. Ich war noch nie allein Draußen gewesen. Ich fühlte mich überwältigt, wusste nicht, was ich tun sollte, wusste nur, dass ich nicht zurückgehen wollte. Schließlich wandte ich mich dorthin, wohin mich meine Füße trugen. Ich dachte an die Bücher, die ich im Kollektiv gelesen hatte. Darunter war einiges über gütige Menschen gewesen, die heimatlose Fremde bei sich aufnahmen. Vielleicht würde ich ja einem von ihnen begegnen? Ich könnte die Wäsche erledigen, oder etwas anderes, und mich so erkenntlich zeigen.

Ohne zu wissen, in welche Richtung ich mich bewegte, machte ich einige weitere stolpernde Schritte durch die Vorstadtstraße. Am merkwürdigsten war das Gefühl, nicht von anderen umgeben zu sein. Wenn ich nach vorn schaute, sah ich dort nicht Dads Anorak, wie bisher sonst immer, wenn ich während der vergangenen beiden Jahrzehnte nach Draußen gekommen war. Stattdessen entfaltete sich vor mir ein ganzes Panorama des Draußen, etwa so wie durchs Fenster, aber die Aussicht war anders, ständig veränderte sich etwas, *und es gab kein Glas*. Ich war nicht sicher, ob mir das gefiel. Da war zu viel von allem, zu viel Licht, zu viel Platz, zu viel, um es aufzunehmen. Ich ging mit gesenktem Kopf weiter und keuchte, weil meine Taschen so schwer waren.

Da – eine Person. Ein Mensch stand vor mir. Ich schaute auf seine Füße.

»Ich bin von zu Hause weggelaufen«, sagte ich.

Eine Pause entstand. »Und was soll ich da machen?«, gab die Frau zur Antwort. Dann ging sie weiter.

Ich hielt zwei weitere Leute an – aber niemand interessierte sich für mich. Langsam erfasste mich Verzweiflung. *Was soll ich denn jetzt machen?*

Indem ich dem komplexen Irrgarten der Wege folgte, gelangte ich auf eine Hauptstraße mit Geschäften, aber nicht auf die, zu der Josie und Aisha gegangen waren. Vielleicht würde ich hier einen freundlichen Fremden finden, der mir helfen konnte? Inzwischen waren die Taschen eine solche Belastung, dass ich fast nicht mehr laufen konnte. Zu meiner Überraschung kam mir nun ein kleiner älterer Mann zu Hilfe.

»Ist alles in Ordnung mit dir?«, erkundigte er sich freundlich.

»Ich bin von zu Hause weggelaufen«, sagte ich zu seinen Füßen, weil ich mich bei dem Gedanken unbehaglich fühlte, ihm – oder jemand anderem – in die Augen zu schauen. Denn was würde ich da sehen, fragte ich mich. Die Angst und den Abscheu, die Peregrine in meinem Traum gezeigt hatte? Am besten schaute ich nach unten, beschloss ich, damit ich nicht sah, was man Draußen wirklich über mich dachte. »Was soll ich denn jetzt machen?«, fragte ich seine Füße.

Zu meinem Erstaunen beantwortete der ältere Herr meine Frage. »Warum gehst du nicht zur Polizei?«, schlug er vor.

»Wo ist denn das?«, fragte ich. Ich sprach zögernd, fast erwartete ich, Dad oder Josie würden sich in das Gespräch mischen, wie sie das immer getan hatten, wenn ich vorher zu sprechen versucht hatte. Aber jetzt war ich allein, losgerissen von ihrer Beobachtung und der Sicherheit, die sie mir gaben. *Das hier fühlt sich gut an*, dachte ich, als der Mann und ich unsere einzelnen Sätze in einem Tanz aus Wörtern austauschten, der mich erfreute. Ich verspürte eine gewisse positive Aufregung dabei, mich tatsächlich mit jemandem von Draußen zu unterhalten.

»Du musst über die Straße, an der Ampel«, erklärte er und ging dann mit raschen Schritten weiter.

Ich wusste, was Ampeln waren, auch wenn ich nicht begriff, was die unterschiedlichen Farben bedeuteten. Aber wie ich sie finden sollte, überstieg mein Vorstellungsvermögen. Ich konnte den Blick nur auf den schmalen Streifen der Hauptstraße genau vor mir richten – nach rechts oder links zu schauen oder irgendetwas außerhalb meiner unmittelbaren Umgebung wahrzunehmen war mir unmöglich. Mein ganzes Leben lang hatte man mich aktiv entmutigt, über Dads Schulter zu schauen – »Nicht glotzen!«, hatte die dauernde Warnung gelautet – und jetzt konnte ich nicht damit anfangen. Also stolperte ich weiter. Alles war seltsam. Selbst mit den genauen Angaben des Mannes war ich nicht dazu in der Lage, über diese kurze Strecke meinen Weg zu finden. Wieder begann mein Herz wie wild zu klopfen. Ich hatte nicht gewusst, dass Fliehen so schwer sein würde. Jetzt, wo ich Draußen mit einkaufen gehen durfte, hatte ich geglaubt, einen guten Eindruck von der Welt bekommen zu haben, aber ohne die tröstliche, wenn auch einschränkende Anwesenheit der Genossen, so begriff ich, und dabei wurde mir richtiggehend übel, bedeutete es, dass ich überhaupt keine Ahnung hatte.

Ich hielt noch ein paar mehr Leute an. »Wo ist das Polizeirevier?«, wollte ich immer und immer wieder wissen. Ich fragte wiederholt und ging immer weiter, bis plötzlich jemand zu mir sagte: »Du stehst genau davor.«

Ehrfürchtig nahm ich das Gebäude in mich auf. *Ich hatte es gefunden.* Erleichterung überspülte mich geradezu. Trotzdem war das hier nur die erste Station. Ich hatte noch einen langen Weg vor mir, bis ich den Gipfel erreichte. Immer noch schwer bepackt ging ich zur Eingangstür. Ich zögerte, bevor ich eintrat. *Tue ich das Richtige?* Jahrelang hatte mich Dad vor den »faschistischen Hunden« gewarnt, die für den Britisch-Faschistischen Staat die Polizeiarbeit erledigten, und obwohl ich selbst die Polizisten nicht mehr länger fürchtete und auch keinen Widerwillen gegen sie verspürte, handelte ich jedem meiner Instinkte zuwider, indem ich sie um Hilfe bat. Aber mir fiel nichts anderes ein. Ich holte tief Luft, zog am Türgriff und trat ein.

Ich war so überwältigt davon, allein Draußen zu sein und es so weit geschafft zu haben, dass ich mich kaum noch an etwas erinnere, was dieses Polizeirevier betrifft. Die Eingangshalle war klein und, das weiß ich noch, rot; vielleicht war der Fußboden rot. Im Freien war es hell und sonnig gewesen, aber in der Polizeistation war es dunkel und kühl. Als ich in den Raum stolperte, stand direkt vor mir ein Tresen. Sehr gut erinnere ich mich an die Frau, die dort saß. Sie war in Zivil und hatte das schwarze Haar zu kleinen Zöpfen geflochten. Sie war nicht der mütterliche Typ, aber sie wirkte freundlich auf mich.

»Ich bin von zu Hause weggelaufen«, sagte ich. »Was soll ich denn jetzt machen?«

Wo sollte ich nur anfangen? Zweiundzwanzig Jahre Gefangenschaft ließen sich nicht einfach so in einem einzigen Satz zusammenfassen. Jetzt, wo ich der Beamtin gegenüberstand, verspürte ich außerdem eine riesige Verantwortung gegenüber Dad und den anderen. In meiner Offenherzigkeit tolerierte ich alles bis auf Intoleranz: Ich wollte nicht, dass die Polizei das Kollektiv zerstörte, denn die Genossinnen hatten das Recht, zu glauben, was sie glauben wollten. Ich wollte nur selbst frei sein. Deswegen wählte ich meine Worte mit Bedacht.

»Da gibt es zu viele Regeln«, sagte ich schließlich. »Ich darf nicht nach Draußen.«

Mit keinem Wort erwähnte ich Dads Gewaltbereitschaft oder seine schwarze Magie. Ich wollte nicht, dass durch meine Taten ein Konflikt entstand: Ich wollte nur für mich selbst ein neues Leben beginnen. Obwohl ich versuchte, der Beamtin ohne Worte meine Verzweiflung zu vermitteln, schien die Frau mich nicht allzu ernst zu nehmen. Die bloße Tatsache, dass ich mit jemandem von Draußen sprach, war so ungeheuerlich für mich, dass ich fast nicht mehr herausbringen konnte als diese ersten beiden Sätze.

Sie schlug mir vor, ein paar Frauenhäuser anzurufen, wenn ich das wolle. Es gelang mir, eine Einrichtung zu erreichen. Stockend versuchte ich zu erklären, dass ich ein Dach über dem Kopf brauchte, aber ein Telefon zu benutzen brachte mich völlig aus dem Gleichgewicht: Zwei Jahre war mein letztes Telefonat her, und jeder einzelne Schritt dieses Vorgangs erschien mir seltsam. Beim Frauenhaus hieß es, man könne mich aufnehmen, aber dann fingen sie mit einer Erklärung an, wie ich dorthin kommen sollte.

Wie bei dem Mann auf der Hauptstraße ergab ihre Wegbeschreibung überhaupt keinen Sinn für mich. Ich wurde schon vom Zuhören völlig verwirrt. Ich begriff, dass ich einen Bus *und* eine Bahn würde nehmen müssen ... Ich spürte, wie sich langsam ein schreckliches Gefühl der Hilflosigkeit in mir ausbreitete. Das würde ich auf keinen Fall schaffen. Ich war niemals allein Bus gefahren, hatte niemals eine Fahrkarte gekauft, konnte nicht sagen, wann ich aussteigen, wo ich wieder einsteigen musste ... Es war schon ein Kampf gewesen, hierherzukommen, zehn Minuten die Straße runter, zu Fuß – die Vorstellung, öffentliche Verkehrsmittel benutzen zu müssen, war ungefähr so, als hätte man von mir verlangt, ohne Atlas eine Weltreise anzutreten. Es war unmöglich.

Ich legte schweren Herzens auf. Ein Mann im Polizeirevier, der zugehört hatte, kam zu mir.

»Ich glaube, am besten wäre, wir rufen deine Familie an ... Du sagst ihnen einfach, was passiert ist. Vielleicht können sie ja kommen und dich abholen.«

Ich dachte darüber nach. Ich wusste, wie sehr Dad die Polizei hasste. *Vielleicht*, überlegte ich und fühlte mich gleich ein wenig besser, *gibt mir Dad ein bisschen mehr Freiheit, wenn die Polizei involviert ist.*

Dann kam mir noch ein Gedanke. Wenn ich an all das dachte, was Dad über Leute gesagt hatte, die gegangen waren, war ich fast sicher, dass Dad mich jetzt nicht zurückhaben wollte. Sicher war ich doch dadurch genauso tot für ihn wie Cindy und Leanne? In meinem tiefsten Inneren hoffte ich verzweifelt, er würde mich verstoßen. *Vielleicht wird mir die Polizei mehr helfen, wenn wir ihn anrufen und er mich zurückweist*. Ich wollte nur vom Kollektiv wegkommen und irgendwo anders einen Ort zum Leben finden. Alles, was heute passiert war, hatte mir gezeigt, dass ich hoffnungslos überfordert war. Ich konnte das hier nicht allein – ich musste von irgendjemandem Hilfe annehmen. Weil ich keinen einzigen anderen Weg sehen konnte, blieb mir nicht viel anderes übrig, als einzuwilligen.

»Okay«, gab ich schließlich nach. »Sie können meinen Vater anrufen.«

34. Kapitel: Rückkehr

Nervös tigerte ich auf und ab, während die Beamtin den Anruf tätigte.

»Ich will ein neues Leben anfangen«, sagte ich immer wieder zu ihr, »ich will nicht wieder zurück.«

Während ich diese Worte aussprach, fühlte ich mich selbstbewusst; eine Woge der Hoffnung trug mich mit sich, sogar, als die Beamtin Josie an den Apparat bekam und erklärte, dass ich weggelaufen war. Denn ich wusste, jetzt, wo die Polizei involviert war, würden sich die Dinge ändern müssen.

Ich habe es geschafft, dachte ich triumphierend. *Jetzt fängt tatsächlich mein neues Leben an.*

Die Beamtin legte den Hörer auf. »Sie sind auf dem Weg hierher«, erklärte sie. Sie meinte, ich solle mir etwas zu essen besorgen, während ich wartete.

Wortlos nickte ich, weil ich nicht wusste, wie ich erklären sollte, dass ich so etwas noch nie gemacht hatte. Trotzdem fühlte ich mich davon angeregt, dass dies die erste Mahlzeit meines neuen Lebens sein würde, deswegen ging ich vorsichtig die Stufen vor dem Polizeirevier herunter und stellte fest, dass in der Nähe ein KFC-Restaurant war. Ich betrat mit meiner zusammengestoppelten Münzsammlung in der Hand den Laden; es war ein Chaos aus Bronze, Silber und Gold, von dem ich keine Ahnung hatte, wie ich mir seinen Wert erschließen sollte.

Über der Theke hing eine beleuchtete Anzeige mit einer verwirrenden Liste von Bestellmöglichkeiten. Wieder verspürte ich diese überwältigende Panik: *Ich weiß nicht, wie das geht.* Zögernd ging ich weiter in das Restaurant hinein und schaute mich nach irgendwelchen Hinweisen um.

Vor mir in der Schlange stand eine weiße Frau und wartete darauf, dass man sie bediente. Sie war schlank und hatte honigblondes Haar. Als sie an der Reihe war, schaute ich genau zu, was sie tat, und merkte mir jedes einzelne ihrer Worte.

Als ich dann an der Reihe war, imitierte ich alles, was gerade geschehen war, in genau derselben Reihenfolge, wie der Papagei in meinem Geschichtenbuch. Ich weiß noch, dass mir durch den Kopf ging: *Hoffentlich denken die Leute jetzt nicht, ich bin komisch.*

Aber selbst wenn sie das dachten – die gemurmelten Zauberworte der Frau funktionierten auch bei mir, und die Münzen, die ich wahllos über den Tresen schob, schienen zur Bezahlung auszureichen. Es gelang mir, ein Becher Pepsi und ein paar Pommes frites zu erwerben. Die nahm ich mit hinüber zu einem Tisch und hielt sie in der Hand wie einen Schatz. Ich sog am Strohhalm und spürte, wie mir das kühle Getränk durch die Kehle glitt, wenn ich schluckte. Dann holte ich eine Pommes aus der Papiertüte und nahm den salzigen Geschmack auf der Zunge wahr.

Das hier waren das leckerste Getränk und das beste Essen, die ich jemals zu mir genommen hatte. Das lag daran, dass sie nicht nur nach Pepsi und nach Kartoffel schmeckten.

Sie schmeckten nach Freiheit.

Nachdem ich alles aufgegessen hatte, suchte ich die Toilette auf. Zum ersten Mal in meinem Leben ging ich Draußen allein zum WC. Niemand stand vor der Tür, niemand wartete und hörte zu. Da waren nur ich und mein Körper, und wir konnten machen, was wir wollten. *Das ist wirklich schön*, dachte ich. *Ich gehe gern allein nach Draußen. Wenn es doch nur jemanden gäbe, der mir helfen könnte, Dinge zu lernen …* Mit diesem Gedanken ging ich zurück zum

Polizeirevier, um dort auf Dad zu warten. Ich spürte Hoffnung in mir. Mit der Polizei auf meiner Seite eröffnete sich nun eine neue Dimension. Dad würde sich anhören müssen, was ich sagte, sogar zustimmen würde er müssen.

Wenig später kamen sie. Dass mich sowohl Josie als auch Dad umarmten, war ein Schock für mich; es schien, als hätte mich Josie vermisst, und es fühlte sich an wie eine echte Umarmung. Dad hingegen schien eine Maskerade aufzuführen. Ich fragte mich, ob die Polizei wohl darauf hereinfallen würde.

Voller Unruhe sah ich dabei zu, wie die Beamtin mit ihnen sprach. Ich glaube, sie dachte, die beiden wären wohlwollende, aber strenge Eltern; sie ging davon aus, nur mit ihnen reden zu müssen, damit sie ihr Verhalten änderten. Sie regte an, sie sollten mich mal allein einkaufen gehen oder hin und wieder allein Bus fahren lassen. Das Herz stockte mir fast, als ich sie sprechen hörte, denn ganz offensichtlich hatte sie nicht begriffen, wie schlimm alles war – dass ich diese Dinge nicht nur nicht durfte, sondern dass man mir auch nie beigebracht hatte, wie man sie tat. Ich glaube, sie dachte, kulturelle Gegebenheiten würden mein Leben einschränken: dass hier ein Vater indischer Herkunft seine Tochter vor der westlichen Welt beschützen wollte.

Noch immer sagte ich nichts. Ich achtete ganz genau auf Dads Reaktion. Er schien den Eindruck eines Menschen vermitteln zu wollen, der nicht wusste, was er falsch gemacht haben sollte, als wäre er einfach ein Vater, der sein Bestes gab. Er gab zu, mich einzuschränken: »Ja, ich habe sie im Haus behalten«, erklärte er. Er war sehr überzeugend und glaubwürdig – allerdings hatte er schon immer gut mit den Behörden umgehen können.

Nachdem sich die Beamtin für mich eingesetzt hatte, äußerte Dad eine Art schmallippiger Zustimmung. »Ich werde darüber nachdenken«, erwiderte er als Antwort auf ihre Bitte, mir gegenüber ein wenig nachgiebiger zu sein.

Okay, dachte ich. *Vielleicht läuft es gar nicht so schlecht.*

Überraschenderweise schaute die Beamtin dann mich an. »Gibt es irgendetwas, worüber du sprechen möchtest, ohne dass die beiden dabei sind?«

Ich spürte, wie Dad bei diesem Vorschlag vor Wut zitterte, obwohl ich ein ganzes Stück von ihm weg ihm gegenübersaß, aber ich ignorierte ihn tapfer. »Ja«, erwiderte ich.

Die Beamtin bat die beiden, vor die Tür zu gehen, und sie kamen dem nach.

Ich stand auf und fing wieder an, nervös hin und her zu tigern. »Ich weiß nicht, was ich jetzt machen soll«, sagte ich verzweifelt. »Ich will nicht zurück. Ich weiß nicht, ob ich das kann; ich weiß nicht, ob ich es ertrage ...«

»Nun«, meinte sie ganz rational. »Heute ist ein Feiertag. Warum gehst du nicht mit zurück und überlegst dir dann, was du machen willst? Sonst musst du heute Nacht auf der Straße schlafen. Vielleicht kannst du ja zu Hause alles mit ihnen besprechen und dann eine Entscheidung treffen.«

Ihre Worte versetzten mich in Panik. *Auf der Straße schlafen ...?* Aber was war mit meinen Freunden, meinen Aufzeichnungen? Wenn es regnete, würden sie kaputtgehen. Sie hatten mich durch meine Gefängnisstrafe getragen, jetzt konnte ich sie nicht aufgeben. Um mich selbst machte ich mir gar keine so großen Sorgen – ich war darauf gefasst gewesen, dass mich JACKIE umbringen würde, wenn ich ging –, aber ich hätte es nicht ausgehalten, meine Freunde dieser Gefahr auszusetzen.

Verzweifelt versuchte mein Gehirn, alle möglichen Konsequenzen der riesigen Entscheidung zu erfassen, die ich nun zu treffen hatte. Was, wenn ich mich weigerte, nach Hause zurückzukehren? Was würde dann passieren?

Ich stellte mir Dads Reaktion vor: Was, wenn er die Polizei belog und behauptete, ich hätte Sian und Oh umgebracht? Während eines Streits im Haus hatte er so etwas angedeutet. Josie hatte auch einmal gesagt, man könnte mich als illegale Immigrantin anzeigen. Obwohl ich in Großbritannien zur Welt gekommen war, wusste ich so wenig von Draußen …

Diese Gedanken versetzten mich in große Angst. Und dann war da die Beamtin, die mir vorschlug, nach Hause zurückzukehren und alles zu besprechen. Ich war immer noch fest davon überzeugt, dass man auf diese Weise etwas erreichen konnte. Schließlich hatte ich Dad an Weihnachten 2003 *beinahe* davon überzeugt, mich gehen zu lassen – vielleicht würde er jetzt, da ich diesen Schritt gewagt hatte, noch ein wenig mehr aufgerüttelt und würde nachgeben *müssen*? Meine Stimmung hob sich wieder. Hatte er das nicht gerade versprochen?

Obwohl ich spürte, wie kurz ich davor war, die Wahrheit darüber zu erzählen, was tatsächlich im Haus vor sich ging, wollte ich nicht, dass irgendjemand Schwierigkeiten bekam. Ich bezweifelte, dass man mir glauben würde, selbst wenn ich ihr alles wahrheitsgetreu berichtete – nicht, solange Dad anwesend war und sie vom Gegenteil überzeugen konnte. Ich hatte niemanden, der mir Ratschläge gab, keine Freunde, und ich wusste nichts über die Welt Draußen … Schließlich fiel mir nichts Besseres ein, als das zu tun, was man mir vorschlug.

Trotzdem schien die Beamtin meine Verzweiflung in meinen Augen lesen zu können. Ich weiß nicht mehr, wie es war, ob sie oder ich die erste Bewegung machte, vielleicht waren es beide von uns gleichzeitig, jedenfalls umarmten wir einander. Das war unbeschreiblich schön. Seit Oh gestorben war, hatte ich fast überhaupt keine Umarmungen mehr bekommen. Es tat so gut, dass mich jemand umarmte, und dann auch noch eine Frau, die sich nicht innerhalb von Minuten in ein Monster verwandeln würde. Und was ungewöhnlich für mich war: Ich spürte, dass ich ihr *vertrauen* konnte. Ich war es nicht gewohnt, anderen zu vertrauen. Deswegen umarmte ich sie ganz fest, mit all meiner Kraft; ich wollte sie nicht loslassen, wollte nicht zurück.

Aber ich konnte mich nicht ewig an ihr festklammern. Irgendwann ließen wir einander los, und sie schenkte mir ein halbes Lächeln.

»In ein paar Tagen rufe ich dich an und frage dich, wie es dir geht«, versprach sie mir.

Ich nickte schweigend.

Die Beamtin rief ein Taxi, das uns nach Hause bringen sollte, denn meine Taschen waren wirklich schwer. Josie, Dad und ich stiegen in den Wagen, und er fuhr geräuschlos an. Innerhalb weniger Minuten war die ganze Entfernung, die ich zwischen mich und das Haus, in dem man mich gefangen hielt, gebracht hatte, zunichtegemacht. Trotzdem kehrte ich mit einem Gefühl der Hoffnung zurück. Jetzt, wo die Polizei involviert war, würden die Dinge anders werden.

Als ich durch die Tür ins Haus ging, umarmte mich Mum – zum ersten Mal in meinem ganzen Leben.

»Willkommen zu Hause«, sagte Chanda in herzlichem Tonfall.

Als sie mich an sich zog, verspürte ich eine Art Schock. *Vielleicht liegt ihnen ja* doch *etwas an mir,* dachte ich verwirrt. *Vielleicht habe ich mir nur eingebildet, dass Dad so gemein ist. Vielleicht spielt sich das alles nur meinen Kopf ab, und ich bin tatsächlich so zurückgeblieben, wie sie immer sagen. Ich weiß so wenig über die Menschen – habe ich die Anzeichen falsch interpretiert?*

Dad bedeutete mir, mich auf einen der Stühle in unserem Wohnzimmer zu setzen, und die anderen stellten sich rundherum und schauten zu. Auch Dad schien sich in einer Art Schockzustand zu befinden.

»Wie konntest du mir das nur antun?«, erkundigte er sich verblüfft; er war ganz der verletzte Patriarch. »Ich habe alles für dich getan. Ich habe mein Bestes gegeben, um für dich zu sorgen. Wie konntest du auch nur daran denken, mich zu verlassen? Mich zu verraten?«

Als er das sagte, fühlte ich mich unglaublich schuldig. Er hatte ja wirklich alles für mich getan. Aber ich konnte diese Gelegenheit nicht verstreichen lassen, ohne ihn anzuflehen, die Dinge zu ändern; ich wusste, ich konnte nicht so weitermachen wie bisher. Deswegen versuchte ich, mit ihm zu reden. Und in diesem Moment schien es mir auch, als wäre das möglich. »Ich will etwas verändern«, erklärte ich leidenschaftlich.

Dad ließ seinen weisen Blick auf mir ruhen. »Dieses Risiko können wir nicht eingehen«, sagte er und tätschelte mir dabei traurig die Hand. Das war kein absolutes Nein ... Wenn ich es schlau genug anginge, so überlegte ich mir, konnte sich immer noch alles ändern. Denn nichts von dem, was mir Dad für den Fall meines Weggangs prophezeit hatte, war eingetreten. Zum einen war ich noch am Leben, zum anderen benahmen sich an diesem Abend zu meiner Überraschung alle unglaublich nett mir gegenüber.

Was für ein Tag!, schrieb ich in mein Tagebuch, als ich müde in mein Stockbett kroch. *Sie waren erstaunlich verständnisvoll – anscheinend haben alle geweint, als sie gemerkt haben, dass ich weg war. Aber ich habe klargestellt, ich komme nur unter der Bedingung nach Hause, dass sie mich freilassen.* Am nächsten Morgen stand ich in dem Bewusstsein auf, meine Zeit im Gefängnis wäre jetzt sicher vorbei. Nach gestern würden die Dinge ganz anders ablaufen.

»Verräterin!«, zischte Bala zur Begrüßung. »Faschistische Agentin!« Ohne jede Vorwarnung schlug er mich ins Gesicht. Das versetzte mich in unglaubliche Wut. Ich fasste mir an die Wange, spürte, dass sie heiß war und schon ganz rot wurde.

Nach den unzähligen Malen, die er mich vorher geschlagen hatte, schien es dumm, darüber schockiert zu sein, – aber ich war es trotzdem. Ich spürte, wie mir die Tränen in den Augen brannten. Trotzdem weinte ich nicht wegen der Schmerzen – ich weinte, weil ich in diesem Augenblick wusste, dass es keine Möglichkeit für mich gab, *jemals* nach Draußen zu kommen. Er würde nie wieder auch nur ein einziges Risiko eingehen. Er würde mich nicht freilassen. Und nach gestern wusste ich auch, dass ich es allein nicht schaffen würde.

Ich saß in der Falle: ein gefangener Vogel, der sich nicht einmal Trost ersingen konnte. Ein gefangener Vogel, mit Flügeln, die so sehr gestutzt waren, dass ich sogar versagt hatte, als sich mir die Chance zu fliegen bot.

Vierter Teil: Erkenntnis

35. Kapitel:
Kein Erbarmen

Ich sollte Recht behalten. Die Polizeibeamtin löste ihr Versprechen ein und rief an, aber als ich mit ihr telefonierte, standen die Mitglieder des Kollektivs dicht um mich herum und hörten genau zu, was ich sagte, deswegen konnte ich die Worte, die mir eigentlich auf den Lippen brannten, nicht herausbringen, sondern nur wiederholen, was Dad mir eingebläut hatte – genau festgelegte Sätze, die mich in meiner Gefangenschaft belassen würden: »Ich will nicht mehr weg. Ich werde hierbleiben.«

Wahrscheinlich zweifelte die Beamtin nicht an meinem Meinungsumschwung; ich glaube, sie dachte einfach, ich wäre nichts weiter als ein junges Mädchen, das einen rebellischen Anfall durchgemacht hatte. Ich erinnere mich daran, dass sie erklärte: »Du musst im Leben das tun, was du willst.« Diese Aussage gab mir so viel Kraft; so etwas hatte noch nie jemand zu mir gesagt, immer hatte es geheißen: »Du musst tun, was man dir sagt.« Aber ich hatte keine Ahnung, wie ich das anfangen sollte.

So verging die Zeit, und die Polizei kümmerte sich nicht weiter um die Angelegenheit. Eine Woche war seit meiner Flucht vergangen, dann ein Monat, ein Jahr … Wir blieben in Brixton, zogen aber noch einmal um, diesmal in eine parterre gelegene Neubauwohnung. Jeden Tag sehnte ich mich nach Freiheit, hatte jedoch weder den Mut noch die Möglichkeit, einen erneuten Versuch zu wagen. Denn ich erinnerte mich nur allzu gut an die orientierungslose

Reise vom Haus zur Hauptstraße: Ich wusste, dass ich nicht dazu in der Lage wäre, Draußen allein zu überleben; nicht zuletzt, weil durch den Umzug wieder alle Straßen neu für mich waren. Ich blieb beim Kollektiv, einfach, weil ich musste; gegen meinen Willen, weil mein Vater alles so eingerichtet hatte, dass ich nicht gehen *konnte*. Ich musste mich damit abfinden, wenn ich nicht obdachlos, ohne Freunde und ohne Geld enden wollte.

Dass ich keine Fluchtmöglichkeiten hatte, lag nicht nur an meiner eigenen Dummheit. Auf einer nicht rational fassbaren Ebene fürchtete ich JACKIE immer noch. Außerdem hatte man sofort die Tagesplanung geändert, sodass ich nie wieder eine Chance zur Flucht erhalten würde. Ganz allgemein wurden meine Ausflüge nach Draußen drastisch reduziert; Dad sagte, ich verdiente es nicht mehr, nach Draußen zu kommen, weil ich das »Verbrechen« begangen hatte, wegzulaufen. Er war so grausam, dass er mich sogar an einigen meiner Geburtstage zu Hause ließ, während er nach Draußen ging. Außerdem weigerte er sich, mich die Filmversionen des *Herrn der Ringe* anschauen zu lassen – obwohl er selbst das tat.

Nach unserem Umzug gab es nicht einmal eine Rettung durch Peregrine McConaughey. Als Teil meines mentalen Nests nährte ich meine Gefühle jedoch weiterhin, ließ nicht zu, dass meine Liebe zu ihm starb, auch wenn das Schicksal sich gegen uns verschworen hatte und wir getrennt wurden. Obwohl die Jahre vergingen – 2005, 2006, 2007 – hielt ich ihn in meinem Herzen lebendig, versuchte die Beziehung zu erhalten, die meine Unabhängigkeit und meine moralische Unantastbarkeit repräsentierte. Doch dieses Licht wurde immer schwächer, der Glücksbringer, den er für mich darstellte, wurde von der Dunkelheit überschattet, die zu erdulden ich verdammt zu sein schien.

Auch wenn ich immer noch eingeschlossen war, gab ich keine Ruhe. Immer wieder bat ich Dad um Milde, flehte ihn an, sein Versprechen zu halten.

Ach, die Versprechen meines Vaters ... So viele Male hatte er bei seiner Vaterehre geschworen, er werde die Regeln lockern, aber das tat er nicht: Eine fadenscheinige Ausrede nach der anderen sorgte dafür, dass ich in Ketten blieb. Er konnte sehr gut schwindeln, einen mit süßen Worten vertrösten, aber sie erwiesen sich immer als leer. Es war auf schmerzliche Weise grausam, denn für mich bedeuteten seine Versprechen in Bezug auf Änderungen alles, obwohl ein kleiner Teil von mir den Verdacht hatte, dass sie nur dazu dienten, mich zu beruhigen. Wenn ich mich darüber beklagte, dass er seine Schwüre gebrochen hatte, erklärte er mir, ich müsse an ihn glauben. Vielleicht wirkt das seltsam, aber obwohl es hoffnungslos war, hoffte ich weiter. Ich glaubte an JACKIE, ich glaubte daran, dass Dad einmal die Weltherrschaft übernehmen würde, und an diesen Schritt klammerte ich mich mit fast krankhafter Besessenheit, weil darin mein einziger Weg in die Freiheit zu liegen schien.

Hin und wieder warf Dad mir einen Knochen hin; dann sabberte ich vor Freude, würdelos wie ein hungernder Hund. Zum Beispiel durfte ich ihn und die Genossinnen auf ihren Ausflügen in die Wäscherei begleiten, weil sie dort jede Woche Hilfe brauchten. Das war der Höhepunkt meiner Woche. Großmütig verkündete Dad dann: »Ich bringe dir langsam bei, wie man Dinge erledigt!« Aber wenn er weiter so langsam vorgehen würde, wäre ich achtzig, bis ich alles gelernt hätte, was ich brauchte, um Draußen ein Leben führen zu können.

Außerdem durfte ich *Doctor Who* und ähnliche Fernsehsendungen anschauen, allerdings nur in Dads Anwesenheit (»Who« bedeutete auf Malayalam scheinbar »Ara«, deswegen war mir die Sendung nicht verboten, weil sie von ihm handelte). Solche Ablenkungen brauchte ich ganz dringend, doch quälte mich der Wiedererkennungseffekt, als ich im metallischen Marschieren der Cybermenschen meine eigene Erziehung erblickte: die einer Armee geschlechtsloser, herzloser Maschinen, die nur einen einzigen Zweck hatten: ihrem Meister zu dienen. Sie waren tatsächlich Kinder von JACKIE, und in keiner Weise wie die Enttäuschung, als die ich mich herausgestellt hatte.

Ohne die anderen Genossinnen hätte ich nicht gewusst, wie ich nach meinem misslungenen Fluchtversuch hätte überleben sollen. Josie und Aisha veränderten sich nach dem 2. Mai ziemlich. Ich glaube, es schockierte sie, dass ich mich elend genug gefühlt hatte, um wegzulaufen. Sie meldeten mich seltener, und selbst Josie ließ mich nun wieder über Peregrine sprechen. Die beiden bildeten eine Art »äußeren Kokon« für mich, sodass ich wenigstens jemanden zum Reden hatte.

Dass ich mich den Genossinnen jetzt so viel stärker verbunden fühlte, lag auch an meinen Eltern. Wenig zuvor hatte ich mir eine neue Theorie dazu überlegt, wie mein guter Vater ein solcher Dämon sein konnte. Ich hatte Bala und Chanda zusammen beobachtet und mir etwas überlegt, was ich für plausibel hielt: dass sie ihn manchmal dazu brachte, andere anzugreifen, dass sie ihn anstachelte und als ihr Sprachrohr benutzte. War es nicht vielleicht so, vertraute ich meine Vermutung Josie und Aisha an, dass uns Dad manchmal gemein behandelte und ungerechtfertigterweise schlug, weil ihn Chanda mit einem Zauber belegt hatte?

Damit wäre ich nie davongekommen, hätte Dad nicht oft auf sogenannte »Meldungen« von Chanda reagiert, die ganz offensichtlich völlig aus der Luft gegriffen waren. Wenn Josie und Aisha der Ansicht waren, er schlage sie aus gutem Grund, akzeptierten sie immer noch das Konzept seines »Guten Kampfes« mit ihnen. Wenn er sie aber ungerechtfertigterweise angriff, hatte das überhaupt keinen erzieherischen Effekt … Die Genossinnen konnten nachvollziehen, dass es gar nicht unser nobler Anführer selbst sein konnte, der so vom richtigen Weg abgekommen war – jemand musste ihn in die Irre geführt haben. Als Hauptverdächtige war meine Stiefmutter eine ganz offensichtliche Wahl.

Weil wir jetzt davon ausgingen, dass Dad zumindest teilweise unter ihrem Einfluss stand, gab es noch weniger Meldungen; die Genossinnen nahmen Abstand davon, weil keine von uns wollte, dass unser falsches Verhalten weitergetragen wurde. Deswegen wuchsen wir drei kleinen Hauselfen in den Jahren nach meinem Fluchtversuch immer enger zusammen. Wir schenkten einander jetzt als Zeichen unserer Zuneigung sogar heimlich Dinge zum Geburtstag; in den Jahren davor hatten Geschenke zu den Privilegien gehört, die im Kollektiv nur den Mitgliedern von Dads leiblicher Familie zukamen.

Ich gehe davon aus, dass Dad unserer »Antipartei-Clique« ein Ende gemacht hätte, hätte er von dem wachsenden Vertrauen zwischen uns gewusst. Stattdessen verließ er sich darauf, dass ihm Josie und Aisha alles berichteten, was vor sich ging, und das taten sie damals nicht. Trotzdem war ich beim Austausch mit ihnen immer auf der Hut, denn ich wusste nie, wann der Schwarze Reiter, den beide in sich trugen, den Kopf erheben und mich verraten würde. Ich konnte ihnen niemals richtig vertrauen. In der Tiefe meines Herzens kannte ich die Wahrheit: Einem alten Hund bringt man keine neuen Kunststücke bei, und bei Dienern des Dunklen Lords ist es genauso. Deswegen blieben meine Notizen trotz dieser neuen verletzlichen Freundschaft meine wahren Freunde.

36. Kapitel: Neujahr

Am 1. Januar 2008, sechs Tage vor meinem fünfundzwanzigsten Geburtstag, explodierte der Himmel in allen Regenbogenfarben. Doch JACKIE hatte nicht etwa den Himmel zum Einsturz gebracht – jemand brannte ein Feuerwerk ab. Ich schlich mich in Shobhas Zimmer, um alles besser sehen zu können; die Luft war rein, weil sie und Chanda vom anderen Zimmer aus ihre Angehörigen anriefen, um ihnen ein gutes neues Jahr zu wünschen. Solche Anrufe erfüllten mich immer mit Eifersucht und Traurigkeit. Wenn ich nur auch Angehörige Draußen hätte, die ich hätte anrufen können … Und das Schlimmste war: Inzwischen wusste ich, dass ich welche hatte.

Die Wahrheit war ans Licht gekommen, in geflüsterten Gesprächen im Nachgang meines Fluchtversuchs. Ich hatte Aisha gefragt, weil sie mir von allen Genossinnen schon immer am meisten Verständnis entgegengebracht hatte. Obwohl ich seit Jahren Gewissheit darüber hatte erlangen wollen, wer meine Eltern waren, war sie der Frage bisher immer ausgewichen, und vorher hatte ich nicht hartnäckig bleiben können, weil ich die Konsequenzen fürchtete. Aber jetzt, wo Aisha und ich viel freundlicher miteinander umgingen und ich die letzte Hoffnung auf Freiheit verloren hatte, kam es mir so vor, als hätte ich nichts zu verlieren.

»War Genossin Sian meine Mutter? War sie mit mir schwanger?«, hatte ich sie eines Tages direkt gefragt.

Aisha hatte versucht, der Frage auszuweichen – aber dieses eine

Mal erlaubte ich ihr das nicht. Nach vielem Bitten und Betteln berichtete sie stockend, als würde ein Befehl aus vergangenen Zeiten ihren Tonfall bestimmen. »Ja«, gab sie schließlich zu. »Sian war mit dir schwanger.«

Es machte einen großen Unterschied für mich, das von jemandem zu hören. Als sie das sagte, konnte ich förmlich spüren, wie Wurzeln aus mir herausschossen und mich in der Welt verankerten. Ich war nicht nur ein Schatten – endlich wusste ich, dass ich jemandes Tochter war. Obwohl ich im Laufe der Jahre ziemlich konkrete Vermutungen entwickelt hatte, war mir nie eine Bestätigung zu Ohren gedrungen. Nichts war schmerzlicher für mich gewesen, als eine Unperson zu sein, aber jetzt hatte ich endlich einen Platz auf der Welt. Da war etwas, woran ich mich festhalten konnte, etwas, das mir gehörte, wo mir doch alles andere verwehrt wurde.

Stückchen für Stückchen hatte mir Aisha die ganze Geschichte erzählt. Als Sians Körper 1982 angeschwollen war, hatte Dad ihr gesagt, sie hätte Blähungen. Das hatte sie ihm geglaubt, natürlich. Erst, als sie in einer Januarnacht voller Schnee ins Krankenhaus fuhren, hatten sie und die Genossinnen herausgefunden, dass sie ein Baby in sich trug. Als sie mit mir nach Hause kam, hatte Dad den Genossinnen befohlen, das Badezimmer ganz sorgfältig zu putzen – er sagte, möglicherweise sei Sian schwanger geworden, weil es dort nicht sauber war –, als wäre ich etwas Schmutziges, das sie infiziert hatte.

Ich fragte nicht, ob Dad mein Vater war, denn was das betraf, war ich mir auch ziemlich sicher, obwohl er das immer noch nicht offen zugeben wollte. Stattdessen waren all meine Gedanken bei Sian, bei meiner Mutter. Je weiter ich mich in den letzten paar Jahren aus Dads Einfluss befreit hatte, desto mehr fühlte ich mich zu ihr hingezogen, also wandte ich meinem indischen Teil den Rücken zu und umarmte meinen inneren walisischen Drachen.

Nachdem Aisha meine Vermutung bestätigt hatte, dachte ich unaufhörlich an meine Mutter. Ständig träumte ich von ihr und wachte dann immer weinend auf. Ich wünschte mir nur, es hätte die Möglichkeit gegeben, sie als richtige Mutter kennenzulernen – wie gern hätte ich sie gekannt, als sie nett war. Es machte mich so traurig, dass sie gestorben war, ohne dass wir jemals Mutter und Tochter gewesen waren, trotz der Tatsache, dass wir beinahe vierzehn Jahre lang Seite an Seite gelebt haben.

Lange war ich böse auf sie: Sie hatte den »geliebten Genossen Bala« mir vorgezogen. Mit der Zeit begriff ich jedoch, dass sie nicht wirklich eine Wahl gehabt hatte. Sie war ein Schwarzer Reiter geworden, ihre Seele wurde durch den Wunsch, AB zu folgen, leer gemacht. Letzten Endes kam ich zu dem Schluss, dass auch sie ein Opfer gewesen war. Je mehr ich mir unsere gemeinsame Zeit in Erinnerung rief, desto mehr musste ich an die wenigen Situationen denken, in denen sie nett gewesen war. *Vielleicht*, dachte ich sehnsüchtig, *ist sie zu Dads schlimmster Anhängerin geworden, weil sie mich so sehr geliebt hat: Weil sie Dad beweisen wollte, dass sie mich nicht liebte, musste sie mich immer wieder so hart bestrafen.*

Immer und immer wieder ließ ich vor meinem inneren Auge unseren einzigen schönen gemeinsamen Moment im Krankenhaus ablaufen: »Tschüss, Baby«, hatte sie gesagt. Hatte sie gespürt, dass sie sterben würde, und nicht von dieser Welt abtreten wollen, ohne mich wissen zu lassen, dass ich ihr wichtig war? Wenn ich mich an diesen Moment erinnerte, hätte ich am liebsten geweint. Denn in dem kurzen Blick, den ich in ihren Augen erhascht hatte, hatte ich die *echte* Sian erkannt. Ich war stolz darauf, sie als Mutter zu haben; ich war stolz, weil sie es mich hatte wissen lassen. Uns war so viel Gemeinsames verweigert worden, aber trotzdem hatten wir es geschafft, einander einen flüchtigen Eindruck von dem zu geben, was hätte sein können.

Obwohl Sian lange tot und begraben war, brachte Aishas Bestätigung, dass sie meine Mutter war, Veränderungen mit sich. Denn nun wusste ich, dass ich Draußen eine Großmutter hatte: Ceri. Wie sehr ich mich danach sehnte, Kontakt zu ihr aufzunehmen. Ganze

Stunden verbrachte ich damit, mir vorzustellen, wie sie irgendwie herausfand, dass ich existierte, und mich dann rettete. Zusammen würden wir in ihrem Haus in Wales leben. Dann würden wir zusammen das Grab meiner Mutter besuchen, es mit gelben Blumen schmücken, dabei beide weinen und um Sian trauern.

Doch trotz meiner immer verzweifelter werdenden Fantasien war Ceri bisher noch nicht erschienen. Mein Vater hatte mich so gut versteckt, dass nicht einmal meine eigene Großmutter mich finden konnte. Als ich also an jenem Neujahrstag hörte, wie sich Chandas Stimme hob und senkte, während sie mit ihren Angehörigen sprach, spürte ich ein mir nur zu vertrautes krampfartiges Gefühl im Bauch. Warum durfte sie etwas haben, was mir verweigert wurde? Insgeheim kannte ich den Grund: Weil ich keine Familie hatte, die von meiner Existenz wusste, konnte Dad mich so missbrauchen, wie er wollte, weil ihn niemand dafür zu Verantwortung zog; das würde er wohl kaum aufgeben.

Über die Jahre verbitterte es mich immer mehr, wie mich Dad in ein Schattendasein gezwungen hatte. Jetzt, wo ich wusste, dass Sian meine Mutter *war*, lag auf der Hand, dass ich ein außereheliches Kind war, also spürte ich es in jedem einzelnen Teil meiner Seele: Der *wahre* Grund für mein Leben im Käfig bestand darin, dass sich Dad für seinen Bastard schämte und das Ganze vor der Welt verbergen wollte. Das war der Beweis dafür, dass ihm sein eigener guter Ruf wichtiger war als das Glück seiner Tochter. Und dann warf er *mir* vor, *ich* wäre selbstsüchtig!

Mit einem tiefen Seufzer starrte ich aus dem Fenster. Das Feuerwerk erhellte mein Gesicht, aber in mir waren nur dunkle Gefühle. Noch nie im Leben hatte ich mich so elend gefühlt. Mein Dasein war so grau und monoton: Nie passierte irgendetwas Interessantes, und es gab nichts, worauf ich mich hätte freuen können. Immer dieselben vier Wände, nur Lesen, Essen, Schlafen, langweilige Sendungen im Fernsehen. Nicht einmal zum Schreiben konnte ich mich motivieren, weil mir die Inspiration fehlte. Und was nutzte das Ganze überhaupt? Es würde nie publiziert oder auch nur gelesen werden, weil Dad alles so scharf kontrollierte. Sogar der Blick aus dem Fenster, womit ich mich während so vieler Jahre gut unterhalten hatte, wurde zu schmerzhaft für mich. *Warum kann ich nicht auch ein bisschen davon haben?*, dachte ich eifersüchtig, wenn ich sah, wie Leute hin und her gingen: Partner, Familie, Freunde. Alle außer mir hatten jemanden.

Man hatte mich immer von den Leuten ferngehalten, mit denen ich mich anfreunden wollte. Im Waschsalon waren manchmal Leute aus der Karibik; sie trugen Kopfhörer direkt im Ohr und wirken so cool – ich wünschte mir, sie wären meine Freunde! Aber obwohl ich jetzt ein paar Worte mit anderen Draußen wechseln durfte, zum Beispiel »Werfen Sie Ihr Geld nicht in diese Maschine, die funktioniert nicht richtig«, mischte sich Dad jedes Mal ein, wenn es um etwas Persönliches oder Problematisches ging. Ich konnte nie einfach so ein Schwätzchen halten, weil Dad immer dabei war, jedem meiner Worte lauschte.

Ich sehnte mich danach, den Leuten zu erzählen, was wirklich vor sich ging, aber ich hatte Angst, sie würden mir nicht glauben – oder sie würden Dad damit konfrontieren. Wenn er herausfand, dass ich mich etwas zu sagen getraut hatte, würde ich die wenigen Privilegien verlieren, die ich mir so mühsam erkämpft hatte. Das war das Risiko nicht wert.

Ich hörte, wie Chanda in ihrem Telefongespräch etwas ausrief, und schaute kurz über die Schulter, um zu sehen, was los war. Ich hatte nicht mein ganzes Mitgefühl für sie verloren: Schließlich war es vermutlich ziemlich schwer, mit dem Bastard des Ehemanns zusammenzuleben. Insbesondere, wenn man selbst keine eigenen Kinder hat.

Manchmal dachte ich, dass Dad ihr Leben genauso ruiniert hatte wie meines. Aber ich konnte ihr nicht verzeihen, wie sie mich mit Absicht ausschloss, und zwar auf die gemeinste Weise: Sie organisierte Familienmahlzeiten, bei denen ich nicht am Tisch sitzen durfte, sie kaufte Gebäck nur für sich, Shobha und Dad, und ihr ganz eigenes Essen versah sie mit der Bezeichnung SCAB (Shobha, Chanda, AB), um den Hauselfen deutlich zu machen, dass sie es nicht essen durften (der einzige Trost bestand darin, dass die wenig schöne Abkürzung, *SCAB*, also »Schorf«, uns oft zum Kichern brachte).

Manchmal wünschte ich mir, Dad hätte mich nach meinem Fluchtversuch tatsächlich umgebracht. Erst hatte ich mir seine Untätigkeit in diesem Punkt damit erklärt, dass die Polizei von meinem misslungenen Fluchtversuch wusste. Seitdem hatte ich mir allerdings überlegt, dass er inzwischen einen anderen Plan hatte: einen, bei dem er sich nicht wirklich die Hände mit Blut beflecken würde.

Er versucht mich in den Wahnsinn zu treiben, und das gelingt ihm auch, schrieb ich in mein Tagebuch. *Ich glaube, er hofft, dass ich verrückt werde und Selbstmord begehe, wie meine Mutter; dann wird der letzte schwarze Fleck auf seinem guten Ruf verschwinden – das Bastardkind muss sterben, und so wird es überhaupt keinen Beweis dafür geben, dass es jemals existiert hat!*

Während der Rest der Welt das neue Jahr feierte, fühlte ich mich, als könnte ich dieses Leben keine Sekunde länger ertragen. Für mich bedeutete der 1. Januar keinen Neuanfang, sondern einen weiteren Strich an der Wand meiner Gefängniszelle: Ein weiteres Jahr hinter Gittern begann. Während ich dem Feuerwerk der Nachbarn zuhörte, klang jeder Knall in meinen Ohren wie ein Pistolenschuss, und ich wünschte mir, mein Gehirn wurde mir damit aus dem Schädel geschossen. Ich starrte das Feuerwerk an: grüne und türkisfarbene Funken explodierten vor dem schwarzen Nachthimmel. *Wenn ich mich schon umbringe*, dachte ich wie betäubt, *kann ich mir das hier zumindest noch ein letztes Mal ansehen. Denn ich werde nie wieder ein Feuerwerk zum neuen Jahr erleben.*

Shobhas Zimmer lag auf der hinteren Seite der Wohnung, deswegen konnte man von dort aus die gemeinschaftlichen Mülltonnen sehen. Als ich an diesem Abend traurig nach Draußen schaute, hörte ich plötzlich, wie sich die Haustür unseres Nachbarn öffnete, als er den Müll herausbrachte. Ich hatte ihn schon ein paarmal gesehen und fand, dass er ziemlich abgefahren aussah, aber natürlich hatten wir niemals die Gelegenheit gehabt, uns auf irgendeine Weise auszutauschen.

In Shobhas Zimmer brannte Licht, deswegen fiel es ihm wohl ins Auge. Auf dem Rückweg von den Mülltonnen schaute er zu mir herüber, und als unsere Blicke sich trafen, schenkte er mir das breiteste Lächeln, das ich jemals von jemandem bekommen hatte. *Wie schön, dich zu sehen!*, schien es zu sagen. In diesem Augenblick fühlte es sich an, als würde ich auf eine Art und Weise gemocht und geschätzt, wie sie nie im Kollektiv vorgekommen war.

37. Kapitel: Roddy

Ich verliebte mich. Richtig – nicht mehr nur in meiner Fantasie, wie damals bei Peregrine McConaughey. Mein wundervoller Engel hatte mich so voller Freude angelächelt, dass ich nicht den geringsten Zweifel an seinen Gefühlen für mich hegte. Noch nie war mir jemand begegnet, der ganz einfach nur perfekt war. Von diesem Augenblick an verehrte ich ihn. Ich wurde Fan seines Fußballklubs, um ihm nahe zu sein, und als er vor dem Haus eine grüne Glasflasche zerbrach, sicherte ich mir eine der Scherben als Erinnerungsstück.

Meine Freude über diese neue Freundschaft war allerdings genauso intensiv wie meine Trauer darüber, dass ich sie nicht vertiefen konnte, weil ich eine Gefangene war. Auf eine ganz besondere Weise war es schmerzlich, immer zu lieben, jedoch nie zurückgeliebt zu werden. Denn obwohl mich Roddy (so hieß mein Geliebter) aus der Ferne anstrahlte, konnte er doch nichts weiter tun, um mir seine Zuneigung zum Ausdruck zu bringen. Mein Vater hatte dafür gesorgt, dass ich außerhalb von Roddys Reichweite war.

Sofort begann ich damit, Roddys Kommen und Gehen in meinem Tagebuch festzuhalten, so wie ich es vorher mit Peregrine getan hatte. Das entging dem Dunklen Lord nicht und wurde sofort zum Fokus seines täglichen Vampirkotzens, und zum Objekt seiner alten schwarzen Magie, die uns voneinander fernhalten sollte.

»Er wird dich bestehlen! Vergewaltigen! Umbringen!«, tobte Dad und stampfte dabei auf. »Er ist gar nicht an dir interessiert, er ist ein faschistischer Agent, der zum Ziel hat, das Kollektiv zu infiltrieren.

»Das ist nicht fair …«

»Fick dich!«, schrie mein Vater.

Der Dunkle Lord konnte es ganz einfach nicht ertragen, mich glücklich zu sehen, denn dann konnte er spüren, wie seine erstickende Macht über mich schwächer wurde. Vor diesem Kontrollverlust fürchtete er sich sehr. Selbst nach all den Jahren hatte sich nichts daran geändert, was er mit mir vorhatte: Er wollte mich seinem Willen unterwerfen. Er war es gewohnt, dass jede Frau in seiner Umgebung ihn verehrte; für ihn war ich nichts als eine weitere Frau, und außer ihm hätte ich keinen anderen Mann in meinem Leben haben dürfen.

Warum ist er nur so verdammt feige, dass er es nicht wagt, mir die Chance einer freien Wahl zu lassen?, schrieb ich wütend in meinen treuen Freund, das Tagebuch. *Wenn er wirklich der großartige Mann ist, der er zu sein vorgibt, kann ihn doch sicher nichts aufhalten? Er hat doch bestimmt nichts zu verlieren, wenn er mir wenigstens eine Chance gibt?*

Aus der Tiefe meines Herzens flehte ich ihn an, mir zumindest die Gelegenheit zu geben, mit Roddy zu sprechen. Aber er hörte mir nicht zu, nicht einmal, als ich ihm erzählte, dass Roddy mich im Januar angelächelt hatte, als ich so kurz davor gewesen war, mir das Leben zu nehmen. Jedes Mal, wenn ich Dad von meinen Suizidgedanken berichtete, lachte er nur. Ich hatte nicht den geringsten Zweifel daran, dass dieses Wissen seinen Hass auf Roddy nur anfachte, denn mein Geliebter hatte alle von Dads sorgfältig geschmiedeten Plänen, mich in den Selbstmord zu treiben, zunichtegemacht.

Als die Monate vergingen und sich immer noch nichts änderte, wuchs die Verzweiflung in mir. Aus meiner heimlichen Lektüre wusste ich von Blutopfern. Deswegen nahm ich im April 2008 eine Rasierklinge aus dem Badezimmer und schmuggelte sie in mein Zimmer. Ich entblößte meine großen Brüste – die ich für meinen schönsten Körperteil und deswegen des Geplanten für würdig hielt – und drückte die harte Metallklinge gegen ihr Fleisch. Ich atmete tief ein und aus, während ich den fast angenehmen Schmerz ertrug, und schnitt ein paar dünne rote Linien hinein. *Bitte lass mich frei*, flehte ich, *als das Blut unter der Klinge hervorquoll. Oder gib mir wenigstens irgendeine Gelegenheit, Verbindung mit Roddy aufzunehmen …*

Es fühlte sich an wie ein Ventil: Schmerz und Gebet in einem. Heute kann ich nicht mehr sagen, ob ich eine Antwort vom Universum erhielt oder ob ich irgendwo anders her den Mut eingeflößt bekam, aber im Mai entschied ich, Roddy einen Brief zu schreiben, um ihm dafür zu danken, dass er mir das Leben gerettet hatte. Für niemand anderen hatte ich bisher gewagt, die Hand nach Draußen auszustrecken. Allerdings wusste ich auch nicht, wie ich anfangen sollte. *Wie schreibt man Briefe nach Draußen? Sind die wie die Briefe, die ich in unserer Sekte schreibe, oder ist das etwas anderes? Wird er glauben, dass ich ein Freak bin, wenn ich es falsch mache?* Ich war mir zu unsicher, als dass ich alleine hätte handeln können, und zog deswegen Josie ins Vertrauen, die mir tatsächlich half. Obwohl sie sich sichtlich unbehaglich dabei fühlte, sagte ich, dass ich irgendwann später Dad davon erzählen würde, aber nicht wollte, dass Chanda davon wusste. Das konnte Josie verstehen.

Ich verfasste ein Gedicht für Roddy:

Du bist ein Engel, der durch Brixton schwebt.
Durch Mut und Kraft inspirierst du, was lebt.
Elend zu vergessen, Verzweiflung anzugehn.

Ich unterschrieb nicht. Das traute ich mich nicht, falls Roddy mich ansprechen und der Dunkle Lord mein Verbrechen entdecken würde.

Am 29. Juni 2008 (ich brauchte lange, um den Mut zu finden) war ich schließlich bereit, das Gedicht abzuschicken. Das plante ich wie eine militärische Operation. Wenn Dad und ich zusammen zum Einkaufen gingen, nahmen wir immer den Müll mit. Das erschien mir eine gute Gelegenheit: Während Dad die Tüte zu den Tonnen hinüberbrachte, konnte ich in der Nähe der Wohnung herumstehen, neben Roddys Haustür, und heimlich den Brief in seine Wohnung befördern.

Das Herz klopfte mir bis zum Hals, als ich meinen Plan ausführte. Ich durchbrach das Fenster! Ich tauschte mich mit einem Freund aus! Noch nie zuvor in meinem Leben hatte ich so etwas getan. Die verhaltenen Gespräche im Waschsalon zählten nicht: Sie waren ein Knochen, den mir Dad hinwarf, und er überwachte dabei alle. Über das hier wusste er jedoch nichts. Der Papierumschlag fühlte sich genauso verboten an wie eine Droge, meine Tat wie ein Verbrechen, das einem Schmuggel gleichkam. Als ich den Brief aus den Händen gleiten ließ und er im Kasten verschwand, stellte das einen Meilenstein für mich dar.

Endlich trat ich aus dem Schatten hervor.

Nachdem ich den Brief abgegeben hatte, schaute ich immer wieder aus dem Fenster zu Roddy. Natürlich gab er mir kein Zeichen, dass er das Gedicht bekommen hatte, weil er nicht wusste, dass es von mir war, aber während er so seiner Wege ging, fing er durch das Fenster immer wieder meinen Blick ein. Oft sah ich ihn nur verträumt an; manchmal, wenn ich mich traute, winkte ich ihm zu.

Anders als bei Peregrine und der Schwarzen Mitternacht war mein Liebling der freundlichste Engel, den man sich nur vorstellen konnte. Roddy lächelte mir immer voller Begeisterung zu und winkte zurück. Und dann, nur wenige Wochen, nachdem ich das Gedicht verschickt hatte, geschah am 11. Juli 2008 ein Wunder.

Er stand am Tor, als ich aus der Küche schaute, und sah so göttlich aus wie immer. Dann hob er die Hand und winkte mir, ich solle nach Draußen kommen und mich zu ihm stellen. *Du lieber Himmel!*

Natürlich schüttelte ich sofort voller Panik den Kopf. Er machte

Anstalten, durch das Tor zu kommen, um mit mir zu reden, und mit heftigen Armbewegungen hielt ich ihn davon ab. Durch das Tor? War er denn wahnsinnig geworden? Dad hielt ihn doch schon für einen faschistischen Agenten!

Wie es der Zufall wollte, waren Dad und Chanda just in diesem Moment zum Einkaufen unterwegs – trotzdem hatte ich Angst, Shobha würde ihn sehen und Meldung machen. Durch Gesten bedeutete ich ihm, den anderen Weg zu nehmen, über die Mauer; mit einigem Erstaunen gehorchte er mir.

Während er ums Haus ging, überkam mich eine Stimmung wie ein Kind am Weihnachtsmorgen. Aisha war bei mir in der Küche, aber ich war mir sicher, dass sie sich nicht einmischen würde. Josie hingegen hielt sich im Flur auf. Ich beschloss, mich später um sie zu kümmern.

Ich konnte meinen eigenen Augen kaum trauen, als Roddy direkt auf das Küchenfenster zukam und mich anlächelte. So lange hatte ich ihn aus der Ferne betrachtet, jetzt konnte ich nicht glauben, wie nahe er plötzlich war. Ich konnte die Ovale seiner wunderschönen dunklen Augen und die Poren auf seiner Nase sehen. Mit zitternden Händen öffnete ich das Fenster, sodass die frische Luft und sein würziger Geruch hereindrangen. Ich atmete mehrmals tief ein. Er roch nach Zigaretten.

»Komm raus«, ermutigte er mich, und in seiner Stimme konnte ich ein Lächeln hören.

Wenn er nur wüsste … Ohne Erlaubnis durch die Tür nach Draußen zu gehen war unmöglich.

»Ich kann nicht«, lautete meine ganze Antwort.

In meinen Tagträumen hatte ich diesen Moment so viele Male durchlebt, dass ich nun kaum glauben konnte, dass er wirklich wahr wurde. In den *Harry-Potter*-Büchern blieben die Jungen und Mädchen manchmal stumm, wenn sie mit jenen sprechen wollten, die sie liebten. Also hatte ich mir vorgestellt, ich würde genau wie sie erröten, zittern, und meinem Schwarm nicht in die Augen schauen können. Aber Roddy gehörte zu der Sorte Menschen, in deren Gegenwart ich mich entspannte, deswegen sprach ich schon mit ihm, bevor ein Teil von mir innerlich einen Schritt zurückmachte und schrie: *Was für ein Hammer: Du führst ein Gespräch!*

Abgesehen von den Anläufen während meines Fluchtversuches, den Weg zu erfragen, war das meine erstes Gespräch außerhalb der Sekte und abseits des strengen Blicks des Dunklen Lords. Mir wurde klar, dass ich nicht zu befürchten hatte, im Beisein meines Geliebten die Sprache zu verlieren – wenn Dad zuhörte, war es viel, viel schwieriger, sich zu unterhalten. Denn dann musste ich immer auf jedes einzelne Wort achten. Jetzt konnte ich einfach Roddy ansehen. Es fiel mir überhaupt nicht schwer, Augenkontakt zu ihm aufzunehmen. Ich sog seinen Anblick geradezu in mich ein: seine jugendliche Haut, sein vollständiges Gebiss mit den strahlend weißen Zähnen. Alle im Kollektiv waren alt und zahnlos – aber hier war ein strahlender junger Mensch! Dass ich endlich einmal mit jemandem in meinem Alter sprechen konnte, der noch dazu ein Junge und vor allem nicht Teil dieser verrückten Sekte war, war erfrischender als alles, was ich jemals erlebt hatte.

»Wie heißt du?«, fragte er.

»Rose«, erwiderte ich halb flüsternd. Das war der Name, den ich mir selbst in meinem Kokon gegeben hatte. Den Namen Prem wollte ich nicht benutzen: Jedes Mal, wenn Dad oder Chanda mich damit ansprachen, fühlte es sich an, als würde man mir meine Würde rauben. Prem gehörte ihnen, Rose war frei.

»Rosie, hm?«, sagte er.

Rosie! Ein Spitzname! Das fand ich wunderschön.

»Hast du das Gedicht bekommen?«, erkundigte ich mich vorsichtig und immer noch flüsternd, falls Josie uns belauschte. Mir war nur zu sehr bewusst, dass sie vom Flur aus immer wieder den Kopf in die Küche streckte und ihn dann wieder zurückzog. Ich konnte die Missbilligung, die sie ausstrahlte, förmlich spüren. Und das, obwohl sie uns nicht am Sprechen hinderte.

»Habe ich!«, rief er vergnügt. »Ich habe mir schon gedacht, dass es wahrscheinlich von dir ist, weil du mich immer anlächelst und mir zuwinkst.«

Diesmal war er es, der lächelte. Er grinste ohne Pause. *Ich glaube, er ist ein bisschen verschossen in mich*, sagte ich mir erfreut. Weil die Chemie zwischen uns ganz offensichtlich stimmte, ernannte ich ihn innerlich sofort zu meinem Freund. Deswegen war ich auch nicht alarmiert, als er plötzlich fragte: »Wo ist denn dein Schlafzimmer?«

»Auf der anderen Seite des Gebäudes«, gab ich unschuldig zurück, während mir innerlich ganz schwindlig wurde. Über leidenschaftliche Affären hatte ich gelesen, und das hier fühlte sich an, als käme es direkt aus einem Buch. Er konnte mir einfach nicht widerstehen!

Weil ich von meinen Beobachtungen wusste, dass Roddy bereits eine Freundin hatte, gab ich mir selbst nun die Rolle der wahren Liebe seines Lebens. *Ich werde seine Geliebte sein*, entschied ich dramatisch, und diesen Gedanken fand ich immer attraktiver. Es gab zahlreiche Heldinnen in der Literatur, an denen ich mich orientieren konnte, und dann gab es natürlich noch meine eigene Mutter und ihre verbotene Affäre mit AB.

Aber an diesem Nachmittag war die Zeit zum Nachgeben unserer wilden Leidenschaft noch nicht gekommen. Sogar als wir einander am Fenster Dinge zuflüsterten, fürchtete ich mich davor, die Monster des Dunklen Lords könnten zurückkommen. Als ich keine Anstalten machte, in mein Schlafzimmer zu gehen, meinte Roddy stattdessen: »Aber eine Umarmung ist doch wohl drin?« Er duckte sich unter dem offenen Fenster hindurch – das wirkte ein bisschen umständlich – und öffnete beide Arme. Ich warf mich hinein, getrieben vom inneren Drang und der Sehnsucht, die fünfundzwanzig Jahre ohne Liebe im Herzen jeder Frau auslösen würden. Der Druck seiner warmen, männlichen Arme fühlte sich völlig anders an als alles, was ich bisher in meinem irdischen Leben erlebt hatte. Obwohl Dad mir morgens und abends immer noch seine unheimlichen

Umarmungen gab, war das hier so anders, wie es nur sein konnte. Ich klammerte mich an Roddy fest, und das Gefühl, ihn zu halten, war genauso überwältigend wie das, von ihm gehalten zu werden. Ich atmete tief ein, und der Geruch seiner Zigaretten umgab mich: ein Panzer aus Duft, der mich vor meinem Vater beschützte. In seinen Armen, fest und sicher, verlor ich fast das Gefühl der Angst. Denn endlich, zum ersten Mal in meinem Leben, hatte ich einen Freund gefunden.

38. Kapitel: Nächtlicher Besuch

Zwei Tage später schrieb ich Roddy erneut. Ich wollte meine Glücksgefühle mit ihm teilen und sicherstellen, dass ich mich nicht irgendwie komisch benommen hatte; schließlich hatte ich noch niemals allein mit jemandem von Draußen geredet.

Ich hoffe, ich habe mich dir gegenüber freundlich verhalten und war nicht unhöflich oder irgendwie arrogant, vertraute ich ihm an. *Ich würde lieber sterben, als dich zu verlieren!* Ich unterschrieb den Brief mit *die Treueste unter deinen Fans* und malte fünfundzwanzig Herzen daneben.

Dann brach eine nervenaufreibende Wartezeit an, bevor ich ihn wiedersehen konnte. Ich hatte so große Angst vor den Monstern des Dunklen Lords und davor, sie könnten unsere Liebesaffäre entdecken, dass ich mich kaum traute, aus dem Fenster zu schauen, wenn Roddy vorbeiging. Aber weil ich einen Vorgeschmack von dem bekommen hatte, was sein konnte, hätte ich auch unmöglich keinen Kontakt mehr zu ihm aufnehmen können. Als der Sommer 2008 anbrach, hatte ich ein Schlafzimmer für mich allein. Obwohl Josie und ich in einem Raum geschlafen hatten, als wir in diese Wohnung gezogen waren, war sie nie die einfachste Bettgenossin gewesen – ich glaube, sie hatte genauso große Angst vor eindringenden faschistischen Agenten wie AB, und meiner Meinung nach machte sie das neurotisch. Eines Nachts hatte sie sich im Schlaf aufgesetzt und mir beide Hände um den Hals gelegt. Danach erklärte sie, sie wolle im Wohnzimmer schlafen. Und so bekam ich mein eigenes Schlafzimmer. Das fand ich einfach *herrlich!* – Es gab mir eine solche *Freiheit.* Und obwohl die anderen häufig einfach hereinplatzten, ohne anzuklopfen, wurde ich in den frühen Morgenstunden nicht gestört.

Die Vorsehung schien es gut mit uns gemeint zu haben …

Hallo, hier ist Rosie, schrieb ich schon in meinem dritten Brief, am 27. Juli 2008, an Roddy. *Kannst du nach Mitternacht am Donnerstag, dem 31. Juli, an mein Fenster kommen? Bitte stell dein Handy ab, und geh nicht durchs Tor … Wir müssen ganz, ganz leise sein! Die Leute hier passen auf* wie die Schießhunde! *Und wenn man uns erwischt,* sind wir tot … *Komm zur vereinbarten Zeit zu mir, mein Schatz. Ich habe etwas für dich!*

Danach konnte ich nur noch warten.

Tag und Stunde hatte ich mir aus ganz besonderen Gründen ausgesucht: Genau dann war Hagrid im ersten *Harry-Potter*-Band erschienen, um Harry von den Dursleys wegzuholen und ihn in sein neues Leben als Zauberer zu entführen. Weil Roddy dasselbe für mich tun würde, erschien mir das mehr als angemessen.

Zitternd vor Aufregung machte ich mich bereit. Nachdem ich mir das kurze, dunkle Haar gewaschen hatte, wählte ich einen schwarzen Samtrock aus, den ich mir bis zum Ausschnitt hochzog, sodass er wie ein Kleid aussah. Außerdem zog ich schwarze Unterwäsche und meine Netzstrumpfhosen an. Leicht verwegen, so dachte ich, blieben meine Oberarme nackt. Obwohl ich vor allem nach einem Freund suchte, hatte mich Roddys Verhalten am Fenster erahnen lassen, dass er möglicherweise mehr von mir wollte. Das schmeichelte mir sehr. Dad hatte immer zu mir gesagt, wegen meines hässlichen Äußeren würde kein Mann mich jemals lieben. Obwohl ich Sex nur aus Büchern kannte, wusste ich schon jetzt, dass ich mehr als bereit dazu wäre, Roddy meine Freundschaft auf diese Weise zu zeigen, wenn er mich darum bat. Denn er war mein geliebter Engel, und ich bewunderte ihn aus vollem Herzen: Ihm meinen

Körper zu schenken, wo ihm meine Seele doch schon gehörte, erschien mir nicht wie ein sehr großer Schritt.

Sorgfältig trug ich mein Make-up auf. Richtige Kosmetikprodukte durfte ich nicht besitzen, deswegen nutzte ich meine eigenen Varianten: Ich benutzte einen Filzstift, um meine Augenbrauen nachzuziehen, und meine Grundierung bestand aus einer Mischung aus Henna und orangener Lebensmittelfarbe. Ich liebte mein Make-up. Es half mir, mir vorzustellen, dass ich wie alle anderen wäre. Deswegen fürchtete ich immer, Dad würde es mir verbieten. Doch da die Lebensmittelfarbe eine Zutat seines Lieblingscurrys war, wusste ich, dass wir davon immer etwas im Haus haben würden. Ich brauchte es unbedingt, denn auf meiner Haut lag ein grauer Schimmer; vielleicht, weil ich so unregelmäßig nach Draußen kam und mich häufig krank fühlte.

Als ich fertig war, stand ich nervös am Fenster, starrte hinaus und wartete auf meinen Geliebten. Ich hoffte, Roddy würde vorsichtig sein. Meine größte Angst bestand darin, die anderen könnten ihn finden und töten. In seinen abendlichen Hasspredigten hatte Dad Roddy bereits mit Mord bedroht, deswegen wusste ich, dass er nicht zögern und zuschlagen würde, wenn er ihn in meinem Zimmer erwischte. Davon hatte ich Roddy natürlich nichts erzählt – ich sehnte mich danach, dass er mich für einen normalen Menschen halten würde, dass unsere Affäre für ihn ein einfaches Liebesverhältnis zwischen einem jungen Mann und einem Mädchen wäre, ohne dass der Wahnsinn der Sekte etwas verdarb. Ich hatte ihm klargemacht, dass ich hier zu Hause extrem streng kontrolliert wurde, und konnte nur hoffen, dass er meine Warnungen nicht ignorierte.

Langsam vergingen die Minuten – aber in dieser Nacht kam er nicht. Ich war enttäuscht, doch wenn mich meine fünfundzwanzig Jahre in Gefangenschaft eines gelehrt hatten, war das Geduld. »Wenn du es vor halb zwei nicht schaffst«, hatte ich in meinem Brief geschrieben, »warten wir einfach bis zur nächsten Nacht.«

Also bereitete ich mich in der nächsten Nacht wieder vor. Wieder stand ich zur Geisterstunde am Fenster, und meine Augen suchten nach einem Schatten, der sich in einen Mann verwandeln würde.

Da ist er! Geschmeidig wie ein Jaguar kletterte er über das Tor und bewegte sich anmutig auf mich zu. Mein Fenster war fast wie eine Tür, und ich öffnete es weit, damit er in mein Zimmer klettern konnte. Mir schlug das Herz bis zum Hals. *Er ist hier! Er kommt in mein Zimmer!* Er sah fantastisch aus und roch auch so; er trug ein lässiges T-Shirt und Jeans. Weil ich so begierig darauf war, erneut seine herrliche Umarmung spüren, umarmte ich ihn, sobald er vor mir stand – und dann küsste er mich!

Oh! Was für ein außergewöhnliches Gefühl!

Überhaupt nicht so wie das, was ich Draußen beobachtet hatte, wenn ich am Fenster stand und den Leuten beim Küssen zusah. Meine Lippen bewegten sich ganz komisch gegen seine. Es war sehr nass, und er stieß seine Zunge kraftvoll in meinen Mund. *Er muss ein Alphatier sein*, dachte ich weise, *er nimmt sich direkt, was er will.* Ich wusste nicht, was ich von dem Ganzen halten sollte: Es war ein bisschen eklig, fand ich, und eigentlich wollte ich ihn einfach nur umarmen, aber wenn es das hier war, was ich tun musste, um ihn zum Freund zu haben, würde ich es akzeptieren.

Ich versuchte, all die neuen Empfindungen wahrzunehmen. *Das ist so komisch …* Ich spürte, wie sein Herz unter dem T-Shirt raste und wie sein Atem zwischen den Küssen ein keuchendes Geräusch machte, spürte den Luftzug heiß und drängend an meinem Hals. Sein Verlangen nach mir war überwältigend. *Dad hat sich getäuscht*, dachte ich mit einem gewissen Erstaunen, *Roddy* mag *mich. Er mag mich ganz und gar.*

»Ich zeig's dir«, sagte er plötzlich. Ich wusste nicht, was er meinte, aber er ging weiter ins Zimmer hinein, zog die Matratze vom Bett und legte sie auf den Boden. Wir schoben die Decke ans untere Ende der Matratze, und ich legte mich neben Roddy. Ich war sehr aufgeregt, gleichzeitig hatte ich jedoch eine riesige Angst, dass uns einer der Schwarzen Reiter hören könnte. Das Herz klopfte mir so wild, dass ich glaubte, die ganze Nachbarschaft müsste es hören können.

In dem Moment, als mich Roddy an sich zog, war die Angst aber gezähmt. Ein weiteres Mal erlebte ich diese Welle, die einem so zu Kopf stieg: diese absolute Gewissheit, dass ich es mit der ganzen Welt aufnehmen konnte, solange er nur bei mir war. Dass hier ein junger Mann neben mir im Dunkeln lag, fühlte sich besser an als alles andere, was ich je erlebt hatte – und am allerbesten war dabei, mir die Gesichter der Genossinnen vorzustellen, hätten sie davon gewusst!

»Fühl mal«, sagte er. Er nahm meine Hand und presste sie sich in den Schritt.

Man darf nicht vergessen, dass ich eine sehr belesene junge Frau war. Ich hatte mehrere Romane von Catherine Cookson verschlungen und außerdem medizinische Lexika von vorne bis hinten durchgearbeitet. Aus Zeichnungen des menschlichen Körpers und Illustrationen hatte ich etwas über den Geschlechtsverkehr gelernt. Aber nirgends war etwas gewesen, was mich über die Größenverhältnisse informiert hatte. Deswegen hatte ich mir den männlichen Penis immer klein und schmal vorgestellt.

»Wow!«, flüsterte ich einigermaßen schockiert, als ich ihn durch den Stoff seiner Hose hindurch anfasste. Dabei dachte ich die ganze Zeit: *Das kann nicht in mich rein! Das ist doch viel zu groß!*

»Willst du mich?«, fragte Roddy.

Wenn ich nicht schon gelegen hätte, wäre ich vermutlich umgefallen. Zum ersten Mal in meinem Leben bat mich jemand um Zustimmung. In all den Jahren zuvor hatte man jede einzelne Entscheidung für mich getroffen, ohne nach dieser Zustimmung zu fragen, und oft hatte man dabei gegen meine Wünsche gehandelt.

»Ja, mehr als alles andere auf der Welt«, flüsterte ich leidenschaftlich.

Ich war immer noch ganz außer mir wegen seiner Frage. Roddy war der erste Mensch in meiner Welt, der mich mit wahrer Achtung behandelt hatte. Das löste in mir ein Gefühl der Demut aus; ich weinte aus lauter Dankbarkeit. Denn er zeigte mir Liebe und Respekt, es gab keinen Spott und keine Beschimpfungen.

»Willst du mir einen blasen?«, fragte er.

Eifrig stimmte ich zu, aber in der Praxis erwies sich das Ganze dann doch nicht als so einfach.

»Okay, lass uns was anderes probieren«, meinte er schließlich.

Ich zog mein Samtkleid nicht aus; vielleicht war das auch gut so, weil die Narben von meinem Blutopfer immer noch ganz deutlich auf meinem Busen zu sehen waren und ich mich deswegen unsicher fühlte. Er ließ sein T-Shirt auch an, aber ich konnte trotzdem spüren, wie seine wunderschönen Arme und Beine mich berührten, und sein Kopf und Gesicht, als er sich über mich beugte und rasch ein Kondom überzog.

Ich konnte gar nicht glauben, dass das hier wirklich passierte. Zum allerersten Mal hatte ich einen Freund bei mir im Zimmer, und plötzlich geschah noch so viel mehr! *Das habe ich in den Zeichnungen gesehen*, dachte ich und fühlte mich fast wie von mir selbst entfernt, als wäre ich gar nicht Teil von dem, was als Nächstes passierte. *Das hier machen andere Leute … Und jetzt auch ich.* Die Glasscheibe war verschwunden. Stattdessen waren da ich, ein Mann und dieser Augenblick.

Trotz meiner überwältigend heftigen Emotionen, oder vielleicht gerade wegen ihnen, fühlte ich mich immer noch angespannt, vor allem, wenn ich mir überlegte, wie dieses große Ding bei mir reinpassen sollte. Natürlich wusste Roddy nicht, dass es für mich das erste Mal war. Er war so leidenschaftlich, dass er sofort in mich hineinstieß, ohne auch nur einen Moment zu zögern.

Das Ganze tat viel mehr weh, als ich erwartet hatte, aber gleichzeitig stellte es etwas so Neues dar, dass ich darüber sehr, sehr froh war. Dieses unmittelbare Menschsein stieg mir zu Kopf, trieb mich schockiert aus dem Schatten heraus, verlangte von mir eine Antwort, die anders war als die, die ich bisher hatte geben müssen. Nach der kontrollierten, sterilen Umgebung des Kollektivs waren die Hitze, das Blut und die pure Lust voller Farben und voller Leben. Obwohl es in mancher Hinsicht nicht angenehm war, war es doch das Beste, was ich je erlebt hatte, denn es war eine *normale* Beziehung – und das, was *ich* wollte. Für mich fühlte es sich so an, als hätte ich zum ersten Mal einen Blick auf die Fülle der Erfahrungen erhascht, die das Leben zu bieten hatte.

Mittendrin schickte ich einen triumphierenden Gedanken an AB. »Du wirst dein ganzes Leben lang eine Jungfrau sein«, hatte er einmal voller Arroganz zu mir gesagt, als ich zehn Jahre alt war. Jetzt, so erinnere ich mich, dachte ich außer mir vor Glück: *Du kontrollierst mich nicht mehr, Dad, mein Körper gehört* mir*!*

Ich umschloss meinen Roddy mit beiden Armen, während er sich heftig in mir bewegte. Das fühlte sich sehr angenehm an. Meine Arme waren ganz voll von diesem weichen, warmen, so gut riechenden Jungen! Es gab so viel, was ich in mich aufnehmen wollte, so viele Dinge passierten gleichzeitig, nachdem so viele Jahre gar nichts passiert war. Nie erfüllten sich meine Träume, nie wurden meine Gebete erhört, aber jetzt war mein Geliebter bei mir, nach mehr als einem halben Jahr der unerfüllten und unerwiderten Liebe, hier in meinen Armen. Das war mehr, als ich jemals zu hoffen gewagt hatte.

Danach kam das Schönste. Als er fertig war, setzte er sich neben mich auf die Matratze, und ich konnte seine Wange liebkosen und sein Gesicht streicheln. Er war der schönste Mensch, den ich je gesehen hatte. Ich konnte mein Glück gar nicht fassen: Diese ganzen schrecklichen, gemeinen alten Leute im Kollektiv, und hier saß ich neben diesem superattraktiven jungen Mann! Alle paar Augenblicke schlang ich die Arme um ihn und zog ihn an mich. Dass ich jemanden umarmen konnte, den ich aus freien Stücken liebte, wann ich wollte, war einfach unglaublich.

Als wir so im Licht des Mondes zusammensaßen, hielten wir uns an den Händen und flüsterten miteinander. Ich wollte alles über ihn wissen – woher er kam, was er arbeitete, wer zu seiner Familie gehörte. Er blieb noch etwa eine halbe Stunde, und wir redeten wie verrückt über alles Mögliche. Es fühlte sich so an, als würden die Worte nur so aus mir herausströmen, als wäre nach fünfundzwanzig Jahren der Zensur ein Damm gebrochen – ich hätte tagelang ohne Pause weiterreden können. Er war der erste Mensch, der mir überhaupt zuhörte und dem ich alles sagen konnte.

Zögernd erzählte ich zum ersten Mal jemandem außerhalb der Sekte, was Sian zugestoßen war. »Meine Mutter hat Selbstmord begangen«, sagte ich nervös. – Wie lieb und einfühlsam er war! Er tätschelte mir den Arm und umarmte mich.

Seine Reaktion inspirierte mich. »Im Januar hast du mir das Leben gerettet«, berichtete ich ihm. »Ich hatte überlegt, mich umzubringen.«

Er wirkte alarmiert. »So etwas darfst du nicht mal denken«, bat er mich entschieden und in sehr liebevollem Tonfall. »Bitte denk nicht daran, dich umzubringen.« Sanft streckte er eine Hand aus und berührte mein Haar. »Diese schlimmen Gedanken darfst du gar nicht erst in deinen Kopf reinlassen.«

Als ich mich entspannte, gestand ich ihm, dass ich gerade mein erstes Mal erlebt hatte. Er wirkte erstaunt, immerhin war ich schon fünfundzwanzig. Wenn ich mich richtig erinnere, sagte er aber nichts dazu, und das war für mich ganz in Ordnung. Ich wollte, dass die Dinge so normal waren wie möglich.

»Jetzt muss ich los, zur Arbeit«, sagte er nach einiger Zeit. »Werde ich dich wiedersehen?«

Ja, bitte!

Ganz wie ein Gentleman half er mir, die Matratze wieder aufs Bett zu legen. Wir umarmten und küssten uns ein letztes Mal. Diesmal war es nicht so feucht: Seine Leidenschaft war gestillt, darum war es ein schöner Kuss auf die Lippen, viel mehr als das, was ich mir immer vorgestellt hatte.

»Ich komme wieder, sobald ich kann«, sagte er zu mir.

»Wann immer du Zeit hast«, gab ich bescheiden zurück. »Ich werde auf dich warten.«

Er kletterte aus dem Fenster hinaus und dann wieder über das Tor, verschwand in den Schatten wie ein Geheimnis.

39. Kapitel:
Das Kind

Als ich am nächsten Morgen aufwachte, sprudelte in mir immer noch alles über vor Freude. Ein solches Glücksgefühl hatte ich bisher noch gar nicht gekannt. Und das empfand ich nicht nur wegen der Erfahrung der letzten Nacht: Dass niemand im Kollektiv wusste, was geschehen war, ließ mich meine neugewonnenen Erkenntnisse sogar noch ein bisschen mehr genießen. Ich war wirklich im siebten Himmel, dabei jedoch klug genug, das vor den Genossinnen zu verbergen. Meine Erinnerungen stellten meinen wertvollsten Besitz dar – egal, was noch passieren würde, sie wären für immer mein, und niemand, nicht einmal mein mächtiger Vater, konnte sie mir wegnehmen.

Jeden Abend bereitete ich mich auf Roddys Kommen vor und wartete am Fenster. Obwohl eine Nacht nach der anderen verging, ohne dass er erschien, verlor ich nie die Zuversicht. Ich wusste, dass er eines Tages wieder zu mir kommen würde.

Meine neue Identität gab mir viel Kraft: *Ich bin Roddys Geliebte.* Und weil ich jetzt auch wusste, dass ich Sians Tochter war, gab mir diese Rolle Wurzeln, die mich fest und sicher mit der Welt verankerten. *Ich gehöre zu jemandem. Ich bin keine Unperson.*

Dass unser Zusammensein so schwierig war, sowie die Tatsache, dass Roddy nicht bald wiederkommen konnte, fachte meine Liebe zu ihm nur an. War das nicht genau das, was Romeo und Julia oder Tolkiens Beren und Lúthien hatten durchstehen müssen? Welche große Liebesaffäre verlief schon ohne Prüfungen? Ich spürte die Kraft von Roddys Liebe in jeder Zelle meines Körpers. Bei Peregrine hatte ich eine Ahnung davon empfunden, aber die Immunität, die mir meine neue Liebe nun gegenüber dem Bösen des Dunklen Lords verlieh, übertraf alles andere. In meinem Tagebuch jubelte ich: *Dank meiner Ringeltaube* – mein Kosename für Roddy – *habe ich meine geistige Gesundheit nicht verloren. Liebe ist der größte Zauber überhaupt. Sie ist das reinste aller Gefühle und ein Glücksbringer gegen böse schwarze Hexerei!*

Zu meiner Freude bekam ich am 8. August erneut Besuch zur Geisterstunde. Wie süß mein Liebling aussah! Wieder schliefen wir miteinander, unterhielten und umarmten uns. Mir hätte es schon zum Glücklichsein gereicht, ihn einfach nur stundenlang zu umarmen. Das war eigentlich alles, was ich wollte: einen Freund zum Kuscheln.

Gleichzeitig konnte ich die Tatsache nicht außer Acht lassen, dass Roddy und ich Seelenverwandte waren. Nach seinem zweiten Besuch konnte ich es gar nicht mehr erwarten, dass unser gemeinsames Leben beginnen würde. Warum hätten wir uns noch länger gedulden sollen, jetzt, wo wir einander gefunden hatten? Ich hatte schon fünfundzwanzig Jahre lang gewartet, und hatte es nun eilig, die nächste Beziehungsstufe zu erklimmen. Jetzt schrieb ich ihm Nachrichten, damit er wusste, dass ich bereit war. Wieder schmuggelte ich die Briefe in seine Wohnung, wenn Dad und ich zum Einkaufen nach Draußen gingen.

> *Mein Herr, mein Leben, mein Retter!*
> *Du hast bewiesen, dass du mich liebst und dass dir etwas an mir liegt – jetzt brauchen wir nur noch miteinander zu leben. Ich will hier weg. – Ich will bei dir sein … Wenn du die blöde Kuh* – damit meinte ich seine Freundin – *wegschickst, kann ich dann bei dir leben? Ich verehre dich, mein Engel!*

Zu meiner großen Überraschung antwortete er nicht sofort. Im Gegenteil, wenn ich es hin und wieder schaffte, mir tagsüber eine kurze Unterhaltung durchs Fenster zu ermöglichen, wirkte er distanziert. Er schaute mir nicht länger in die Augen. Jede Nacht wartete ich auf ihn, verbrachte ganze Stunden damit, am Fenster zu stehen und nach Schatten Ausschau zu halten, aber Tage und Wochen vergingen, ohne dass er gekommen wäre. *Was ist mit meiner Ringeltaube passiert?* Ich konnte es einfach nicht verstehen. *Hat mein Vater wieder seine schwarze Magie eingesetzt?*

Ich versuchte, auf unsere Beziehung anzuwenden, was ich in Büchern gelesen hatte. Zu schnell konnte ich auf keinen Fall gewesen sein, denn Romeo und Julia hatten einander unsterbliche Liebe geschworen, nachdem sie sich gerade erst getroffen haben. Ich hatte auch gelesen, dass Marie Curie ihren Liebhaber ganz unumwunden aufgefordert hatte, seine Frau zu verlassen, deswegen forderte ich von Roddy dasselbe. Jeden Sonntag schickte ich ihm Briefe. Aber statt dass meine leidenschaftlichen Appelle eine Antwort gebracht hätten, spürte ich nur einen Rückzug. Roddy bestätigte nicht einmal, dass er meine Zeilen bekommen hatte.

Der August wurde zum September, und die Enttäuschung hielt an. Einen ganzen Monat lang hatte ich meine nächtliche Wache gehalten, doch mein Geliebter hatte sich nicht wieder blicken lassen. *Ich weiß, dass der Pfad der wahren Liebe kein einfacher ist*, dachte ich, *aber ist das nicht ein bisschen zu viel?* Statt dass mich das abgeschreckt hätte, wurde ich jedoch immer verzweifelter, und meine Leidenschaft wuchs immer weiter. In einem Brief gestand ich ihm, dass ich immer im Haus festgehalten wurde, nicht einmal nach Draußen konnte, ohne dass mich meine »bewaffneten Bewacher« begleiteten … Doch noch immer tat er nichts.

Mir blieb eine letzte Hoffnung. Anfang September bat ich ihn, mich zu schwängern, wobei ich auf mein gesamtes Wissen über Liebe und Romantik zurückgriff. Ich glaubte, wenn ich ein Kind bekäme, würde mir vielleicht jemand von Draußen helfen: jemand, der mich in einer Art Frauenhaus unterbringen könnte und mir das beibringen würde, was mir fehlte. Außerdem waren Babys in den Büchern immer die Krönung einer romantischen Liebesaffäre. Das schien der logische nächste Schritt.

Und damit hatte ich Erfolg. Am 12. September machte mein Herz einen Freudensprung, als ich am Fenster stand. *Da kommt er!*

Aber als er in mein Zimmer kletterte, wirkte er sehr anders, als fühle er sich unbehaglich. Immer noch schaute er mir nicht in die Augen, und auch unsere bevorstehende Flucht in die Freiheit erwähnte er mit keinem Wort. Sehr besorgt schaltete ich das Licht an, weil ich ihn richtig sehen wollte; vielleicht sogar, weil ich hoffte, dass mir die zusätzliche Beleuchtung dabei helfen würde zu verstehen, was um Himmels willen aus unserer Liebesaffäre geworden war.

»Mach's wieder aus«, sagte er sofort. Rasch gehorchte ich.

Obwohl er nicht mehr so entflammt war wie vorher, zog er mich mit sich auf die Matratze herunter. Zuerst hatten wir geschützten Verkehr, und dann zog er das Kondom herunter. Ich war so froh. Ich hoffte, ein Baby würde mir einen Ausweg bieten. Außerdem hätte ich so etwas Wertvolles, das ich meins nennen könnte. Ich hatte überhaupt keine Ahnung, welche Verantwortung man tatsächlich übernahm, wenn man sich um ein Kind kümmerte. Darüber hatte nie etwas in den Büchern gestanden.

In den Tagen nach diesem Treffen hoffte ich so sehr, dass es geklappt hatte. Zu meiner Frustration waren die medizinischen Lexika, aus denen ich einmal so viel gelernt hatte, längst in verschlossene Bücherschränke gewandert, aber Dad hatte ein Buch, in dem Embryos erwähnt wurden, deswegen las ich das heimlich, außerdem das Wörterbuch, um mich auf meine eventuelle Mutterschaft vorzubereiten.

Vielleicht war es die Dimension dieser möglichen neuen Rolle, die mich zu einem weiteren Schritt veranlasste. Oder vielleicht war auch die Freude, die seit Juli in mir gebrodelt hatte, einfach zu sehr übergeschäumt – jedenfalls beschloss ich Ende September, Josie und Aisha ins Vertrauen zu ziehen. Ich dachte, in meiner Aufregung hatte ich bereits kleine Hinweise auf meine blühende Romanze preisgegeben, weil ich nicht in der Lage war, alles für mich zu behalten. Zum Beispiel sagte ich geheimnisvoll: »Ich habe mich da unten verändert …« Aber am 27. September flüsterte ich: »Ich hatte mein erstes Mal!« (Diesen Ausdruck hatte ich aus einem Buch gelernt.)

Wie genau Josie reagierte, konnte ich nicht sehen, weil sie mir nicht in die Augen schaute. Trotzdem schien sie beides in Ordnung zu finden, an diesem ersten Tag, und ich glaube, vor allem Aisha war froh darüber, mich glücklich zu sehen. Trotz der Risiken, die das Ganze mit sich brachte, war ich überglücklich, weil sie endlich wussten, dass ich Roddys Freundin war. Ich fühlte mich zum ersten Mal im Leben, als hätte ich meine eigene Mitte gefunden, als wäre ich in meiner Identität verankert.

Nur wenige Tage später wirkte Josie allerdings verstimmt. Sie hatte zu viel Zeit gehabt, über alles nachzudenken. Was würde der Genosse Bala sagen, wenn er wüsste, dass jemand ins Haus kam? Die allerwichtigste Regel bestand darin, dass niemand die Schutzwälle des Kollektivs penetrieren durfte. Und ich hatte sogar jemanden ins Haus *gebeten*. Abends tobte Dad oft und erklärte, Roddy sei ein faschistischer Agent. Wenn Josie also nichts über meinen mitternächtlichen Besucher verriet, war sie dann nicht mit daran schuld, dass sich Eindringlinge hier Zutritt verschaffen konnten? Ich erkannte deutlich, dass sie hin- und hergerissen war, dass sich Mister Hyde in ihr stark rührte. Trotzdem war es Josie, an die ich mich wandte, als mir morgens schlecht war, ich mich komisch fühlte und meine Brüste empfindlich auf Berührungen reagierten.

Sie schlug vor, ich solle einen Schwangerschaftstest machen. Während Dad nichtsahnend vor der Apotheke stand und auf unsere Einkaufswagen aufpasste, schlichen sie und ich hinein und kauften heimlich einen Test. Zu Hause schmuggelte ich ihn ins Bad und machte mich darauf gefasst, meine Zukunft vor mir zu sehen.

Es waren die längsten Minuten meines Lebens. Ich wusste nicht, was gerade zwischen Roddy und mir passierte, aber ein Baby, das wusste ich, würde mir einen Lebensinhalt geben, selbst wenn er mich nicht mehr wollte. Wenn ich ein Baby hätte, würde ich in die Welt hinauskommen.

Blauer Strich. Hektisch las ich im Beipackzettel nach: *Ein blauer Strich bedeutet ein Baby.*

Obwohl ich gerade erst einen knappen Monat schwanger war, fühlte es sich plötzlich so an, als könnte ich mein Kind in mir spüren. Ich schaute an meinem Körper herunter, bewunderte seine Stärke und legte eine Hand auf meinen Bauch. Fünfundzwanzig Jahre lang hatte ich keine Verbindung zur Welt gehabt, aber noch nie hatte ich mich mehr in ihr verwurzelt gefühlt als jetzt. Ich war eine Soldatin, eine Tochter, eine Geliebte, eine Freundin …

Jetzt war ich eine Mutter. Jetzt würde alles anders werden.

40. Kapitel: Aufruhr

Ich erzählte niemandem von meinem Geheimnis, nicht einmal meinem Tagebuch. Ich log Josie an und behauptete, der Test sei negativ gewesen. Außerdem schrieb ich falsche Tagebucheinträge darüber, wie verzweifelt ich war, nicht schwanger zu sein. Vertrauen gab es in der Sekte immer noch nicht viel, und ich konnte nicht riskieren, dass irgendjemand heimlich in meinen Aufzeichnungen las. Ich hatte solche Angst, Dad würde darauf bestehen, dass ich eine Abtreibung vornehmen ließ, wenn er es zu bald herausfand; ich wollte, dass mein Baby die Chance bekam, zu wachsen, bis es für wen auch immer zu spät war, ihn oder sie daran zu hindern, zur Welt zu kommen. Gegenüber meinem ungeborenen Kind hatte ich vom ersten Moment an den Beschützerinstinkt einer Bärenmutter entwickelt.

Mein mitternächtlicher Besucher kam im Oktober zweimal zu mir, aber ich vertraute ihm die guten Neuigkeiten nicht an, obwohl ich mich deswegen sehr zurückhalten musste. Weil er in letzter Zeit so distanziert gewirkt hatte, wollte ich nicht, dass er dachte, ich hätte ihn irgendwie in die Falle gelockt. Trotzdem war es ein so wunderschönes Gefühl, zu wissen, dass wir zusammen ein Kind gemacht hatten. Am allerliebsten hätte ich das Geheimnis mit ihm geteilt, und wenn er nicht direkt, nachdem er fertig war, hätte gehen müssen, dann hätte ich wahrscheinlich nicht warten können. So jedoch wollte ich es ihm etwa um die Weihnachtszeit sagen, und dann, so hatte ich mir überlegt, würden wir es zusammen dem Kollektiv mitteilen.

»Du hattest letzte Nacht Besuch, oder?«, zischte mir Josie am 16. Oktober zu, am Morgen nachdem Roddy da gewesen war. Zu meiner Besorgnis wirkte sie gestresst. »Das Ganze quält mich unendlich!«, erklärte sie.

Ich sah fast vor mir, wie Hyde mit Jekyll kämpfte, wie die beiden miteinander rangen. Sie hasste es, Bala zu »betrügen«, indem sie ihm nicht von meinem Freund berichtete.

»Ich bin endlich glücklich«, flüsterte ich ihr zu. »Alles wird gut. Ich verspreche dir, ich sage es Bala bald.«

Verzweifelt rang sie die Hände, aber sie nickte.

In den Morgenstunden des 4. November 2008 wandte ich mich mit dem üblichen enttäuschten Seufzer vom Fenster ab. Keine Ringeltaube war in dieser Nacht zu mir geflattert. Ich schloss das Fenster und die Vorhänge, um danach in mein einsames Bett zu kriechen.

Tack, tack!

Meine Ringeltaube klopfte an die Scheibe ... Das Kollektiv konnte sie womöglich hören! Weil mich das Geräusch nervös machte, schob ich hektisch die Decken weg und rannte zum Fenster, um meinen Geliebten zu begrüßen. Um ihn zu warnen, hielt ich einen Finger an die Lippen und öffnete dann das Fenster ganz weit.

Die Herbstluft ließ mich ein wenig erzittern: Ich trug nur einen schwarzen BH und Unterwäsche, und die heißen Sommernächte waren nichts mehr als eine schwache Erinnerung. Roddy war noch auf halbem Weg zu mir ins Zimmer, als sein Handy plötzlich zum Leben erwachte. Das Klingeln durchschnitt die Stille der Nacht wie ein Messer.

»Oh nein!«, rief ich aus.

Mit einer raschen Bewegung stellte Roddy sein Handy ab und kletterte weiter – doch es war zu spät. In dem Moment, als ich aufgeschrien hatte, stürmte Josie in mein Schlafzimmer, als hätte sie an meiner Tür nur auf eine Gelegenheit gewartet, uns zu unterbrechen. Später behauptete sie, sie habe gemeint, ich hätte um Hilfe gerufen, aber ich glaube eher, dass sie sich irgendwann in den vergangenen zwei Wochen überlegt hatte, sie müsse uns entlarven.

Obwohl ich schnell »Alles in Ordnung, geh weg!« zischte, öffnete sie ohne Zögern den Mund und schrie: »AB! AB!«

Zuerst flackerte die Lampe im Flur auf, und dann wurde ich in helles Licht getaucht, weil jemand meine Schlafzimmerbeleuchtung eingeschaltet hatte. In dieses gleißende Licht kamen der Dunkle Lord und seine Lady gerannt, Chanda im Nachthemd und Dad in seinem weiten weißen Gewand mit den königsblauen Streifen. Aisha folgte langsam hinter ihnen. Der ganze Haushalt war von Josies verräterischem Schrei aufgewacht.

»Schnell weg!«, drängte ich Roddy. Ich stand Todesängste aus, wenn ich mir überlegte, was sie ihm antun könnten.

Das brauchte ich ihm nicht zweimal zu sagen. Dad bekam nur noch die schöne Kurve von Roddys Rücken zu Gesicht, als Roddy aus dem Fenster sprang und wegrannte.

Verzweifelt versuchte ich ihm zu folgen. Ich warf mich zum Fenster hin und versuchte mich am Fensterbrett nach Draußen zu ziehen. Bei Roddy hatte das immer so einfach ausgesehen, aber weil man mir jede körperliche Aktivität verbot, schaffte ich es nicht. Außerdem hatte ich gar nicht die Möglichkeit zu einer ungehinderten Flucht: In dem Augenblick, als sie sah, was ich vorhatte, eilte Josie zu mir, packte mich am Arm und zerrte mich zurück. Ich versuchte sie abzuschütteln, aber sie klebte an mir wie eine Klette, mit der riesigen Kraft von Gollum, wenn er vom Ring vorwärtsgetrieben wird. Obwohl ich versuchte, meine ganze Stärke zu aktivieren und einen weiteren Fluchtversuch zu unternehmen, war im nächsten Moment Bala bei mir, der mich mit brutaler Gewalt ins Zimmer zurückzog. Beide schleppten mich zurück, und jemand schlug das Fenster zu. Es gab keinen Ausweg.

Das Zimmer war voll von Entsetzen und Schrecken. AB und

Chanda taten so, als hielten sie Roddy für einen Einbrecher; sie drohten damit, die Polizei zu rufen. (Wegen anderer Leute die Polizei zu rufen bereitete ihnen überhaupt keine Schwierigkeiten – sie wollten nur nicht, dass die faschistischen Hunde ihre ermittlerischen Fähigkeiten gegen sie selbst anwandten.) Ich musste also für meinen Geliebten eintreten. Deswegen schrie ich aufgebracht: »Das war kein Einbrecher! Er ist mein Freund, und ich liebe ihn!«

Sie rollten die Augen und lachten spöttisch. »Dein Freund? *Du* kannst doch gar keinen Freund haben. Hör auf, dir solches Zeug auszudenken.«

Aber ich wiederholte es immer wieder. Bala schlug mich heftig ins Gesicht und brüllte: »Zurückgeblieben bist du! Eine Fantastin! Eine Wahnsinnige! Eine Verrückte!«

Bala hatte sich auf die Idee eingeschossen, dass Roddy ein faschistischer Agent war. Chanda starrte mich mit ihrem Basiliskenblick an; ihr Hass und ihr Abscheu waren jetzt überhaupt nicht mehr verschleiert. *Jetzt sehe ich dein wahres Selbst, das Selbst, von dem ich immer wusste, dass es da ist,* schienen diese Augen zu sagen. *Endlich ist offensichtlich geworden, dass du mit dem Faschistischen Staat kooperierst.*

»Am 2. Mai bist du weggelaufen und hast mit der Polizei gesprochen«, zischte sie mir zu, »und jetzt haben sie einen ihrer Beamten zu dir geschickt.« Sie beschuldigte mich, ich sei ein Maulwurf, würde Informationen über das Kollektiv an diesen Beamten weitergeben, der uns infiltriert hatte; sie meinte, ich hätte einen Mörder engagiert, der AB umbringen sollte.

Es war einfach lächerlich!

»Nein, das habe ich nicht getan!«, protestierte ich. »Um euch geht es hier überhaupt nicht!«

Das war vielleicht am schmerzhaftesten: dass sie alles nur auf sich bezogen, wo doch meine Liebesaffäre mit Roddy genau deswegen so wertvoll war, weil sie mit ihnen rein gar nichts zu tun hatte.

»Du denkst dir doch nur wirres Zeug aus«, erklärte Dad noch

einmal verächtlich. »Du stellst dir vor, er mag dich, weil du ihn magst, und du hast dir diese Beziehung ausgedacht.«

Trotzig hob ich den Kopf. Wenn die Umstände nicht so dramatisch gewesen wären, hätte ich vielleicht genossen, was ich jetzt sagte, doch stattdessen erinnere ich mich nur an ein Gefühl der Verzweiflung, weil ich doch zu erreichen versuchte, dass er mir glaubte und nicht die Polizei holte, um meinen Geliebten verhaften zu lassen.

»Ich habe mir das nicht ausgedacht«, verkündete ich. »Wir hatten eine körperliche Beziehung.«

Dad schaute mich an, als hätte ich ihn geschlagen. Seine Reaktion war nicht die eines Vaters gegenüber einer Tochter: mehr wie die eines Ehemannes gegenüber seiner Frau.

»Was?«, gab er zurück. »Aber du gehörst doch *mir*!«

Er wollte es einfach nicht glauben. Also erzählte ich ihm, wie unsere Affäre begonnen hatte; ich beschrieb, wie ich Roddy bei unseren Einkaufstouren die geheimen Briefe zugestellt hatte. Ich *musste* es ihm einfach sagen, denn sonst hätte er mir nicht geglaubt.

Er war außer sich vor Wut. Ich war *immer* sein alleiniges Eigentum gewesen – *er* bestimmte, was mit mir geschah. Ohne seine Erlaubnis durfte ich gar nichts tun, vor allem durfte ich keine Beziehung haben, nicht einmal zu den Genossinnen, und jetzt war sein Eigentum von einem anderen Mann entehrt worden.

»Du bist völlig unbrauchbar geworden!«, brüllte er schließlich. »Prostituierte! Hure! Stell dir doch nur vor, wenn du ein Kind von ihm bekommen würdest!« Das spie er aus, als wäre das das Schlimmste auf der ganzen Welt.

Ich spürte mein Geheimnis in mir, warm und sicher. *Da liegst du falsch*, dachte ich. *Es ist das Allerbeste auf der ganzen Welt. Denn jetzt habe ich etwas für mich ganz allein und brauche mir von dir nichts mehr gefallen zu lassen.*

»Ich werde die Polizei rufen!«, drohte der Dunkle Lord wieder. »Ich werde dafür sorgen, dass man diesen Agenten wegen Einbruch *und* Vergewaltigung verhaftet!« Seiner Auffassung nach waren diese Verbrechen gleichwertig, denn indem Roddy mit mir geschlafen hatte, hatte er ihm ja etwas gestohlen.

»Ich bin alt genug, um das selbst zu entscheiden!«, erinnerte ich ihn spitz. »Sie werden nicht meine Eltern befragen, sondern mich! Und ich *wollte* es!«

Der Dunkle Lord öffnete und schloss den Mund wie ein Fisch an Land, bevor er sich in eine weitere Hasstirade stürzte. Er begriff, dass er mit dem Vergewaltigungsvorwurf nicht weiterkommen würde, aber er drohte trotzdem noch, Roddy wegen Diebstahl anzuzeigen. Davor hatte ich sehr große Angst, denn obwohl ich wusste, dass es nicht stimmte, war mir auch klar, wie gut Dad lügen konnte. Was würde mit meinem Roddy passieren, wenn man ihn aufgrund einer falschen Beschuldigung festnahm?

Der Dunkle Lord starrte mich finster an. Noch nie hatte er so bedrohlich ausgesehen. »Am liebsten würde ich dich an Ort und Stelle verbrennen!«, sagte er zu mir.

Ich wollte nichts anderes, als Roddy zu schützen. Wenn ich mit den Angriffen des Dunklen Lords fertigwurde, wäre es für eine gute Sache, selbst wenn ich es nicht überlebte. Ich wandte mich meinem Vater zu. »Gut, dann verbrenne mich!«, schrie ich zurück.

Sein Gesicht verdunkelte sich vor Zorn, und er rammte mich mit dem Kopf, heulte wild auf … Doch trotz seiner maßlosen Wut kam kein Blitzschlag vom Himmel herab, um meine Haut in schwarze Kohle zu verwandeln.

Ganz plötzlich spürte ich einen winzigen Impuls, als hätte ein Radiosignal irgendwo aus der Ferne mein Gehirn erreicht. Meine Synapsen waren plötzlich hellwach, es war, als hätte man einen Lichtschalter angeknipst. Ein wenig so wie damals, als meine Mutter wahnsinnig geworden war und ihre Signale auch zwischen Wut und Ruhe gewechselt hatten. Denn als Dad so machtlos vor mir stand, dachte ich: *Du kannst es gar nicht. Darum tust du es nicht – weil du es nicht kannst …*

Das Licht erlosch plötzlich wieder; ich empfing das Radiosignal nicht mehr.

»Lass es nicht darauf ankommen!«, gab Dad zurück. Ich hätte ihm für seine Gnade dankbar sein müssen, doch stattdessen wollte ich ihn anspucken.

Mein ganzes Leben lang, bis zum heutigen Tag, war ich zwischen Liebe und Hass für meinen Vater hin- und hergerissen gewesen, aber die Art und Weise, wie er Roddy beschimpfte und unsere Liebe entehrte, alles in den Schmutz zog, war zu viel für mich. *Ich werde kein Feigling mehr sein*, dachte ich. Ich richtete mich zu meiner vollen Höhe auf, und das bedeutete, dass ich ein kleines Stück größer war als der Dunkle Lord. Vor meinem inneren Auge sah ich meine Ringeltaube, die mich ermutigte, an meiner Seite in den Kampf zog. Das gab mir Mut. Deswegen schrie ich, so laut ich konnte: *»Ich hasse dich!«*

Zum ersten Mal im Leben hatte ich gewagt, ihm ins Gesicht zu sagen, dass ich ihn nicht mochte; zum ersten Mal, seit ich zwei Jahre alt gewesen war.

Seine Reaktion bestand darin, nach mir zu schlagen. Ich glaube nicht, dass er das absichtlich tat – vielmehr denke ich, er war so außer sich vor Wut, dass er nach allem ausholte, was er erwischen konnte, und dass keine Intention hinter seinen Fausthieben stand. Doch mit einem besonders heftigen Stoß traf er mich mitten in den Bauch. Ich krümmte mich vor Schmerzen zusammen und sank zu Boden.

»Ich werde euch beide zu Tode foltern!«, schrie der Dunkle Lord mit sadistischem Genuss. »Ich werde ihn verfluchen, bis er stirbt!«

Auf Knien flehte ich Dad an, Roddy zu verschonen, ich wimmerte: »Ich werde sterben, wenn du ihm etwas antust! Wenn du Rache willst, bringe *mich* um, aber lass ihn in Ruhe! *Bitte!*«

Es war die längste Nacht meines Lebens. Der Dunkle Lord schrie und fluchte bis etwa fünf Uhr morgens. Ich weiß noch, dass mir der Mund so trocken wurde, dass ich am Ende nicht einmal mehr um

Gnade flehen konnte. Mein schlimmster Albtraum war wahr geworden. Man hatte Roddy entdeckt, der Dunkle Lord war in Alarmbereitschaft versetzt, und alles, was meine Ringeltaube vor dem Untergang bewahrte, waren die Worte, die ich finden konnte. Als AB mit Folter und Vernichtung drohte, wurde ich hysterisch. Nach seinen Schlägen und dem Stoß in meinen Bauch fühlte ich mich entsetzlich. Weil ich Angst hatte, mich übergeben zu müssen, rannte ich zur Toilette und schloss mich im Badezimmer ein. Ich musste mich beruhigen. Ich brauchte einfach ein paar Minuten Ruhe und Frieden allein.

Als ich in mein Zimmer zurückging, sah ich, wie sie am Fenster herumfummelten. Sie verhielten sich dabei geheimnistuerisch, und in meinem Bauch breitete sich ein Gefühl der Angst aus, doch ich musste mich jetzt auf wichtigere Dinge konzentrieren.

Ich wollte den Teufel zu einem Handel überreden: Wenn ich ihm gehorchte, sollte er meinen Geliebten verschonen.

Zu meiner übergroßen Erleichterung erklärte sich der Dunkle Lord mit meinen Bedingungen einverstanden. Er würde weder zur Polizei gehen noch Roddy umbringen, solange ich mich bereit erklärte, in den nächsten Monaten nicht mehr in seine Nähe zu kommen. Drei Dinge waren von nun an tabu: Es durfte keine weiteren Treffen geben, keinerlei Kontakt und keine Erwähnung seines Namens oder seiner Person stattfinden.

»Wenn dir etwas an Roddy liegt«, drohte Dad, »dann kommst du nicht mehr in seine Nähe. Du versuchst nicht mehr zu fliehen, und auch nicht, irgendjemandem von dem hier zu erzählen, oder ich zeige Roddy bei der Polizei an.«

Er hatte mich in der Hand. Noch nie zuvor hatte ich mich so in der Falle gefühlt. Wenn er gesagt hätte, er werde mir etwas antun, hätte ich mit Freuden mein Leben gegeben, um meinen Geliebten zu retten, aber ich konnte nicht zulassen, dass meinem Liebling etwas geschah. Ich hätte alles getan, um Roddy zu beschützen. Am schmerzvollsten war die Gewissheit, dass ich meinem Geliebten nichts von alldem würde erklären können. Was würde er nun von mir halten? Würde er glauben, ich hätte ihn freiwillig aufgegeben?

»Wie lange gilt die Absprache?«, fragte ich schwach. Ich wusste, was es bedeutete, eine Gefängnisstrafe mit offenem Ende abzusitzen, und ich wusste, dass mir zur Bestrafung eine solche bevorstand. Zuerst versuchte Dad sich immer herauszuwinden, wenn ich die Dauer erfahren wollte, aber ich setzte ihm immer weiter zu, und er erklärte sich bereit, die Frist auf den Valentinstag zu begrenzen. Dann, so sagte er, könnte ich wieder Kontakt aufnehmen. Jedenfalls, wenn ich mich an die Bedingungen gehalten hatte.

Nach den Verhandlungen hatte ich einen staubtrockenen Mund. Während die anderen in meinem Zimmer warteten, ging ich in die Küche, um einen Schluck Wasser zu trinken. Irgendetwas spukte mir im Hinterkopf herum, etwas wegen ihres verstohlenen Verhaltens, als ich gesehen hatte, wie sie an meinem Fenster zugange waren. Mit einem wachsenden Gefühl des Horrors näherte ich mich der Hintertür. Das Schloss, in dem zuvor immer der Schlüssel gesteckt hatte, war nun leer. Der Schlüssel war verschwunden.

Ich ging zur Besteckschublade, wo wir alle Schlüssel aufbewahrten: die für die Fenster, die Hintertür, die Haustür. *Das ganze Set war weg.* Obwohl ich die gesamte Wohnung absuchte, konnte ich in den kommenden Tagen keinen einzigen Schlüssel zu Fenstern oder Türen finden.

Ich spürte ein ungutes Gefühl im Bauch, als ich in dieser Schreckensnacht in der Küche stand. Ich fühlte mich so dumm: *Warum bin ich nicht geflohen, als ich noch konnte …* Nie hätte ich geglaubt, dass sie so tief sinken würden. Denn es war eine Sache, wenn einen unsichtbare Ketten gefangen hielten; doch jetzt wusste ich, dass ich wirklich eine Gefangene war, gefangen im Käfig ohne jede Aussicht auf Freiheit.

Wie soll ich nun jemals entkommen?

41. Kapitel: Lossagung

In dieser dunklen Novembernacht ging etwas in mir kaputt. Dass das Kollektiv Roddy, den einzigen Sonnenschein meines Lebens, verbannt hatte, war mehr, als ich ertragen konnte. Es gibt eine Grenze dessen, womit ein Mensch fertigwird, und ich fühlte mich, als wäre ich dort angekommen. Beide Kokons, der innere und der äußere, waren brutal zerrissen worden.

Etwas Seltsames geschah, als mir klar wurde, dass sie mich jetzt auch physisch eingesperrt hatten. Mein Herz und meine Seele fühlten sich freier als vorher, als wäre ich an diese Leute gefesselt gewesen, aber als hätten sie, indem sie mir alle Fluchtwege verschlossen hatten, selbst die Bänder zerschnitten, die mich mit ihnen verknüpft hatten. Indem er mir den Kontakt zu Roddy untersagte, hatte mein Vater eine Grenze überschritten, und er würde das nie rückgängig machen können. In diesem Moment gab ich ihn auf. Ich versuchte nicht mehr länger, auf ihn einzuwirken, mit ihm zu verhandeln oder aus einer schlimmen Situation das Beste zu machen. Obwohl ich mich an die Bedingungen unserer Abmachung hielt, um Roddy zu retten, herrschte in allen anderen Bereichen ein erbitterter Krieg zwischen uns.

Wie vorauszusehen gewesen war, machte sich der Dunkle Lord in den Tagen nach dem Zwischenfall mit Roddy bald daran, die Geschichte umzuschreiben. Er behauptete, JACKIE habe mich geprüft und hätte mich in dieser Novembernacht hingerichtet, wenn er nicht eingegriffen hätte. Doch selbst die Drohung mit JACKIE verlor in meiner kalten neuen Welt ihre Macht. *Er kann mich töten, wenn er will*, schrieb ich trotzig, *aber meinen Geist wird er niemals brechen.*

Sehr bald erwärmte sich der Dunkle Lord für dieses Thema, spielte sich als mein Beschützer auf, stellte meinen Geliebten als Schurken dar, beschrieb meine physische Gefangenschaft als etwas, das in meinem »besten Interesse« geschah, und befahl mir, ich solle »dankbar« sein. Doch statt mich zu unterwerfen, verspottete ich ihn heimlich.

Aber während ich nicht auf ihn hereinfiel, war das zu meinem großen Leidwesen bei den Genossinnen anders. Die mühsam geknüpften Freundschaften waren in dem Augenblick zunichtegemacht, als Josie den Mund geöffnet und nach AB gerufen hatte, und plötzlich fand ich mich in einem Schlangennest wieder. Aisha stellte sich auf Balas Seite, wurde offensichtlich von seinem Selbstporträt als mein Erlöser für ihn eingenommen, Josie dagegen verwandelte sich wieder zu hundert Prozent in die Frau aus der Zeit, als ich sie »Hyde« genannt hatte; in ihren blauen Augen leuchtete etwas, das nach Freude an der Unterdrückung aussah und das ich darin lange nicht gesehen hatte.

Als Bala herausfand, dass die beiden gewusst hatten, was ich mit Roddy trieb, geriet er außer sich. Immer wieder drohte er damit, ohne sie nach Indien zurückzukehren, sobald er die Weltherrschaft übernommen hätte. Nichts war für die beiden entsetzlicher als der Gedanke, ohne ihn sein zu müssen, deswegen bestraften sie mich mit riesigem Eifer.

Ich wurde sehr krank davon. Mehrmals am Tag musste ich mich übergeben und hatte Durchfall; Angst und das Gefühl, verraten worden zu sein, bereiteten mir Bauchschmerzen. Immer hörte ich, wie Josie und Bala über mich flüsterten, sich überlegten, wie man mich am besten tyrannisieren und kontrollieren könnte. Dann verlor ich die Kontrolle über meine Eingeweide und beschmutzte mich häufig selbst. Manchmal hatte ich so große Angst, dass ich sogar ohnmächtig wurde. In den Monaten nach Roddys Verbannung verlor ich über zwölf Kilo an Gewicht, weil ich einfach kein Essen bei mir behalten konnte. Außerdem litt ich unter entsetzlichen Kopfschmerzen und Mundgeschwüren.

Ohne meinen Kokon erlebte ich jeden Tag den wilden Wechsel zwischen absoluter Verzweiflung, hysterischem Lachen, grauenhafter Angst und einer schier mörderischen Wut. Doch zu meiner grenzenlosen Trauer war es nicht Bala, den der Tod in diesem Herbst zu sich holte. Etwa zwei Wochen, nachdem mich der Dunkle Lord in den Unterleib geschlagen hatte, bekam ich Blutungen: Ich hatte eine Fehlgeburt erlitten. Beim Anblick des Blutes fühlte ich mich scheußlich – ich hatte nicht nur das Baby verloren. *Alles* war nun verloren.

Ich zog Bilanz – blickte all die Jahre zurück bis in meine Kindheit. Das Baby und Roddy waren nur die beiden letzten in einer langen Reihe von Dingen, die ich geliebt und die man mir genommen hatte. Ich erinnerte mich an meine gelbe Decke und Maria Franklin, die Legofigur. Der Dunkle Lord hatte immer alles verboten, was mich glücklich machte.

Diese Erkenntnis bestärkte mich nur darin, an meinen Gefühlen für Roddy festzuhalten. Da ich jetzt niemanden mehr auf meiner Seite hatte – ich lebte mehr oder weniger in Einzelhaft, weil mein Verbrechen so groß war, dass niemand auch nur noch mit mir sprach –, wurde mir schnell klar, dass Roddy nun mein einziger lebendiger Freund war.

Die schlimmste Waffe, mit der der Dunkle Lord mich zu verletzen versuchte, bestand darin, mir zur erklären, dass Roddy mich nicht liebte, doch inzwischen hörte ich ihm nicht mehr zu. Er konnte reden, so viel er wollte, aber meine Erinnerungen konnte er nicht auslöschen. Und wenn ich an Roddys schönes Gesicht und seine Worte in unserer ersten gemeinsamen Nacht dachte, spürte ich, wie meine Kräfte zurückkehrten. Solange ich ihn liebte, würde ich meine Würde nicht verlieren, was auch immer mir angetan wurde.

Sehr bald fing ich an, meiner Ringeltaube Briefe zu schreiben, viele am Tag: Briefe, die ich nie verschicken würde, ohne die ich mein Leiden jedoch nicht hätte überleben können. An ihn zu denken machte mein Leben viel erträglicher, aber auch das konnte mich nicht ganz retten. Nach dieser Nacht im November fand ich es am schwierigsten, mit meinen früheren Freundinnen zusammenzuleben. Wenn die Menschen, denen man vertraut hat, sich gegen einen wenden und einen verraten, ist das ein schlimmerer Vertrauensbruch als jeder andere. Trotzdem wusste ich, dass mich ihr Verhalten nicht hätte überraschen sollen. Mein ganzes Leben lang war es so gewesen. Schockiert war ich nur darüber, dass es nicht schon vorher passiert war. Innerhalb eines Augenblicks wurden die ganzen Jahre zunichtegemacht, und wir befanden uns wieder in den schlimmen Tagen meiner Jugend: Eine Horde Geier fiel gierig über mein Fleisch her.

Doch ich war nicht länger ein verängstigtes fünfjähriges Mädchen, das sich vor Angst in die Hose machte, wenn die Marionetten Aufträge ausführten. *Diese Leute sind so schlicht*, schrieb ich an Roddy. *Sie glauben, nur weil sie uns anketten und voneinander fernhalten, können sie uns ihrem Willen unterwerfen. Aber niemand kann den Verstand eines Menschen anketten, nicht solange es die Betroffenen selbst nicht erlauben!*

Und genau darin lag der wunde Punkt der Sekte. Außer meiner Wut, meinem Hass und meinen inneren Verletzungen fühlte ich zu jener Zeit noch etwas anderes für die Genossinnen: Vielleicht zum ersten Mal in meinem Leben verspürte ich Mitleid; Mitleid, weil sie nicht in der Lage waren, ihren Verstand aus der Kontrolle des Dunklen Lords zu befreien. Äußerlich schien es, als hätten Aisha und Josie viele Freiheiten, die mir nicht zustanden – sie durften ohne AB nach Draußen, hatten Hausschlüssel bei sich, die in ihren Taschen klimperten. Trotzdem wusste ich, dass ich in Wirklichkeit ungleich freier war, weil mein Verstand nicht an der Kette gehalten werden konnte.

Seit dem 2. Mai hatte Bala sich darauf verlegt, mich wegen meiner mangelnden Bildung schlechtzumachen. – Etwas, für das er selbst verantwortlich war! Immer wieder erklärte er mir, wie viel verdienstvoller und klüger die anderen Kollektivmitglieder waren, schließlich hatten sie allesamt Hochschulabschlüsse vorzuweisen. Die Erwähnung dieser Studienzeit machte mich wütend: Offensichtlich hatten sie einmal funktionierende Gehirne besessen, bevor er sie saubergeschrubbt hatte. Anders als ich, die ich in diese Situation hineingeboren worden war, hatten sie sich für diese irrationale Lebensweise *entschieden.* Wenn man erwachsen war, musste man für sich selbst denken, davon war ich überzeugt. Und jetzt schien mir das wahrer als nie zuvor. Früher hatte ich von Bala gefordert, er solle mir die Freiheit schenken. Jetzt war ich fest entschlossen, herauszufinden, wie ich mich selbst befreien konnte – selbst, wenn ich bei dem Versuch sterben sollte.

42. Kapitel: Eine Soldatin

Als wäre ich selbst eine Spionin, die das Kollektiv infiltriert hatte, versuchte ich während der nächsten paar Monate alles richtig zu machen. Denn wenn ich die Regeln brach, würde Roddy leiden – entweder durch JACKIE oder durch AB selbst. Auch wenn es alles andere als einfach war, als Gefangene des Dunklen Lords zu leben, wollte ich diesen Preis zahlen, um meinen Geliebten zu retten.

Bis zum Valentinstag, hatte AB gesagt. Das war die Ziellinie, auf die ich mich entschlossen zubewegte und für die ich um mein Überleben kämpfte. Obwohl ich wusste, dass AB hinterhältig war und nicht zu seinem Wort stand, hoffte ich, er werde es halten.

Ich hatte mich an einen Strohhalm geklammert. Als der Februar 2009 kam, teilte er mir mit, mein Ansinnen werde abgelehnt, ich könne Roddy jedoch Ende März sehen, wenn ich mich »gut benahm«.

»Was muss ich tun?«, fragte ich.

»Das weiß ich nicht«, gab er mysteriös zurück und entließ mich aus seiner Gegenwart.

Ich tat mein Bestes, übernahm den Abwasch, half den Genossinnen beim Kochen, erledigte die Hausarbeit. Weil ich außer den drei bereits festgelegten keine weiteren Regeln befolgen konnte, musste ich Balas weitere Anweisungen interpretieren, so gut ich konnte. Als er jedoch feststellte, wie sehr ich versuchte, seine rätselhaften Anweisungen auszuführen, fand der Dunkle Lord Gefallen daran, kurzfristig die Vorschriften zu ändern.

Jeden Monat wuchs meine Zuversicht, weil ich glaubte, meine Folter wäre bald vorbei, die Bedrohung, der Roddys Leben ausgesetzt war, würde endlich durch meine fortgesetzte Reue aufgehoben, aber jeden Monat versagte mir mein Gefängniswärter diese Erleichterung. Es war ein brutales Muster, und jede Wiederholung ließ es nur grausamer werden. Trotzdem stellte ich fest, dass ich nicht anders konnte, als mitzumachen, immer und immer wieder.

Zusätzlich zu dieser psychischen Folter gab es immer wieder brutale körperliche Attacken. Der Weihnachtstag des Jahres 2008 war am schlimmsten gewesen. Josie hatte mich gemeldet, weil ich angeblich aus dem Fenster zu Roddy hingeschaut hatte, dabei hatte ich das gar nicht getan – ich hatte nur den Netzvorhang zurückgezogen, um besser sehen zu können, während ich ein Huhn befüllte, das gebraten werden sollte, und Roddy war zufällig eine halbe Stunde später vorbeigekommen. Aber AB hörte sich nur Josies Version an.

»Was fällt dir ein, dich meiner Autorität zu widersetzen!«, hatte er geschrien, und dann schlug er mich an beiden Seiten auf den Kopf, so fest, dass es mir noch Tage später in den Ohren klingelte. Mein rechtes Ohr erholte sich nie ganz davon. Ich wurde hysterisch; voller Panik dachte ich, jetzt würde Roddy getötet. Ich war außer mir vor Angst, weil ich doch versuchte, alles richtig zu machen, und das *immer noch nicht* reichte.

Die einzigen Veränderungen, die ich bemerkte, waren zum Schlechteren. Obwohl ich immer noch in den Waschsalon gehen durfte, hatte ich nun noch mehr Leibwächter um mich herum als vorher, sodass ich keine Briefe herausschmuggeln konnte.

Weil alle Fenster verschlossen waren, waren mir sogar die kleinen Freuden aus der Vergangenheit, zum Beispiel von Drinnen den Vögeln Krümel zuzuwerfen, verwehrt. All das sah ich als Bestätigung, dass AB immer nur genau so viel tat, wie nötig war, um mich *gerade so* bei Laune zu halten. Zu meinem Geburtstag bekam ich gar nichts, nicht einmal einen Kuchen, und die Ausflüge in die Stadtmitte gehörten längst der Vergangenheit an. Jetzt, da ich befleckt war, erhielt ich überhaupt keine Belohnungen mehr.

Ich fühlte mich so deprimiert, dass ich erneut dem Selbstmord nahe war. Nur drei Dinge hielten mich davon ab. Das erste war meine Erinnerung daran, wie Roddy die Hand ausgestreckt hatte, um zärtlich mein Haar zu berühren, als ich ihm von meinen Selbstmordabsichten erzählt hatte. »Diese schlimmen Gedanken darfst du gar nicht erst in deinen Kopf reinlassen«, hatte er gesagt. An diese Worte klammerte ich mich wie eine Ertrinkende an ein Floß. Das zweite war, dass ich nicht sterben konnte, weil ich nicht zulassen durfte, dass Roddy glaubte, ich hätte ihn aus freiem Willen aufgegeben. Ich musste leben, so schmerzhaft das auch war, bis ich die Gelegenheit bekam, ihm zu sagen, dass meine Liebe zu ihm so stark war wie immer. Das dritte leitete mich: Nur so konnte ich überleben.

Der Stift war mächtiger als die Rasierklinge, mit der ich mich immer noch ab und an verletzte. Indem ich immer leidenschaftlicher Gedichte und Kurzgeschichten verfasste, schrieb ich mir einen Weg aus der tiefsten Verzweiflung. Meine Aufzeichnungen waren meine einzigen treuen Begleiter in den allerdunkelsten Tagen meines Lebens. Wenn ich keine Möglichkeit gehabt hätte, mich auf dem Papier auszudrücken, wäre ich wohl explodiert. Man kann ohne Übertreibung sagen, dass mich das Schreiben am Leben erhielt; ich nannte es meine »Wundermedizin«. Ich verfasste allegorische Geschichten über meine Gefangenschaft, stellte meine Situation innerhalb einer Fantasiewelt dar, in der sich die Dämonen besiegen ließen. Ich erfand *Harry-Potter*-Fan-Fiction, in der Voldemort zu einem guten Zauberer wurde, weil man ihm mit Güte begegnete. Diese Dinge niederzuschreiben schenkte mir viel Kraft, denn einmal im Leben hatte *ich* hier die Kontrolle. Ich konnte auf eine Art und Weise zurückschlagen, die im wirklichen Leben außerhalb meiner Möglichkeiten lag. Ich konnte den Sieg davontragen, selbst wenn ich in Wirklichkeit immer verlor.

Als der Sommer 2009 anbrach, war ich auf verzweifelte Weise einsam. Weil ich so viele Stunden im Haus verbrachte, kannte ich jetzt alle Geräusche in der Wohnung ganz genau, und eines davon faszinierte mich ganz besonders: das Scharren der Mäuse und Ratten unter den Bodendielen. *Ich habe ja niemanden sonst, mit dem ich reden kann*, dachte ich, *also warum nicht mit ihnen?*

Ich begann, sie mit Essensresten hervorzulocken. Spät nachts ging ich in die Küche, brach ein Stückchen Keks ab und legte es den Nagern hin. Dann zog ich mich an einen sicheren Ort zurück und wartete.

Nach einer Weile erschienen sie. Zuerst nur Mäuse, aber bald kamen auch etliche Ratten. Sie zeigten sich nur, wenn es absolut still war, aber ich als Schattenfrau beherrschte das als meine besondere Spezialität. Dann wuselten sie heran, mit leuchtenden schwarzen Augen, witternden Schnäuzchen und braunem Fell, das im Licht der Küche glänzte. Ich sehnte mich danach, sie zu streicheln, ein anderes Lebewesen zu berühren, nachdem ich so lange allein gewesen war.

Die Ratten wurden meine Freunde. Ich besuchte sie, so oft ich konnte. Eines Tages betrat Bala die Küche und schickte mich hinaus, ich nehme an, er ging davon aus, ich wolle von dort aus Roddy durch das Fenster sehen.

Ihm war nicht bewusst, dass ich inzwischen viel geringere Ansprüche hatte. Ich wusste, dass ich keinen menschlichen Freund haben durfte. Nur die Ratten waren mir geblieben.

Während dieser ganzen Zeit war ich fest entschlossen, den Dunklen Lord zu besiegen. Monate, Jahre, gar *Jahrzehnte* seines Missbrauchs hatten dafür gesorgt: AB hatte mich endlich in eine Soldatin verwandelt, doch ich wählte die Gegenseite. Obwohl ich den Krieg verabscheute, war ich nun bereit zum Kampf.

Ich werde nicht einfach nur verblühen wie meine Mutter und zulassen, dass er ungestraft mit dem davonkommt, was er getan hat, schrieb ich. *Niemand außer mir kann ihn aufhalten – es muss etwas geschehen!*

In diesem Sommer jährte sich auch das Massaker auf dem Platz des Himmlischen Friedens zum zwanzigsten Mal. Der Dunkle Lord war ganz in seinem Element und verkündete, er wünschte, es wären noch viel mehr Menschen – am besten eine ganze Million – dem Massaker zum Opfer gefallen. Es war unglaublich – und mich erfüllte es mit noch düstereren Gedanken, weil er ja bald die Weltherrschaft übernehmen würde.

Ich werde ihn melden, schrieb ich. *Ich muss jemanden warnen, bevor er irgendwas Verrücktes mit der Sekte unternimmt, wie diese Idioten, von denen man in den Nachrichten hört … Aber ich muss sicher sein können, dass mein Geliebter in Sicherheit ist, falls dieser Psychopath und all seine Sklaven ihn angreifen, um an mir Rache zu üben, weil ich eine Verräterin bin.* Eine Verräterin zu sein erfüllte mich mit Stolz: Vielleicht war das meine beste Rolle.

Ich werde diejenige sein, die seinem Tun ein Ende bereitet, fuhr ich fort. *Ich werde nicht zulassen, dass dieser Dunkle Lord sich erhebt!*

43. Kapitel: Die Geburt von Roseanne Kathryn Davies

Im Spätsommer 2009 lag ich zum Mittagsschlaf auf dem Bett, und mir standen die Schweißperlen auf der Stirn. Die letzten Monate waren unglaublich schwül gewesen. Wir hatten wochenlang herrliches Wetter gehabt, doch selbst als Draußen vierunddreißig Grad herrschten, hatte AB darauf bestanden, die doppelt verglasten Fenster geschlossen und sogar abgeschlossen zu lassen.

Wie sehr ich mich nach grauen Wolken und Regentagen sehnte! Das ganze schöne Wetter quälte mich nur, weil ich es nicht genießen konnte, so eingesperrt in meinen Kerker. Es war so heiß, so drückend, so entsetzlich klaustrophobisch.

Ich schloss die Augen. *Was ich mir vorstelle? Ich sehe mich Draußen. Der Abend ist kühl und angenehm. Die Wolken mit ihren rosafarbenen Rändern, der zartblaue Himmel. Die Bäume mit ihren sprießenden Blättern, die im sanften Wind flüstern.*

Ich hoffte verzweifelt, wenn ich es mir nur intensiv genug vorstellte, würden die ganzen Wände verschwinden und ich wäre plötzlich Draußen im Park.

Doch selbst mit meiner gut trainierten Fantasie konnte ich das nicht erreichen. Die drückende Hitze hielt mich fest in meiner grausamen, dystopischen Realität verankert. Selbst der tröstende Kokon konnte mich nicht vor dieser entsetzlichen Hitze schützen. So sehr ich es auch versuchte, ich konnte meine schreckliche Situation einfach nicht vergessen.

Jahrzehntelang hatte ich mich abgemüht, nicht darüber nachzudenken, wie die Dinge waren. Ich hatte alles in meiner Macht Stehende getan, um das zu vermeiden: mir Freunde ausgedacht und sie unter Toiletten und Diktatoren gesucht, mich in meiner Gedankenwelt verloren. Doch jetzt konnte ich mich nicht mehr länger in den geschützten Raum meiner Vorstellungskraft zurückziehen. Selbst der beruhigende Effekt der Poesie war gegenüber dieser flammenden Mauer aus Hitze wirkungslos.

Weil ich dem Ganzen nicht entkommen konnte, sah ich mich außerstande, irgendetwas anderes zu tun, als nachzudenken.

Inzwischen hatten wir die ursprünglich festgesetzte Frist um mehrere Monate hinter uns gelassen. In der Hitze kristallisierte sich eine klaren Erkenntnis: *Bala hat mich hingehalten. Er hat überhaupt nicht vor, mich Roddy jemals wiedersehen zu lassen oder mir die Freiheit zu schenken. Er hat das nur gesagt, damit ich Ruhe gebe.*

Weitere Schweißperlen bildeten sich auf meiner Stirn. Es war, als enthalte jede von ihnen einen neuen Gedanken. *Wie habe ich nur darauf hereinfallen können?*, dachte ich. *Ich bin so gutgläubig gewesen! Warum habe ich das bisher nicht gesehen?*

Wie ich so auf dem Bett lag und in der Hitze schwitzte, dachte ich sogar noch weiter zurück. Ich analysierte ein Detail nach dem anderen. Ich begann, alles zu hinterfragen.

Der Dunkle-Monster-Lord sagt immer wieder, er wird »aufbrechen«– das sagt er seit Jahren, aber ich sitze immer noch hier fest. Er hat die Übernahme der Weltmacht für die Olympischen Spiele von 1996 angekündigt; dann für die Übergabe von Hongkong 1997; er hat mir versprochen, nur drei Monate nach dem 2. Mai wäre meine Prüfung vorbei … Aber ich sitze immer noch hier fest.

Die Weltübernahme steht bevor. Die Weltübernahme wird nie passieren.

Der Valentinstag ist gekommen. Aber der Valentinstag hat nie stattgefunden …

Er hält mich hin.

Das Ganze hier ist ein riesiger Betrug.

Er wird die Weltmacht nicht übernehmen. Er hat keine Autorität, weder eine verborgene noch irgendeine andere. Er ist einfach nur ein gemeiner Psychopath, der mit diesen ganzen Flüchen und Lügen Leute zu kontrollieren versucht.

Ich glaube nicht mehr im Geringsten an ihn und seine verrückten Ideen.

All das hatte sich über einen längeren Zeitraum in mir aufgebaut; im richtigen Leben bekommt man nicht einfach einen Hammerschlag auf den Kopf, sodass alle alten Überzeugungen herausfallen. Jede einzelne meiner Entdeckungen hatte über die Jahre eine dünne Schicht des Verstehens hinzugefügt, wie in verschiedenen Gesteinsschichten. Jetzt erschien mir alles so offensichtlich wie die Evolution.

Er nennt mich eine Fantastin – dabei war er die ganze Zeit ein Fantast! Jeden Tag vertieft er sich in seine abgedrehten Gedanken: Es sind größenwahnsinnige Fantasien über sich selbst als Herrscher der Welt! Wie unsagbar dumm! Er kann nicht einmal sich selbst richtig beherrschen – nicht einmal seine eigene Verrücktheit kontrollieren! Er hat ganz offensichtlich in allem versagt –, deswegen setzt er leere Drohungen ein, um den Schwachen, den Dummen und den geistig nicht Gefestigten Angst einzujagen.

Aber über das alles habe ich mich jetzt erhoben.

Ich ging in Gedanken sämtliche Informationen durch, die ich über ABs Leben besaß: über seine »heldenhaften Kämpfe« gegen den »Faschistischen Staat«, seinen Stolz auf seinen Gefängnisaufenthalt. Wenn man es genau betrachtete, war Bala ein drittklassiger Schlagetot, das begriff ich jetzt. Ins Gefängnis zu gehen, um dort für seine Überzeugung einzustehen, war gut und schön, andere brutal anzugreifen jedoch etwas völlig anderes.

Er verbrachte seine Zeit mit Nichtstun – er saß nur da, las Zeitungen und schaute den ganzen Tag fern, und dabei gab er sich seinen Fantasien hin … Seine »Vorbereitungen« für die Neue Welt waren lächerlich. Er ging nicht einmal einer praktischen Arbeit nach, beteiligte sich nicht am Kochen, Putzen usw. All das übernahmen die Hauselfen. Dadurch hatte er so viel überschüssige Energie, dass er seine Zeit damit verschwendete, andere Leute für gefährlich zu erklären und sich in Predigten darüber auszulassen, wie er dieses und jenes tun würde, wenn er sich zum Herrscher des Universums erhob.

Autorität besaß er lediglich innerhalb des Kollektivs. *Das* war der Grund, warum er sich uns gegenüber wie ein solcher Tyrann verhielt – weil es die einzige Umgebung war, in der er herrschen konnte. Er liebte es, laut sein Missfallen zu äußern, weil ihm das Essen nicht schmeckte, einfach nur, weil er es konnte. Noch immer brachte ich ihm sein Essenstablett, und in neun von zehn Fällen reagierte er mit einem Trotzanfall darauf. Jetzt erkannte ich, dass er das nur tat, um seine verlorene »Autorität« unter Beweis zu stellen.

Das Gleiche galt für die Regel, dass die Genossinnen immer nur zu zweit das Haus verlassen durften. Dabei ging es nicht um Sicherheit, nicht darum, einen Angriff des Britisch-Faschistischen Staates zu verhindern, wie er immer behauptete; dem Staat waren er und das Kollektiv herzlich egal. Mir wurde klar, dass es sich dabei einfach um eine weitere Form der Kontrolle handelte – auf diese Weise konnte die jeweils andere Genossin ihre Begleiterin beobachten und sicherstellen, dass niemand mit Leuten von Draußen sprach. Das war kein Zufall. Ich begriff nun, dass die einzigen Leute, die ich jemals erfolgreich das Kollektiv hatte verlassen sehen, nämlich Cindy und Leanne, auch die Einzigen waren, die jemals allein das Haus hatten verlassen dürfen.

Hatte ich mich über meine eigene Gutgläubigkeit geärgert, weil ich ihm die Vertröstung mit der Valentinstags-Frist abgenommen hatte, so war das nichts im Vergleich zu meiner Wut auf mich selbst, als ich nun begriff, dass ich *während meines gesamten Scheißlebens* betrogen worden war. Warum hatte ich nicht auf meine Intuition vertraut? Ich war wütend auf mich selbst, weil ich das nicht getan hatte und nicht geflohen war, bevor man mich nicht mehr herausließ. »Man braucht ein Kind, um erkennen zu können, dass der Kaiser nackt ist«, hatte ich ihm vor Jahren geschrieben – und trotzdem war ich weiterhin blind gewesen. Das war mir sehr peinlich, und ich schämte mich dafür.

Ich hatte mich bereits von ihm losgesagt und ihm meinen Hass ins Gesicht geschleudert, doch jetzt verachtete ich ihn mit neu entfachter Leidenschaft. Bis zu diesem Tag verteidigte er seine Taten, indem er behauptete, mich zu »beschützen«, aber da *gab* es gar nichts, vor dem er mich hätte beschützen müssen. Die Gefahr war *niemals* von Draußen gekommen – nur *er selbst* war immer die Gefahr gewesen! Langsam kehrte sich alles um, was man mir jemals gesagt hatte, doch trotzdem empfand ich das nicht, als würde mir der Boden unter den Füßen weggerissen: Stattdessen fühlte sich die Welt sicherer an, denn es wurde offensichtlich, dass *das Kollektiv* das Irrenhaus war. Wenn ich es jemals nach Draußen schaffte, das wusste ich jetzt, würde ich in einer Gesellschaft der geistig Gesunden leben können – in einer Gesellschaft, die niemals von demjenigen beherrscht werden würde, der mich gefangen hielt, wie ich das früher gefürchtet hatte.

Aber würde ich jemals nach Draußen kommen? Mit einem unguten Gefühl analysierte ich die dunkle Kehrseite meines Blicks ins Licht. Denn so befreiend es auch war, AB endlich zu durchschauen, so sehr wurde mir nun klar, dass ich mehr als jemals zuvor eine Gefangene war – wenn die Übernahme der Weltherrschaft *niemals* eintreten würde, würde ich auch *niemals* freikommen. Beinahe siebenundzwanzig Jahre lang hatte mich AB gefangen gehalten, indem er mir die Belohnung der kommenden Weltherrschaft wie eine verlockende Karotte vor die Nase gehalten hatte. Jetzt wusste ich jedoch, dass ich niemals die Gelegenheit bekommen würde, aus dem Schatten herauszutreten.

Dass meine Zukunft derart trist aussah, betäubte mich. Nicht nur er hielt mich gefangen. Obwohl sie genauso seine Opfer waren wie ich, machten auch die Genossinnen einen Teil dieses Szenarios aus. Es widerte mich an, dass die Frauen in seiner Umgebung ihm geglaubt und mir seine Lügen verkauft hatten. Sie hätten es besser wissen müssen. Gleichzeitig konnte ich sehen, wie sehr er sie im Griff hatte.

In seinen gestörten Fantasien war er der heimliche Herrscher über die Welt, und auf diese Weise rechtfertigte er den Missbrauch, dem wir ausgesetzt waren. Er musste Terror und Einschüchterung einsetzen, damit niemand aus der Reihe tanzte, genau wie Sauron und Voldemort. Obwohl ich jetzt sehen konnte, dass alles nur ein Bluff war – die Taten eines machtlosen, verrückten Tyrannen, der andere zu schikanieren und zu erpressen versuchte, damit er seinen Willen bekam –, wusste ich aus eigener Erfahrung, wie überzeugend er sein konnte.

Ich glaube, genau in diesem Augenblick glänzte eine weitere Schweißperle in der Sonne, die gleißend durch das Fenster hereinbrach. *JACKIE, JACKIE … Wer zum Teufel noch mal ist dieser JACKIE?*

Ganz einfach ein mystischer Buhmann, den der Dunkle Lord geschaffen hat, um diejenigen ohne Wissen mit Angst zu erfüllen: »Ihr tut, was ich sage, oder diese übernatürliche Scheißmacht wird euch bestrafen.«

Obwohl ich es zuvor bereits geahnt hatte, begriff ich nun erst wirklich, dass jedes globale Ereignis, das AB jemals verwendet hatte, um uns einzuschüchtern – der Tsunami, Dianas Tod, bis zurück zum Unglück mit der Raumfähre Challenger –, einfach nichts als ein weiterer Teil seiner kranken Kontrollmechanismen war. Das waren einfach Zufälle, die er sich zunutze machte, nichts anderes …

Oder war da doch mehr? Ich werde ehrlich sein: JACKIE war die Kette, die zu zerbrechen mich am meisten Mühe kostete. Denn obwohl mein Verstand nicht glaubte, dass AB wirklich schwarze Magie ausüben konnte, konnte ich nicht zweifelsfrei das Gegenteil beweisen. Auch wenn der größte Teil von mir wusste, dass das alles kompletter Unsinn war, gab es im Hinterkopf immer noch ein insistierendes Stimmchen, das »Was, wenn du dich täuschst?« fragte.

Ich war nicht der erste Mensch auf der Welt, der auf diese Weise empfand, der sich in der Mythologie seiner Kindheit gefangen sah, obwohl ich eine Entwicklung durchgemacht hatte. Vielleicht leiden ehemalige Katholiken, die ihre Schuldgefühle immer noch nicht abgelegt haben, aus genau demselben Grund. Denn obwohl man nicht *wirklich* daran glaubt, spürt man immer noch *irgendetwas*, das einem auf die Schulter klopft und dafür sorgt, dass es einem kalt den Rücken herunterläuft …

Im Backofen meines Schlafzimmers eingesperrt zu sein fühlte sich an, als hätte jeder Teil meines Lebens eine Sackgasse erreicht. Ich befand mich in einem Käfig, dessen Wände sich immer dichter um mich schlossen. Aber jetzt, wo ich das Licht einmal gesehen hatte, konnte ich diesen Anblick nicht mehr vergessen. Ich hatte begriffen, dass alles Unsinn war, und jetzt konnte ich nicht mehr zu diesem Glauben zurückkehren. Ich betrog mich nicht mehr selbst mit einem Kokon. Nichts als meine triste neue Wirklichkeit erfüllte meine Gedanken.

Ich bin hier in einer realen Gruselgeschichte gefangen. Was soll ich denn nur tun?

Diese Frage konnte ich nicht beantworten – noch nicht –, aber ich wollte den Schritt in den absoluten Unglauben markieren. Deswegen schrieb ich in diesem Jahr das widerliche Schimpfwort auf, das der Dunkle Lord jeden Tag in den Mund nahm, um mich zu beleidigen: meinen Geburtsnamen: Genossin Prem Maopinduzi. Dann, auf Knien und mit Gott als meinem Zeugen, spuckte ich auf diese bösen Wörter, zerriss sie, knüllte sie zu einem Ball zusammen, warf sie in die Toilette, urinierte darauf und spülte sie schließlich in die Kanalisation hinunter.

Jetzt weiß Gott, schrieb ich in mein Tagebuch, *dass ich einen endgültigen Bruch mit dem Dunklen Lord vollziehe … Genossin Prem Maopinduzi ist tot und begraben, genauso wie Voldemorts*

Horkrux … Wie bei Harry Potter ist auch das hier ein Unbrechbarer Schwur – niemals wieder werde ich eine stinkende Genossin sein. Niemals wieder werde ich Genossin Prem Maopinduzi sein!

Mein neuer Name, so beschloss ich, lautete Roseanne Kathryn Davies.

Rosie wusste noch nicht, wie sie nach Draußen kommen sollte, aber nach ihrer Geburt aus der Asche von Prem war sie auch nicht mehr dieselbe versklavte Gefangene, die Prem Maopinduzi gewesen war. Stattdessen war sie ein wunderschöner Phönix: ein Vogel, dessen Körper man gefangen hielt, nicht aber seinen Geist.

Aus den frühesten Tagen meiner neuen mentalen Morgenröte erinnere ich mich, dass ich meine Blicke in Balas Rücken bohrte, wenn er seiner »Arbeit nachging«; dabei wärmten mich mein neues Wissen und meine neue Macht.

Du denkst, du hast mich eingesperrt, dachte ich. *Aber du hast etwas anderes getan, Dunkler Lord, du hast die Saat für deinen eigenen Untergang ausgestreut …*

Jahrelang – seit ich ein Baby gewesen war – hatte mir der Dunkle Lord gesagt, ich würde einmal sein größter Feind sein.

Wie alle Dunklen Lords hatte er seine Prophezeiung mit eigener Hand wahr werden lassen.

44. Kapitel:
Pläne

Jede Minute des Tages fantasierte ich von meiner Flucht. Was, wenn ich die Genossinnen überwältigte, ihnen die Schlüssel aus den Taschen stahl und einfach rannte, so schnell ich konnte? Aber es waren immer zu viele Leute da: Zu keiner Zeit herrschte Ruhe, und ich konnte mir nicht sicher sein, ob nicht doch jemand etwas hören würde. Nachts ging es gar nicht, da AB inzwischen so neurotisch war, dass er beim leisesten Geräusch aus seinem Zimmer gestürmt kam. Ich fragte mich, ob es wohl durch das Badezimmer ginge, denn dort war eine andere Art Schloss am Fenster angebracht. Ich durfte alleine baden, und das würde mir vielleicht genug Zeit verschaffen, irgendwie herauszukommen, doch gleich nebenan war Shobhas Zimmer, und sie rief immer, wenn ihr irgendetwas ungewöhnlich vorkam. Wenn sie plötzlich zu schreien anfing, würde mir nicht genug Zeit bleiben, um nach Draußen zu kommen.

Und selbst, wenn es mir gelingen würde, diese Hindernisse irgendwie zu überwinden, hätte ich nicht sehr schnell rennen können. Wenn sie mir nachkämen, wäre ich immer noch in unserer Straße … Ich wagte es nicht einmal zu versuchen, falls man mich eingefangen und noch schlimmerer Folter unterworfen hätte.

Meine größte Angst von allen bestand weiterhin in der Frage, was sie dann mit Roddy machen würden.

Das war ein geschickter Schachzug von ihnen gewesen: Wenn sie nur damit gedroht hätten, mir etwas anzutun, wäre mir das völlig egal gewesen. Aber Roddy war mir wichtig, und ich war gefangen wie eine Fliege in einem Spinnennetz.

Ich unternahm durchaus Anstrengungen, mit der Welt Draußen zu kommunizieren. Weil ich immer so sehnsüchtig aus dem Schlafzimmerfenster schaute, hatte ich bemerkt, dass dort eine Überwachungskamera gegenüber unserer Wohnung angebracht war. Wenn ich ein Blatt Papier ins Fenster hielt, würde die Kamera ein Bild davon einfangen, und derjenige, der die Aufnahmen durchsah, kommen und mich retten? Ich probierte es mehrfach, kritzelte mit einem dicken Stift eine Nachricht und presste sie gegen die Scheibe: *Man hält mich hier gefangen, alle Fenster und Türen sind verschlossen, und ich kann nicht raus. Bitte helft mir ...*

Es kam nie eine Antwort. Vorbeigehende Nachbarn schienen die Nachrichten nie zu lesen. Ich drückte sie immer fest gegen die Scheibe, war mir meines Daseins im Käfig durch die Berührung noch stärker bewusst. Ich wünschte mir immer, es gäbe in meinem Leben einen Harry Potter, der das Glas wie Eis schmelzen könnte.

Das Tragische an meiner Situation war, dass ich nicht einmal entkommen konnte, wenn die Scheibe mich nicht von der Außenwelt trennte: Auch bei meinen langweiligen Gängen zum Waschsalon war an Flucht nicht zu denken. Manchmal überlegte ich mir, einfach auf die Straße zu rennen und um Hilfe zu schreien, aber ich ging davon aus, dass man mir nicht glauben würde, und fürchtete, dann wieder zurückgehen zu müssen (wie bei meinem ersten Fluchtversuch).

Wenn ich mit den Leuten im Waschsalon harmlose Unterhaltungen führte, war ich oft versucht, ihnen zu erzählen, was vor sich ging. Aber weil Bala mich ständig überwachte, konnte ich das nicht tun.

Wenn ich nur jemanden um Rat hätte fragen können! Doch natürlich war da niemand. Ich konnte weder mit den Genossinnen noch mit den Leuten im Waschsalon über meine Fluchtpläne sprechen, und weiter reichte mein »soziales Umfeld« nicht. Stundenlang erging ich mich in endlosen Fantasien darüber, wie ich AB bei irgendwelchen namenlosen »Behörden« anzeigen würde. *Es gibt doch Frauenhäuser für Frauen, die geschlagen werden*, überlegte ich. *Aber was ist mit Töchtern, die man emotional missbraucht hat? Ich wünschte, jemand würde etwas unternehmen. Am besten wäre ein Kontaktverbot, damit diese Verbrecher mich nie wiedersehen können ... AB sollte in einer psychiatrischen Klinik eingesperrt werden, er ist ein gefährlicher Psychopath! Ich muss einen Weg finden, damit er eingewiesen wird, bevor er etwas tut ... Ich muss die Polizei alarmieren!*

Das gehörte zu meinen weiteren häufigen Fantasien: die Polizei einzuschalten und Bala für das, was er mir angetan hatte, ins Gefängnis zu bringen. Ich verbrachte viel Zeit damit, ganze Seiten mit der Schilderung dieser Verbrechen zu füllen, weil ich hoffte, ihn bei der erstbesten Gelegenheit anzeigen zu können. Ich beschrieb mein gesamtes Leben: Wie er mir ins Gesicht getreten und mich nach Draußen geworfen hatte, weil ich mich übergeben hatte, als ich vier Jahre alt war; wie ich eine Strafe erhalten hatte, weil ich gesagt hatte, dass Josies Haar schön aussah, und dann, wie ich ... Und dann ... Und dann ... Es gab fast zu viele Vorfälle, als dass ich mich an alle hätte erinnern können. Auf irgendeine Weise war es nicht so einfach, sie sich vor Augen zu rufen, wie das vielleicht vor der Erkenntnis der Fall gewesen wäre. Vorher, als ich so eifrig damit beschäftigt war, mich in meinem kleinen Kokon zu betäuben, wäre es viel zu schmerzvoll für mich gewesen, meine Vergangenheit auf diese Art und Weise zu analysieren. Jetzt jedoch hatte diese Beschäftigung sogar etwas Heilendes, als wären mein Gehirn und seine Erinnerungen mit Eiter gefüllte Wunden und ich müsste die Infektion herausschneiden, um mich reinigen zu können. Als ich das tat, wurde mir bewusst, dass ich nie durch eigene Schuld Schläge bekommen hatte, auch wenn ich das damals oft glaubte. Nicht *ich* war der Übeltäter, sondern *er*. *Er* war der Verbrecher, der eine Bestrafung durch die Polizei verdiente.

Aber, aber, aber … Es gab immer ein Aber.

Wenn ich Bala bei der Polizei anzeigte, würde er dann nicht Verleumdungen über Roddy verbreiten? Selbst an meinen guten Tagen, wenn ich JACKIE nicht fürchtete, wusste ich aus meiner Zeitungslektüre, dass es Justizirrtümer gab, und ich wusste zu viel über die Schwindelfähigkeiten meines Vaters, als dass ich geglaubt hätte, die Wahrheit würde siegen.

Auf der ersten Seite meines Tagebuchs für 2010 trug ich »keine« auf jeder Linie für die persönlichen Details ein, die es dort gab: die Passnummer der Tagebuchschreiberin, die Sozialversicherungsnummer … *Ich besitze nichts davon,* schrieb ich, *weil ich eine Gefangene bin. Dass ich hier lebe, ist nirgendwo erfasst … Ich darf keinen Arzt in Anspruch nehmen. Ich existiere gar nicht.*

Das Dasein als Schattenfrau war schon immer entsetzlich schmerzlich für mich gewesen, aber nach meiner Erkenntnis begriff ich erst, wie schrecklich das war, wie berechnend – und schlau – mein Vater es angefangen hatte, mich versteckt zu halten. Denn anders als in *Harry Potter* kam kein Hagrid, um mich zu retten. Mein Name stand auf keiner Liste mit Kindern, deren Eltern Zauberer waren: Mein Name stand auf überhaupt keiner Liste.

Ich habe keine Hoffnung darauf, jemals freizukommen, schrieb ich in jenem Jahr. Trotzdem blieb ich fest entschlossen, nicht aufzugeben – schließlich hatte ich es schon so weit geschafft. *Ich werde weiter hoffen, selbst wenn es keine Hoffnung gibt. Keine Dunkelheit kann ewig dauern.*

Keine Dunkelheit kann ewig dauern … Aber dieses »ewig« ist eine lange Zeit. Als das Jahr 2011 kam, fühlte ich mich ausgelaugt. Seit meiner Erkenntnis waren zwei Jahre vergangen, und es wurde schwierig, die Hoffnung auf Veränderung aufrechtzuerhalten. Das Leben in meinem Kerker war dadurch bestimmt, der täglichen Herabwürdigung zu entgehen und zu versuchen, das mit erhobenem Kopf zu schaffen. Obwohl mich Wahnsinnige gefangen hielten, lernte ich zu überleben, damit noch irgendetwas von mir übrig wäre, wenn die Freiheit irgendwann kam.

Roddy war meine Rettung. *Zum Glück kann ich mich auf ihn konzentrieren und mich an ihm festhalten*, schrieb ich in mein Tagebuch, *sonst hätte mich das Elend meines Kerkerdaseins schon umgebracht oder in ein verlorenes Nervenwrack verwandelt, das seine Unterdrücker lieben muss, einfach, damit das Leben erträglich bleibt. Mein Roddy ist es, der mich vor dem allem gerettet hat. Selbst wenn ich ihn nie wiedersehe, hat er so viel für mich getan, dass es für Hunderte von Leben reicht.*

Man muss sich das vorstellen: lachen müssen, wenn man weinen möchte, lächeln müssen, wenn man schreien möchte, Einmischungen in jeden einzelnen Teil des Lebens, und trotzdem wurde von einem erwartet, dem Dunklen Lord in den Arsch zu kriechen, und man wurde beleidigt und beschimpft, wenn man das nicht tat. So verlief mein Leben. Ich glaube, dass ich das Tag für Tag durchstand, formte mich zu einer sehr starken Persönlichkeit. Mit Roddy an meiner Seite lernte ich, diesen Dingen gleichgültig zu begegnen – auf die Anfälle meines Vaters mit einem Lachen zu reagieren und sie als das zu sehen, was sie waren: die Raserei eines dementen, altersschwachen Kerls. Ich entwickelte Freude daran, ihn in meinen Gedichten lächerlich zu machen, und entdeckte, wie viel Kraft es einem verleiht, über einen Tyrannen zu lachen. Das hatte sogar einen physischen Effekt auf mich: Meine mich fast ständig quälenden Kopfschmerzen verschwanden, mein Appetit kehrte zurück, und nachdem ich mir solche Dinge von der Seele geschrieben hatte, konnte ich auch gut schlafen.

Alles konnte ich jedoch nicht mit einem Lachen loswerden. Obwohl der Dunkle Lord inzwischen einundsiebzig Jahre alt war, konnte er immer noch entsetzliche Prügel austeilen; einmal verletzte er dabei mein rechtes Auge schwer. Als er seiner Genugtuung darüber Ausdruck verlieh, verkündete er, das nächste Mal werde er mir den ganzen Kopf zu Brei schlagen. Dann schrie er: »Wage es nur nicht, deswegen zur Polizei zu gehen! Die ganze Alte Welt wird explodieren, wenn du das tust!« Nun verlieh es mir Stärke, dass ich seinen Wahnsinn erkannte. Nichts von dem, was er sagte, konnte mich jetzt verletzen.

Ich beteiligte mich nicht mehr am täglichen »Vampirkotzen«, sondern fluchte leise vor mich hin, wenn Bala mich einzubeziehen versuchte. Während er predigte, saß ich mit dem Kopf in den Händen da; den Mittelfinger hatte ich an meine Wange gepresst, um so ein *Fick-dich*-Zeichen zu bilden und damit auszudrücken, was ich wirklich von seinen »Diskussionsrunden« hielt.

Ich denke, es war die Heuchelei des Kollektivs, die mir am meisten zusetzte. AB verurteilte regelmäßig den »Britisch-Faschistischen Staat« für seine Verbrechen, dabei tat er unendlich viel Schlimmeres als auch nur ein einziger der Politiker, auf die er es abgesehen hatte. Er gab damit an, dass er sich »des kleinen Mannes« annahm und Mitleid mit denen empfand, die im Elend waren, doch während dieser ganzen Zeit trug er die Schuld daran, dass ich im Elend lebte. Was für ein fürchterlicher, selbstgerechter Scheißkerl! Seine Doppelmoral war ziemlich schwer erträglich, und es fiel mir alles andere als leicht, meine blinde Wut zu kontrollieren, wenn er immer weiter davon faselte, wie großartig er und seine »Neue Welt« doch waren.

Manchmal blitzte die Wut in meinem Gesicht auf. Dann beschuldigte mich der Dunkle Lord, ich würde »Grimassen schneiden«. Mich plagte immer noch das nervöse Lachen, das ich als Kind entwickelt hatte, und wenn ich manchmal ein solches Kichern nicht unterdrücken konnte, weil ich so gestresst war, ließ er mich die Konsequenzen spüren. Wieder und wieder erklärte er mir, ich möge mich »glücklich schätzen«, hier in seinem Haus zu leben. »Glücklich schätzen« – wenn man gezwungen war, die ganze Zeit in der tödlichen Langeweile dahinzuvegetieren, ohne jemals Spaß oder anregende Gespräche zu haben, zu immer wiederkehrenden Albträumen verdammt, ohne die Möglichkeit, einen Arzt sehen zu dürfen, der regelmäßig die Gesundheit überprüfte.

Denn meine immerwährende Gefangenschaft hatte auch einen fortschreitenden, äußerst schädlichen Effekt auf meinen körperlichen Zustand; diese Entwicklung schien sich in den Jahren nach meiner Erkenntnis zu beschleunigen. Inzwischen fühlte ich mich meistens krank, litt unter entsetzlichen Kopfschmerzen, einem nervösen Darm, Problemen mit der Gebärmutter und einer immer schlimmer werdenden Lichtempfindlichkeit. Die Ausflüge in den Waschsalon bescherten mir rote, schmerzende Augen; das wurde so schlimm, dass ich mich darüber beklagte, was für mich ganz außergewöhnlich war, und Josie kaufte mir eine Sonnenbrille und eine Augenklappe. Doch obwohl das half, löste oder erklärte es das Problem nicht. Diese Beschwerden fühlten sich für mich an, als hätten die Schatten ein für alle Mal Besitz von mir ergriffen.

Trotzdem war »Konzentriere dich auf mich« noch immer ABs ständige Anweisung, wenn er meinte, ich wäre krank oder unglücklich. Worauf sollte ich mich konzentrieren? Auf diesen grässlichen, fürchterlichen Scheißhaufen, der mich unterdrückt, eingesperrt und mir alles Gute genommen hatte? *Eher würde ich mich auf einen Berg Schweinekacke konzentrieren*, schrieb ich in mein Tagebuch.

Während die Jahre quälend langsam vergingen, wuchsen meine Sorgen. Indem ich meinen Widerstand gegen das ständige Gezeter des Dunklen Lords aufrechterhielt, verhärtete ich mich selbst. Ich sehnte mich unendlich nach menschlichem Kontakt, aber um ihn zu bekommen, würde ich mich mit meinen Feinden anfreunden müssen. Ich war fest entschlossen, nicht wieder zu Genossin Prem zu werden, doch wie viel Willenskraft ich dafür aufbringen musste, hinterließ Spuren.

Manchmal konnte ich förmlich spüren, wie sich eine Kruste auf meiner Seele bildete. Trotz meiner Liebe zur Menschlichkeit und Güte, trotz meines ewigen Strebens, Dumbledore stolz zu machen, wurde ich bei vielen Gelegenheiten so wütend über meine Gefangenschaft, dass ich jemanden umbringen wollte. Wenn mich der Dunkle Lord beschimpfte, hätte ich ihm am liebsten den stinkenden Schädel eingeschlagen und sein schleimiges Hirn in der Toilette heruntergespült – und vorher hätte ich darauf geschissen!

Meine Mordfantasien waren nicht mehr als bloße Gedankenspiele, doch allein die Tatsache, dass ich sie überhaupt in mir trug, war furchtbar für jemanden, der den Frieden so liebt wie ich.

Während mich der Hass auf ihn überleben ließ, spürte ich Verachtung für die Person, zu der ich wurde. Ich war angewidert von meinem eigenen Gehirn, das mir ein Zufluchtsort gewesen war, jetzt jedoch unwiderruflich verunreinigt schien. Deswegen versuchte ich mein Bestes, um von diesem Treibsand des Hasses wegzukriechen. In gewisser Weise half mir der Dunkle Lord dabei. Darum konzentrierte ich mich vor allem auf sein Gezeter, um meine Dämonen besiegen zu können. Das gelang mir nicht immer, aber manchmal schaffte ich es – und zwar so gut, dass ich feststellte, sogar Mitleid aufbringen zu können. *Eigentlich dürfte ich gar nicht böse auf ihn sein*, dachte ich traurig. *Er sollte in einer Psychiatrie untergebracht werden.*

Mit der Zeit entwickelte ich wirklich Mitleid für ihn. Es wirkte auf mich, als wäre er genauso ein Gefangener seiner eigenen Lügen wie ich – sogar mehr, wenn man es genau betrachtete, denn er schien seinen eigenen Fantastereien zu glauben. Er hatte so große Angst vor dem Faschistischen Staat, der bei uns eindringen könnte, dass jetzt nicht nur mein eigenes Fenster verschlossen und verriegelt blieb: Auch seins öffnete er nicht mehr. Wie in meinem Zimmer war es nun überall drückend heiß, und ich konnte ihn riechen, wie die Ratte, die langsam in der Wohnung verweste. Er verströmte einen widerlichen Schweißgeruch: Seine Kissen und Decken waren voller dunkelgelber Flecken. Sein Zimmer stank wie ein Fuchsbau, und der Gestank folgte ihm, wohin er auch ging; es war widerwärtig, vor allem, weil ich ihn immer noch jeden Morgen und jeden Abend umarmen musste …

Nun, da ich mich von meinem Vater losgesagt hatte, sah ich meine Mutter als meinen einzigen Elternteil. *Ich bin zu hundert Prozent Waliserin*, hielt ich in meinem Tagebuch fest – ein frecher

Seitenhieb auf die lächerlichen »Prozentangaben« meines Vaters. Durch meine heimliche Lektüre hatte ich mich über mein keltisches Erbgut informiert und mich von den langen Kämpfen meiner Ahnen gegen die Unterdrückung inspirieren lassen.

Als stolze Waliserin fühlte ich mich inspiriert, es ihnen nachzutun. Ich fragte mich, ob ich mit der Sekte zusammenarbeiten konnte, um meine eigenen Ziele zu erreichen, selbst wenn ich die anderen hasste? Konnte ich sie dazu bringen, ihre bestmöglichen Eigenschaften auszuleben, ohne mir dabei selbst untreu zu werden? Wie immer hielten auch die *Harry-Potter*-Bücher eine Lektion für mich bereit, was das betraf: Darin gab es eine Figur, die heimlich mit den Todessern zusammenarbeitete, ohne ihre wahre Zugehörigkeit zur anderen Seite zu verraten. Ich entschied, diesem Beispiel nachzueifern.

Als das Jahr 2011 anbrach, sah ich mich Josie und Aisha gegenüber viel toleranter eingestellt als kurz nach Roddys Verbannung. Im tiefsten Inneren wusste ich, dass sie keine bösen Menschen waren, sie waren nur unter einen schlimmen Bann geraten. Beide wurden durch die Angst vor JACKIE kontrolliert; außerdem erinnerte der Dunkle Lord Aisha immer wieder daran, dass es in seiner Macht stand, sie aus dem Land schaffen zu lassen. Was Josie betraf, so war ich zu der Überzeugung gelangt, dass sie unter dem Stockholmsyndrom litt. Davon hatte ich in verschiedenen Zeitungsartikeln über Entführungsfälle gelesen.

Über das Syndrom sprachen wir auch im Kollektiv: AB erklärte mir, ich würde darunter leiden, weil ich einen faschistischen Agenten wie Roddy liebte, der ganz eindeutig darauf aus war, mich umzubringen! Ich jedoch dachte mir: *Moment mal, ich glaube nicht, dass es Roddy ist, der mich in Geiselhaft hält:* Du *bist es, der das tut! Wenn ich* dich *mögen würde,* dann *hätte ich das Stockholmsyndrom …* Wenig später war mir die Erkenntnis gekommen, dass die Genossinnen darunter leiden mussten, denn Bala schlug und beschimpfte sie, und trotzdem verehrten sie ihn.

Dass ich Josie und Aisha nun als Opfer sah, die sich in das Stockholmsyndrom geflüchtet hatten, um nicht verrückt zu werden, machte es viel, viel leichter für mich, mich ihnen wieder anzunähern, obwohl ich meine Wachsamkeit ihnen gegenüber nie aufgab. Ich hoffte, menschliche Gefühle in ihnen erwecken zu können. Damit es überhaupt irgendeine kleine Chance gab, dass ich diese Situation überlebte, das wusste ich, musste ich einen Weg finden, den »Hyde« in ihnen zu neutralisieren, der sich immer gegen mich wandte, und versuchen, den »Jekyll« in ihnen ins Leben zu rufen.

So begann eine neue Kampagne. Zuerst freundete ich mich wieder mit Aisha an, denn sie war immer diejenige von beiden gewesen, die sich mir gegenüber freundlicher verhielt. Diese Annäherung erfolgte über die Literatur: Sie las auch gern, und wir gaben uns den Spitznamen »die Literaten«. Als wir uns wieder zusammen zum Mittagsschlaf hinlegten, pflegten wir unsere Beziehung so intensiv, dass ich irgendwann einige meiner Gedichte mit ihr teilte: die, die ich über Roddys und meinen Schmerz darüber, von ihm getrennt zu sein, geschrieben hatte. Meine bösen Gedichte, in denen ich den Dunklen Lord lächerlich machte, zeigte ich ihr dagegen nicht!

Ich glaube, meine Worte halfen Aisha dabei, meine Gefühle zu verstehen. Sie wirkte sehr bewegt, das sah man deutlich, und oft hatte sie Tränen in den Augen, wenn ich beschrieb, wie es sich anfühlte, nie einen Freund gewinnen und behalten zu dürfen. Außerdem sprach ich mit ihr über die Ansicht, dass eine Ideologie nie über die Menschlichkeit erhoben werden dürfe: Wenn die eigene Überzeugung dafür verantwortlich war, dass ein anderer litt, war das falsch. Ich denke, das öffnete ihr in gewisser Hinsicht die Augen und brachte sie dazu, mich mit größerer Anteilnahme zu behandeln.

Doch obwohl sie mir ein gewisses Mitgefühl entgegenbrachte, bot sie mir nicht an, mir bei der Flucht zu helfen; sie schien an keinerlei Veränderung interessiert. Inzwischen glaube ich, dass sie zu große Angst hatte, sich AB entgegenzustellen. Aber damals interpretierte ich ihr Verhalten so, dass ihre eigene Haut ihr wichtiger war als ich; darum nannte ich sie heimlich *Wurmschwanz*. Ich konnte einfach nicht verstehen, dass irgendjemand behauptete, ich wäre ihm wichtig, und mich trotzdem dazu zwingen wollte, an diesem Ort zu bleiben.

Während Aisha und ich miteinander flüsterten, hörte uns jemand zu: Josie stand draußen vor der Tür und lauschte. Natürlich trug sie das Ganze Bala zu. Ich musste mich ihr auch annähern und versuchen, ihr dabei zu helfen, mich zu verstehen, damit sie nicht mehr das Bedürfnis empfinden würde, mich zu melden. Darum forderte ich Josie dazu auf, sich mittags mit uns hinzulegen: eine freundliche Geste. Obwohl wir ständig aufeinandersaßen und sie oft diejenige war, die mich bewachen musste, hatte ich ihre Anwesenheit immer klar und deutlich abgelehnt. Außerdem machten wir jetzt zusammen Mittagessen und kochten Gemüsesuppen. Josie war eine fantastische Köchin, und ich achtete darauf, ihre Fähigkeiten immer zu loben.

Als Kind hätte man mich deswegen in bösem Ton ermahnt, aber ich hatte in Josie dieselbe Sehnsucht nach Anerkennung erspürt, die auch ich in mir trug. Deswegen überwand sie mit der Zeit das große Unbehagen, das sie dabei empfand, und schien es irgendwann sogar zu genießen, wenn ich positive Dinge zu ihr sagte. Das kam innerhalb der Sekte nur selten vor: Obwohl es Josie war, die den größten Teil des Kochens übernahm, hatte Chanda dafür immer nur Kritik übrig (oft gerade dann, wenn sich Josie den ganzen Tag in der Küche abgemüht hatte). Das bedeutete, dass ein freundliches Wort von mir auf genauso aufnahmebereiten Boden fiel wie Wasser bei einer absterbenden Pflanze. Mit der Zeit schien Josie richtig aufzublühen. Ich strengte mich noch viel mehr an, und das, obwohl sie mich weiterhin meldete, denn immerhin tat sie das *seltener*.

Doch weder mit Aisha noch mit Josie teilte ich die Wahrheit, die sich mir im Rahmen meiner Erkenntnis erschlossen hatte. Ich wusste, dass sie wie gefesselt von AB waren und niemals in der Lage wären zu erkennen, dass er irgendetwas falsch machte. Das machte mich traurig, wegen mir selbst und wegen der beiden Frauen. Wie konnten sie nur zulassen, dass man sie so schlecht behandelte? Und sie ließen es nicht nur zu, sie hatten diese Situation auch *selbst gewählt* – das konnte ich einfach nicht verstehen. Mir war keine Wahl geblieben, ihnen jedoch hatte einmal freigestanden, wie sie ihr Leben leben wollten – und sie hatten sich *dafür* entschieden.

Das setzte mir wirklich zu – wie auch die Tatsache, dass sich Josie und Aisha aktiv daran beteiligten, mich gefangen zu halten, selbst als ich meine Strategie entwickelt hatte. *Denn sie waren es, die die Schlüssel in den Taschen hatten.* Wenn ich das metallische Klirren hörte, wurde ich immer ganz mutlos. *Stell dir einfach vor, es ist Geld*, versuchte ich mir einzureden, *es sind gar keine Schlüssel.*

Während die Monate vergingen und ich meine Freundschaftsstrategie weiterverfolgte, bemerkte ich Anzeichen für ihren ständigen inneren Kampf, vor allem bei Josie. Ganz eindeutig war sie hin- und hergerissen zwischen dem Wunsch, AB ergeben zu bleiben, und den positiven Gefühlen, die meine freundliche Behandlung in ihr erwachen ließ. Diesen Kampf zu beobachten, löste Unbehagen in mir aus. Um nicht selbst verrückt zu werden, musste ich daran glauben können, dass sie mir eines Tages vielleicht helfen würde. Ich wollte nichts sehen, was dahingehend Zweifel in mir wachrief. Ich wandte immer den Blick von ihr ab und sprach nicht direkt mit ihr. Wenn ich ihr in die Augen gesehen hätte, so glaube ich, hätte ich nicht weitermachen können.

Denn ich machte mir gar keine Illusionen. Mich mit Josie und Aisha anzufreunden stellte meine einzige Option dar – erstens konnte ich nur so überhaupt darauf hoffen, dieses höllische Dasein ohne Freunde zu überleben, und zweitens brauchte ich sie für meine Flucht. Obwohl mir bewusst war, dass diese Strategie sehr, sehr viel Zeit in Anspruch nehmen würde – und vielleicht auch nie zum Erfolg führte –, musste ich sie einfach verfolgen, denn eine andere Möglichkeit stand mir nicht zur Verfügung.

Trotzdem verlief das Ganze quälend langsam. Hin und wieder

rutschte Josie zurück in den Kessel von Balas siedendem Gift und führte im Flüsterton Gespräche mit ihm. Aber trotz solcher Rückschläge konzentrierte ich mich auf mein Ziel und blieb meiner unsicheren Strategie treu. *Das Ganze wird noch weitere hundert Jahre dauern*, dachte ich, als sich Josie in ihren Freundschaftsbekundungen wie Ebbe und Flut zu mir hinbewegte, um sich dann wieder zurückzuziehen.

Doch auch wenn man mir die meisten Dinge im Leben vorenthielt: Zeit hatte ich mehr als genug …

45. Kapitel: Fremde im Haus

Im Winter 2011 schlug sich in dem immer weiter tobenden Krieg ein unerwarteter – wenn auch ahnungsloser – Verbündeter auf meine Seite. Wie bei allen Konflikten in der Geschichte stellte sich das später als entscheidender Wendepunkt heraus, durch den sich das Gleichgewicht der Kampfgegner zu meinen Gunsten veränderte.

Shobhas Gesundheit war schon längere Zeit nicht mehr gut gewesen. So schlimm das klingen mag: In gewisser Weise war das für mich von Vorteil, denn ABs Zorn richtete sich nicht mehr gegen mich, sondern gegen Shobha, weil sie sich »nicht richtig auf ihn konzentrierte«. Doch obwohl ich glaubte, dass das die Aufmerksamkeit des Dunklen Lords von dem Feind in seiner Mitte – mir – ablenkte, gab nicht seine Wut auf Shobha den Ausschlag. Stattdessen war es Chanda, die die Entscheidung herbeiführte, auch wenn sie davon überhaupt nichts ahnte.

Nach Ohs Tod 2004 hatte Josie den größten Teil von Shobhas Pflege übernommen. Weil Shobha nun noch mehr Hilfe brauchte, wurde Josie immer häufiger dafür getadelt, dass sie nicht genug tat. Das schien mir falsch, denn Josie erfüllte diese Pflichten sehr gut, ohne Bezahlung und aus reiner Herzensgüte. Und weil Shobha immer mehr auf sie angewiesen war, sah sich Josie auch immer häufiger heftiger Kritik ausgesetzt.

Das war sehr gemein, und Josie tat mir unendlich leid. Wenn

man genau hinsah, hatte sich diese Situation längere Zeit auf eine Eskalation zubewegt, doch vom Winter 2011 an wurde es besonders schlimm. Chanda setzte Josie immer schlimmer zu, weil die angeblich nicht hart genug arbeitete, obwohl Josie ihre *gesamte* Zeit Shobhas, Chandas und ABs Bedürfnissen widmete. Was sie an täglicher Arbeit leistete, war geradezu obszön: Nicht nur, dass sie sich rund um die Uhr um Shobha kümmerte – außerdem kochte Josie, putzte und erledigte sämtliche Einkäufe. Weil Aisha so klein war, übernahm Josie den größten Teil der körperlichen Arbeit, und weil Genosse Simons nicht mehr lebte und uns sein Auto nicht mehr zur Verfügung stand, musste nun Josie die ganzen schweren Einkäufe in die Wohnung schleppen, die in einem Haus oben auf einem Hügel war.

Ich konnte sehen, dass Josie an ihre Grenzen geriet, dass sie manchmal sogar krank wurde deswegen, doch Chanda war mit ihren Leistungen nie zufrieden. Und was nicht gut genug für Chanda war, war auch nicht gut genug für AB. Ich denke, Josie litt am meisten darunter, dass er sich beinahe immer auf Chandas Seite stellte, obwohl sich Josie ihm seit Jahrzehnten völlig ergeben hatte.

Auf diese Weise trieben sie Josie von sich weg – doch in ihrer Arroganz glaubten sie natürlich, Josie werde sie nie im Stich lassen, weil sie sich glücklich schätzen sollte, überhaupt eine Rolle in diesem Haushalt spielen zu dürfen. Wie schon vorher sagte ich zu Josie, Bala müsse wohl unter Chandas Einfluss stehen, sonst würde er sich Josie gegenüber nicht so unfair verhalten. Ich achtete sehr sorgfältig darauf, AB niemals zu kritisieren, obwohl er meiner Ansicht nach ebenso an der Situation schuld war.

Ohne es zu wissen, unterstützte mich Bala darin. Obwohl er sich immer auf Chandas Seite und gegen uns stellte, entging auch sie seinem Zorn nicht. Manchmal sagte er zu seiner Frau: »Du bist so böse!« Diese Gelegenheit ließen Josie und ich uns nie entgehen: AB hatte Chanda kritisiert, deswegen durften wir – wenn wir unter uns waren – das auch, denn wir stimmten ihm ja nur zu. Wenn Chanda sich wie gewohnt wehrte, deutete ich nun Josie gegenüber diesen

Mut als Angriff auf Balas Autorität: »Sieh nur, wie schlecht Chanda meinen Dad behandelt! Wie kann sie es nur wagen, so mit ihm zu sprechen!«

Dann pflichtete mir Josie enthusiastisch bei, nur zu glücklich darüber, Bala gegen seine monströse Ehefrau verteidigen zu können. Weil sie nichts Negatives über AB glauben wollte, machte sie sich die Ansicht zu eigen, die ich ihr nahelegte: dass AB nie zugestimmt hätte, sie zu schlagen, und es nur tat, weil er zu sehr unter Chandas Fluch geraten war. Langsam zeigten sich Risse im einst so engen Kollektivgefüge.

Zu dieser Zeit kam ich dem Versprechen nach, das ich mir selbst als Kind gegeben hatte: Sollte jemals ein anderer meine Hilfe brauchen, würde ich ihm die mit Freuden gewähren. Normalerweise lief es in der Sekte so, dass reihum eine von uns isoliert wurde. Das war immer eines der Dinge gewesen, die ich an der Sekte am meisten gehasst hatte. Jetzt jedoch, als ich mitansehen musste, wie schlecht es Josie erging, stellte ich mich an ihre Seite, um sie zu unterstützen – obwohl sie noch nie dasselbe für mich getan hatte.

Wenn also Bala Josie schlug oder Chanda sie wütend anschrie, sagte ich: »Ich bin für dich da.« Ich umarmte sie sogar manchmal. Zuerst wehrte sich Josie gegen diese körperliche Zuneigung, doch ihre Vorbehalte schwanden schnell, weil sie sich so verzweifelt nach Trost sehnte. Wenn sie weinte, legte ich die Arme um sie und schenkte ihr die Liebe, die mir immer verweigert worden war. Es tat meiner eigenen Seele gut, ihr helfen zu können: Auf diese Weise verbannte ich den Hass, der mein Herz vergiftet hatte, und gab mich stattdessen der Zuneigung hin.

Zum ersten Mal war Josie in der Lage, meine Situation nachzuvollziehen, weil sie nun etwas Vergleichbares durchmachte. Ich denke, sie schämte sich langsam dafür, weil sie mir früher diese Dinge angetan hatte; irgendwann kam der Punkt, an dem sie sich dafür entschuldigte. Es war, als wären ihr die Augen geöffnet worden und als sehe sie die Sekte in einem neuen Licht – zwar waren es nicht die blendenden Strahlen der Erkenntnis, doch die Schatten erhellten sich ausreichend, um sie verstehen zu lassen, dass die Dinge nicht automatisch so gemein und hinterhältig sein mussten wie bisher immer.

Unser Band schien AB nicht zu verunsichern. In gewisser Weise war er sogar ganz froh darüber, denn er sagte ja immer, wir sollten in Harmonie zusammenarbeiten, weil es uns so besser gelingen würde, seine Neue Welt vorzubereiten. Er zog es eindeutig vor, wenn jeder glücklich wirkte, denn es streichelte sein narzisstisches Ego, wenn er den Eindruck gewann, dass alle nur zu froh waren, Teil des Kollektivs zu sein.

Zu jener Zeit hatte ich es längst aufgegeben, um mehr Freiheiten zu bitten, und er interpretierte das so, dass ich das nicht mehr wollte. Wie die Topspione aus meinen Büchern verhielt ich mich möglichst unauffällig im Umfeld des Bösen. Weil er sich in trügerischer Sicherheit wiegte, entwickelte AB ein übergroßes Vertrauen in die Tatsache, dass es ihm gelungen war, die Situation zu stabilisieren.

Das sah man im Jahr 2012 ganz deutlich. AB zeigte uns eine Broschüre mit dem Titel »Schluss mit dem Missbrauch von Erwachsenen in Lambeth«. Er erklärte, er wolle uns zeigen, wie schlecht die Alte Welt war und warum das Kollektiv einen so perfekten Zufluchtsort darstellte, doch jeder Punkt in der Broschüre, der die Anzeichen für einen Missbrauch beschrieb, war *haargenau* das, was er mir und den Genossinnen antat: körperliche Züchtigung, psychischer Missbrauch, Verwahrlosung … Es war alles genau wie bei uns, wir hätten ein perfektes Fallbeispiel abgegeben. Das bewies nur zu deutlich seine Arroganz und seine Selbsttäuschung – er dachte gar nicht daran, dass diese Darstellung bei mindestens einer von uns dazu führen könnte, ihn als Täter zu identifizieren. Aber das war einfach nur typisch für AB.

Im Frühjahr 2012 geschah etwas ganz Außergewöhnliches: Regelmäßig kamen Leute von Draußen in die Wohnung. Shobha brauchte nun so viel Pflege, dass Josie es manchmal nicht allein schaffte. Deshalb wurden zwei Pflegekräfte organisiert, um sie zu unterstützen; erst viermal am Tag, dann zweimal, als die Dinge besser wurden. Vorher war es nur Angehörigen von AB oder Chanda erlaubt gewesen, ins Haus zu kommen, aber diese Frauen hatten *gar nichts* mit der Sekte zu tun.

Mir erschienen die Pflegerinnen wunderschön: Neue Gesichter zu sehen war so erfrischend wie ein Wasserfall in einer von der Sonne beschienenen Bergschlucht. Sie arbeiteten in Schichten, aber am häufigsten kamen Constance und Phyllis. Constance war in den Fünfzigern und Phyllis etwas über zwanzig. Phyllis erschien immer wieder mit einer neuen Frisur, was ich einfach toll fand: Mal mit glattem, mal mit lockigem, schwarzem, blondem Haar – einmal hatte sie es sogar lila gefärbt! Sie brachten frischen Wind ins Haus, den wir bei unseren geschlossenen Fenstern so gut gebrauchen konnten, und jedes Mal, wenn sie kamen und vor dem Badezimmer auf Shobha warteten, schlich ich mich aus dem Zimmer und ging an ihnen vorbei, um sie dazu zu bringen, ein Gespräch mit mir anzufangen.

Ich konnte spüren, dass Chanda das hasste. Sie hielt sich dann immer in Shobhas Zimmer auf und räumte herum, um Ordnung zu machen, aber wenn ich etwas sagte, hörte sie auf, laut Schubladen zuzuknallen. Dann trat eine unheimliche Stille ein, und ich wusste, dass sie lauschte; vielleicht fürchtete sie, ich würde preisgeben, was hier wirklich vor sich ging. Ihre Stille auf der anderen Seite der Tür ließ mich gehemmt und unsicher werden.

Die Pflegerinnen mussten ganz einfach bemerken, dass bestimmte Dinge seltsam waren. Als die Wochen vergingen und es immer wärmer wurde, schwitzten wir alle, weil in der Wohnung geradezu tropische Temperaturen herrschten, und sie riefen überrascht aus: »Warum sind denn die Fenster immer geschlossen?«

»Weil Shobha leicht friert«, gab Chanda brüsk zurück; danach erwähnten sie die geschlossenen Fenster nicht mehr.

Ich machte sie aber auch neugierig. »Warum bleibst du immer im Haus?«, wollten sie wissen. »Warum gehst du nie raus?«

Meine Antwort hatte ich sorgfältig einstudiert: »Ich schreibe«, sagte ich. Das wirkte durchaus plausibel, denke ich – schließlich arbeiten viele Schriftsteller von zu Hause aus –, aber ich hasste es, die beiden anlügen zu müssen.

Ich kann auch nicht sagen, ob ich darin gut war, denn sie machten sich immer noch Sorgen wegen mir. Dann fingen sie an, mich zu umarmen – das überwältigte mich so sehr, dass ich einen Monat später Constance, einer besonders herzlichen Frau, schrieb, sie sei wie eine Mutter für mich. Wenn ich bei ihren Besuchen nicht aus dem Zimmer kam, klopften sie bei mir an und riefen: »Wo bist du denn?«

Eines Tages fragte Constance: »Hast du ein Handy?«

Ich schüttelte den Kopf. Handys hatte ich in der Fernsehwerbung und in den Händen der Leute draußen gesehen, und ich hätte ausgesprochen gern ein eigenes gehabt, aber natürlich war das ein Ding der Unmöglichkeit. »Ich kann damit nicht umgehen …«, setzte ich an.

»Ich will, dass du heute Nachmittag losgehst und dir ein Handy kaufst. Dann können wir miteinander in Kontakt bleiben, falls ich irgendwann nicht mehr herkomme«, sagte sie zu mir.

Ich wand mich, weil mir das Ganze so peinlich war. Wie hätte ich ihr erklären können, warum das nicht ging, ohne dass sie mir nur noch schlimmere Fragen gestellt hätte? Wie konnte ich reagieren, ohne unhöflich zu erscheinen? Nichts wäre mir lieber gewesen, als mit ihr in Kontakt zu bleiben, doch ich wusste, dass das nicht ging. »Ich habe einfach keinen Bezug zur Technik«, sagte ich schwach.

Während die Pflegerinnen bei uns ein und aus gingen, eskalierte die Situation zwischen Josie und Chanda. An einem Abend Mitte April 2012, Constance und Phyllis waren schon wieder weg, befahl Chanda Josie, noch mehr Arbeiten zu übernehmen. »Du strengst dich einfach nicht genug an!«, verkündete sie – das war geradezu empörend, wenn man sich vor Augen führte, was Josie alles leistete.

»Es tut mir leid, Genossin Chanda«, erwiderte Josie höflich. »Ich habe schreckliche Schmerzen im Arm.« Sie hatte sich eine Belastungsverletzung zugezogen, glaube ich, weil sie immer die schweren Einkäufe schleppte. »Wäre es in Ordnung, wenn ich eine Weile ein bisschen weniger mache und dann wieder richtig mithelfe, wenn es mir besser geht?«

»Wovon soll dir denn der Arm wehtun?«, gab Chanda verächtlich zurück. »Du arbeitest doch gar nichts!«

Als Josie und ich später am selben Abend im Wohnzimmer saßen, stürmte Bala wütend herein.

»Was fällt dir ein, dich Chanda gegenüber so gemein zu verhalten?«, fuhr er Josie an. »Warum weigerst du dich, mit ihr zusammenzuarbeiten?«

Normalerweise hätte Josie sofort vor AB gekuscht, doch was ihm Chanda von dem Gespräch berichtet hatte, war so offensichtlich einseitig und erwähnte Josies Verletzung in keiner Weise, dass sie dieses Mal einfach nicht schweigen konnte. »Es tut mir leid, AB«, setzte sie an. »Ich habe nur gesagt …«

Klatsch! Mit aller Macht schlug ihr Bala ins Gesicht – einmal, zweimal, dreimal. Die Wucht seiner Schläge schleuderte ihren Kopf zurück, und sie wurde feuerrot im Gesicht.

»Niemand stellt sich zwischen mich und Chanda! Du hast ABs Familie zu verehren!«, brüllte er.

Ich stand Todesängste aus. Ich wollte schreien, ihn zurückhalten. In diesem Augenblick konnte ich nichts tun, aber ich dachte: *Ich werde Constance und Phyllis sagen, was hier vor sich geht!*

Als wäre ABs Gewaltausbruch Josie gegenüber nicht schon schlimm genug, streckte Aisha in diesem Moment den Kopf durch die Tür, weil sie sehen wollte, was passierte. Nur aus diesem Grund schlug AB auch auf sie ein; fast wäre sie umgefallen. Sie hatte noch nicht einmal irgendetwas gesagt. Er fiel über sie her, weil sie den Raum betreten hatte.

Selbst wenn AB uns die Broschüre über den Missbrauch von Erwachsenen nicht gezeigt hätte, hätten mich seine Angriffe auf Josie und Aisha an diesem Abend davon überzeugt, dass ich hier Zeugin häuslicher Gewalt wurde.

Ich werde auf keinen Fall über das schweigen, was hier vorgeht, dachte ich. Deswegen ging ich sofort in mein Zimmer, nachdem AB uns allein gelassen hatte, und begann einen Brief an Constance und Phyllis zu schreiben.

46. Kapitel: Der Brief

Was ich hier tue, ist extrem gefährlich. Wenn irgendjemand hier im Haus davon erfährt, bin ich in Todesgefahr. Aber ich muss euch etwas sagen: Hier lebt ein sehr böser Verrückter. Er hält zwei Frauen als Sklavinnen. Ich bin seine uneheliche Tochter, und er hält mich hier gefangen. Er hat mir noch nie erlaubt, allein nach Draußen zu gehen. Er gestattet mir nicht, Freunde zu haben, ich darf nicht arbeiten, nicht einmal zur Schule hat man mich geschickt … Er ist größenwahnsinnig, und die Frauen hier im Haus wurden einer Gehirnwäsche unterzogen und sind ihm völlig verfallen.

Gestern Abend hat dieser böse Irre seine beiden Sklavinnen zusammengeschlagen … Ich habe große Angst und habe mich nie zu handeln getraut, aber jetzt, wo ich sehe, wie er meine Freundinnen fast totschlägt, kann ich es nicht mehr ertragen.

Ich fürchte auch um mein Leben. Er hat alle Türen und Fenster hier abgeschlossen und droht damit, meinen Freundinnen etwas anzutun, wenn ich zu fliehen versuche … Weil ich sonst keine Angehörigen habe, stehe ich ganz unter seiner Kontrolle – es gibt niemanden, der mich beschützt. Ich bin nirgendwo offiziell erfasst …

Sie lassen mich nichts machen, ich darf nicht einmal an die Tür oder ans Telefon, weil sie nicht wollen, dass das Geheimnis ans Licht kommt … Aber mir reicht es. Ich kann nicht zulassen, dass meine Freundinnen getötet werden, und ich selbst will auch nicht sterben. Ich will, dass die Polizei von allem erfährt.

Bitte helft mir! *Ich will in Freiheit und als normaler Mensch leben, und ich hoffe, dass meine beiden Freundinnen das auch irgendwann wollen, aber sie stehen unter seinem Bann und können gar nicht erkennen, dass er irgendetwas falsch macht.*

Wenn ihr das hier gelesen habt, gebt den Brief bitte in der Polizeistation ab – anonym, wenn möglich. Ich danke euch schon jetzt, ihr rettet mir das Leben. Das ist sehr, sehr ernst, und ich werde Polizeischutz brauchen, damit meine Sicherheit garantiert wird. Dieser Mann wird mich töten, ohne mit der Wimper zu zucken, wenn er auch nur ahnt, dass ich ihn anzeige. Ich bin wirklich verzweifelt, sonst würde ich das hier nicht tun. Bitte sorgt dafür, dass niemand von diesen Leuten davon erfährt. Falls etwas herauskommt, bin ich tot!!!

Ich unterschrieb mit »Rosie«, denn so nannten mich Josie und Aisha inzwischen; es war der Name, den Roddy mir gegeben hatte.

Als ich am nächsten Morgen aufwachte, war ich fest entschlossen, den Brief Constance zu geben. Aber während ich auf sie wartete, stellte ich fest, dass alles ruhig geworden war, als hätten alle die Schrecken der vergangenen Nacht vergessen, obwohl das auf mich nicht zutraf. Jetzt, wo alles um mich herum ruhig und normal war, dachte ich wieder über meinen Plan nach, besonders über die möglichen Konsequenzen.

Wie gut kannte ich Constance und Phyllis wirklich? Konnte ich ihnen vertrauen? Konnte ich davon ausgehen, dass sie die Diskretion und Vorsicht walten ließen, die die Situation erforderte? Ich wusste, dass sie beide starke Frauen waren – wenn sie glaubten, irgendetwas wäre falsch, trauten sie sich, das auch laut zu sagen. Was, wenn sie Chanda oder Bala direkt auf meinen Brief ansprachen? Um Gottes willen, das wäre eine *absolute* Katastrophe! Trotzdem konnte ich mir sehr gut vorstellen, dass es so kam. Die Frauen hatten ja keine Ahnung davon, dass eine so mutige Reaktion mich und die anderen in große Gefahr bringen würde.

Und selbst, wenn sie zuerst zur Polizei gingen: Würde man ihnen glauben? Sie waren keine Respektspersonen, die überzeugend formulieren konnten: Sie waren einfache Frauen mit einer schlecht bezahlten Arbeit. Vielleicht würde man ihnen gar nicht zuhören, und dann finge für mich alles wieder von vorne an – nur mein Risiko wäre größer geworden.

Obwohl ich spürte, wie mir meine Chance, auf uns aufmerksam zu machen, durch die Finger glitt, blieb ich zu ängstlich, als dass ich hätte handeln können, hatte zu große Angst vor den Konsequenzen, wenn das Ganze schiefging. Man brauchte sich ja nur anzuschauen, wie sich mein Leben seit dem 2. Mai verändert hatte; die ganzen Privilegien waren mir entzogen worden, seit ich zu fliehen versucht hatte. Ich war nicht sicher, ob ich weitere Einschränkungen ertragen hätte. Und wenn Josie und Aisha herausfanden, was ich getan hatte, würden auch sie sich auf ABs Seite stellen und mich wieder ausschließen.

Nein, entschied ich. *Es ist besser, wenn ich alles so lasse, wie es ist. Ich werde meine Strategie weiterverfolgen. Das ist meine beste Option.*

Die Pflegerinnen kamen im Mai 2012 zum letzten Mal. Ich schenkte beiden jeweils ein Gedicht, das ich ihnen zum Abschied geschrieben hatte. Ich weinte, als ich sie zum Abschied umarmte; die Heftigkeit meiner Gefühle schien sie zu überraschen.

»Wenn du ein Handy hast«, sagte Constance wieder, »dann kann ich dich anrufen …«

Doch ich wusste, ich würde sie nie wiedersehen.

Wieder allein. Und doch nicht allein – denn jetzt hatte ich Josie und Aisha. Die Wochen des Jahres 2012 vergingen, und wir drei rückten immer enger zusammen, weil uns die gemeinsame Ablehnung von Chanda verband, aber auch, weil uns unsere gegenseitige Zuneigung glücklich machte. Wir umarmten einander, ohne dass Bala es wusste, und das war wunderschön. Diese Umarmungen drückten ehrliche Anteilnahme aus, sie war nicht wie diese widerlichen Schmuse-Einheiten, die er mir immer noch aufzwang.

Als sich das Jahr dem Ende zuneigte, zeigten die Monster des Dunklen Lords immer deutlicher ihre Grausamkeit. Mit meiner Gesundheit, die seit jeher von schlechten Phasen geprägt war, ging es rapide bergab. Obwohl ich aß wie ein Pferd, verlor ich alarmierend rasch Gewicht. Josie machte sich Sorgen. Jedes Mal, wenn ich auf die Waage stieg, hatte ich noch mehr Kilos verloren. Das war einfach nicht normal. Josie wurde so unruhig wegen meiner Gewichtsabnahme, dass sie wagte, sie gegenüber AB und Chanda anzusprechen – ihnen war das Ganze jedoch scheißegal.

»Ach, sie ist einfach magersüchtig«, schnaubte Chanda verächtlich. »Sie ist von ihrem Gewicht besessen, weil sie schöne Kleidung anziehen will.«

Da sie so reagierten, sagten wir ihnen nichts von einer anderen Erkrankung: Ich hatte »da unten« einen starken Juckreiz. Das ging schon seit einigen Jahren so. Auf seltsame Weise war ich sogar erfreut gewesen, als das losging; ich hatte mich gefragt, ob es wohl eine Geschlechtskrankheit war, die ich mir beim Sex mit Roddy zugezogen hatte: eine Art Souvenir. Aber als ich mich Josie anvertraute, teilte sie meine positive Einstellung nicht. Sie machte sich Sorgen.

Im Jahr 2012, als ich erklärte, dass es mich immer noch sehr juckte, teilte sie mir mit, sie habe noch einmal mit Bala darüber gesprochen: »Glaubst du, es ist eine Geschlechtskrankheit?«, hatte sie gefragt.

Doch er hatte nur gelacht. »Sie hat doch nie mit Roddy Sex gehabt«, sagte er spöttisch, »wie soll es also eine Geschlechtskrankheit sein?«

Weil sich meine sogenannten Eltern überhaupt nicht für meine Beschwerden interessierten, tat Josie ihr Bestes, um das zu übernehmen. Sie kochte mir Salbeitee, und irgendwie fühlte ich mich dadurch ein bisschen besser. Überhaupt stellte ich fest, dass ich sehr viel trinken musste – Salbeitee, Wasser, Kaffee, Milchshakes, Fruchtsaft, alles schüttete ich in mich hinein! Wir hatten in der Küche ein paar Halblitergläser, und ich trank regelmäßig sieben oder acht davon hintereinander aus. Aber egal, wie viel Tee Josie mir kochte, sie konnte nicht verhindern, dass sich manchmal ein dunkler Schleier über meine Augen legte. Zu dieser Zeit war ich so erschöpft, dass ich feststellte, unsere Mittagsschläfchen richtiggehend zu brauchen.

Josie kümmerte sich um mich und machte sich immer größere Sorgen; sie sagte nicht einmal zu mir, ich solle mich auf Bala konzentrieren. Ich nannte sie jetzt »Mum«, weil ich so dankbar für ihre Liebe und Zuwendung war, und weil sie mir zuhörte, ohne mich zu verraten. Sie traute sich sogar, die Fenster in der Wohnung aufzumachen, damit ich ein wenig frische Luft bekam, auch wenn sie sehr darauf achtete, dass ich nie allein im Zimmer blieb, während sie das tat. Am vielversprechendsten war jedoch, dass sie ihr Verhalten auch dann nicht änderte, als Bala und Chanda sie dafür tadelten, »Zeit zu verschwenden«, indem sie sich um mich kümmerte.

Es war etwa um die Weihnachtszeit, als Josie einen unglaublichen Vorschlag machte: Sie wollte mich in ein Krankenhaus bringen, damit man mich untersuchte. Dieser Gedanke war mir nie gekommen – ich wusste, ich hätte so etwas ohne Hilfe unmöglich geschafft, doch Josie schien fest entschlossen, mich zu begleiten. Innerlich sprang ich vor Freude auf und ab: Was für ein Meilenstein! Dass sie jemals an einen Punkt kommen könnte, an dem sie sich Balas Anweisungen auf so offensichtliche Weise widersetzte, hätte ich nie zu hoffen gewagt!

Gleichzeitig hatte ich Angst; wenn wir das Krankenhaus aufsuchten und sich herausstellte, dass ich eine chronische Krankheit hatte, würde Bala das benutzen, um mich noch mehr zu kontrollieren. Deswegen lehnte ich ihren Vorschlag ab, aber es erfüllte mich mit großer Hoffnung, welche Entwicklung sie durchgemacht hatte. Konnte ich sie vielleicht zu einem weiteren Schritt überreden – vorschlagen, nicht nur ins Krankenhaus zu gehen, sondern die Sekte für immer zu verlassen?

Ich wusste, dass ich einen so radikalen Plan nicht selbst vorschlagen konnte. *Sie* musste es sein, die den Gedanken an Flucht aussprach. Wenn sie einen solchen Plan irgendwann wieder aufgab, würde sie sonst sagen, ich hätte sie dazu verführt. Wenn sie es jedoch selbst war, die das Ganze aufbrachte, konnte ich mich sicher fühlen.

Deswegen sagte ich jetzt immer öfter Dinge wie: »Ich glaube, ich werde hier sterben. Wir müssen meine Gesundheit untersuchen lassen, aber wir können nicht ins Krankenhaus. Chanda wird nicht wollen, dass man mir solche Aufmerksamkeit schenkt, und Bala wird es mir nicht erlauben können, weil sie ihn mit einem Fluch belegt hat. Wahrscheinlich werde ich einfach hier sterben …«

Meine Bemühungen blieben nicht ohne Wirkung. Meine Mutter, Oh und der Genosse Simons waren alle unter Umständen gestorben, die sich unter gewissen Bedingungen hätten vermeiden lassen, wenn sie rechtzeitig ärztliche Hilfe bekommen hätten. (Genosse Simons war 2006 an Krebs gestorben; obwohl er sich über Monate »auf Bala konzentriert« hatte.) Ich vermute, dass all das Josie ebenfalls umtrieb. Wenn sie mir nicht half, würde es mir dann so übel ergehen wie den anderen? Was wurde in diesem Fall aus ihr, ohne meine Freundschaft in dieser Sekte, in der alle einander niedermachten?

»Ehe das Jahr 2014 zu Ende geht, werde ich diesen Dunklen Turm verlassen haben«, prophezeite ich ihr. »Entweder als freier Mensch oder in einem Sarg …«

Am 7. Januar 2013 wurde ich dreißig. Wir gingen nicht nach Draußen …

Am Vortag hatte mir Roddy durch das Fenster zugewinkt: Dieser Vorfall wühlte mich schrecklich auf, weil ich *nichts* auf der Welt lieber getan hätte, als zu reagieren, doch ich hatte zu große Angst.

Aber ich verdoppelte daraufhin meine Anstrengungen, Josie zu beeinflussen. Immer wieder sagte ich, wie verzweifelt mir zumute war. Inzwischen war mir klar geworden, das Roddy vielleicht nichts zu fürchten hatte, wenn wir das Kollektiv verließen – was hätte Bala der Polizei schon sagen sollen? Die Nacht vom 4. November war inzwischen so lange her, da wäre es doch seltsam, nach all diesen Jahren einen versuchten Einbruch zu melden?

Langsam bearbeitete ich Josie. Ein Seufzer hier, ein bisschen Weinen dort, und während dieser ganzen Zeit wurde ich immer dünner …

Dann, irgendwann Anfang des Jahres 2013, sprach sie die Worte aus, die zu hören ich schon jede Hoffnung aufgegeben hatte: »Warum versuchen wir nicht, irgendwie hier rauszukommen?«

47. Kapitel: Kleine Schritte

Ich traute meinen Ohren kaum. All die harte Arbeit hatte sich gelohnt! Inzwischen glaubte Josie, AB sei mit einem solchen Fluch belegt, dass alles, was er an Unfairem tat – dazu gehörte es, mich einzusperren –, auf Chanda zurückzuführen war. Sie sagte mir, wie leid es ihr tat, dass sie dabei mitgeholfen hatte; der Gedanke, dass sie geglaubt hatte, damit während dieser ganzen Zeit AB zu folgen, erfüllte sie mit Ekel, erklärte sie mir, denn stattdessen hatte sie getan, was Chanda wollte!

Der Vorschlag zu gehen richtete sich folglich nicht gegen Bala, sondern gegen *Chanda*, und das konnte Josie durchaus unterstützen. Josie glaubte, AB würde es gut finden, wenn sie mir half, weil er mich nicht *wirklich* in Ketten legen wollte – es war nur der Teil von ihm, der unter dem Einfluss von Chanda stand, der mich einer solchen Grausamkeit unterwarf. Auch wenn Josie das gern getan hätte, erklärte ich ihr, wir könnten ihm nichts von unseren Plänen sagen, weil der Teil von ihm, der mit dem Fluch belegt war, immer noch die Oberhand hatte.

Auch Aisha erzählten wir nichts von unseren Fluchtplänen. Sie bekam immer wieder Albträume und schrie im Schlaf, und ich hatte Angst, sie würde dann aus Versehen etwas preisgeben und damit alles kaputtmachen.

Obwohl Josie jetzt den Gedanken laut geäußert hatte, war es nicht so leicht, einen konkreten Plan zu entwickeln. Josie wusste zwar viel mehr über die Draußen-Welt als ich, doch auch sie war über drei Jahrzehnte lang Teil eines geschlossenen Kollektivs gewesen. In dieser ganzen Zeit hatte sie Draußen nicht mehr Freunde gewonnen als ich, und von ihrer Familie hatte sie sich losgesagt. Wohin sollten wir flüchten?

Die Lösung kam von unerwarteter Seite: von AB. Eines Tages zeigte er mir eine Broschüre über *Centrepoint*, eine Wohltätigkeitsorganisation für Obdachlose. Die Broschüre hatte der Zeitung *The Observer* beigelegen. Vermutlich wollte er, dass ich die Information in meiner Eigenschaft als seine zukünftige Kinderministerin zur Kenntnis nahm; weil ich mich jetzt ein paar Jahre lang unauffällig verhalten hatte, so denke ich, glaubte er, ich wäre bereit, wieder Teil seiner »Regierung« zu werden.

Ich studierte die Broschüre gründlich und erfuhr, dass Centrepoint ein geschütztes Haus für junge Leute errichtet hatte, die weggelaufen waren: Dort durften sie bleiben, bis sie sich eine Basis geschaffen hatten und allein leben konnten.

Ich zeigte die Broschüre Josie. »Ich wünschte, es gäbe so einen Platz für *mich*«, sagte ich sehnsüchtig. Ich wusste, ich würde Draußen ein wenig Hilfe brauchen, und diese Aufnahmestation schien mir perfekt geeignet.

»Ja, vielleicht können wir etwas unternehmen«, sagte Josie und nahm mir die Broschüre aus der Hand. »Vielleicht kann ich diese Leute ja von einer Telefonzelle aus anrufen, wenn ich das nächste Mal mit Aisha einkaufen gehe.«

Sie hielt ihr Versprechen, doch sie kam mit schlechten Neuigkeiten zurück. Diese Einrichtungen waren nur für junge Leute. Schon mit dreißig Jahren war ich zu alt dafür. Bei Centrepoint nannte man ihr Adressen von anderen Frauenhäusern, und Josie probierte ein paar davon aus, aber einmal bekam sie keine Antwort, und die anderen funktionierten über eine Terminvergabe; eine solche Verabredung hätten wir niemals wahrnehmen können, weil wir in Balas Zeitplan und seinen Regeln gefangen waren. Dieses System konnte uns nicht weiterhelfen.

Doch trotz dieses ernüchternden Rückschlags verlor ich die Hoffnung nicht. Denn durch alles, was sie bisher getan hatte, wusste ich, dass Josie nun wirklich auf meiner Seite stand. Es fühlte sich ein bisschen so an wie damals, als Roddy mich besucht hatte. Als könnte ich es mit der Welt aufnehmen. Solche Macht haben Freunde. Und es fühlte sich auch so an, als könnte ich es noch eine Weile im Kollektiv aushalten, bis sich eine günstige Gelegenheit ergeben würde, weil ich jetzt Josie hatte. Zusammen, so glaubte ich, konnten wir das Unmögliche erreichen.

Der Sommer 2013 kam. Eifersüchtig beobachtete ich vom Fenster aus, wie die Leute Draußen leichte Kleidung in fröhlichen Farben trugen und ihre von der Sonne gebräunte Haut zur Schau stellten. Ich selbst war im Vergleich dazu grau und blass: Mit meinem orangefarbenen Make-up verbarg ich das, so gut ich konnte, aber es war kein Ersatz für ein gesundes Strahlen, und es konnte mir auch kein Fleisch auf die Wangen zaubern, wo ich keines hatte. Ich wog inzwischen nur noch knapp achtundvierzig Kilo, hatte also fast fünfzehn Kilo verloren, und fühlte mich sehr schwach.

Das einzig Positive war, dass mir Bala wieder erlaubte, mit ihm einkaufen zu gehen. Ein paar Monate vorher war Chanda ins Krankenhaus gekommen, und ich hatte ihn gebeten, aushelfen zu dürfen, während sie krank war. Weil er glaubte, ich wolle mithelfen, um mich für das Kollektiv einzusetzen, hatte er zugestimmt, und jetzt begleitete ich ihn regelmäßig zu den Geschäften. In Wirklichkeit sehnte ich mich einfach sehr nach einer neuen Freiheit, und die nutzte ich auch bald gut aus. Obwohl ich Roddy nicht länger auf die alte Art und Weise Briefe schicken konnte, weil ich diese Methode dummerweise in der Schreckensnacht AB gestanden hatte, fand ich eine neue Möglichkeit: Auf dem Rückweg von den Geschäften, während Bala vor mir damit beschäftigt war, die Tür zu öffnen, nahm ich schnell einen Brief aus der Handtasche und steckte ihn rasch in Roddys Briefkasten.

Oh, wie gut es sich anfühlte, wieder mit meinem Liebling kommunizieren zu können! In meinem ersten Schreiben erklärte ich ihm alles – wie man mich während der letzten vier Jahre eingesperrt und wie ich Qualen ausgestanden hatte, um seine Sicherheit zu garantieren. Ich teilte ihm mit, dass ich ihn mehr liebte als je zuvor, flehte ihn jedoch an, vorsichtig zu sein: Er durfte nicht die Konfrontation mit meinen Kerkermeistern suchen oder irgendetwas anderes probieren, um mich zu befreien. Er hielt sich genau an meine Anweisungen.

Als der Sommer seine langen, goldenen Finger über uns ausstreckte, planten Josie und ich dieses Wiedersehen immer weiter. Ich glaube, zuerst hatte Josie gedacht, ich würde das Kollektiv allein verlassen, doch je länger wir das Ganze besprachen, desto unsicherer schien es, dass ich Draußen allein zurechtkommen würde, deswegen erklärte sie schließlich, sie würde mich begleiten. Das tat sie mit großem Widerwillen, weil Bala ihr so wichtig war, aber sie folgte ihrem wahrhaft guten Herzen und entschied sich dafür, die Flucht zu meinen Gunsten vorne anzustellen. Wir gingen in Gedanken Leute durch, bei denen wir vielleicht bleiben könnten – Josie nannte ein paar Namen aus der Vergangenheit, ich hingegen schlug meine Freunde aus dem Waschsalon vor. Als ich meinte, ein Handy könne uns sehr viel nutzen, kaufte Josie eines. Wir trugen dort die Kontaktdaten der wenigen Leute ein, die wir kannten, wählten jedoch nie auch nur eine einzige Nummer. Es war zu gefährlich: Was, wenn jemand von ihnen hierherkam und uns verriet?

Wir schworen uns, das Handy erst zu benutzen, wenn wir Draußen waren, und ließen es die ganze Zeit stumm geschaltet.

Doch schon es in der Hand zu halten vermittelte mir eine größere Nähe zur Freiheit. Das fühlte sich einfach fantastisch an. Chanda hatte ein Handy, aber uns anderen hatte Bala dieses Privileg immer verwehrt. Ich verbrachte Ewigkeiten damit, einfach damit herumzuspielen – es war ein Nokia-Apparat in Silber und Schwarz. Dabei versuchte ich zu lernen, wie man es benutzte. Am Anfang war das seltsam, aber irgendwann gelang es mir. Ich sehnte mich danach, auf den Knopf zu drücken, der mich mit anderen verbinden würde, aber ich gab der Versuchung nicht nach. Nach unserer Flucht würde genug Zeit für Telefonanrufe bleiben.

Trotzdem tat sich Josie mit allem schwer: »Ich komme einfach im Kopf nicht damit zurecht«, sagte sie einmal zu mir.

»Wir nehmen uns so viel Zeit, wie wir brauchen«, sagte ich geduldig. Ich hatte dreißig Jahre auf die Freiheit gewartet, ein wenig länger konnte ich jetzt schon noch durchhalten. »Wann, glaubst du, bist du bereit zu gehen?«

Sie holte tief Luft. »Im Juni 2014«, gab sie zurück.

Für mich war das eine bittere Enttäuschung – *nicht noch ein ganzes Jahr hier!* –, doch zugleich wusste ich, dass es klüger war, mich auf Josies Tempo einzustellen, als dass ich sie gedrängt hätte und unsere langjährigen Pläne damit zerstörte

Von da an fantasierte ich ständig von unserer Flucht: Mein erster Schritt nach Draußen, meine erste Reise in Freiheit, die erste Nacht, die ich allein Draußen schlafen würde – in dreißig Jahren hatte ich nie auch nur eine einzige Nacht außerhalb des Kollektivs verbracht. Außerdem träumte ich davon, zum ersten Mal meine Großmutter zu treffen. Ich stellte mir vor, Ceri würde mich umarmen und ausrufen: »Meine Enkelin, dich hatte ich so lange verloren! Wie lange ich auf dich gewartet habe!« Dann würde ich »Ja, Gran, ich auch!« sagen. Und wir würden beide weinen, uns umarmen und wieder weinen …

Diese Fantasien wurden für mich zu heißgeliebten Spielzeugen. Tag und Nacht packte ich sie in meiner Vorstellung aus und spielte sie immer und immer wieder ab, spulte zu meinen Lieblingsstellen und drückte dann wieder auf die Play-Taste. Damit konnte ich mich stundenlang unterhalten.

Irgendwann bat ich Josie, meine Aufzeichnungen zu kopieren. Viele meiner Gedichte waren mit einer Tinte geschrieben, die bei Nässe verlaufen würde. Ich wollte sie unbedingt mit mir nehmen, weil es sich ansonsten so anfühlen würde, als hätte ich den wichtigsten Teil von mir zurückgelassen. Ich war mir sicher, Bala würde alles aus Rache verbrennen, sobald er entdeckte, dass wir weg waren, und diesen Gedanken konnte ich nicht ertragen. Das war auch der Grund, weshalb unsere Flucht so detailliert geplant werden musste. Wir konnten nicht einfach spontan die Flucht ergreifen.

Ich verriet Josie auch, dass ich Geld gespart hatte, und zog die im Schrank versteckte Tüte voller Münzen hervor. In den vier Jahren seit meiner Erkenntnis war es mir gelungen, über 200 Pfund zusammenzubekommen. Josie tauschte die vielen Münzen in Banknoten um, damit das Geld nicht so schwer zu tragen war.

Die ganze Zeit flüsterten wir über unsere Pläne für den Aufbruch. Eine neue Idee entstand: Vielleicht sollte ich versuchen, allein nach Draußen zu gehen, bevor wir wirklich das Kollektiv verließen. Als eine Art Übung, um mich auf meine eigene Neue Welt vorzubereiten. Also suchten wir uns einen Tag, von dem wir wussten, dass AB, Chanda und Shobha mehrere Stunden außer Haus sein würden. Es war der 29. August 2013. Josie jagte mir an diesem Morgen einen schlimmen Schrecken ein. Aus heiterem Himmel erklärte sie voller Leidenschaft: »AB ist mein Retter, und ohne ihn habe ich kein Leben mehr!«

Mir klopfte das Herz bis zum Hals – jetzt musste ich ganz genau aufpassen, was ich tat. Deswegen versprach ich ihr, wenn sie mir erst einmal nach Draußen geholfen hätte, nach unserer richtigen Flucht, könnte sie immer noch zurück, wenn sie das wollte … Ich hoffte wirklich, dafür würde sie sich nicht entscheiden; erstens weil ich mich um ihre Gesundheit sorgte und nicht wollte, dass sie wie Oh endete, zweitens weil ich fand, sie verdiene ein besseres Leben als eines, in dem man sie wie eine Sklavin behandelte, und drittens weil ich wusste, dass sie großes Potenzial dafür besaß, der Welt etwas Positives zu schenken, und ihr stand die Gelegenheit zu, die Flügel auszubreiten und zu fliegen. Doch das Leben ohne AB war für Josie nicht das Paradies, das ich vorhergesehen hatte. Ich konnte erkennen, dass sie sich alles ganz ernsthaft neu überlegte, aber meine

Worte schienen sie zu beruhigen. Zusammen gingen wir zu der Tür, die in den Vorgarten führte, und ich verließ allein das Haus. Von meinem Fluchtversuch am 2. Mai einmal abgesehen, war es das erste Mal in meinem Leben, dass ich so etwas tat, und es fühlte sich ganz anders an, weil ich diesmal Josies Erlaubnis hatte. Ich wandte mich wieder zu ihr um; sie stand im Türrahmen und wartete auf mich. »Jetzt bin ich zum ersten Mal allein nach Draußen in den Garten gegangen!«, rief ich aus. Das Gefühl war einfach überwältigend.

Josie umarmte mich; ich denke, sie begriff, wie großartig diese Gelegenheit für mich war. Als wir einander wieder losließen, drehte ich mich um und ging langsam über den Weg durch den Garten zum Tor. Als ich es erreichte, fühlte ich mich gleichzeitig aufgeregt und niedergeschlagen. *Wie muss ich denn …?* Es war so seltsam, die Hand auszustrecken und den Öffnungsmechanismus zu bedienen. Doch das Tor öffnete sich, und ich trat hindurch. Ich erinnere mich noch, wie ich mir wünschte, Roddy wäre in der Nähe und könnte mich grüßen, aber in letzter Zeit hatte ich ihn nicht mehr so oft gesehen.

Mit gesenktem Kopf legte ich die kurze Strecke zu Tesco Express um die Ecke zurück. Diesen Weg war ich schon viele Male zuvor mit Bala gegangen, deswegen war es relativ einfach, das Ganze nachzuvollziehen und sich die Strecke zu überlegen. Als ich die Ampel erreichte, zögerte ich jedoch kurz, weil ich mich davor fürchtete, die zweispurige Straße zu überqueren. Bisher hatte mir immer Bala gesagt, wann ich losgehen sollte – eigentlich nicht einmal das. Ich lief einfach los, wenn er loslief, und wenn er stehen blieb, blieb ich auch stehen. Weil ich mich immer an ihn hielt, hatte ich nie bemerkt, welche Signale ihm verrieten, dass es jetzt sicher war; man hatte mich immer ermahnt, nicht zu glotzen. Jetzt musste ich diese wichtigen Entscheidungen selbst treffen, und das wirkte unglaublich schwierig: Woher wussten die Leute denn, wann es sicher war, einen Fuß auf die Straße zu setzen?

Zum Glück war gerade nicht viel los, und es gab nur wenig

Verkehr. Ich wartete, bis ganz eindeutig eine Lücke entstand, und huschte über die Straße, wobei mir das Herz bis zum Hals schlug, erst vor Angst und dann vor Erleichterung, weil ich es geschafft hatte!

Bei Tesco schlenderte ich ziellos herum, und der Zehnpfundschein, den mir Josie gegeben hatte, brannte mir fast in der Handtasche. *Ich kann mir kaufen, was immer ich will*, dachte ich voller Staunen. Diese Vorstellung war völlig überwältigend. *Was nur, was nur …* Schließlich wählte ich ein Paar Strumpfhosen und irgendetwas mit Schokolade. Der Akt, zu kaufen, *was immer ich wollte*, war eine solche Befreiung! Ich ging an die Kasse und stellte mich an, schaute genau zu, was die anderen Leute taten, und imitierte sie. Als ich an der Reihe war, streckte ich dem Mann an der Kasse enthusiastisch den Schein hin und nahm das Wechselgeld entgegen. Zum Glück war ich unter zehn Pfund geblieben. Wie Geld und Kaufen funktionierten, begriff ich noch nicht ganz, aber ich hatte erkannt, dass in diesen festgelegten Bewegungen eine Art Austausch stattfand.

Der Ausflug war ein Triumph. Als ich im hellen Licht der Augustsonne zum Haus zurücklief, das Gekaufte in einer Plastiktüte, die an meinem Arm hin und her schwang, fühlte ich mich fast wie eine Frau in Freiheit.

Halte noch ein bisschen durch, sagte ich zu mir selbst, *bald kannst du das jeden Tag tun. Bald …*

48. Kapitel: Das Hilfsangebot

Der Sommer verwandelte sich in den Herbst, und als wäre auch ich ein verwelkendes Blatt an einem Baum, der sich auf den Winter vorbereitete, verlor ich selbst die letzte Vitalität – die wenige, die ich besessen hatte. Ich fühlte mich schwach und matt, und mir war oft schwindlig. Wenn ich nach Draußen zu den Geschäften oder in den Waschsalon ging, fielen mir schon die kurzen Wege hin und zurück schwer. Ständig war ich müde und hatte Durst, und hin und wieder legte sich ein dunkler Schatten über meine Augen. Auch wenn ich mich kaum noch an eine Zeit erinnern konnte, in der ich mich zuletzt richtig gut gefühlt hatte, wirkte das hier außergewöhnlich schlimm.

Um meine Gesundheit war es so schlecht bestellt, dass es mir sogar schwerfiel, die neuen »Trainingserfahrungen« zu genießen, die mir Josie hin und wieder gönnte. Ich unternahm einen weiteren Ausflug nach Draußen, ganz allein; diesmal wählte ich den mir schon vertrauten Weg zur Apotheke und zu einem Discounter. Bei einer anderen Gelegenheit, gegen Ende September, gingen Josie und ich zusammen in Brixton einkaufen – *ohne* AB! Ich versuchte dort im Supermarkt Bier zu bekommen, aber da man an der Kasse dachte, ich wäre noch nicht volljährig, und ich keinen Ausweis hatte, konnte ich nicht beweisen, dass ich schon dreißig war. Josie kaufte das Bier, wir schlichen nach Hause und tranken es zusammen mit Aisha – drei Hauselfen nippten heimlich an ihrem Stella Artois.

Ich selbst fand den Geschmack enttäuschend: Im Fernsehen bekam ich immer den Eindruck, dass die Leute so gern Bier tranken, und ich dachte, wenn deswegen ein solcher Aufstand gemacht wurde, müsste es doch besser schmecken. Wir tranken nicht viel, weil keine von uns daran gewöhnt war – Aisha wurde es komisch im Kopf, und Josie sagte, ihre Beine wären ganz wackelig! Trotzdem mussten wir alle viel lachen.

Dann jedoch, Mitte Oktober, lachte ich nicht mehr. Ich strengte mich an, mich auf die Sechs-Uhr-Nachrichten zu konzentrieren, und fürchtete mich schon vor dem Vampirkotzen, das unausweichlich darauf folgen würde. Doch dann wurde überraschend mein Interesse geweckt. Es gab eine Reportage über Zwangsehen. Eine Frau sprach in einem Interview über ein paar Damen, die sie aus einer solchen Situation gerettet hatte. Sie hieß Aneeta Prem. *Prem …* Obwohl ich meinen früheren Namen hasste, konnte mir der Zusammenhang nicht entgehen: War das vielleicht eine Art Zeichen?

Nach der Reportage wurde die Nummer einer Notrufhotline auf dem Bildschirm eingeblendet.

»Wenn Sie der Inhalt dieses Beitrags in irgendeiner Form betrifft oder Sie jemanden kennen, der sich in einer ähnlichen Situation befindet, rufen Sie an«, sagte eine autoritär klingende Stimme.

Ich tauschte einen raschen Blick mit Josie und konnte sehen, dass sie dasselbe dachte wie ich: *Vielleicht ist das eine Möglichkeit …* Die Wohltätigkeitsorganisation rettete Frauen aus Situationen, in denen sie nicht länger sein wollten, holte sie von Angehörigen weg, die sie unterdrückten und meinten, alles am besten zu wissen, das Leben von anderen kontrollieren zu können und ihnen dabei nicht die geringste Autonomie zugestanden. War das nicht meine Situation? Wir prägten uns die Nummer ein. Nach den Nachrichten rannten wir in Josies Zimmer, schlossen die Tür hinter uns und schrieben die Nummer auf, damit wir sie nicht vergaßen.

Den nächsten Tag verbrachten wir damit, Notizen darüber zu machen, was wir am Telefon sagen könnten. Wir wollten uns die

Chance nicht entgehen lassen, weil es vielleicht die einzige war, jemanden von Draußen zu erreichen, der uns helfen konnte. Wir beschlossen, nicht unsere richtigen Namen zu nennen, falls etwas schiefging. Wenn Bala etwas davon mitbekam, würde die Bestrafung entsetzlich werden.

Als wir so weit waren, schloss sich Josie in meinem Zimmer ein und machte von unserem geheimen Handy aus den Anruf: Das musste Josie übernehmen, weil ich nicht wusste, wie man am Telefon sprach. Schon nach ein paar Augenblicken kam sie wieder heraus und rief mich zu sich. Als sie die Nummer gewählt hatte, so erzählte sie, hatte sie eine Bandansage gehört, die ihr die Nummern verschiedener Organisationen vorgespielt hatte. Welche war wohl die Beste von allen?

Eine davon fiel mir sofort auf: die *Freedom Charity*.

»Freiheit, das klingt gut …«, sagte ich voller Sehnsucht.

Wieder ging ich aus dem Zimmer, während Josie den Anruf machte, und stand Schmiere. Als sie fertig war, rief sie mich zu sich herein. »Weißt du, was die Frau zu mir gesagt hat?«, flüsterte sie. Ich schüttelte den Kopf. Was sollte jemand von Draußen denn über mein Leben sagen? Das konnte ich mir nicht vorstellen. »Sie hat gesagt, so eine schreckliche Geschichte hätte ihr noch nie jemand erzählt.«

Als ich das hörte, hätte ich am liebsten geweint. Ich hatte das Gefühl, dass man mir glaubte und meine Situation anerkannte. Mein ganzes Leben lang hatte man mir gesagt, ich wäre dumm und selbstsüchtig, weil ich frei sein wollte. Aber diese Frau schien das ganz anders zu sehen. Was mit mir geschehen war, war falsch. Zu erfahren, dass jemand anders genauso darüber dachte, erfüllte mich mit mehr Vertrauen in meine eigenen Gefühle, als ich jemals zuvor empfunden hatte.

Josie vereinbarte mit der Wohltätigkeitsorganisation ein Codewort, das wir immer benutzten, um anzurufen und sie wissen zu lassen, dass wir zu einer bestimmten Zeit würden sprechen können:

wenn Bala und Chanda sich im Fernsehen ihre Seifenopern anschauten, die wir nicht sehen durften. Wir wussten, dass sie diese Sendungen liebten, deswegen war es unwahrscheinlich, dass sie dann bei uns herumschnüffelten: ein idealer Zeitpunkt für unsere Anrufe. Während der folgenden Tage begannen wir Absprachen für unsere Flucht zu treffen. Dass alles so schnell ging, fühlte sich ganz wunderbar an.

Wenn ich jetzt an diese Zeit zurückdenke, hat mein Gedächtnis seltsamerweise die Daten und Details so unscharf werden lassen wie in keiner anderen Phase meines Lebens. Ich kann die genauen Daten von Ereignissen seit meiner frühen Kindheit benennen. Weil niemals viel geschah, war es immer etwas ganz Besonderes, wenn dann doch etwas passierte, sei es ein Ausflug nach Draußen oder ein besonders heftiger Streit. Außerdem hatte ich jahrelang die Zeit dafür gehabt, immer wieder meine Tagebücher zu lesen, sie durchzugehen, ab und zu mit meinem jüngeren Ich zu kommunizieren. Ich konnte ganz genau sagen, an welchem Tag ich den Zoo in London besucht hatte oder wann Roddy mit seinem Hund Gassi ging.

Doch jetzt, wo die Ereignisse so rasch aufeinanderfolgten, konnte ich nicht Schritt halten. Das war einfach zu viel für mich. Aber vielleicht lief es Draußen so, überlegte ich mir. Vielleicht herrschte Draußen eine größere Geschwindigkeit als innerhalb des Kollektivs – genauso wie in Science-Fiction-Geschichten auf anderen Planeten hundert Jahre vergehen, während ein Erdling nur einmal blinzelt.

Das war ziemlich beunruhigend, auch wenn ich eine sehr positive Aufregung verspürte. Ich fand es schwer zu glauben, dass es irgendwie klappen könnte und wir es wirklich hier rausschaffen würden, doch gleichzeitig hoffte ich sehr, dass es dazu käme. Für mich war es ein riesengroßer Schritt ins Ungewisse, denn ich hatte keine Vorstellung davon, wohin ich gehen und was ich tun würde. Darum gab es mir so viel Sicherheit, dass Josie zugestimmt hatte, mich zu begleiten – sie kannte sich viel besser damit aus, wie man in der Welt überlebte.

Ich überlegte mir, dass wir wahrscheinlich ein paar Tage auf der Straße würden schlafen müssen. Deswegen vereinbarte ich mit Josie, dass wir unmöglich würden gehen können, bevor im November *Doctor Who* ausgestrahlt worden war (jetzt, wo wir Kontakt zu einer Hilfsorganisation aufgenommen hatten, schien sie bereit zu sein, das von ihr selbst vorgeschlagene Fluchtdatum nach vorn zu verlegen). Schließlich wurde eine Sendung nur einmal gezeigt, und wenn wir sie verpassten, weil wir gerade keinen Fernseher hatten, würde ich *nie* erfahren, was passierte! *Doctor Who* gehörte zu den wenigen schönen Dingen in meinem Leben, deswegen war diese Serie zu wichtig für mich, als dass ich sie hätte verpassen wollen. Josie schien nur allzu einverstanden, denn sie hatte keine Eile, Bala zu verlassen.

Am Samstag, dem 19. Oktober (glaube ich wenigstens!), gingen Bala und ich einkaufen. Wie es meiner Angewohnheit entsprach, hatte ich einen Liebesbrief für Roddy dabei, den ich ihm in den Briefkasten stecken wollte, während wir Draußen waren. Als wir uns nach dem Einkaufen auf den Heimweg machten, stieg meine Aufregung mit jedem Schritt.

Bala ging durch das Tor, und ich zog den Brief aus der Tasche. Weil meine Erinnerungen so durcheinander sind, weiß ich nicht mehr genau, wie es passierte – entweder ließ ich den Brief fallen, oder er war zu dick, um durch den Schlitz zu passen –, jedenfalls machte ich ein leises Geräusch, das Bala nicht erwartet hatte. Deswegen drehte er sich um.

So schnell ich nur konnte, verbarg ich den Umschlag und versuchte, mich unschuldig zu geben. Ich schaute gespielt unschuldig drein und starrte mit leerem Blick vor mich hin. Ihm schien nichts aufzufallen – aber konnte ich mich darauf auch verlassen? Vielleicht wollte er mich nur in Sicherheit wiegen. Vielleicht wusste er schon alles! Würde er mich wirklich ein drittes Mal verschonen, nachdem ich am 2. Mai zu fliehen versucht und ihn dann mit Roddy betrogen hatte? Plante er vielleicht schon meinen Tod? So wie ich ihn kannte, musste ich damit rechnen.

Mir schlug das Herz bis zum Hals. Obwohl Bala in keiner Weise zu erkennen gab, irgendetwas gesehen zu haben, geriet ich in Panik. Ich folgte ihm gehorsam nach Drinnen und erledigte die Routine des Einkaufstaschenauspackens, aber ich nahm Josie beiseite, sobald es nur ging.

»Ich fühle mich sehr krank«, erklärte ich mit Nachdruck. »Wir müssen bald hier weg.«

Danach entstand eine Art Lawineneffekt. Josie teilte der Organisation mit, dass es mir schlecht ging, und sie handelten schnell. Wir sagten, wir würden nach unserer Rettung gern in London bleiben; ich wollte Roddy sehen können, wann immer mir danach war. Doch man erklärte uns, es wäre keine gute Idee, so in der Nähe zu bleiben, und schließlich stimmten wir zu, weil wir nach unserer Flucht Bala und Chanda nicht zufällig in den Geschäften begegnen wollten. Stattdessen wurde uns Leeds vorgeschlagen: Sie sagten, wir könnten dort in ein sicheres Haus gebracht werden, das von einer Wohltätigkeitsorganisation namens *Palm Cove Society* betreut wurde.

Leeds? Selbst ich wusste, dass das *sehr* weit von London weg war! Schnell lehnten wir ab und erklärten, wir wollten irgendetwas näher an daheim … Aber es stellte sich heraus, dass es keine anderen Plätze gab.

»Vielleicht ist es ja gut, einen klaren Schnitt zu machen und ganz neu anzufangen«, sagte ich schließlich zu Josie, weil ich verzweifelt hier wegwollte, falls Bala sich nur unwissend stellte. »Wir können immer irgendwann zurückkommen und den Kontakt zu Freunden wieder aufnehmen. Lass uns jetzt erstmal einen Neuanfang machen.«

Mit »Freunden« meinte ich Roddy, Aisha und die Leute aus dem Waschsalon. Aisha konnte nicht mit uns kommen, denn wir hatten immer noch Angst, sie könnte aus Versehen einen Plan verraten, und außerdem würde jemand bei Shobha bleiben müssen, wenn wir flüchteten, denn sie war üblicherweise allein zu Hause, wenn AB und Chanda ausgingen, und das musste passieren, damit wir flüchten konnten. Wenn Josie und ich erst weg waren, so hoffte ich, würden wir auch Aisha retten können, aber auf unsere erste Flucht in die Freiheit konnten wir sie nicht mitnehmen.

Schließlich stimmten wir doch zu, in dem sicheren Haus in Leeds untergebracht zu werden. Ein Datum für die Flucht wurde festgelegt: Freitag, der 25. Oktober 2013. Es war ein herrliches Gefühl, jetzt die Tage zählen zu können – doch ich hatte auch entsetzliche Angst, es könnte irgendetwas dazwischenkommen: Zum Beispiel könnten sich AB und Chanda entschließen, zu einem anderen Zeitpunkt einkaufen zu gehen als sonst, oder sie könnten das nicht in Brixton tun, sondern nur im Laden an der Ecke, und dann wären sie früher zu Hause und würden uns finden, wenn wir gerade halb aus der Tür waren. Als Bala am Wochenende vor dem festgelegten Datum hinfiel und sich die Nase verletzte, durchfuhr mich ein Zittern der Angst. Waren wir verflucht? Würde das bedeuten, dass er das Haus nicht verlassen würde, wenn wir darauf angewiesen waren? Doch ich musste einfach darauf vertrauen, dass alles gut ging.

Wir begannen mit dem Packen. Josie hatte darum gebeten, ein Auto solle kommen und uns und unsere Sachen abholen, aber man hatte uns gesagt, wir dürften nur einen Koffer pro Person mitnehmen. Wie kann man ein ganzes Leben von dreißig Jahren in einen einzigen Koffer bekommen? Das war einfach nicht möglich: Allein für meine Aufzeichnungen brauchte ich zweimal so viel Platz.

Der Gedanke, etwas Wertvolles zurücklassen zu müssen, jagte mir große Angst ein, deswegen ging ich sorgfältig jede Kiste und Tasche durch, die ich jemals besessen hatte. *Niemand wird zurückgelassen.* Die kopierten Aufzeichnungen waren in Klarsichthüllen, die ich dann in eine schwarze Plastiktüte wickelte, dann noch eine, dann noch eine, damit sie auf keinen Fall nass würden. Am Ende hatte ich zwei große Wäschesäcke nur mit meinen Aufzeichnungen gefüllt.

Lediglich bei einem Teil meiner Texte hatte ich entschieden, sie sollten zurückbleiben: meine Kindertagebücher, die mich AB und Sian zu schreiben gezwungen hatten. Ich schämte mich inzwischen entsetzlich für sie – und damit meine ich nicht die übliche Verlegenheit, die alle Erwachsenen empfinden, wenn sie ihre kindischen Gedanken wiederlesen. Für mich war es eine unerträgliche Schmach. Denn in diesen Tagebüchern hatte ich zu hundert Prozent an Bala geglaubt: Ich hatte keinen Moment an der Neuen Welt gezweifelt, daran, dass er die Herrschaft übernehmen würde und die Kräfte eines Gottes hatte. An die beschämende Weise, in der ich in der Sekte großgezogen worden war, sodass ich an ihren Blödsinn glaubte, wollte ich nicht erinnert werden, und auch nicht daran, dass ich einmal geglaubt hatte, sie würden mich *beschützen*, wo es doch *immer nur* Missbrauch gewesen war. *Genossin Prem ist tot und begraben: Lang lebe Rosie!*

Ansonsten landete fast alles, was ich besaß, in den Taschen. Ich nahm allen möglichen Kleinkram mit, den ich jemals von Leuten bekommen hatte, sogar von Bala. Wenn mir irgendjemand etwas geschenkt hatte, war es wertvoll für mich, weil das so selten vorgekommen war. Ich schätzte solche Dinge, sogar, wenn ich die Person nicht mochte, die sie mir gegeben hatte. Eine Tasche nach der anderen füllte sich: Schließlich hatte ich vier Wäschesäcke, eine Handtasche und einen pinkfarbenen Seesack, die ich alle mitnehmen wollte; auch Josie packte eine Tasche und einen Rucksack. Wir entschieden, dass es so viel zu transportieren gab, dass wir die Trolleys benutzen müssten, in denen wir normalerweise die Wäsche zum Waschen brachten. Mitte der Woche probierten wir das Ganze aus und banden die Taschen an die Trolleys, um auszuprobieren, ob sie auch nicht umkippten. Alles klappte.

Ich spürte, wie mir ein Schauer den Rücken herunterlief. Wenn wir das das nächstes Mal tun würden, wäre es keine Generalprobe mehr …

Ich glaube, es war am Mittwoch, als die Organisation erwähnte, die Polizei werde involviert sein. Ganz plötzlich sank unsere Vorfreude und starb, als wären unsere Pläne ein Band in einem alten Kassettenrekorder, und das Band hätte sich verheddert. Meine alten Ängste wegen Roddy flammten wieder auf – doch man erklärte uns, die Polizei werde zu unserem Schutz anwesend sein. Obwohl wir hofften, nach Draußen zu kommen, während Bala mit Chanda beim Einkaufen war, wusste niemand genau, wie er reagieren würde, wenn bei dem Plan etwas schiefging, deswegen, so sagte man uns, würden überall in der Siedlung Polizisten in Zivil bereitstehen, um uns zu beschützen, nur für den Fall der Fälle.

Als man uns das erklärte, berührte es mich zutiefst. *Die Polizei hat genug Interesse an mir, einer so albernen, hirnlosen Person, dass sie sicherstellen will, dass es mir gut geht?* Diese Vorstellung fand ich unglaublich schön, weil ich noch nie in meinem Leben den Schutz von jemandem genossen hatte.

Josie sah das Ganze jedoch anders.

»Wenn sie die Polizei dabeihaben wollen, sollten wir das Ganze vielleicht einfach absagen?«, fragte sie mich ängstlich.

»Nein!«, rief ich aus. »Ich weiß genau, was du meinst: Wir wollen niemanden in Schwierigkeiten bringen – aber wir dürfen jetzt nicht aufgeben. Ich sterbe hier Drinnen.« Ich holte tief Luft und sprach ganz ehrlich zu ihr. »Zum ersten Mal bestimme ich, was passiert. Ein ganzes Leben lang haben alle Entscheidungen in Chandas Händen gelegen, und sie hat *ständig schlechte Entscheidungen getroffen*, was mich betraf. Jetzt entschließe ich mich, von hier wegzugehen, und ich bestimme, ob wir die Polizei dabeihaben wollen oder nicht – das entscheide ich.«

Ich denke, sie verstand auch, was ich meinte; jedenfalls willigte sie zu meiner Erleichterung ein, weiterzumachen.

49. Kapitel: Aufbruch

Als ich am nächsten Tag aufwachte, hatte Draußen ein heller, sonniger Tag begonnen: Ich sah das als gutes Zeichen. Josie hatte unseren Zeitplan ganz ausführlich mit der Frau von der *Palm Cove Society* besprochen. Yvonne würde selbst kommen, um uns abzuholen. Wir hatten gesagt, sie müsse genau um Viertel nach elf da sein. Wenn sie auch nur ein bisschen früher kam, könnte sie vielleicht Bala begegnen, wenn er um kurz vor elf das Haus verließ; er und Chanda machten vor dem Einkaufen gern einen kurzen Spaziergang über eine nahegelegene Wiese. Wenn sie sich verspätete, bestand das Risiko, dass wir ihm auf seinem Rückweg begegneten, wenn er nur zum Laden um die Ecke und nicht nach Brixton ging, wie wir hofften.

Wir baten darum, dass sie nicht ins Haus kamen, und gaben nur eine benachbarte Straßenecke als Treffpunkt an. Das hatte zum Teil mit meinem Wunsch zu tun, Roddy zu beschützen – ich wollte nicht, dass die Polizei bei ihm herumschnüffelte.

Ich hatte riesige Angst, alles könnte schiefgehen. Doch eine Sache flößte mir Vertrauen ein: Josie hatte mir gesagt, dass Yvonne und ihr Mann Gerard extra schon am Abend zuvor nach London gekommen waren, damit sie sicher sein konnten, sich nicht zu verspäten. Das fand ich so nett von ihnen.

Wie jeden Morgen badete ich nach dem Aufstehen. Zuvor ging ich gehorsam ins Wohnzimmer, um Bala zu treffen. Er begrüßte mich auf seine gewohnt herrische Weise und musterte mich von Kopf bis Fuß mit dem kühlen, abschätzigen Blick eines Pferdehändlers. »Körperwäsche oder Haarwäsche?«, fragte er in widerlichem Tonfall.

Ich widerstand meinem Instinkt, vor ihm zurückzuweichen, ihm den Kopf von den Schultern zu reißen und zu brüllen: »Ich bin *dreißig* Jahre alt, du hast kein Recht, mich so etwas Persönliches zu fragen. Ich bin nicht dein Besitz!« Stattdessen erwiderte ich bescheiden: »Haarwäsche.« Aber zu mir selbst sagte ich: *Das ist das letzte Mal, dass der Perverse mir diese Frage stellt.*

Es war das letzte Mal, dass ich ganz nahe herangehen und mir seine widerliche Umarmung gefallen lassen musste. Jeden Tag hatte er mich zweimal so umarmt, mein ganzes Leben lang. Ich hielt den Atem an, um seinen stinkenden Schweiß nicht riechen zu müssen, und ertrug es, dass er seine Finger meinen Rücken herauf und herunter bewegte. Ich kann mit absoluter Ehrlichkeit sagen, dass diese letzte Umarmung mir nichts bedeutete: Ich erwiderte sie nicht, weil ich wusste, dass das unser Abschied war – meine letzte Chance, meinen Vater im Arm zu halten. Ich versuchte nur verzweifelt, mich so normal wie möglich zu verhalten, damit ihm nicht auffiel, dass etwas anders war als sonst.

Trotzdem war ich traurig. Vor allem darüber, dass es so weit gekommen war. Denn nichts von alldem – die heimliche Flucht, die Polizei und die Notwendigkeit, Leute von Draußen zu involvieren – hätte geschehen müssen, wenn er mir nur ein wenig mehr Freiheit gegönnt hätte. Aber ich verspürte kein Bedauern. Im Gegenteil: Ich war froh, dass ich seinen ganzen Blödsinn nicht mehr ständig würde ertragen müssen.

Ein letztes Mal überprüfte ich mein Gepäck, dann banden Josie und ich die Taschen an den Trolleys fest. In letzter Minute zog ich einen langen schwarzen Rock mit rosafarbenen Blumen über meine Jeans, weil ich ihn mitnehmen wollte und in meinen Taschen aber keinen Platz mehr hatte. Dann konnten wir nur noch warten: auf das Klicken der Haustür, das uns anzeigte, dass unsere Unterdrücker gegangen waren.

Sobald das Geräusch erklang, gingen Josie und ich in die Küche zu Aisha. Wir sprachen im Flüsterton mit ihr, weil wir fürchteten, Shobha könnte uns hören, doch ihre Tür war geschlossen, und sie hörte Radio, deswegen bestand kein großes Risiko.

»Wir gehen von hier weg«, sagte ich behutsam zu Aisha, weil ich wusste, dass diese Worte einen Schock für sie bedeuteten. »Gleich kommt uns jemand abholen, und wir gehen. Es tut mir leid, dass wir dir nichts gesagt haben, aber wir hatten solche Angst, dass du im Schlaf schreien und alles verraten würdest.«

Aisha brach in Tränen aus. Ich glaube, dass sie sich für uns freute, aber gleichzeitig war sie traurig, weil sie wusste, dass sie bei diesen schrecklichen Leuten würde zurückbleiben müssen.

»Wir kommen zurück und holen dich«, versprachen wir ihr. Inzwischen hatte Josie jeder von uns Hauselfen ein Handy gekauft, deswegen besaß auch Aisha eins. »Wir melden uns, und dann holen wir dich auch hier raus.«

Inzwischen weinten wir alle, die Emotionen waren zu heftig, als dass wir sie hätten zurückhalten können. Aber während wir weinten, verrann die Zeit. Wir mussten uns beeilen.

Vorsichtig wickelte ich mir meinen dunkelroten Schal um den Hals und zog dann den roten Anorak an, den mir Oh zu meinem sechzehnten Geburtstag geschenkt hatte. In den Jahren dazwischen hatte ich so selten das Haus verlassen, dass er immer noch in perfektem Zustand war.

Josie und ich holten die Trolleys aus ihrem Versteck in meinem Zimmer; Josie wirkte angespannt, aber vielleicht machte sie sich einfach nur Sorgen, so wie ich, weil immer noch etwas schiefgehen konnte. Wir deponierten jeder einen Abschiedsbrief auf ABs Schreibtisch. Dann war gerade noch Zeit für eine letzte Umarmung mit Aisha … Aisha, die vielleicht als erste Genossin die Regeln gebrochen hatte, indem sie mich *berührte*; Aisha, die immer gut zu mir gewesen war, wenn sie konnte. Wir hielten einander fest in den Armen, schluchzten beide laut und versuchten ohne Worte auszudrücken, was nie laut ausgesprochen werden konnte.

»Sei stark«, sagte ich zu ihr. »Alles wird gut.«

»Ja«, flüsterte Aisha zurück, obwohl sie vor Tränen kaum sprechen konnte. Kurz schauten wir einander in die Augen. Vielleicht waren es ihre gewesen, die zum ersten Mal das echte kleine Mädchen in mir gesehen hatten: die Seele im Inneren der Soldatin. Ich schaute sie voller Liebe und Dankbarkeit an. »Seid vorsichtig«, sagte sie zu mir. Dann noch eine lange Umarmung. Obwohl ich es furchtbar fand, sie loszulassen, musste ich weg.

Es war Aisha, die die Haustür öffnete, die den Schlüssel aus der Tasche holte, dessen grausames Metallklirren mich so lange gequält hatte. Doch nun benutzte sie diesen Schlüssel, um die Tür zur Freiheit zu öffnen.

Einen kurzen Augenblick lang stand ich auf der Schwelle. In gewisser Weise ähnelte das meinem Zögern am 2. Mai. Doch diesmal blieb ich nicht stehen, weil ich fürchtete, dass mich ein Blitzschlag treffen würde – es war eher, dass es mir schwerfiel zu glauben, dass der Augenblick nun endlich gekommen war.

Ich betete darum, dass Bala nichts vergessen hatte und nicht plötzlich schon auf dem Rückweg wäre; vor lauter Angst entwarf mein Gehirn Bilder von dem, was geschehen würde, wenn er jetzt plötzlich um die Ecke bog. Ich wusste, ich würde mich nicht sicher fühlen können, bevor ich bei Yvonne und Gerard im Auto saß. Aber erst mussten wir die Siedlung durchqueren, um zu ihnen zu kommen.

Josie trat hinter mir aus dem Haus. Sie zog ihren eigenen schweren Trolley hinter sich her.

Zusammen gingen wir den Weg entlang. Aisha stand noch in der offenen Tür und schaute uns zu. Doch als ich mich umdrehte, um das Gebäude in mich aufzunehmen, suchte mein hoffnungsvoller Blick nicht nach ihr. Stattdessen hob ich den Blick zum Himmel, zu Roddys Wohnung in den oberen Stockwerken.

Er war nicht da; jedenfalls konnte ich ihn nicht erspähen. Trotzdem bewegte ich lautlos die Lippen: »Auf Wiedersehen. *Danke, danke, danke.*« Denn obwohl er nicht vor Ort war, um meinen Auszug mitzubekommen, wäre ich ohne ihn nie gegangen. Ohne ihn hätte ich niemals die Kraft gehabt, meine Folter zu ertragen, oder die Erkenntnis gewonnen, die zu meiner Erleuchtung geführt hatte. Er war wirklich mein Engel gewesen: ein Engel, den ich zum ersten Mal an einem Neujahrstag gesehen und der mir den Weg in ein neues Leben gezeigt hatte. Ich wusste, ohne ihn hätte ich das hier niemals tun können.

Ich wandte mich um, dem Weg in die Freiheit zu. Unsicher, mit einem vor Krankheit und Gleichgewichtsproblemen steifen und langsamen Körper, lief ich von meiner Liebe weg. Mit einem langsamen Schritt nach dem anderen durchquerten Josie und ich die Siedlung. Das fühlte sich so anders an als meine Flucht am 2. Mai. Damals war ich ins völlig Unbekannte aufgebrochen: Ich war absolut unvorbereitet gewesen und grandios gescheitert. Doch diesmal hatte ich einen Plan. Ich hatte eine Freundin. Da gab es ein Licht, und eine Frau aus Yorkshire, eine Frau namens Yvonne, die – das hoffe ich zumindest – ganz in der Nähe um die Ecke auf mich wartete.

Bevor wir um die Ecke bogen, blieb ich stehen. Ein letztes Mal schaute ich zu meinem Gefängnis zurück, zu dem Ort, an dem ich so viele Stunden damit verbracht hatte, aus dem Fenster zu schauen, während die Welt Draußen ohne mich stattfand.

Nun war ich Draußen.

Ich hob eine Hand: Ich winkte Aisha, die immer noch in der Tür stand, und Roddy da oben, nur falls er daheim sein sollte. Ich verabschiedete mich von meinem alten Leben: Es war das letzte Flattern eines Vogels im Käfig mit Schwingen, die sich so stark beschnitten anfühlten. Als ich mich wieder umwandte, war es fast, als ob sie sich zum ersten Mal im Leben hinter mir ausbreiteten: Die Federn waren heruntergekommen und ungepflegt, aber trotzdem entfalteten sie sich im hellen Sonnenschein. Ich machte einen Schritt, dann noch einen, und mit jedem von ihnen schien es, als leuchteten die Flügel an meinen Schulterblättern und bildeten hinter mir eine Schleppe.

Als ich um die Ecke bog, erhoben sich meine ungeübten Schwingen, als wäre ich am Rand einer hohen Klippe, kurz davor, mich in die dünne Luft zu werfen.

Und in so vieler Hinsicht traf genau das zu. Jetzt war es an der Zeit, herauszufinden, ob dieser so lange eingesperrte Vogel fliegen lernen konnte.

Fünfter Teil: Fliegen lernen

50. Kapitel: Frei

In dem Augenblick, als ich mit meinen mühsamen Schritten um die Ecke bog, sah ich, dass dort eine hochgewachsene Frau in einer dunkelroten Jacke auf uns wartete. Genauso, wie sie es versprochen hatte. Sie wandte sich um, als sie uns kommen hörte.

Was für eine schöne Frau! Glatte dunkle Haut, langes, zu Zöpfen geflochtenes schwarzes Haar … Gar nicht wie die langweilige Frau aus Yorkshire, die ich mir vorgestellt hatte – und das war umso besser.

»Sind Sie Yvonne?«, fragte Josie, als wir uns der Frau näherten. Wir nahmen das an, aber sicher waren wir nicht.

»Ja, die bin ich«, antwortete sie mit ihrem starken nordenglischen Akzent. Er erinnerte mich an Crumpet-Frühstückskuchen und heißen Tee.

In dem Moment, als ich sie erreichte, schlang ich beide Arme um sie. Ich mochte sie sofort – sie war so warm und mütterlich, und ich freute mich so sehr, sie hier zu treffen! Sie erwiderte meine Umarmung, und ich drückte noch fester zu. Ich weinte nicht – hier geschah zu viel, als dass ich mich auf meine Emotionen hätte konzentrieren können –, aber ich spürte, wie mich Erleichterung und Freude durchflossen. Fast gleichzeitig hörte ich, wie sich eine Autotür öffnete: Ein fröhlich wirkender, hochgewachsener weißer Mann stieg aus dem schwarzen Jaguar, der in geringer Entfernung geparkt war, und forderte Josie auf, schon einmal ihre Taschen in den Kofferraum zu laden.

»Das hier ist mein Mann, Gerard«, erklärte Yvonne. »Und das ist Leigh.«

Ich starrte nur hin, als eine blonde Frau vom Rücksitz glitt und zu uns hinüberkam, um uns zu begrüßen. Obwohl sie nett wirkte, hatte sie etwas Förmliches an sich. Yvonne sagte uns, dass Leigh zu den Polizeibeamten gehörte, die gekommen waren, um uns zu helfen.

Als Allererstes dachte ich: *Ich will nicht, dass Roddy irgendwie mit hineingezogen wird. Ich will nicht, dass du mit Bala sprichst, denn dann sagt er vielleicht böse Dinge über Roddy.*

Als sie anfing, mir Fragen zu stellen, gab ich deshalb kurz angebunden zurück: »Ich möchte nicht, dass meine Eltern in irgendwelche Schwierigkeiten geraten; ich will einfach nur frei sein. Ich will nicht, dass ihnen irgendetwas passiert: Meine Eltern sind gute Menschen.«

Das sagte ich, obwohl ich nicht glaubte, dass es stimmte.

Inzwischen waren Josie und Gerard damit fertig, all unsere Taschen im Kofferraum zu verstauen. Ich war sehr erleichtert, dass es genug Platz für alles gab.

»Jetzt muss ich zurück«, verkündete Josie.

Sofort begannen Yvonne und Leigh zu protestieren und sagten zu ihr, das solle sie nicht tun, aber Josie rief: »Doch, ich muss!«, und rannte zurück zur Siedlung.

Ich glaube, Yvonne dachte, Josie hätte mich zurückgelassen. »Wo will sie denn hin?«, fragte sie aufgeregt. »Begibt sie sich wieder in Gefahr?«

»Nein«, erwiderte ich ruhig. »Mit ihr ist alles in Ordnung; sie wird gleich zurück sein.«

Das gehörte zu unserem Plan. Um halb zwölf musste Shobha immer zur Toilette, deswegen hatte Josie beschlossen, zurückzugehen und ihr ein letztes Mal zu helfen – teilweise aus Mitgefühl und teilweise, damit Shobha keinen Alarm schlug. Obwohl wir Aisha zurückgelassen hatten, die nach Shobha schauen sollte, falls etwas passierte, war immer Josie diejenige, die ihr auf die Toilette und wieder herunterhalf. Aisha war zu zierlich, um Shobha heben zu können. Yvonne wusste davon nichts, deswegen geriet sie in Panik, doch ich war fest davon überzeugt, dass Josie zurückkommen würde.

»Okay, dann setzt du dich schon mal ins Auto«, sagte Yvonne, und ich tat voller Freude, was sie sagte. Das fühlte sich so gut an. *Endlich bin ich in Sicherheit, ich bin hier in diesem Auto, und diese netten Leute werden sich um mich kümmern. Ich muss auf gar keinen Fall mehr an diesen entsetzlichen Ort zurück, nie wieder.*

Yvonne setzte sich neben mich in den Wagen, während wir auf Josie warteten. Sie wirkte ein wenig unruhig, und das war auch gar nicht erstaunlich – für sie bedeutete das hier eine große Polizeioperation, und eines der Opfer, das gerettet werden sollte, hatte sich gerade wieder zurück in die Klauen einer Bedrohung begeben. Trotzdem strahlte sie diese wunderbare Wärme aus, die aus ihr herausströmte wie geschmolzene Schokolade. Ich fühlte mich in ihrer Gegenwart so sicher, dass ich ihr ein wenig von dem erzählte, was passiert war.

»Ich bin mein ganzes Leben lang eine Unperson gewesen«, vertraute ich ihr an. »Es ist so schön, hier zu sein, endlich in Sicherheit. Ich habe nie jemanden gehabt, mit dem ich reden konnte. Niemand wollte das hören, was ich zu sagen hatte.«

Aber jetzt hörte mir Yvonne zu. Ich kann überhaupt nicht beschreiben, was mir das bedeutete. Ich war außer mir vor Freude über meine Freiheit.

»Alles in Ordnung mit dir?«, wollte sie wissen. Das hatte mich noch nie wirklich jemand gefragt.

Obwohl ich mich schwach fühlte und mir ein wenig übel war, bejahte ich das, weil das Gefühl der Freiheit stärker war als all meine körperlichen Beschwerden. Vor unserer Flucht hatte sich Yvonne erkundigt, ob wir die Anwesenheit eines Arztes wünschten, weil sie wusste, dass es mir nicht gut ging. Aber das hatten wir verneint. Wir hatten ja keine Ahnung, was mir fehlte. Vielleicht musste ich ja einfach nur frei sein, damit es mir wieder besser ging.

Uns blieb keine Zeit, das weiter zu besprechen, denn in diesem Augenblick entdeckten wir alle Josie, die zu uns zurückkehrte, nachdem sie Shobha geholfen hatte. Hektische Aktivität brach aus: Yvonne stand auf und setzte sich nach vorne, Gerard nahm auf dem Fahrersitz Platz und steckte den Schlüssel ins Zündschloss, und Leigh stellte sich neben die geöffnete hintere Wagentür, bereit, Josie zwischen uns zu platzieren, damit wir schnell wegfahren konnten.

Aus dem sicheren Auto heraus beobachtete ich, wie meine Freundin auf uns zukam. Ihr Gesichtsausdruck hatte sich verändert. Sie runzelte sehr stark die Stirn, hatte die Augen unter den zusammengedrückten Falten zusammengekniffen, und wirkte extrem aufgewühlt. Als sie über die Rückbank zu mir rutschte, seufzte sie tief. Obwohl sie mir ein halbes Lächeln schenkte und meinen Arm in einer Art »Gut gemacht«-Geste berührte, wirkte sie überhaupt nicht munter, so wie ich mich innerlich fühlte. In dem Augenblick, als Gerard den Motor startete und das Auto rückwärts wegfuhr, empfand ich dieses übersprudelnde Gefühl der Freiheit, aber bei Josie gab es nicht das geringste Anzeichen solchen Jubels, dabei hatte ich mir das immer so vorgestellt. Ich glaube, wir nahmen uns ein- oder zweimal an den Händen, während wir davonfuhren, aber das Gefühl, das sie ausstrahlte, entsprach nicht dem, was ich erwartet hatte. Es war, als meinte sie, wir hätten mehr verloren als gewonnen, doch wenn ich innerlich diese Gleichung aufstellte, erhielt ich als Ergebnis unendlich viel mehr, als ich überhaupt erfassen konnte.

Gerard lenkte uns mühelos durch die Londoner Straßen. Rein zufällig entdeckte ich kurz darauf ein mir vertrautes Paar, das sich auf dem Bürgersteig auf den Wagen zubewegte.

»Da sind sie!«, rief ich voller Angst aus. Ich konnte nicht anders, ich sank in meinem Sitz zusammen, weil mich der Anblick von AB und Chanda in Furcht versetzte. Ich zog mir den Schal über den

Kopf und duckte mich, damit sie mich nicht erkennen würden, falls sie zufällig ins Auto hineinschauten.

»Alles in Ordnung«, beruhigte mich Yvonne. »Sie haben uns nicht gesehen.«

Und das stimmte. Ein weiterer Beweis dafür, dass AB nicht alles wusste. Ich schaute auf die beiden zurück, während wir weiterfuhren. Sie machten sorglos ihre Einkäufe. Ein Teil von mir fühlte sich in diesem Moment ein bisschen schuldig, weil sie gleich nach Hause kommen und feststellen würden, dass wir nicht mehr dort waren. Aber das war nur ein Teil von mir.

Gerard trat aufs Gaspedal, und bald trennten mich zuerst einige Fuß und dann ganze Meilen von meinem Dad. Das fühlte sich herrlich an, so als drehe sich mit jeder Umdrehung der Räder des Jaguar eine Botschaft in meinem Gehirn: *Er kann mir nicht mehr wehtun.* Ich kurbelte das Fenster herunter, voller Freude darüber, dass ich das einfach so tun konnte, und spürte die frische Luft auf meinem Gesicht. Es war *herrlich, fantastisch, ganz außergewöhnlich, völlig ungewohnt* … Obwohl ich das ganze Wörterbuch gelesen hatte, konnte ich nicht ausdrücken, was ich empfand.

Es war einfach das allerbeste Gefühl auf der ganzen Welt.

Wir fuhren nicht direkt nach Leeds. Stattdessen suchten wir einen geheimen Treffpunkt in Südlondon auf. Leigh wollte ein informelles Gespräch mit Josie und mir führen, und Yvonne und Gerard blieben bei uns.

Ich spürte, dass Josie nicht darüber erfreut war, mit dem »Faschistischen Staat« sprechen zu müssen, aber ich half ihnen, so gut ich konnte, obwohl ich aufpasste, Roddy nicht zu erwähnen. Mehrfach konnte ich spüren, wie Josie mich zum Stillschweigen bewegen wollte, wenn ich etwas sagte, aber ich sprach trotzdem weiter. Dabei berichtete ich nur Allgemeines über meine Gefangenschaft, beschuldigte aber meinen Vater nicht spezifisch. Ich glaubte, wenn ich AB verraten würde, würde er dasselbe tun, indem er Roddy etwas

Schlechtes zufügte, und diese Angst hielt mich zurück, obwohl ich eigentlich am liebsten alles erzählt hätte. Außerdem hatte ich Angst, wenn ich über die Weltherrschaft und JACKIE reden würde, würde man mir nicht glauben, weil ich nachvollziehen konnte, wie seltsam das alles klingen musste. Wenn sie mich für eine Fantastin hielten, würden sie mich dann vielleicht zurückschicken? Ich fühlte mich unsicher und schaute auf den Boden, wenn ich gerade keine Antworten auf Leighs Fragen gab.

Dabei bemerkte ich aus dem Augenwinkel, wie etwas Merkwürdiges mit Josies Arm geschah, als sie begriff, dass ich nicht still sein würde. Ein roter Fleck, der aussah, als blute er, bildete sich auf ihrer Haut. Er erschien und verschwand wieder. Als ich zu ihr aufschaute, passierte das Gleiche auf ihrem Gesicht. Sie bekam einen Ausschlag; ich nehme an, das war ein Zeichen für den Stress, unter dem sie stand. Das schockierte mich ein wenig: Ich wusste, es gefiel ihr nicht, dass man die Polizei involviert hatte, aber ich hatte erwartet, ihre Zuneigung zu mir würde diese Besorgnis besiegen. Sie musste sich schließlich nicht daran beteiligen: Ich war diejenige, die hier sprach. Als Teil meiner Langzeitstrategie hatte ich immer gehofft, Josie würde begreifen, dass das Kollektiv verrückt war, sobald wir entkommen wären und Josie wieder eine Verbindung zur Außenwelt aufnahm. Als ich jetzt sah, wie diese blutroten Flecken ihr Gesicht überfluteten und wieder verschwanden, begriff ich allerdings, dass sie noch einen langen Weg vor sich hatte.

»Ich glaube, Josie leidet unter dem Stockholmsyndrom«, erklärte ich Yvonne, Gerard und Leigh.

Eine Welle der Überraschung schwappte fast sichtbar durch den Raum. Ich denke, sie wussten nur von mir, dass ich seit meiner Geburt gefangen gehalten worden war; von meiner heimlichen Lektüre ahnten sie nichts, deswegen waren sie schockiert darüber, dass ich sowohl das Wissen als auch die Einsicht hatte, um ein solches Phänomen diskutieren zu können. Sie waren wohl auch erstaunt darüber, dass ich weniger von der Gehirnwäsche beeinflusst war als Josie, obwohl ich ja in die Sekte hineingeboren worden war. Das schmeichelte mir, und ich war stolz, mich so vernünftig verhalten zu haben. Jahrelang hatte ich für mich allein gekämpft, mich geweigert, zu einer Überzeugung gezwungen zu werden, trotz verbalem, emotionalem und körperlichem Missbrauch: Jetzt wusste ich, dass sich all das gelohnt hatte.

Leigh erklärte mir, das Wenige, was ich berichtet hatte, reiche aus, um das mir Zugestoßene als Verbrechen zu klassifizieren. Das gab mir Genugtuung; in meinem Tagebuch hatte ich meinen Vater schon lange einen »Verbrecher« genannt, doch bevor ich nach Draußen kam, hatte ich nicht mit Sicherheit gewusst, ob ich die Situation auch richtig begriff. Zu hören, dass jemand das so deutlich sagte, und zu wissen, dass man mir glaubte, war mir ein großer Trost.

Ich dachte nicht darüber nach, was wohl als Nächstes kommen würde, wenn AB wirklich ein Verbrechen begangen hatte; ich fühlte mich einfach so überwältigt davon, Draußen zu sein und mit Menschen von Draußen zu sprechen. Es war eine so große Erleichterung, nicht länger in Isolation zu leben, von Menschen umgeben zu sein, die meine Überzeugung teilten, dass das Geschehene falsch war. Mein ganzes Leben lang war ich isoliert gewesen, anders, und man hatte mich wegen meiner Überzeugungen ausgeschlossen. Jetzt teilte man sie. Es war, als hätte sich die Welt auf den Kopf gedreht.

Man bot uns eine »kurze Toilettenpause« an, und Yvonne brachte mich hin. Als ich die Tür zur Kabine schloss, hörte ich zu meiner Überraschung, dass auch die große Tür zu den WCs hinter Yvonne zufiel und sie zu den anderen zurückging.

Sie hatte mich allein gelassen.

Ich hielt in meinen Bewegungen inne und lauschte der seltsamen Stille, in der niemand außer mir atmete. Erst zum zweiten Mal in meinem Leben ging ich Draußen ganz allein zur Toilette. Eine Sekunde später sprang ich vor Aufregung auf und ab, obwohl mir dabei alles wehtat.

Ich bin frei!, dachte ich voller Ekstase, während ich so herumhüpfte. *Und dieses Mal für immer! Juhu!*

Dann ging ich zu Yvonne zurück und verkündete mit breitem Lächeln: »Ich durfte noch nie allein zur Toilette gehen!« Sie erwiderte mein Lächeln, und vielleicht war da ein wenig Traurigkeit ganz tief im Blick ihrer braunen Augen, aber sie schien meine Freude über meine Freiheit mit mir zu teilen.

Inzwischen war es Mittagszeit, und wir alle aßen Suppe, Minestrone – die schmeckte so lecker! Dann, nach einer weiteren kurzen Toilettenpause, kam ich zurück, und da saß Aisha in ihrem pinkfarbenen Anorak! Ich freute mich so sehr, sie zu sehen, dass ich sie umarmte und ganz fest drückte.

Aisha wirkte sehr schockiert darüber, frei zu sein – anders als Josie und ich, die wir das Ganze monatelang geplant und das genaue Datum unserer Flucht gekannt hatten, war Aisha plötzlich von allem weggeholt worden, was sie kannte. Sie wirkte wie benommen, gestresst, glücklich, voller Ehrfurcht … Ich glaube, es erfüllte sie mit Angst, von AB getrennt zu sein, genau wie Josie. Seit 1969 war sie seine Anhängerin gewesen. Es muss sich für sie unglaublich seltsam angefühlt haben, nach all diesen Jahren nicht bei ihm zu sein.

Wir fragten sie, was nach unserem Aufbruch geschehen war. Zitternd und den Tränen nahe erzählte sie uns, dass AB sehr wütend geworden war, als er feststellte, dass wir gegangen waren; er hatte gesagt, wir hätten »total überreagiert« – wenn wir Probleme hätten, hätten wir sie mit ihm diskutieren sollen, statt uns an den Faschistischen Staat zu wenden (praktischerweise hatte er ganz offensichtlich vergessen, dass er jedes Mal, wenn ich das ganz konkret tat, meine Äußerungen grausam beiseitegewischt hatte). Außerdem hatte er Aisha dafür getadelt, dass sie unsere Flucht »nicht bemerkt hatte« (das hatten wir ihr zu sagen aufgetragen). Er beschimpfte uns immer noch, als sich das Kollektiv zum Mittagessen bereitmachte – und in diesem Augenblick klopfte es an der Tür.

Es war die Polizei.

»Nicht aufmachen!«, hatte Bala ausgerufen.

»Hier ist Scotland Yard. Wir kommen wegen der beiden Damen, die vor einiger Zeit dieses Gebäude verlassen haben!«, riefen die Polizisten.

Als mir Aisha das erzählte, spürte ich, wie ein Schauder der Freude mich durchlief. Wie unglaublich, dass ich jemandem so viel bedeutete, dass sie dem nachgingen, was mir zugestoßen war!

Schließlich wurde die Tür geöffnet. Aisha war sofort in Tränen ausgebrochen. Sie erzählte, einer der Beamten habe sie nach Draußen geholt, dort hätten sie unter vier Augen mit ihr gesprochen und ihr mit Nachdruck geraten, nicht wieder hineinzugehen.

»Aber ich bin zu alt, um noch einmal neu anzufangen«, hatte Aisha erwidert; sie war neunundsechzig. »Ich bin zu lange hier gewesen, als dass ich noch irgendwo anders hingehen könnte.«

»Aber Sie werden nicht allein sein«, hatte der Beamte sie erinnert. »Rosie und Josie sind jetzt nicht mehr im Haus, und Sie können zu ihnen.«

Schließlich hatte Aisha gesagt, wenn sie bei uns sein könne, werde sie das Kollektiv verlassen. Sie bat die Polizei, AB zu sagen, sie werde wegen ihres Status als Immigrantin verhaftet. Dann ging sie ein letztes Mal ins Haus, um ein paar ihrer Sachen mitzunehmen. Ich glaube, sie umarmte Bala und Chanda zum Abschied, und dann brachte die Polizei sie schnell weg, damit sie an unserem geheimen Treffpunkt bei uns sein konnte.

Ich war unendlich froh darüber, dass Aisha nun auch Draußen war, und das schon so bald; es hatte sich schrecklich für mich angefühlt, sie zurückzulassen, doch jetzt waren wir drei Hauselfen wieder vereint!

Wenig später kletterten wir auf den Rücksitz von Gerards großem Jaguar und traten den langen Weg in den Norden zu dem sicheren Haus an, das man uns in Leeds versprochen hatte. Ich starrte voller Staunen aus dem Fenster, und mir war, als sähe ich meine Heimatstadt mit neuen Augen, während ich mich von ihr entfernte.

Obwohl es mich traurig machte, Roddy zurückzulassen, hatte die riesige Metropole keinen Platz in meinem Herzen. Ich war so selten Draußen gewesen, dass ich mich wie eine Fremde fühlte, obwohl ich mein ganzes Leben lang hier gewohnt hatte.

Als wir London verließen, war es noch hell. Als wir auf die Autobahn auffuhren, starrte ich voller Unglauben auf den reißenden Fluss der vorüberströmenden Autos und mit ebensolchen Gefühlen auf die riesigen Windräder, die sich in den Feldern drehten, an denen wir vorbeikamen. Gleichzeitig versuchte ich, mich nicht zu viel umzuschauen; hier Draußen fühlte ich mich auf merkwürdige Weise schwindlig, und ich hatte Angst, mir würde übel werden, vor allem während der Autofahrt.

Es fiel mir schwer zu glauben, dass die Autobahn einfach nicht aufhörte: ein sich windendes Band aus Asphalt, das einfach kein Ende zu haben schien. Wenn ich bei Genosse Simons im Auto gesessen hatte, hatten wir immer nur kurze Wege zurückgelegt. Es schien einfach unglaublich, dass die Straße sich immer weiter vor uns entfaltete, egal wie viele Meilen wir zurücklegten. Ganz wunderbar fand ich das. Meine Welt war bisher immer blockiert gewesen – durch ein Fensterglas oder eine abgeschlossene Haustür. Doch in dieser Welt hier Draußen schien es, als gebe es keine Grenzen.

Ich lehnte mich im Sitz zurück, weil ich die Reise genießen wollte. Es war ein so angenehmes Gefühl, hier im Wagen zu sitzen, während alle meine Aufzeichnungen sicher im Kofferraum verstaut und Aisha und Josie beide heil und gesund waren – und bei mir, wie bisher immer. Während wir uns Meile um Meile von dem Monster entfernten, das mich eingesperrt hatte, fühlte ich mich endlich frei – nach so langer, langer Zeit.

Auf der Fahrt unterhielten wir uns angeregt, und ich war glücklich, diese Gespräche führen zu können. Es war eine absolute Freude für mich, mit Menschen zu reden, denen es nicht darum ging, Propaganda für Pol Pot zu betreiben oder gute Menschen niederzumachen.

Während die Stunden vergingen, teilten wir fünf uns Süßigkeiten und Schokoladentafeln mit Brause. Wir alle entspannten uns. Yvonne und Gerard gehörten nicht zur Polizei, und ich denke, das war für die Genossinnen sehr hilfreich. Nach und nach sprachen Josie, Aisha und ich auch darüber, was wir durchgemacht hatten.

Für uns drei waren das ganz vertraute Dinge: Beschwerden und Ungerechtigkeiten, die wir im Haus geradezu totdiskutiert haben. Deswegen konnten wir unsere Geschichte fließend erzählen, ohne auch nur Luft zu holen. Es kam allerdings ebenfalls vor, dass ich einen Satz anfing, Josie ihn beendete, nur damit Aisha zu einer neuen Äußerung ansetzte, die ich wiederum zu Ende führte. Wir hatten innerhalb der Sekte so viel besprochen, dass jede von der anderen wusste, was sie sagen würde. Ich sah, wie Yvonne und Gerard Blicke tauschten, als wir uns so verhielten, doch damals fand ich nicht, dass wir etwas Seltsames taten. Wir hatten einfach so dicht aufeinander gelebt, dass ein kollektiver Gedanke organisch von allen drei individuellen Stimmen ausgedrückt wurde.

Aisha und Josie erwähnten sogar JACKIE. Neben ihrer ehrfürchtigen Bewunderung dafür, jetzt Draußen zu sein, klang dabei ganz eindeutig auch Angst durch. Sie waren vorsichtig mit dem, was sie preisgaben, weil sie fürchteten, JACKIE würde zuhören. Wir mochten entkommen sein, doch JACKIEs Arm reichte weiter, und es war möglich, dass er genau in diesem Moment Bala Meldung darüber erstattete, was wir taten. Vielleicht würde innerhalb der nächsten paar Sekunden etwas Entsetzliches geschehen, denn sicher würde uns Bala doch nie mit der Flucht aus dem Kollektiv davonkommen lassen?

Wie ich schon gesagt habe, war JACKIE die am schwierigsten zu zerreißende Kette. Ich glaubte nicht an ihn, aber … In meinem Hinterkopf, in diesem wenig definierten Teil, den jeder Mensch besitzt und der nicht sehr stark von Vernunft geprägt ist, glaubte ich immer noch, schlimme Dinge könnten passieren, und hatte Respekt für die Ängste der anderen. Voller Besorgnis hörten sich die Genossinnen die Nachrichten an, falls JACKIE als Rache Tod und Zerstörung verbreitet hatte. Aber da war nichts – zumindest nicht an diesem Tag.

Etwa um elf Uhr abends verlangsamte der schwarze Jaguar seine Fahrt und hielt schließlich an. Erschöpft stieg ich aus dem Auto und folgte den anderen in ein dreistöckiges Backsteingebäude. Yvonne führte uns in eine saubere, aufgeräumte Wohnung mit vier Schlafräumen, in der es außerdem ein Bad, eine Küche und ein Wohnzimmer gab. Inzwischen war der dunkle Schatten über meinen Augen so tief, dass ich fast nichts mehr aufnehmen konnte; ich wollte nur noch schlafen.

Bevor Yvonne und Gerard aufbrachen, nahmen sie die Wohnungsschlüssel und überreichten sie uns. Es gab einen Schlüssel für Josie, einen für Aisha und einen für mich. Das war eine große Überraschung.

Ich starrte erstaunt auf den Schlüssel hinunter: Er war groß und glänzte golden. Ich hielt ihn fest in der Hand.

»Ist der für mich?«, fragte ich ungläubig. Yvonne bestätigte das.

Ich konnte es fast nicht glauben. Dreißig Jahre lang hatte ich keinen eigenen Schlüssel gehabt, und auch nicht die Freiheit, für die er stand: zu kommen und zu gehen, wie ich wollte.

Ich musste heftig blinzeln und verspürte plötzlich das Bedürfnis zu weinen. Innerhalb dieses einen Tages hatte ich durch Yvonne und Gerard mehr Respekt, Liebe und Güte erfahren, als von Bala innerhalb von drei Jahrzehnten. Es war überwältigend; ich war einfach nicht daran gewohnt, wie ein menschliches Wesen und nicht wie ein gefühlloses Objekt zu werden.

Danach machte ich mich rasch fertig zum Schlafen, und mit einem Seufzer der Erleichterung zog ich mir die Bettdecke über den Kopf. Obwohl alles um mich herum neu und fremd war, empfand ich ein seltsames Gefühl der Vertrautheit, als ich mich ins Bettzeug kuschelte und über die Ereignisse dieses Tages nachdachte. Wie oft hatte ich mir meine erste Nacht in Freiheit vorgestellt, sie in meiner Fantasie immer und immer wieder durchgespielt. Deswegen war es so, als hätte ich sie schon erlebt. Jetzt, wo sie wirklich gekommen war, konnte ich keine Freude oder echte Emotion dabei empfinden. Die Vorstellung war zu abgenutzt, deswegen konnte ich mich an der realen Erfahrung nicht richtig freuen. Ich drehte mich auf die Seite und starrte die Wand an, ohne etwas zu sehen.

Ich bin frei, sagte ich zu mir selbst. *Ich habe es geschafft. Ich bin Draußen.*

51. Kapitel: Im Krankenhaus

Als ich am nächsten Morgen aufwachte, fühlte es sich an, als wäre alles voller Möglichkeiten. *Das ist der Beginn meines neuen Lebens*, dachte ich aufgeregt. Ich bewegte mich langsam, weil mir der Bauch wehtat, stand auf und zog mich an, so schnell es ging. Obwohl ich sehr viel Wasser trank, blieb mein Hals schmerzhaft trocken, die eine Nacht Schlaf hatte nichts gegen meine Erschöpfung ausrichten können.

Trotzdem versuchte ich, mir nicht die Stimmung verderben zu lassen. Denn selbst der kurze Waschvorgang am Morgen machte mich glücklich. Zum ersten Mal in zwanzig Jahren gab es da niemanden, der »Körperwäsche oder Haarwäsche?« fragte, und da waren keine Schweißfinger, die mir gruselig über den Rücken krochen. Außerdem leuchtete mein goldener Schlüssel in meinem Gedächtnis auf und brannte mir ein Loch in die Tasche, selbst als ich mich anzog. Ich wollte ihn benutzen. Ich wollte nach Draußen.

Zum ersten Mal im Leben konnte ich diesem Wunsch auch tatsächlich nachkommen.

Das Herz klopfte mir vor Stolz und Aufregung, und sobald ich fertig war, glitt ich allein aus der Haustür, blinzelte ein bisschen, trotz des dunklen Schleiers, weil das Licht Draußen so hell war. Voller Freude im Herzen trat ich auf den Bürgersteig hinaus …

Aber dann ging alles schief.

Wie angewurzelt stand ich da, schaute die mir unvertraute

Straße rauf und runter. Wieder blinzelte ich im grellen Licht. Während meiner »Übungsausflüge« war ich allein zu Tesco und in den Discounter gegangen; an beiden Orten war ich vorher unzählige Male mit Bala gewesen. Ich dachte, ich hätte so meine Unabhängigkeit entwickelt, aber damals hatte ich nur einer Route nachgehen müssen, die ich bereits kannte. Diesen Ort hier kannte ich nicht.

Als ich so dastand und mich in beide Richtungen nach Hinweisen umschaute, die mir bei meinem nächsten Schritt helfen würden – Hinweise, die sich mir nie erschlossen –, wurde mir bewusst, dass ich keine Ahnung hatte, wie ich von A nach B kommen sollte. Von den Übungsausflügen und dem 2. Mai abgesehen war ich niemals allein Draußen gewesen. Obwohl ich mit zusammengekniffenen Augen die Straßenschilder betrachtete, sagten sie mir gar nichts. Die Codes, die ich kannte, waren »dMh« oder »Argos« für »Ara goes«.

Ich wollte zu den Geschäften, mir vielleicht ein Getränk kaufen, um meinen riesigen Durst zu stillen, aber ich hatte keine Ahnung, in welche Richtung ich gehen musste, und zu viel Angst, um mich allein auf den Weg zu machen. Ich wusste nichts darüber, wie man irgendwo hinkam, ganz davon abgesehen, dass ich auch noch wieder zurückmusste. Ohne AB und ohne einen mir vertrauten Weg war ich völlig orientierungslos. Meine Angst ließ mich wie versteinert dastehen: oberflächlich betrachtet frei und trotzdem in meiner Unfähigkeit gefangen.

Jahrelang hatte ich geglaubt, zwischen mir und meinen Träumen stünde nur die Tatsache, dass man mich eingesperrt hatte – doch nun begriff ich, dass meine Situation viel, viel ernster war. Frustriert ging ich in die Wohnung zurück; ich wusste, ich würde Josie oder Aisha als Begleiterinnen brauchen, wohin wir auch gingen.

Als sich die Tür hinter mir schloss, akzeptierte ich die bittere Wahrheit: *Bala hatte mich zur Unfähigkeit erzogen. Er hätte mich auch nicht behinderter machen können, wenn er mir beide Beine gebrochen hätte.*

Diese Erkenntnis machte mir das erste Wochenende in Freiheit kaputt. Als mich Josie und Aisha mit nach Draußen nahmen, wurde es auch nicht besser. Alles war ganz anders, als ich es mir vorgestellt hatte. In London hatte ich gedacht, ich liefe immer so langsam, weil ich die ganze Zeit hinter dem dreiundsiebzigjährigen Bala hertrotten musste. Ich hatte geglaubt, wenn ich einmal frei wäre, würde ich so laufen können wie all die anderen jungen Leute, die ich durch mein Fenster da Draußen gesehen hatte. Aber das stimmte nicht. Ich *konnte* nur langsam gehen, schleppte mich dahin wie ein alter Mann, und es fiel mir schwer, meine Füße auf dem Bürgersteig aufzusetzen.

Anders als das flache London war Leeds ein wenig hügelig. Unser Zufluchtsort lag an einem leicht ansteigenden Hang, über den man zur Hauptstraße kam, und ich stellte fest, dass ich diesen Weg nicht gehen konnte, ohne außer Atem zu geraten. Ich fühlte mich unsicher auf den Beinen, war nicht in der Lage, gut das Gleichgewicht zu halten, weil ich Angst davor hatte, zu stolpern und hinzufallen.

Die Genossinnen konnten mir dabei nicht helfen, denn sie kämpften mit ihren eigenen Dämonen. Ihre Angst, JACKIE könnte zuschlagen, schien fast greifbar. Deswegen waren unsere Ausflüge nicht so wunderschön, wie ich es mir vorgestellt hatte – in meinen Träumen hatte ich meine Freundinnen und mich als freie Menschen einkaufen gehen sehen. Ich fühlte mich sehr niedergeschlagen, als mir klar wurde, dass die Draußen-Welt nicht das Märchenland darstellte, von dem ich all die Zeit geträumt hatte.

Außerdem fühlte ich mich das ganze Wochenende über krank: Ich hatte Durst, Bauchschmerzen, war erschöpft und litt unter Schwindel. Und meine Vagina juckte und juckte. Als Josie, Aisha und ich am Montagnachmittag die Büroräume der Palm Cove Society aufsuchten, die sich nicht weit von unserer Wohnung entfernt befanden, freute es mich, als ich erfuhr, dass Yvonne für uns alle Arzttermine vereinbart hatte. Sie fuhr uns noch am selben Tag zu einer Praxis.

Ich war aufgeregt, weil ich endlich einen Arzt sehen würde, obwohl ich mich in wenig davor fürchtete, was mit mir wohl nicht in Ordnung war. Noch nervöser machte mich der Gedanke, dass man meinen schrecklichen Geburtsnamen verwenden würde, mit dem ich so viele negative Assoziationen verband, doch zum Glück hatte Yvonne darum gebeten, man solle mich Rosie nennen. Das war eine große Erleichterung für mich. Als ich aufgerufen wurde, stand ich auf und ging zum ersten Arzttermin meines Lebens ins Sprechzimmer.

Wieder verspürte ich ein starkes Gefühl der Unwirklichkeit, als ich an die Tür klopfte und eintrat. War das tatsächlich ich, war ich hier auf dem Weg zu einem Arzt und bekam die Möglichkeit, zu sprechen, ohne dass alle dicht um mich herumstanden und zuhörten, um mir zu sagen, was ich preisgeben durfte und was nicht? Die Privatsphäre dieses Arzt-Patienten-Verhältnisses war für mich ganz außergewöhnlich.

Die Ärztin war sehr freundlich zu mir. Das erstaunte mich sehr, weil ich mein ganzes Leben damit verbracht hatte, mich vor Leuten zu fürchten; immer hatte ich um sie herumschleichen und ihnen schmeicheln müssen, damit sie mich mit nicht misshandelten, und hier war jemand so unglaublich freundlich zu mir, wo ich doch nichts getan hatte, was dieses Verhalten befördert hätte! Das erschien mir sehr merkwürdig.

Als Allererstes erzählte ich ihr von dem Juckreiz, noch vor den Bauchschmerzen, meinem Durst und meinem dramatischen Gewichtsverlust. Sie gab mir etwas zu trinken und erklärte, man wolle gleich einen Bluttest machen, um meinen Blutzucker zu testen. Dieser Gedanke jagte mir ziemlich große Angst ein; ich dachte, das würde wehtun. Doch der kurze Nadelstich war gar nicht so schlimm, wie ich es erwartet hatte, und sie konnte sich bald daranmachen, sich die Ergebnisse anzuschauen.

»Ich vermute, Sie haben Diabetes«, sagte sie zu mir. Mein Blutzuckerwert betrug 23; normal wären 4–7 gewesen. Das bedeutete, dass der Wert viel zu hoch war. Der Juckreiz gehörte zu den Symptomen: Es handelte sich um eine Infektion namens Candida albicans, die sich mit den richtigen Medikamenten schnell behandeln lassen würde. Jahrelang hatte ich diesen Juckreiz umsonst ertragen! Dieser Gedanke machte mich sehr wütend.

Als ich der Ärztin berichtete, dass ich all diese Symptome schon seit vielen Monaten hatte, wirkte sie sehr besorgt und erklärte, sie wolle meinen Urin sofort auf Ketone untersuchen.

Wie sich herausstellte, war mein Urin voll davon. Sofort drängte mich die Ärztin zum nächsten Schritt: »Sie müssen so schnell wie möglich ins Krankenhaus.«

Ach!, dachte ich. *Ich hätte nicht gedacht, dass ich so schlimm krank bin …* Jahrzehntelang waren alle meine Beschwerden so sehr von AB heruntergespielt worden, dass es mir schwerfiel anzunehmen, meine Situation wäre tatsächlich ernst.

Die Ärztin hatte Yvonne mitgeteilt, dass ich mich auf der Schwelle zu einem diabetischen Koma befand; das konnte innerhalb weniger Stunden passieren. Die Ketone in meinem System konnten zu DKA (Diabetischer Ketoazidose) führen, und zu den schlimmsten Symptomen gehörten Schwellungen im Gehirn, lebensbedrohliche Schäden der Nieren und Lungen, Bewusstseinsverlust und schließlich – besonders, wenn keine Behandlung erfolgte – der Tod.

Ich war keine Minute zu früh aus meinem Gefängnis entkommen.

Was wäre wohl passiert, wenn Josie und ich bis Juni 2014 gewartet hätten, bevor wir flohen, so wie sie es einmal vorgehabt hatte? Aller Wahrscheinlichkeit nach wäre ich noch in derselben Woche ins Koma gefallen; ich hätte es nicht geschafft. Und hätte Bala dann einen Krankenwagen gerufen? Für Oh hatte er das nicht getan … Ich zweifelte keine Sekunde daran, dass er mich angeschrien hätte, umsonst, genau wie bei ihr. Vielleicht hätte er irgendwann den Notruf benutzt, aber erst, als es zu spät war. Und wenn ich dann gestorben wäre, im Alter von dreißig Jahren, hätte er meinen Namen der Liste der Leute hinzugefügt, die ihren Untergang hatten erleben müssen, weil sie sich nicht auf ihn konzentriert hatten. Ich sah genau vor mir, wie es abgelaufen wäre.

Ich glaube, Josie hatte das auch erkannt. Sie war sehr aufgewühlt. Immer wieder umarmte sie mich. »Wie gut, dass wir das gerade noch rechtzeitig herausgefunden haben«, sagte sie, »sonst wärst du gestorben!«

Schnell brachte man mich ins Krankenhaus, und plötzlich, nach Jahrzehnten der Vernachlässigung, stand ich im Mittelpunkt der Aufmerksamkeit. Das gesamte Personal war so freundlich und kümmerte sich so gut um mich, und auch Yvonne und Gerard achteten ganz besonders auf mich. Das gefiel mir so unendlich gut!

In all meiner Glückseligkeit war ich mir auch eines Gefühls der Verlegenheit bewusst, besonders im Hinblick auf Josie und Aisha, die mit uns ins Krankenhaus gekommen waren. Ich glaube, ich schämte mich dafür, vor ihnen krank zu sein. Im Nachhinein nehme ich an, dass es eine Art Kater aus der Zeit in der Sekte war, denn im Kollektiv bedeutete Kranksein, dass man sich nicht auf Bala konzentrierte. Wenn man krank war, war man ein schlechter Mensch. Ein paar Reste dieser Überzeugung waren ganz eindeutig in mir verblieben, obwohl ich nicht mehr an das System als Ganzes glaubte.

Doch je mehr Zeit seit unserer Flucht aus der Sekte verging, desto weniger interessierte mich, was Josie und Aisha dachten. In meiner unmittelbaren Umgebung waren nun Yvonne und Gerard die Autoritätspersonen, und zu ihnen fühlte ich mich hingezogen. Ich wollte wie sie sein; dass ich jetzt beobachten konnte, wie die Leute Draußen miteinander interagierten, ließ mich spüren, dass Josie und Aisha immer noch die seltsamen Angewohnheiten aus der Sekte an sich hatten. Ich wollte mich von alldem befreien. Ich wollte normal sein. Das konnte ich nur mithilfe von Yvonne und Gerard lernen, deswegen behielt ich sie ganz genau im Auge.

Yvonne war einfach unglaublich. Meine größte Angst vor dem Krankenhausaufenthalt hing damit zusammen, in einer Abteilung mit mehreren Leuten und bei Männern und Frauen schlafen zu müssen. Aber sie sorgte dafür, dass ich ein Einzelzimmer bekam, damit ich mich wohler fühlte. Es begeisterte mich einfach, wie sie Dinge möglich machte, wie sie mit einem effizienten Telefonanruf oder einer kurzen Besprechung mit jemandem von der Administration alles regelte.

Yvonne, Gerard und die Genossinnen blieben an jenem Montagabend bis etwa zehn Uhr abends bei mir. Ich lag im Bett und ließ das Insulin und die anderen Medikamente ihre Arbeit tun, um mich gesund zu machen. Schließlich endete die Besuchszeit jedoch, und ich sollte allein bleiben.

Alle verabschiedeten sich und gingen. Ich sah mich um, immer noch überrascht von meiner Situation. Aus dem Apparat neben meinem Bett tropften Flüssigkeiten in mich hinein. Maschinen piepsten und flackerten, und ich fühlte mich wie in einem Science-Fiction-Film – so viele seltsame Dinge umgaben mich. Vielleicht war es jedoch am merkwürdigsten von allem, dass ich mich in einem Gebäude befand, ohne dass jemand vom Kollektiv bei mir war. In fast einunddreißig Jahren war das noch nie zuvor geschehen. Kein einziges Mal hatte ich irgendwo anders geschlafen als zu Hause. Deswegen fühlte ich mich trotz der Tatsache, dass es mir sehr schlecht ging, trotz der Tatsache, dass man an mir herumgefummelt und -gedrückt hatte, wie ich es bisher noch nie erlebt hatte, zufrieden. Ich fühlte mich beschützt.

Ich fühlte mich sicher.

Dieses freudige Gefühl hielt an, als ich am nächsten Morgen aufwachte. Das Insulin sorgte dafür, dass ich mich viel besser fühlte, und der dunkle Schleier lag nicht mehr über meinen Augen.

Als weitere medizinische Tests gemacht wurden, stellte sich allerdings heraus, dass ich nicht nur unter Diabetes litt. Weil mich Bala mein ganzes Leben lang nur so selten nach Draußen gelassen hatte, hatte ich auch einen dramatischen Vitamin-D-Mangel; wenn ich mich richtig erinnere, lagen meine Werte bei 50 oder 60, und man sollte besser etwa 200 haben. Ohne dieses Vitamin war ich einem erhöhten Risiko ausgesetzt, an Osteoporose zu erkranken – möglicherweise hatte sie meine Knochen bereits angegriffen. Obwohl ich noch nicht offiziell diagnostiziert worden war, wusste ich jetzt, dass ein Vitamin-D-Mangel Osteomalazie auslösen kann, und zu den Symptomen gehören dumpfe, intensive Schmerzen in Hüfte, Becken und Beinen; die Muskeln können geschwächt werden, und das macht das Laufen langsamer und beschwerlicher.

Von den Schmerzen in den Beinen und meinen Gleichgewichtsproblemen einmal abgesehen, merkte ich auch, dass ich nicht schnell oder in mittlerem Tempo gehen konnte – einem Bus hinterherzulaufen wäre zum Beispiel undenkbar gewesen. Ich konnte nur watscheln, so gut es eben ging; dabei bewegte ich mich sehr hölzern und im Schneckentempo. Die Ärzte erkannten diese Probleme, erklärten jedoch lediglich, das sei auf »den Bewegungsmangel« zurückzuführen.

Yvonne hatte ihre eigene Theorie: Sie glaubte, meine Knochen und Gelenke wären auf eine bestimmte Weise zusammengewachsen, weil ich als Kind so viel Zeit im Sitzen verbracht hatte. Ich war niemals herumgerannt oder auf Möbel oder Bäume geklettert, nie durfte ich Seil springen oder herumhüpfen … Vielleicht hatte sich das auf mein gesamtes Skelett ausgewirkt.

Es gab nichts, was die Ärzte im Moment für mich tun konnten, erklärten sie. Ich musste es einfach hinnehmen.

Hinnehmen musste ich auch, dass mein unbehandelter Diabetes und meine lange Gefangenschaft meine Augen dauerhaft geschädigt hatten. Obwohl der dunkle Schleier sich hob, litt ich noch immer unter einer extremen Lichtempfindlichkeit. Wenn ich nach Draußen ging, so stellte ich fest, musste ich die Augen schließen; sie offen zu lassen hätte zu sehr geschmerzt. Also musste ich Draußen immer eine Sonnenbrille aufsetzen, selbst wenn es bewölkt war, denn die Helligkeit empfand ich als unerträglich. Das war in vielerlei

Hinsicht entsetzlich für mich: Endlich hatte ich meine Freiheit gewonnen, aber ich konnte es nicht einmal genießen, mich in meiner neuen Umgebung umzuschauen, weil mir die Augen so wehtaten. Sie brauchten ewig, bis sie sich an die Helligkeit Draußen gewöhnt hatten.

Ich blieb mehrere Tage im Krankenhaus; währenddessen wurden meine Keton-Level überwacht, und man versuchte, sie auf einen normalen Wert zu bringen, damit das Risiko sank, dass ich ins Koma fiel.

Während dieser Zeit suchten mich einige Polizeibeamte auf. Sie ermittelten immer noch, so sagte man mir. Die Beamten zu sehen machte mich nervös; es erfüllte mich mit Entsetzen, dass AB bei seiner Verhaftung (die noch nicht erfolgt war) alle möglichen schlimmen Dinge über Roddy sagen würde. Ich verstand den ganzen Prozess nicht, auch nicht, dass man für einen Antrag auf Verurteilung Beweise brauchte. Innerhalb der Sekte hatte AB darüber bestimmt, was »gerecht« war, ohne ein Verfahren, und trotz meiner heimlichen Lektüre glaubte ein Teil von mir, Draußen könnte das ähnlich sein.

Die Polizei wollte von mir wissen, ob ich außer den unzähligen medizinischen Tests einem weiteren zustimmen würde: einer DNA-Untersuchung. Bala hatte rundheraus erklärt, ich sei nicht sein Kind, und einen DNA-Test verlangt.

Das zu hören überraschte mich nicht. All diese Jahre hatte er sein schmutziges Geheimnis mit sich herumgetragen, und jetzt konnte ich mir gut vorstellen, dass er alles tun würde, damit es nicht ans Licht kam. In seinem Wahnsinn schien er vergessen zu haben, dass eine DNA-Untersuchung wahrscheinlich das Gegenteil beweisen würde.

Als die Ergebnisse vorlagen, hatte ich das Krankenhaus bereits verlassen. Die Polizei kam in die Büroräume der Palm Cove Society, um sie mir mitzuteilen. Als ich den Umschlag entgegennahm, zitterte mir die Hand ein wenig. Obwohl ich dachte, das Mysterium meiner

Herkunft gelöst zu haben, als ich noch im Kollektiv lebte, bestand die Möglichkeit, dass ich mich geirrt hatte. Jetzt würde ich es mit Sicherheit erfahren: *Verglichen wurden die DNA-Profile von Rosie Davies und Aravindan Balakrishnan*, stand in dem Brief. *Aufgrund der vorliegenden Untersuchungsbefunde und der biostatistischen Auswertung ist es praktisch erwiesen, dass Aravindan Balakrishnan der biologische Vater von Rosie Davies ist.*

Ich muss zugeben, ich empfand eine gewisse Befriedigung darüber, dass seine Vaterschaft nun enthüllt worden war. Wenn mein Verdacht stimmte, hatte mich Bala gefangen gehalten, weil er nicht wollte, dass irgendjemand von seinem unehelichen Kind erfuhr. Sein Bedürfnis, seinen Ruf zu schützen, war stärker gewesen als seine Menschlichkeit. Aber das alles war umsonst gewesen.

Die Wahrheit – und ich – war endlich ans Licht gekommen.

52. Kapitel: Zu viel, zu schnell

Nachdem ich Ende Oktober aus dem Krankenhaus entlassen wurde, tat ich mein Bestes, alles in meinem neuen Leben zu erfassen. Es war überhaupt nicht so, wie ich es mir in meinem Käfig vorgestellt hatte. Als ich hinter der Fensterscheibe gefangen saß, hatte ich immer wieder von all den Dingen geträumt, die ich machen wollte – abends mit Freunden ins Kino oder in den Park gehen zum Beispiel –, aber jetzt stellte ich fest, dass ich kaum etwas tun konnte, weil mich die Erfahrung des Freiseins so sehr überwältigte.

Nach den medizinischen Untersuchungen musste ich nein sagen, als Yvonne und Gerard vorschlugen, ich solle einen Zahnarzt aufsuchen. Es war einfach zu viel und zu schnell. Wenn sie anregten, wir sollten an einem Tag zwei verschiedene Dinge tun, war das unmöglich für mich – schon *eine* Unternehmung am Tag stellte eine Herausforderung dar. All das Unbekannte war zu viel für mich; alles war auf zu aufregende Weise neu, und es fühlte sich an, als würde mein Gehirn explodieren.

In den ersten paar Wochen meiner Freiheit meinten Yvonne und Gerard, ich solle jeden Tag etwas unternehmen, egal wie klein dieser Schritt auch war, aber irgendwann musste ich ihnen sagen, dass sogar das mich überforderte. Einmal pro Woche oder zweimal im Monat etwas Neues zu tun, schien mir dagegen möglich, denn so konnte ich mich zwischendurch ausruhen und erholen.

Spontanität kam für mich auch nicht infrage. Wenn die Sonne

schien und Yvonne meinte, wir sollten doch in den Park gehen, wurde ich nervös und konnte nicht nach Draußen. Das hatte zum Teil mit meinen gesundheitlichen Problemen zu tun – ich litt entsetzlich unter meinem Reizdarm; ich gehe davon aus, dass ich dieses Leiden dem täglichen Stress des Lebens im Kollektiv verdankte. Deswegen wollte ich nicht unvorbereitet nach Draußen. Wenigstens einen Tag vorher musste ich Bescheid wissen, wenn Yvonne einen Spaziergang plante, damit ich mit entsprechender Vorsicht essen konnte.

Vielleicht war das Ganze auch eine Nachwirkung der Art und Weise, wie mich Bala immer gezwungen hatte, auf Ausflüge zu warten. Ich war es gewohnt, darum betteln zu müssen, und daran, dass mein Wunsch erst in Erfüllung ging, wenn AB keine Ausreden mehr einfielen.

Sogar das Einkaufen in den neuen Geschäften war ein Kampf. Ich hatte mich daran gewöhnt, an meinem alten Wohnort in London einkaufen zu gehen: Ich kannte den Weg, die Ladenbesitzer, die Waren in den Regalen. Obwohl die ständige Wiederholung langweilig war, hatte sie auch etwas Tröstliches und ließ alles machbar werden. Doch jetzt mussten wir eine ganz neue Hauptstraße kennenlernen, und dort gab es viel mehr als ein Gemüsegeschäft und eine Apotheke. Jedes Mal, wenn wir nach Draußen gingen, konnten wir alle möglichen Läden aufsuchen, die wir nur wollten, und kaufen, was uns gefiel.

Doch die vielen Sinneseindrücke überforderten mich, und ich fühlte mich gezwungen, den alten Tunnelblick einzusetzen. Obwohl niemand mehr »Nicht glotzen!« zu mir sagte, konnte ich mich immer noch nicht umsehen. Yvonne und Gerard haben mir erzählt, dass sie eines Abends von der Arbeit heimkehrten und sahen, wie Josie, Aisha und ich hintereinander durch die Hauptstraße liefen. Obwohl die beiden ihre Fahrt verlangsamten, um uns zu begrüßen, schaute ich weder nach rechts noch nach links, nicht einmal, als sie genau neben uns waren. Ich nahm ihre Anwesenheit überhaupt nicht wahr. Alles, was ich hinbekam, war starr geradeaus zu schauen, mich auf den kleinen Fleck Draußen zu konzentrieren, den ich mit meinem Tunnelblick erfasste.

Alles andere bedeutete, mit einem riesigen kaleidoskopischen Strudel konfrontiert zu werden, der mich einsog. Nachdem ich die meiste Zeit meines Lebens damit verbracht hatte, vier Wände oder den Kragen von ABs Mantel anzustarren, erschien mir alles andere riesig und kompliziert. Selbst wenn ich nach Draußen ging, fühlte ich mich, als müsste ich klettern, senkrecht nach oben, ohne irgendwo mit Händen und Füßen Halt zu finden. Das machte mir entsetzliche Angst. Ich musste so viel lernen, dass ich nicht einmal wusste, wo ich anfangen sollte.

Manchmal, wenn mir alles zu viel wurde, fragte ich mich, ob es vielleicht besser gewesen wäre, ich wäre in der Sekte gestorben. Das passierte vor allem, wenn ich mich besonders schlecht fühlte oder sehr niedergeschlagen war, und normalerweise verging dieses Gefühl auch rasch wieder, aber es war trotzdem da. Ich kam mir so dumm vor, vor allem weil ich nicht allein Draußen herumlaufen konnte. *Ich bin zu nichts zu gebrauchen*, dachte ich dann, *ich bin es gar nicht wert, weiterzuleben. Warum bin ich nicht einfach im Dunklen Turm gestorben?*

Niemals hätte ich vorhersehen können, wie schwer es sein würde. Einfach alles war ein Kampf. Furchtbar peinlich, außerdem verwirrend, stressig und sehr, sehr anstrengend. Sogar Dinge, die mir Spaß hätten machen sollen, zum Beispiel jede Fernsehsendung meiner Wahl ansehen zu können, hatten ihren Preis, denn als ich die Sekte gerade erst verlassen hatte, litt ich so sehr unter Kopfschmerzen, dass Fernsehen die reine Qual war. Es fühlte sich an, als hätte ich das bekommen, was ich mir gewünscht hatte, aber erst, als ich es schon nicht mehr genießen konnte. Darüber wurde ich sehr traurig.

Ich war dreißig Jahre alt und zugleich hilflos wie ein Kind – hilfloser, wenn man es genau nahm. Als mir die Dimensionen meiner begrenzten Möglichkeiten bewusst wurden, wurde ich sehr wütend auf AB, weil er mir nicht die Welt gezeigt hatte, wie es seine Aufgabe gewesen wäre; für die anderen empfand ich dasselbe. Warum hatten sie sich nicht gegen ihn erhoben und darauf bestanden, dass ich lernen musste, wie man eine Straße überquerte oder eine Einkaufsliste schrieb? Letzteres lernte ich schließlich von Aisha, und mit der Zeit machte das die Dinge beim Einkaufen ein wenig leichter für mich, aber dafür musste ich einen langen, steinigen Weg zurücklegen.

Weil ich wusste, wie viel ich nicht wusste, dachte ich sehr viel über alles nach; ich machte mir immer Sorgen, was wohl schiefgehen könnte. Sogar das Anziehen am Morgen war eine schwere Prüfung. Ich zweifelte so sehr, ob ich die richtige Kleidung zur richtigen Gelegenheit trug. Jeden Tag fragte ich Josie, ob das, was ich gewählt hatte, auch angemessen war.

All diese Enttäuschungen ließen mich jedoch noch dankbarer für die Maske meines Make-ups werden. Nach wie vor trug ich jeden Morgen mein leuchtendes Orange auf. Dahinter konnte ich mich verstecken, wenn mir die Welt zu viel wurde. Ich hoffte aus tiefstem Herzen, dass es mir gelang, dahinter zu verbergen, wie müde und verwirrt ich war.

Trotzdem muss ich Folgendes sagen: So schwer auch alles war, und so verzweifelt ich mich auch manchmal fühlte – niemals hätte ich mir ein anderes Leben gewünscht. Nie vergaß ich die Tatsache, dass ich wirklich frei war. Niemals wünschte ich mich zurück in meinen Käfig – denn egal, wie groß die Herausforderung auch war, ich hatte mich dafür entschieden. Ich *musste* keines der Dinge tun, die mir so schwerfielen, egal, ob es sich um Einkaufen oder um einen Spaziergang die Straße hinunter handelte; ich hatte mich dafür entschieden. Das machte einen bedeutenden Unterschied. Zum ersten Mal in meinem Leben zwang man mir nichts auf. Dank dieses Wissens konnte ich die schwersten Stürme überstehen.

Auch wenn ich nicht dazu in der Lage war, meine Zeit mit sozialen Unternehmungen zu füllen, wie ich es mir einmal erhofft hatte, genoss ich es noch immer, nicht in einen strengen Zeitplan eingezwängt zu sein. Ich konnte mir aussuchen, zu tun, was ich wollte, und zwar wann ich es wollte. Eine ganze Weile schlief ich einfach nur. Es war, als hätten mich die Jahre voller Stress und Angst schließlich eingeholt, und ich klappte zusammen. Dass ich jetzt schlafen konnte, solange ich wollte, bedeutete Freiheit für mich; in der Sekte hatte ich immer früh aufstehen müssen, um rechtzeitig all die Dinge zu erledigen, die man für mich festgelegt hatte. Jetzt konnte ich mich erholen, ohne dass man mich dafür bestrafte. Das war ein Segen.

Ich liebte es auch, Musik zu hören. Regelmäßig schaltete ich den Fernseher ein und wählte ein Musikprogramm, und auf diese Weise entdeckte ich vor Lebensfreude sprühende Künstler wie Katy Perry, deren Musik, vor allem ihr Song *Roar*, sehr viel in mir auslöste. So etwas hatte ich noch nie zuvor gehört.

Seltsamerweise fiel es mir allerdings schwer, Liedtexte zu verstehen. Ich konnte ihnen einfach nicht folgen. Wenn es mir gelang, sie irgendwo niedergeschrieben zu finden, und ich sie las, erfasste ich sie. Ansonsten schien eine Verbindung zwischen meinen Ohren und meinem Gehirn zu fehlen. Den Grund dafür kannte ich nicht – lag es daran, dass man nie von mir verlangt hatte, mich mit dem auseinanderzusetzen, was ich hörte? Es war merkwürdig, aber darum genoss ich die Musik nicht weniger. Vor dem Fernseher fühlte ich mich wie jeder andere junge Mensch, wenn ich den neuesten Hits lauschte.

Jetzt hatte ich auch die Freiheit, mir endlich die *Harry-Potter-* und *Herr-der-Ringe-*Filme anzuschauen, die ich verpasst hatte. Das war eine der ersten Unternehmungen, die ich mir nach meiner Entlassung aus dem Krankenhaus gönnte, und es war einfach nur fantastisch. Als sich der achte *Harry-Potter-*Film dem Ende zuneigte und Voldemort besiegt war, fühlte ich mich Harry unglaublich nahe. Auch wenn ich keinen Hagrid an meiner Seite hatte, hatte ich meinen eigenen Zauber verwirklichen können.

Vielleicht war aber einer der besten Aspekte des Freiseins für mich die Tatsache, dass ich langsam meinen Status als Unperson verlor. Yvonne beantragte eine beglaubigte Kopie meiner Geburtsurkunde für mich, und das stellte den ersten Schritt unter vielen anderen offiziellen Eintragungen dar – zum Beispiel, wenn es um das Eröffnen eines Bankkontos ging oder dass man unter einer bestimmten Adresse gemeldet war. Jeder kleine Schritt, jedes Formular, das sie ausfüllte, repräsentierte eine Stufe in dem Prozess, zu einer Person zu werden.

Bei alldem gefiel mir nur nicht, dass der Name auf meiner Geburtsurkunde »Prem Maopinduzi Davies« lautete. Dadurch wurde zum Beispiel die aufgeregte Freude darüber getrübt, den ersten Brief meines Lebens zu empfangen, denn als ich den widerlichen Namen sah, zog sich alles in mir zusammen. Ich sehnte mich danach, ihn offiziell ändern zu lassen, doch man sagte mir, das sei noch nicht möglich.

Trotzdem war es ein besonderer Augenblick für mich, als ich meine Geburtsurkunde in den Händen hielt, egal, welcher Name darauf stand. Das Schattenkind stand nicht mehr ganz so im Schatten. Ich war im St James' Hospital in Balham geboren worden, las ich da. Außerdem war ich eindeutig weiblich, trotz allem, was man mir über meine Geschlechtszugehörigkeit gesagt hatte, während ich herangewachsen war.

Der Name meiner Mutter lautete Sian Davies.

Mein Vater war nichts als eine schwarze Linie; man hatte die entsprechende Stelle frei gelassen.

Ein Detail in der Geburtsurkunde interessierte mich ganz besonders. Meine aus Wales stammende Mutter hatte eine falsche Angabe gemacht und Manchester als Geburtsort registrieren lassen. Ich glaubte, das hatte sie getan, weil AB sie einer Gehirnwäsche unterzogen und dazu gezwungen hatte, sich von ihren Angehörigen abzuwenden. Ich glaubte, sie wollte um jeden Preis vermeiden, dass ihre Mutter herausfand, dass ihre Tochter ein Kind hatte, deswegen hatte sie gelogen. Das machte mich unendlich traurig.

Doch je länger ich darüber nachdachte, desto mehr erfüllte mich diese Lüge auf dem offiziellen Dokument mit Hoffnung. Denn wenn meine Großmutter, Ceri, irgendwann Nachforschungen angestellt hatte – und ich hatte keine Ahnung, ob das der Fall gewesen war oder nicht –, hätte sie, wenn sie irgendwie an diese Geburtsurkunde gelangt wäre, nicht ahnen können, dass diese Sian ihre Tochter war. Sie hätte also auch nie herausgefunden, dass ich ihre Enkelin war. Vielleicht lag ja darin der Grund dafür, dass sie nie nach mir gesucht hatte?

Bei diesem Gedanken schlug mein Herz schneller. Jetzt, wo ich Draußen war, konnte ich Ceri wissen lassen, dass es mich gab, sobald ich dazu bereit war. Ein seltenes Lächeln umspielte meine Lippen. Ich konnte es kaum erwarten, sie kennenzulernen.

53. Kapitel: Abhängigkeit

»Sieh mich an, Rosie«, ermutigte mich Yvonnes Stimme.

Mir war es aber viel lieber, auf den Boden zu starren; ich wollte Yvonne nicht in die Augen schauen und Blickkontakt mit ihr halten. Deswegen ließ ich den Kopf auf die Brust gesenkt, und alles, was sie von mir sehen konnte, während wir in ihrem Büro miteinander sprachen, war mein Kopf von oben.

Als ich nach Draußen kam, fiel es mir schwer, Blickkontakt zu jemandem aufzunehmen. Ich fürchtete mich immer noch davor, von anderen kontrolliert oder gemaßregelt zu werden. Außerdem fürchtete ich mich sehr davor, was andere Leute wohl von mir dachten. Ich hasste Gruppen oder große Menschenmengen; ich fühlte mich sogar unbehaglich, wenn ich mit mehr als einer Person gleichzeitig sprechen musste, falls mich die Leute ignorierten, mich ausgrenzten oder sich gegen mich zusammenschlossen, wie das in der Sekte immer passiert war.

Ich hatte Angst, etwas Falsches zu sagen und dann in Anwesenheit anderer kritisiert zu werden. Das machte es sehr schwer für mich, mich wirklich mit Leuten auseinanderzusetzen, denn ich hatte das Gefühl, jeder würde über mich urteilen. Deswegen war es viel einfacher, nicht aufzublicken, egal wie oft mich Yvonne dazu ermunterte.

Ich war zwar noch nicht dazu in der Lage, sie anzuschauen, doch wenn wir uns in den Büroräumen von Palm Cove aufhielten, fühlte ich mich wohl. Dort redete niemand irgendwelchen verrückten Blödsinn, und Yvonne war immer nur voller Mitgefühl und unterstützte mich. Dadurch konnte ich mit ihr darüber sprechen, wie es in der Sekte wirklich ausgesehen hatte – darüber, dass es kein Leben gewesen war, nur ein Existieren.

Es überraschte mich ein wenig, als ich merkte, dass ich Draußen nicht mehr schrieb. Ich denke, dafür gab es mehrere Gründe, und am wichtigsten dabei war, dass ich in Yvonne endlich jemanden gefunden hatte, mit dem ich reden konnte. Warum hätte ich auf dem Papier kommunizieren sollen, wo ich es doch ihr erzählen konnte? Außerdem geschah so viel, dass ich weder die Zeit noch den mentalen Freiraum hatte, um Sätze zu formen, wie ich das früher getan hatte. Nicht einmal mein Tagebuch führte ich weiter, und ich glaube, das stellte eine andere Form der Freiheit dar. Ich war nicht mehr an irgendeinen Tag oder ein Datum gebunden, nicht einmal mehr in meinem eigenen Kopf. Stattdessen befand ich mich im freien Fall durch die Zeit.

Doch obwohl ich mit Yvonne und Gerard gut auskam, fand ich es schwierig, mit anderen zu sprechen. Das war eine weitere Quelle der Frustration: Mein ganzes Leben lang hatte ich mich nach Freunden gesehnt, aber jetzt, wo ich Freundschaften hätte schließen können, fühlte ich mich nicht dazu in der Lage. Wenn ich mich in der geschützten Umgebung, die Yvonne für mich geschaffen hatte, mit jemandem unterhielt – denn tatsächlich sprach ich in diesen ersten paar Wochen nur mit ihr, Gerard, den Genossinnen, den Ärzten, der Polizei und den Mitarbeitern der Organisation –, empfand ich diese merkwürdige Mischung: freudige Aufregung, weil man mir Aufmerksamkeit schenkte, und gleichzeitig ein Gefühl der Überwältigung. Ich verspürte das verzweifelte Bedürfnis, meine Privatsphäre zu wahren, weil die Anhängerinnen der Sekte, die einzigen Menschen, die ich vorher kannte, es sich so sehr zur Gewohnheit gemacht hatten, meinen persönlichen Freiraum zu beschneiden. In gewisser Weise hing ich immer noch an diesem Jo-Jo-Faden: Ich wollte mich anderen zuwenden, wurde jedoch zurückgerissen, sobald ich mich ihnen näherte.

Nicht lange nach unserer Flucht kamen Psychologen von der Helen Bamber Foundation, um mit uns zu sprechen. Das ist eine ganz besondere Stiftung von Experten, mit viel Erfahrung, wenn es darum geht, mit Überlebenden extremer psychologischer, körperlicher oder sexueller Gewalt zu arbeiten. Die Psychologen wollten uns helfen, aber obwohl ich mit ihnen, so oft ich konnte, sprach, fand ich das Ganze sehr schwierig und brauchte lange, um mich wirklich einzubringen. Ich erinnere mich, wie mein Gehirn gewissermaßen einfror und ich alles vergaß. Niemals hatte ich einem Menschen gegenüber meine tiefsten Gedanken ausgedrückt, deswegen fühlte sich allein der Versuch sehr seltsam an.

Doch nicht nur selbst zu sprechen fiel mir schwer. Jetzt, da ich Draußen war, konnte ich endlich das geheime Handy benutzen, das Josie mir gekauft hatte, als wir noch in der Sekte lebten. Aber wenn Yvonne mich anrief, wusste ich erst nicht, wie ich es halten oder wo ich hineinsprechen musste.

»Ich kann dich nicht hören«, sagte Yvonne immer geduldig, obwohl ich »Hallo? Hallo?« schrie, so laut ich konnte. Noch etwas, das ich schwierig fand.

Die größte Herausforderung entstand aber vielleicht, als diese geschützte Umgebung sich langsam erweiterte und ich immer öfter in Kontakt mit den anderen Bewohnern von Palm Cove kam. In der Sekte hatte ich immer sehnsüchtig aus dem Fenster gestarrt, wenn ich gesehen hatte, wie Josie mit den Nachbarn sprach. Dann hatte ich mir gewünscht, dasselbe tun zu können. Doch jetzt, wo ich die Freiheit hatte, mich an solchen Unterhaltungen zu beteiligen, fühlte ich mich von Josies Selbstvertrauen überschattet. Die Nachbarn schienen immer auf sie zuzukommen, und ich fühlte mich oft ignoriert.

Manchmal wirkte es so, als hätte Josie ganz viele enge Freunde, während ich niemanden hatte – immer noch niemanden. Es war nicht ihre Schuld: Sie hatte einfach einen anderen Charakter als ich, und so viel mehr Erfahrung mit solchen Dingen – aber sie half mir auch nicht dabei, mit anderen umzugehen. Vielleicht war sie so daran gewohnt, mich derart im Schatten stehen zu sehen, dass es ihr gar nicht in den Sinn kam, ich wäre gerne mehr in diese Freundschaften einbezogen worden, wo ich doch jetzt frei war.

Vielleicht lief da aber auch etwas ganz anderes ab. Denn obwohl ich theoretisch frei war, bedeuteten die vielen Behinderungen, die ich aus der Zeit in der Sekte mitgenommen hatte, dass ich immer noch so sehr an die Genossinnen gebunden war wie zuvor. Ohne sie konnte ich das Haus nicht verlassen. In mehr als einer Hinsicht fühlte es sich an, als hätte man unsere Einheit der Hauselfen einfach aus dem Kollektiv herausgelöst und in Leeds wieder eingepflanzt. Obwohl ich dankbar dafür war, nicht länger ABs Vampirkotzen, seine strengen Richtlinien und die regelmäßigen Gewaltausbrüche ertragen zu müssen, war mein Leben, was beinahe alles andere betraf, noch genauso wie vorher.

Da Bala nicht mehr bei uns war, wurde nun Josie zu unserer Anführerin. Sie legte fest, wer einkaufen ging und was wir brauchten, was wir zu dritt erledigen sollten und wann; Josie war die Entscheidungsträgerin in allen Bereichen. Sie schritt voran, wenn wir im Gänsemarsch nach Draußen gingen, und sie nahm auch von Aisha und mir den Notfallgroschen entgegen, den die Organisation für jede von uns besorgt hatte. Yvonne äußerte ihre Besorgnis, als sie davon erfuhr, doch wir versicherten ihr, Josie habe immer das Haushaltsgeld verwaltet, so war es immer gewesen – aber natürlich war das Geld vorher nie meines gewesen. Trotzdem reichte ich es nur zu gern an Josie weiter; es gab so viel, woran ich denken musste, da interessierte mich das Geld am allerwenigsten.

Es fühlte sich ungut an, doch ich wusste auch, dass ich allein nicht würde funktionieren können, deswegen verließ ich mich ganz extrem auf Josie. In gewisser Hinsicht war es tröstlich für mich, so bemuttert zu werden, doch zugleich fühlte ich mich kontrolliert.

Ich gewann den Eindruck, Josie wollte gar nicht, dass ich unabhängig wurde. Wenn sie etwas für mich erledigte, selbst wenn sie das aus Güte tat, fühlte ich mich danach nutzlos, weil ich nichts selbst erreicht hatte und keinen Schritt weitergekommen war, und genau dieselbe Hilfe brauchen würde, wenn sich das Problem wieder stellte.

Trotzdem fand ich es unmöglich, mich aus unserem so eng verbundenen Trio zu lösen. Wenn ich beispielsweise versuchte, ein Gespräch für mich zu behalten, regte sich Josie auf, wenn später herauskam, dass ich mit jemandem geredet, ihr aber nichts davon erzählt hatte. Wir erwarteten alle drei noch immer voneinander, dass wir die anderen darüber informierten, was in unserem Leben vor sich ging: Wir sollten uns nicht mit anderen unterhalten, egal wie persönlich oder vertraulich das Thema war, ohne die Informationen später mit der Gruppe zu teilen. Die Art und Weise, wie wir kommunizierten und jede die Sätze der anderen vervollständigte, funktionierte immer noch genauso reibungslos wie vorher.

Ich glaube, mein Unterbewusstsein ließ die Alarmglocken schrillen, bevor der Rest meines Gehirns erwachte. Mit der Zeit hatte ich immer mehr Albträume, in denen Josie AB anrief und ihm sagte, wo wir waren, und dann zogen er und Chanda in die Palm-Cove-Wohnung ein. Deswegen sagte ich eines Tages im November, als ich mit Josie in den Büroräumen saß, mit großem Nachdruck: »Ich möchte eine einstweilige Verfügung, damit wir sicherstellen können, dass uns Bala und Chanda nicht finden.« Sie waren immer noch frei, lebten in der Wohnung in London, und ich hatte entsetzliche Angst davor, mein Albtraum könnte wahr werden.

Da passierte etwas ganz Seltsames. Josie richtete den Blick ihrer blauen Augen auf mich und sagte etwas mit einer Stimme, die ich schon einige Jahre nicht mehr gehört hatte: mit der Stimme, die sie gebrauchte, wenn sie unter Balas Einfluss stand. Ich konnte spüren, wie Hyde wieder an die Oberfläche kam …

»Nein«, rief sie panisch, »das kannst du AB nicht antun!«

Ich dachte, du stehst auf meiner Seite … Doch während der ganzen Zeit hatte ich gewusst, dass das nicht wirklich stimmte.

»Und was ist mit Chanda?«, fragte ich schnell und spielte damit die alte Karte aus, die vorher immer funktioniert hatte. »Wir wollen sie doch nicht hierhaben.«

Ich hoffte, Josie würde mir beipflichten, aber sie war nicht in Stimmung dafür. Was ich gesagt hatte, schien sie mit einem Verdacht zu erfüllen, und ich spürte, wie mir die Angst die Wirbelsäule emporkroch: Noch immer hatte ich nicht mit ihr darüber gesprochen, was ich AB gegenüber *wirklich* empfand. Ich wechselte das Thema, war aber trotzdem besorgt.

Doch schon kurz darauf wurden meine Sorgen zerstreut: Am 21. November 2013 wurden AB und Chanda verhaftet.

54. Kapitel: Polizeiliche Ermittlungen

»Es ist ein sehr ungewöhnlicher Fall«, verkündete Detective Inspector Kevin Hyland von Scotland Yard unmittelbar nach den Verhaftungen gegenüber den Medien. Er sprach im grellen Schein der Kameras und Blitzlichter. »Wir haben schon erlebt, dass Menschen bis zu zehn Jahre lang festgehalten wurden, aber eine Dauer von drei Jahrzehnten gab es im Vereinigten Königreich noch nie.«

Plötzlich fanden wir unsere Geschichte in den Schlagzeilen wieder. DI Hyland erklärte, die Polizei habe die Verhaftungen nach hinten verschoben, bis man alle Fakten überprüft hatte, doch inzwischen verfüge man über ausreichende Informationen, um diesen Schritt zu rechtfertigen. AB und seine Frau waren von der Human Trafficking Unit verhaftet worden, als Teil einer größeren Ermittlung zu Sklaverei und Menschenhandel, auch im häuslichen Bereich; ich hatte der Polizei davon berichtet, dass Josie und Aisha als Sklavinnen gehalten worden waren. Es gab allerdings immer noch eine ganze Menge Dinge, von denen die Polizei nichts wusste, denn bisher hatte keine von uns eine formale Aussage gemacht.

Obwohl ein Teil von mir diese Nachrichten mit Freude vernahm, war die ganze Sache auch furchteinflößend, vor allem für Josie und Aisha. Würde JACKIE nun zuschlagen, weil AB vom Faschistischen Staat verhaftet worden war? Sie gerieten deswegen fast in Panik. Allein in der Wohnung zu sein erfüllte uns nun mit Angst, und wir baten Yvonne und Gerard, bei uns einzuziehen, was jedoch unmöglich war. Weil unsere Geschichte aber ein so riesiges Medienecho ausgelöst hatte, schenkte man uns große Aufmerksamkeit.

Die Polizei versuchte eine Nachrichtensperre zu erreichen, die gerichtlich verfügt werden sollte, doch bis dahin konnte jeder beliebige Journalist – oder, so sahen das Josie und Aisha, jeder von JACKIE geschickte Agent – uns finden. Es war einfach nicht sicher.

Yvonne überlegte sich eine Lösung. Großzügig lud sie uns drei ein, bei ihr und Gerard zu wohnen, während die Polizei dafür sorgte, dass die Nachrichtensperre verhängt wurde.

Yvonne und Gerard lebten nicht in Leeds, sondern in einem kleinen Dorf in der Nähe. Ihr Haus sah aus wie ein Cottage auf dem Land, und das Innere war in beruhigenden kaffeebraunen Farbtönen gestaltet. Ich war sehr aufgeregt, dort sein zu dürfen; mich erstaunte, wie modern alles eingerichtet war. In ihrer Küche gab es ganz viele Haushaltsgeräte von sehr guter Qualität, die nie explodierten! Vielleicht hatten Yvonne und Gerard deswegen überhaupt keine Angst vor Elektrizität – anders als ich.

Am Tag der Verhaftungen und in der darauffolgenden Woche nahmen sich Yvonne und Gerard frei, damit sie rund um die Uhr bei uns sein konnten. Jetzt, wo ich mehr Zeit in ihrer Gesellschaft verbrachte, verfolgte ich mit großem Interesse, wie sie mit ihren Smartphones fast alles im Internet nachschauen konnten. In der Sekte hatte ich sehr gern im Wörterbuch gelesen, aber dieses ganze lexikalische Wissen mit einem einzigen Knopfdruck zur Verfügung zu haben, war einfach unglaublich.

Am Tag unseres Einzugs saßen wir zusammen im Wohnzimmer und schauten uns die Nachrichten an. »Uns liegen Beweise dafür vor, dass alle drei Frauen mindestens dreißig Jahre lang in dieser Situation festgehalten wurden«, verkündete DI Hyland.

Unbehaglich rutschte ich in meinem Sessel herum. Ich hatte das Gefühl, Josie, Aisha und ich würden zusammengruppiert, als gehe man davon aus, dass wir alle dasselbe erlebt hatten. Doch obwohl man sie schlecht behandelt hatte, waren die beiden ursprünglich freiwillig der Sekte beigetreten. Ich fand, dadurch würde das, was mir passiert war, unter den Teppich gekehrt. Das war auch im Kollektiv immer so gewesen: Meine persönliche Erfahrung wurde nicht anerkannt.

Während der folgenden Tage gelangten weitere Geschichten an die Presse. Ich erfuhr, dass jemand wegen mir die Polizei kontaktiert hatte, als ich fünfzehn Jahre alt war; dieser Jemand hatte entdeckt, dass ich nie zur Schule ging. Anscheinend leitete die Polizei diese Beschwerde an das Jugendamt weiter, doch dort hieß es, man sei nicht bereit, etwas zu unternehmen. Ich war unendlich enttäuscht: Warum war niemand diesem Hinweis nachgegangen? Außerdem wurde mir klar, wie schlau es von AB gewesen war, mir in meinen frühen Jahren zu sagen, ich dürfe nie aus dem Fenster schauen: Wenn die Leute gewusst hätten, dass ein Kind im Haus lebte, hätten sie vielleicht begriffen, dass etwas nicht in Ordnung war, und schon früher die Behörden benachrichtigt. Eine Fünfzehnjährige stand wahrscheinlich nicht so weit oben auf der Prioritätenliste der Ämter wie ein jüngeres Kind.

Aneeta Prem von der Freedom Charity, die dabei geholfen hatte, unsere Flucht zu organisieren, äußerte der Presse gegenüber: »Ich glaube nicht, dass die Nachbarn überhaupt irgendetwas wussten. Es war einfach ein gewöhnliches Haus in einer gewöhnlichen Straße.«

Durch die Medien erfuhren wir auch, dass die Polizei nun Beweismaterial aus dem Haus holte. Kisten und Taschen und Tüten voller Dokumente, Tagebücher und Notizen wurden herausgetragen und sorgfältig durchgesehen; ich las irgendwo, dass man 2500 Beweisstücke in zweiundfünfzig Tüten mitgenommen hatte!

Josie dagegen war aufgebracht, als sie erfuhr, dass die Beamten Beweismaterial gesichert hatten. Vielleicht weil sie wusste, dass das, was man finden würde, Bala in Schwierigkeiten brachte. Diese Besorgnis teilte ich nicht; ich empfand nur ein Gefühl der Genugtuung.

Ungefähr zu dieser Zeit überwand ich auch die letzte Hürde, die mich daran gehindert hatte, bei der Polizei eine vollständige Aussage zu machen: meine Sorgen wegen Roddy. Im Endeffekt war es nämlich die Polizei, die es mir ermöglichte, zum letzten Mal mit ihm zu kommunizieren. Ursprünglich hatte man mir gesagt, es wäre keine gute Idee, Kontakt zu ihm aufzunehmen, denn womöglich würde man ihn als Zeugen brauchen. Doch letzten Endes verständigte man sich darauf, dass eine Beamtin ihm einen Brief von mir überbringen sollte. Die Polizistin fragte ihn, ob er eine Antwort schreiben wolle, hielt dann fest, was er sagte, und schickte mir das Ganze.

Wie viel diese Worte mir bedeuteten! Er bedankte sich für den Brief, und er sagte, ich solle unbedingt stark und gefasst bleiben, wenn der Fall vor Gericht kam. Er versprach, er würde immer mein Freund sein, und wünschte mir alles Gute für die Zukunft. Unterschrieben hatte er mit *Roddy, dein alter Kumpel.* Ich war so glücklich, dass ich eine ganze Weile lang mit dem Brief unter meinem Kissen schlief. Diese Befreiung hatte ich gebraucht, um ohne Zurückhaltung sprechen zu können; ich konnte sehen, dass die Polizei sich vernünftig verhielt und dass meine Sorgen in Bezug auf Roddy unbegründet gewesen waren.

Mit der Zeit entfernte ich mich innerlich von meiner Ringeltaube. Ich glaube, ich hatte in der realen Welt so viel zu lernen, dass nicht mehr viel Platz für Wunschträume blieb. Yvonne half mir dabei, die Dinge im Verhältnis zueinander zu sehen, und langsam wurde mir klar, dass meine »Liebe« zu ihm eher eine Methode zum Überleben war als irgendetwas sonst. In gewisser Hinsicht werde ich ihn immer lieben, denn er hat mich wirklich gerettet, aber inzwischen habe ich begriffen, dass man niemanden lieben kann, den man nicht kennt. Und ich kannte ihn ja kaum. Durch meine heimliche Lektüre von Texten wie *Romeo und Julia* hatte ich angenommen, es wäre ganz normal, ihn gleich nach unserer ersten

Begegnung zu bitten, miteinander wegzulaufen, doch moderne Menschen – echte Menschen – denken nicht so. Es war eine ziemliche Enttäuschung für mich, als ich herausfand, dass die Liebesverhältnisse, von denen ich gelesen hatte, nicht denen im wahren Leben entsprachen.

Weil meine Auffassung von Beziehungen ganz und gar auf Büchern basierte, hatte ich viel zu lernen, wenn ich begreifen wollte, dass die Menschen im wahren Leben die Dinge anders handhaben. Und obwohl es einfach ist, Dinge theoretisch zu begreifen, ist es etwas ganz anderes, das auch in die Praxis umzusetzen.

Irgendwann sprach Yvonne mit mir auch über sexuelle Beziehungen und darüber, wie sie funktionieren: was normal ist, was unter Missbrauch fällt und wie die Dinge ablaufen sollten. Was sie sagte, schien anzudeuten, dass mich Roddy für seine sexuelle Befriedigung ausgenutzt hatte. Zuerst wollte ich das nicht hören. Er war doch mein Freund gewesen! Wir hatten eine Liebesbeziehung!

Aber inzwischen begreife ich, warum manche Leute das denken. Ich weiß wirklich nicht, worin seine Motivation bestand oder warum er tat, was er tat. Aber ich kann mit Sicherheit sagen, dass er damals das Beste war, was mir jemals passiert war. Ich bin ihm immer noch dankbar dafür, dass er mir das Leben gerettet hat, indem er mir einen Halt gab, und etwas, wofür ich leben konnte. Ob er aus egoistischen Motiven handelte oder nicht, er hat mir mehr geschenkt, als er sich genommen hat.

Während unseres Aufenthalts bei Yvonne und Gerard gab es einen Nachmittag, an dem die Polizei uns aufsuchte. Die Beamten erkundigten sich, ob wir drei bereit wären, eine offizielle Aussage zu machen, und ob wir für eine Befragung zur örtlichen Polizeistation kommen könnten, um ihnen alles zu berichten, was vorgefallen war.

»Ich brauche mehr Zeit zum Nachdenken«, gab Aisha zögernd zur Antwort. Josie schloss sich ihr an.

Die Polizei wandte sich an mich und stellte mir dieselbe Frage.

Ich konnte spüren, wie sich Josies Blick in mich bohrte, aber ich achtete nicht auf sie. Ich stellte mir Balas Gesicht vor, voller Wut, Hass und Hinterhältigkeit, und dann dachte ich an all die schrecklichen Dinge, die er mir angetan hatte. *Das hier ist meine Chance*, dachte ich. *Meine Stimme ist viel zu lang zum Schweigen gebracht worden.*

Deswegen wandte ich mich den Beamten zu und sagte laut und selbstsicher: »Ja.«

55. Kapitel: Die Zeugenaussage

Meine erste offizielle Befragung fand am 26. November 2013 statt. An diesem Morgen zog ich mich mit besonderer Sorgfalt an. Während sie mir dabei half, die Kleidungsstücke auszusuchen, verhielt sich Josie abweisend und aggressiv. Sie war alles andere als begeistert davon, dass ich gegen AB aussagen und die Geheimnisse des Kollektivs preisgeben wollte.

In den Tagen nach meiner Zustimmung, der Polizei zu helfen, hatte ich – in Josies Anwesenheit – offen mit Yvonne und Gerard gesprochen: darüber, wie ich wirklich für AB empfand. Seit ich nicht mehr um Roddys Sicherheit fürchten musste, gab es keinen Grund mehr, nicht die volle Wahrheit zu sagen. Josie reagierte sehr negativ auf meine Worte; das war verständlich, weil ich immer sorgfältig darauf geachtet hatte, meine wahren Gefühle für AB zu verbergen. Weil ich erst seit wir bei Yvonne und Gerard wohnten alles gesagt hatte, war Josie jetzt jedoch überzeugt, dass sie mich einer Gehirnwäsche unterzogen hatten.

Ich denke, das zeigte, wie sie mich wirklich sah. Obwohl ich dreißig Jahre alt war, hielt sie mich noch immer für ein albernes kleines Mädchen ohne eigenen Verstand. Darin lag auch teilweise der Grund dafür, dass sie mich so in Watte packte und mir sagte, es sei zu gefährlich für mich, den Wasserkocher hochzuheben, oder ich sei zu schwach, um Karotten zu schneiden. »Fass das nicht an, das ist Eh-li!«, sagte sie immer alarmiert und verwendete dabei meinen eigenen Begriff für Elektrizität, wenn ich mich einem technischen Gerät näherte. Da ich schon seit vielen Jahren Angst davor hatte, gehorchte ich ihren Warnungen immer schnell.

Aber nur, weil ich mich vor Elektrizität fürchtete und man mich zu einer Behinderten gemacht hatte, was das Leben Draußen betraf, bedeutete das nicht, dass ich nicht meinen eigenen Willen hatte. Es machte mich wütend, dass sie meinen Überzeugungen so wenig Bedeutung beimaß. Ich war keine leere Tafel, auf die jeder schreiben konnte, was er wollte. Ich wäre nie aus der Sekte entkommen, wenn das der Fall gewesen wäre.

Josie war außerdem verstimmt darüber, dass meine Familie – meine *echte* Familie – nach dem ganzen Presserummel Kontakt zu mir aufgenommen hatte. Sians Cousine Eleri, deren körperlose Stimme ich einmal nach dem Tod meiner Mutter aus dem Telefonhörer hatte schreien hören, war darüber informiert worden, dass ihre Verwandte eine Tochter gehabt hatte. Anscheinend lag ihr viel daran, ein Familientreffen zu organisieren, damit man mich kennenlernen konnte, wenn die Zeit dafür gekommen war. Ich war außer mir vor Freude. Josie dagegen betrachtete meinen Wunsch, Kontakt zu meiner Familie aufzunehmen, als Verrat am Kollektiv.

»Wenn du AB und dem Kollektiv gegenüber so die Treue brichst«, zischte sie, »und wenn du Kontakt zu deiner Cousine in London aufnehmen willst, dann werden sich unsere Wege trennen müssen.«

Nun fühlte ich mich meinerseits zurückgestoßen. Bis dahin hatte ich immer geglaubt, ich bedeutete ihr genug, dass sie meine Entscheidungen respektierte, selbst wenn sie sie nicht teilte.

Ihre Worte hatten keine Wirkung auf mich. Ich kann nur annehmen, sie glaubte, ich wäre so sehr von ihr abhängig, dass die Vorstellung, ohne sie sein zu müssen, mich zum Überdenken der Situation zwingen würde, aber so war es nicht. Anders als während der Zeit, in der ich in der Sekte in der Falle saß, vertrat ich nun andere Überzeugungen. Es gab andere Leute, an die ich mich wenden konnte, um Hilfe zu bekommen. Nicht einen Augenblick lang dachte ich auch nur daran, meine Zustimmung zur Aussage zurückzuziehen oder meine Verwandten zu ignorieren. Ich war nicht länger bereit, mir sagen zu lassen, dass ich nicht berichten durfte, was vorgefallen war, oder mich zu verstecken, weil ihr das so gefiel.

»Dieses Risiko müssen wir dann wohl eingehen«, sagte ich sanft zu ihr.

Traurig begriff ich, dass ich wahrscheinlich den Anfang vom Ende zu meiner Freundschaft mit Josie einleitete, indem ich weitermachte, wie ich es vorhatte. Dieser Bruch ging nicht von mir aus – ich wusste, dass sie mir das Leben gerettet hatte, indem sie mich aus dem Kollektiv holte, und wenn sie Jekyll war, fand ich sie ganz wunderbar – gleichzeitig begriff ich jedoch auch, dass mein Gespräch mit der Polizei für sie eine Todsünde darstellte. Sie würde nie im Stande sein, mir das zu vergeben. In ihren Augen war ich nicht besser als eine faschistische Agentin, wenn ich heute zur Polizeiwache ging.

Aber das kümmerte mich nicht. Es konnte mich gar nicht kümmern. Um die Wahrheit zu sagen, bereitete es mir sogar eine perverse Freude. Denn ich hatte nie einen Teil der Sekte ausgemacht, nur unter Zwang. Sie waren nicht meine Gruppe, und ich schuldete ihnen nicht die geringste Loyalität. Dass ich jetzt die Möglichkeit erhielt, vor der Polizei eine Aussage zu machen, erfüllte mich mit einem stärkeren Gefühl, Einfluss darauf zu haben, was mit mir geschah, als ich es jemals zuvor in meinem Leben gekannt hatte.

Yvonne hatte versprochen, sie werde mich zur Polizeistation fahren. Als ich Josie zurückließ, bohrte sich ihr Blick immer noch in mich. Ich setzte mich auf den Beifahrersitz, und zusammen fuhren Yvonne und ich los.

Während der Fahrt war ich sehr angespannt. Bevor wir aufgebrochen waren, hatte mich Josie gewarnt: »Du wirst auf dem Weg zur Polizei einen Unfall haben; JACKIE wird dafür sorgen, dass etwas Entsetzliches passiert. Du wirst nie heil und gesund dort ankommen …« Das machte Yvonne und mich ein bisschen nervös, glaube ich.

»Weißt du was«, verkündete Yvonne schließlich, »wir machen jetzt das Radio an.«

Während sie den Sendersuchlauf betätigte, fragte ich mich, was wir wohl gleich zu hören bekämen. Josie und Aisha, das wusste ich sicher, waren ganz bestimmt darauf gefasst, etwas über ein katastrophales Erdbeben oder einen Tsunami zu erfahren, ein dramatisches globales Unglück, das JACKIE ausgelöst hatte, um mich vom Weg abzubringen. Doch statt der ernsten Stimme eines Nachrichtensprechers hörten wir die lebendigen Rhythmen eines meiner Lieblingslieder, das gerade begann, und eine weibliche Stimme erhob sich in all ihrer Schönheit: Es lief *Roar* von Katy Perry.

Das Lied handelt davon, wie Frauen sich ihrer Stärken bewusst werden: wie sie sagen, was sie bewegt, wie sie die Stimme erheben, nachdem sie missbraucht, festgehalten und zum Schweigen gebracht wurden. Das Lied handelt davon, Mauern zu durchbrechen und an die eigene Stimme zu glauben, so laut zu brüllen, wie man nur kann, damit etwas gegen die Ungerechtigkeit unternommen wird. Kein anderer Song hätte mich mehr darin bestätigt, dass das, was ich gerade tat, richtig war. Für mich fühlte es sich so an, als sage das Universum zu mir: Schau, deine Stimme ist jetzt befreit, und auch du musst sie zu einem Brüllen anschwellen lassen.

»Los, wir singen mit!«, schlug Yvonne vor.

Und das taten wir, so laut wir konnten – auf dem ganzen Weg zur Polizeistation.

Leigh, die blonde Polizistin, die uns am Tag unserer Rettung begleitet hatte, würde die Befragung durchführen, zusammen mit einem männlichen Kollegen. Ich umarmte alle Polizeibeamten, die mir begegneten, als wir auf der Wache ankamen. Ich hatte versucht, herauszufinden, wie man Draußen Leute begrüßte – das hatte ich ja niemals zu lernen brauchen –, und Aisha umarmte andere sehr oft, also tat ich es ebenfalls. Tatsächlich machte es mich sehr froh, dass die Leute das so handhabten: Weil man mir über so viele Jahre Umarmungen vorenthalten hatte, sehnte ich mich heftig nach körperlicher Zuwendung. Deswegen nahm ich die Polizeibeamten mit großer Begeisterung in die Arme und drückte sie fest, und dabei lächelte ich breit. Ich wollte, dass mich die Leute als herzlich und zugänglich erlebten, und auf diese Weise konnten meine Arme ausdrücken, was mir bisher in Worten auszudrücken schwergefallen war.

Nach der Begrüßung wurde ich in ein Vernehmungszimmer geführt, wo man mich während meiner Aussage auf Video aufnehmen würde. Plötzlich wurde ich nervös. Obwohl ich mich Josie gegenüber heute Morgen so tapfer gegeben hatte, empfand ich ein starkes Gefühl der Isolation dabei, alles so allein durchstehen zu müssen. Ich war so unendlich enttäuscht – und fühlte mich verraten –, weil die Genossinnen sich nicht in der Lage sahen, mir zur Seite zu stehen. Gleichzeitig wusste ich, dass mich zumindest Yvonne und Gerard in meinem Tun unterstützten, und ich dachte außerdem, meine Großmutter, Ceri, würde wollen, dass ich das hier jetzt auf mich nahm – für meine Mutter und so viele andere, deren Leben durch den Dunklen Lord zerstört worden waren. Ich musste die Stimme erheben: für diejenigen, die nicht mehr bei uns waren, und für mich selbst. Deswegen nickte ich entschlossen, als mich Leigh fragte, ob ich bereit sei.

Ich weinte nicht, als ich ihr von all dem berichtete, was geschehen war; weil meine Gefangenschaft so lange gedauert hatte, nahm dieser Prozess mehrere Tage in Anspruch. Tatsächlich war mir das Lachen oft näher als das Weinen, denn das nervöse Kichern, das mich immer begleitet hatte, stieg nun in mir auf, um meine aufrichtige Verzweiflung in ein lautes Lachen glückloser Freude zu verwandeln. Wenn ich unter Stress geriet oder mich dafür schämte, was ich sagen musste, versuchte meine Stimme, die Dinge lustig erscheinen zu lassen. Es war, als wüsste ich, dass meine Angst mich zerstören würde, wenn ich sie nicht in den Griff bekam.

Die Polizisten schienen das allerdings nachvollziehen zu können. Sie waren sehr freundlich zu mir und zeigten mir großes Mitgefühl. Einige ihrer Fragen waren sehr persönlich; es war mir zum Beispiel unangenehm, wenn sie Einzelheiten zu Roddys und meinem Privatleben wissen wollten. Ich gab auch nur sehr ungern zu, dass ich mich selbst verletzt und Suizidgedanken gehabt hatte, aber ich wusste, dass ich das erwähnen musste und dass es zum Prozess gehörte.

Größtenteils verschloss ich mich innerlich von dem, was ich berichtete. Ich erkannte, dass das die einzige Möglichkeit für mich war, das Ganze zu überstehen. Am Ende war es so, als würde ich einfach eine Geschichte erzählen: Das alles ist nicht mir passiert. Ich dissoziierte, um die ganzen Emotionen nicht noch einmal durchleben zu müssen. Ich errichtete einen Schutzschild zwischen mir und dem, was geschehen war: eine Fensterscheibe, die ich einmal im Leben als nützlich empfand. Das war ein seltsames Gefühl, aber anders hätte ich nicht vollenden können, was ich begonnen hatte.

Leigh verhielt sich einfach großartig. In gewisser Weise wurde sie zu einer Art großer Schwester für mich, die mich durch den ganzen Prozess begleitete. Obwohl meine Aussage aufgezeichnet wurde, gab es auch eine Version auf Papier, die ich unterschreiben musste. Als sie mir die Blätter über den Tisch zuschob, fühlte ich mich überwältigt.

Da ist es: Das ist mein Leben. Das war *mein Leben.*

Alles so *von* jemand anderem aufgeschrieben zu sehen, stellte einen wirklich starken Moment dar, denn ich war immer davon ausgegangen, die Geschichte werde innerhalb des Hauses bleiben und zusammen mit mir sterben.

Jetzt konnte ich nur hoffen, dass andere mir glauben würden – die Polizei, die Staatsanwälte und die Jury … Denn solange sich Aisha und Josie nicht bereit erklärten, ebenfalls eine Aussage zu machen, stand ich mit meiner Stimme allein. Es fühlte sich an wie Frodo, der gegen Sauron kämpfen musste, und trotz meiner Tapferkeit erschien es mir unmöglich, dass ich allein den Dunklen Lord würde besiegen können.

56. Kapitel: Familie

Nach meiner Aussage erklärte mir Josie, keine Jury dieser Welt werde mir jemals glauben – nicht mehr, wenn die Leute erst einmal begriffen, in welchem Kontext alles stattgefunden hatte.

»In Kriegssituationen«, verkündete sie zuversichtlich, »werden Kinder oft im Haus gehalten, damit sie in Sicherheit sind.«

In ihrer Vorstellung war das Ganze nun ebenfalls eine »Kriegssituation« – das Kollektiv kämpfte gegen den Faschistischen Staat –, darum würde Bala keine Schwierigkeiten bekommen, und die Anklagepunkte würden verpuffen.

Beinahe musste ich lachen, doch ich hielt mich zurück. Trotzdem war es lustig: Ich machte mir Sorgen, man könnte mir nicht glauben, weil meine Geschichte so merkwürdig war; Josie hingegen war der Überzeugung, man würde alles ohne jeden Zweifel glauben und dass AB dadurch von jeglichem Fehlverhalten freigesprochen würde!

Größer als meine Belustigung war jedoch mein Mitleid für sie. Es wirkte, als wäre nichts von dem, was wir während der vergangenen beiden Jahre gemeinsam durchgemacht hatten, jemals passiert. All die kleinen Schritte, die wir unternommen hatten, um uns gegen Balas Regeln zur Wehr setzen zu können, waren zunichtegemacht.

Im tiefsten Inneren hatte ich immer gewusst, dass sie AB zu sehr verehrte, als dass sie sich jemals hätte ändern können. Trotzdem hatte ich gehofft, sie würde jetzt, Draußen, zu einer anderen Lebensweise finden. Doch das war nicht der Fall. Stattdessen strengte sie sich nach Kräften an, mich daran zu hindern, weiterhin mit der Polizei an der Anklage gegen AB zu arbeiten, selbst nachdem meine Aussage aufgezeichnet worden war. Immer wieder sagte sie mir, der Genosse Bala habe mich großgezogen – wie konnte ich also so undankbar sein, ihn zu verraten?

Neun Tage nach seiner Verhaftung erreichte die Polizei endlich ihre Nachrichtensperre für die Medien, und wir drei konnten sicher nach Palm Cove zurückkehren. Allerdings waren wir nun ein ganz anderes Trio – jetzt, wo ich die Entscheidung getroffen hatte, die Polizei zu unterstützen. Josie wirkte wesentlich missmutiger und unfreundlicher. Sie starrte mich ständig durchdringend an und ergriff jede sich bietende Gelegenheit, den Dunklen Lord zu preisen, was mich sehr wütend machte. Als meine Sozialarbeiterin mich dazu drängte, wenigstens einen Teil meines Geldes für mich zu behalten, und ich das auch tat, weigerte sich Josie, für uns alle ein schönes Abendessen zu kochen. Die Schuld dafür gab sie mir, weil ich mich nicht beteiligt hatte. Wenn ich nach den Nachrichten sagte, welche Erleichterung es doch sei, nicht mehr länger ABs Gefasel darüber lauschen zu müssen, machte sie eine bösartige Bemerkung oder blieb einfach still, und ihr Schweigen war voller giftigem Hass.

So war es keine Überraschung, dass ich immer weniger Zeit mit ihr verbringen wollte, und in der Konsequenz blieb ich immer öfter in den Büroräumen der Palm Cove Society. Dort saß ich bei den Sozialarbeitern oder bei Yvonne und Gerard. (Inzwischen war ich so häufig zusammen mit den Genossinnen dort gewesen, dass es mir leichtfiel, den kurzen Weg allein zurückzulegen.) Mit der Zeit tat ich das so oft, dass ich mich kaum noch in der Wohnung aufhielt.

Zu meiner Freude erkannte ich, dass ich von den Menschen hier Draußen viel mehr lernen konnte, als mir Josie jemals gezeigt hatte. Yvonne und Gerard waren es, die mir erklärten, dass die Leute eigentlich nicht jeden umarmten, dem sie begegneten. Bei manchen war es natürlich in Ordnung, aber ich musste lernen, wie man unterschied. Obwohl es sehr freundlich war, alle zu umarmen, musste die andere Person es auch wollen, und das traf nicht auf jeden zu. Ich nickte, denn das verstand ich – am allerwenigsten wollte ich, dass sich jemand wegen mir unwohl fühlte. Yvonne und Gerard brachten mir bei, auf körpersprachliche Signale zu achten, und ermutigten mich dazu, einfach nur Hallo zu sagen oder meinem Gegenüber die Hand zu schütteln, wenn mir seine gereicht wurde. Ich lernte, dass es unangemessen war, die Polizeibeamten zu umarmen, wenn ich ihnen begegnete, und generell falsch, Leute energisch zu sich heranzuziehen.

Sie halfen mir auch dabei, Umgang mit den anderen Bewohnern von Palm Cove zu pflegen. Weil ich jetzt ein wenig häufiger von Josie getrennt war, unterhielt ich mich auch ab und zu allein mit ihnen. Eines Tages sagte jemand zu mir, ich hätte einen schönen Mantel.

Schnell ließ ich ihn mir von den Schultern gleiten und hielt ihn der anderen Person hin. »Willst du ihn haben?«, fragte ich eifrig.

Yvonne und Gerard sprachen mit mir darüber. »Wenn so etwas passiert, brauchst du den Leuten nicht deine Sachen anzubieten«, erklärten sie mir. »Sie haben doch nur gesagt, dass du einen schönen Mantel hast. Das ist ein Kompliment. Dann sagst du einfach Danke.«

Ich hoffte nur, ich hätte genug von ihnen gelernt, um mich nicht zu blamieren, weil ein denkwürdiger Tag immer näher kam. Am 19. Dezember 2013 sollte ich meine Familie zum ersten Mal treffen.

Ich stand vor dem Spiegel und zog eine blonde Lockenperücke über meinen frisch rasierten Schädel. Aufmerksam drehte ich mich nach rechts und links, begutachtete sorgfältig mein Spiegelbild. Das Haar sah aus wie etwas, was Beyoncé tragen würde; ich versprach mir davon ein wenig von ihrer selbstbewussten Einstellung an diesem so besonderen Tag. Noch einmal überprüfte ich mein Make-up und war zufrieden mit dem tieforangefarbenen Schimmer, der meine Haut schmückte. Dann fummelte ich wieder an der Perücke herum.

Das Schöne an diesem zauberhaft langen falschen Haar war, dass ich es immer vor mein Gesicht fallen lassen konnte, wenn ich mich unbehaglich fühlte. Damit fing ich direkt an, nachdem ich die Perücke gekauft hatte, und so konnte ich auch zu Yvonne hochschauen, stellte ich fest – wenn mich nur die Perücke vor den Blicken anderer verbarg.

Dass meine Blutsverwandten mich nun endlich sehen würden, war ein sehr seltsames Gefühl für mich. Ich wusste nicht so genau, wie ich mich unter ihren kritischen Blicken fühlen würde. Wie immer fürchtete ich mich davor, sie könnten mich verurteilen. Deswegen war die Perücke ein absolutes Muss; außerdem wollte ich glamourös aussehen und einen guten Eindruck auf sie machen.

Zur vereinbarten Zeit kletterte ich in Yvonne und Gerards Auto; sie hatten angeboten, mich zu dem Familientreffen zu fahren. Wir waren in einem Hotel in Bradford verabredet und wollten dort zusammen Tee trinken und Sandwiches essen. Ich sollte Sians Cousine Eleri kennenlernen, doch Ceri hatte niemand erwähnt. Ich nahm an, sie sei zu alt für die lange Anreise aus Wales. Obwohl es mich enttäuschte, meine Oma heute nicht zu treffen, hoffte ich, sie bald kennenzulernen, um meine lang gehegte Fantasie über unsere emotionsgeladene Zusammenführung endlich in der Realität ausleben zu können.

Als wir ankamen, brachte mich Yvonne in die Lobby des Hotels, während Gerard im Auto wartete. Sorgfältig rückte ich das Haarteil auf meinem Kopf zurecht und ging in der für mich typischen langsamen Art hinein ins Gebäude, wo wir zusammen nach meinen Verwandten suchten. Meine Emotionen waren auf merkwürdige Weise gehemmt. Es war genau dieselbe Situation wie bei meiner ersten Nacht in Freiheit: Ich hatte mir schon so viele Male vorgestellt, wie es sein würde, meine Familie zu treffen, dass es sich anfühlte, als hätte ich das hier schon hundertmal getan. Da war kein Kribbeln der Aufregung, keine steigende Spannung. Stattdessen fühlte ich mich eher wie ein erschöpfter Pendler, der routiniert seinen gewöhnlichen Abläufen folgte.

Eine Frau stand auf, um mich zu begrüßen. Sie war klein und etwas über sechzig; sie wirkte herzlich und mütterlich, wenn auch ein wenig nervös. Doch sogar diese Ängstlichkeit war mir in gewisser Weise willkommen, denn ich empfand Schmerz und zugleich Freude, weil mich Eleris Auftreten an Sian erinnerte.

Trotz dieser freundlichen Art spürte ich ganz deutlich meine Schüchternheit, während ich mich unbeholfen auf sie zubewegte. Ich wusste nicht, was ich tun sollte: Sollte ich sie umarmen oder nicht? Also ließ ich Eleri die Regie übernehmen.

Sie entschied sich dafür, die Hand auszustrecken und meine in ihre zu nehmen. Es gab einen Augenblick der Verbindung, der mehr bedeutete als nur die Berührung von Haut an Haut. Obwohl ich meine beiden Eltern gekannt hatte, war mir nie bewusst gewesen, dass sie zu meiner Familie gehörten. Doch Eleri war eine Verwandte. Ihr Blut floss in meinen Adern. Das war etwas ganz Besonderes.

»Hallo«, sagte sie, und ganz schwach klang in ihrer Stimme ein walisischer Akzent durch, genauso wie in meinen Träumen.

Wir setzten uns, und ich strich mir unruhig die Haare der blonden Perücke vors Gesicht. Eleri stellte mir Fragen, die ich eifrig beantwortete, aber ich war zu nervös, als dass ich mehr hätte herausbringen können als die unmittelbaren Antworten. Ich traute mich nicht, selbst etwas zu fragen, deswegen war es schwierig für uns, eine Verbindung herzustellen, und zu einem flüssigen Austausch sah ich mich auch nicht in der Lage. Für mich war es schon ganz unglaublich, nur hier zusammenzusitzen.

Schließlich nahm ich meinen ganzen Mut zusammen, um etwas zu sagen: »Ich habe mir schon immer gewünscht, meine Großmutter kennenzulernen.«

Für eine solche Äußerung hätte man mich in der Sekte geschlagen. Ich hatte erwartet, dass meine Worte in dieser Umgebung mit mehr Wärme aufgenommen würden, doch es folgte nur ein beunruhigendes kurzes Schweigen. Langsam stellte Eleri ihren Teller ab.

»Es tut mir sehr leid, dir das sagen zu müssen«, erwiderte sie behutsam, »aber Tante Ceri ist vor acht Jahren gestorben.«

Nein … Nein!

Ich spürte diesen Verlust so tief in mir, dass ich gar nicht mehr wusste, wo ich selbst aufhörte und wo der Schmerz anfing.

Inzwischen war auch Balas Vater verstorben, deswegen bedeuteten diese Neuigkeiten, dass ich gar keine Großeltern mehr hatte. Ich würde nie eine Liebe erfahren, wie ich sie mir vorgestellt hatte. Nie würde ich zusammen mit meiner Oma das Grab meiner Mutter besuchen; nie würde ich mit ihr in einem Zuhause leben, das auf Glück und nicht auf Hass fundierte. Alles, was ich mir erträumt hatte, war nur eine Fantasie gewesen, genauso künstlich wie das unechte blonde Haar auf meinem Kopf.

»Wann ist sie denn gestorben?«, fragte ich, und dabei fühlten sich die Worte in meinem Mund an wie Felsbrocken.

»Am 29. April 2005«, gab Eleri zurück.

Das war drei Tage, bevor ich am 2. Mai zu fliehen versucht hatte. Wenn ich es meinem ursprünglichen Plan zufolge aus der Sekte geschafft hätte – zu dem Zeitpunkt, den ich ins Auge gefasst hatte, bevor mich Josie meldete, weil ich meine Sachen packte –, hätte ich vielleicht noch eine kleine Chance gehabt, sie kennenzulernen; ich hätte ihr zumindest sagen können, dass sie eine Enkelin hatte.

Aber Ceri war gestorben, ohne überhaupt zu wissen, dass ich existierte. Das machte mich unendlich traurig. Eleris Erzählung konnte ich entnehmen, dass sie sich oft gefragt hatte, ob es wohl Enkel gab; ich vermute, das war Wunschdenken. Sie war einsam gewesen, so klang es jedenfalls: Zuerst hatte sie ihren Ehemann verloren, weil er Selbstmord begangen hatte, und dann Sian an die Sekte, und ihr war niemand geblieben. Aber ich hatte die ganze Zeit gelebt, und wir hätten einander haben können. Dieser Gedanke war einfach nur unerträglich: Es gibt keine Worte, mit denen ich dieses Gefühl ausdrücken kann.

Ich tat mein Bestes, um zu verbergen, wie aufgewühlt ich war.

Weil man mich in der Sekte geschlagen hatte, wenn ich weinte, besaß ich zumindest darin sehr viel Übung.

Eleri hatte einige Fotos meiner Großmutter mitgebracht, die sie mir zeigte. Auf einer körnigen Schwarz-Weiß-Aufnahme war eine hochgewachsene, schlanke, hübsche Frau zu erkennen. Sie trug ein Kleid mit modischem Muster, schwarze Lederhandschuhe und einen hellen Hut. In der Hand hielt sie eine glamouröse Handtasche. Neben ihr stand Sian, die beiden posierten auf einer Familienhochzeit vor einer Kirche. Sian trug ein langes weißes Kleid mit einem Neckholder-Oberteil, das ihre Schultern betonte, einen Hut mit breiter Krempe, den sie kokett auf dem Kopf drapiert hatte. Trotz meines unerträglichen Schmerzes freute ich mich darüber. Denn auch ich liebte Mode, und an dem Foto konnte ich sehen, dass das eine Gemeinsamkeit in unserer Familie darstellte. Dadurch spürte ich eine Verbindung zu den beiden.

Eleri erzählte mir davon, wie Ceri und Sian als Menschen gewesen waren, und ich hörte ihr aufmerksam zu, wie ein Kind beim Geschichtenerzählen. Ceri war wunderbar, sagte Eleri, eine Frau mit Stil und Klasse, die sehr gern Pelzmäntel und schicke Kleidung trug. Sian kümmerte sich um alle: Sie war großzügig, und man hatte immer Spaß mit ihr. Eleri sagte, sie seien früher zusammen durch die Clubs gezogen; Sian habe es immer geliebt, sich nach der neuesten Mode zu kleiden, und habe wunderschön ausgesehen. Eleri vertraute mir an, es habe ihr das Herz gebrochen, als sie sah, wie verwahrlost Sian bei ihrem Tod aussah; Eleri hatte die Leiche identifizieren müssen. Sie berichtete mir davon, wie sehr sich Sian verändert hatte, nachdem sie AB begegnet war. Die wunderbare, großzügige Person war völlig verschwunden.

»Ich weiß, Sian hat dich schlecht behandelt«, sagte Eleri später, »aber das war nicht die Sian, die ich gekannt habe. Das war eine liebe, freundliche Person, und darauf hat sich Balakrishnan eingeschossen.«

Als ich das hörte, war es fast, als müsse ich den Verlust noch einmal durchleben – jetzt wusste ich mit aller Sicherheit, dass meine Mutter eine ganz andere Frau gewesen war als die, die ich gekannt hatte. Ich hatte Recht gehabt mit meinem Gedanken, dass diese kurz aufblitzenden Eigenschaften, die ich gesehen hatte, als sie krank war, die der echten Sian waren.

Wenn sie ihm nur nie begegnet wäre, dachte ich überflüssigerweise. *Wenn sie nur jemand Besseren gefunden hätte.* Aber in diesem Fall wäre ich nie geboren worden. Ich hasste es, was ihr zugestoßen war, aber es hatte zu meiner Existenz geführt. Das eine ließ sich nicht vom anderen trennen.

Die genauen Umstände von Sians Ende konnte ich mit Eleri nicht besprechen: Die Polizei hatte die Ermittlungen, die den Tod meiner Mutter betrafen, wiederaufgenommen, und deswegen hatte man mir gesagt, ich dürfe nicht darüber reden. Aber das machte nichts. Mir war es sowieso viel lieber, mir Sian in ihrem Leben als junge Frau vorzustellen – bevor Bala sie sich geschnappt hatte, bevor sie sich drei Stockwerke in die Tiefe warf und in dieser dunklen Blutlache gelandet war. Eleri erweckte Sian mit ihren Erinnerungen für mich wieder zum Leben, und auf diese Weise wollte ich sie auch im Gedächtnis behalten.

Am Ende unseres Treffens standen Eleri und ich auf, und zu meiner Freude umarmten wir uns dann lange und innig. Es war wirklich etwas ganz Besonderes. Ich weiß noch, dass ich dachte: *Wenn nur meine Mutter jetzt hier sein könnte und das sehen würde!*

Als ich zurück zu Yvonne und Gerards Auto ging, stellte ich fest, dass ich einfach nicht aufhören konnte, an meine arme tote Oma zu denken. Ich war so sicher gewesen, dass wir uns eines Tages begegnen würden … Das hatte zu den Träumen gehört, die mich in der Sekte am Leben erhielten. Ich hatte nicht gewollt, dass Ceri allein starb.

Als mich das Auto mit hoher Geschwindigkeit fortbrachte, kreisten die Gedanken unaufhörlich in meinem Kopf. *Wenn mich die Sekte nicht gefangen gehalten hätte, hätte ich meine Großmutter kennengelernt. Wenn mir die Flucht 2005 gelungen wäre, hätte ich es vielleicht noch rechtzeitig geschafft.* Ich musste daran denken, wohin ich gerade unterwegs war: zurück in die Palm-Cove-Wohnung, wo Josie und Aisha mit ihrer typischen Geschäftigkeit die Routine aufrechterhalten würden, die ich so leid war. Ich spürte, wie mich ein Zittern der Wut durchlief. *Wenn sie nicht wären, hätte ich meine Oma vor Jahren kennengelernt! Sie haben mich auch angekettet! Sie sind genauso schuld! Sie haben mir meine Familie vorenthalten!*

Das war ein Wendepunkt: ein Ausbruch. Ich hatte ein Stadium erreicht, von dem aus keine Rückkehr möglich war.

Ich räusperte mich, um Yvonnes Aufmerksamkeit zu erregen. Ich glaube, sie konnte mir vom Gesicht ablesen, dass ich eine Entscheidung getroffen hatte.

»Ich kann nicht mehr zurück und mit ihnen zusammenleben«, verkündete ich. »Ich will nicht mehr bei ihnen sein, ich kann es nicht mehr.« Was auch immer passieren würde, ich befreite mich langsam von all meinen Ketten.

57. Kapitel: Abschied

Jetzt, wo ich Josie und Aisha als Täterinnen und nicht als Freundinnen empfand, war es nicht mehr richtig für mich, bei ihnen zu bleiben. Doch dadurch hatten wir alle ein Problem: Wo sollte ich hin? Ich konnte nicht allein leben. Es gab immer noch so vieles, von dem ich nicht wusste, wie ich es tun sollte.

Yvonne, Gerard und die Sozialarbeiter versuchten, mich im Betreuten Wohnen für Erwachsene unterzubringen, doch einen Fall wie meinen, den einer Dreißigjährigen, die weder körperlich noch geistig behindert war, jedoch trotzdem Unterstützung brauchte, gab es nur selten oder sogar nie. Ich wusste, wo ich leben wollte: bei Yvonne und Gerard.

Ich werde ihnen ewig dankbar sein, denn sie sagten, sie würden mich gern aufnehmen, allerdings müsse das offiziell entschieden werden – von der Polizei, den Sozialbehörden, den involvierten Mitarbeitern und so weiter. Durch meinen Einzug wurde ganz offensichtlich eine bestimmte professionelle Grenze überschritten, deswegen musste alles absolut transparent abgewickelt werden.

Während wir auf die offizielle Genehmigung warteten, blieb mir nichts anderes übrig, als zu Josie und Aisha zurückzukehren, bis alles geregelt war. Ich stimmte zu, solange es nur für eine bestimmte Zeit wäre. Ich konnte es in diesen Tagen einfach nicht ertragen, bei ihnen zu sein.

Als ich von der Begegnung mit meiner Familie zurückkehrte,

voller Trauer um meine Großmutter und zugleich erfüllt von dem neuen Gefühl, endlich Angehörige zu haben, stellte ich fest, dass ich einfach nicht aufhören konnte, über meine Familie zu sprechen; trotz der Gesellschaft, in der ich mich befand, sprudelten die Geschichten nur so aus mir heraus. Trotzdem begriff Josie nicht, wie mir zumute war.

»Hör endlich auf, ständig von deiner Familie zu reden«, fuhr sie mich an, und aus ihren Worten klang das Echo von ABs Regeln. Als ich ihr zu erklären versuchte, welche Verzweiflung ich empfand, weil meine Großmutter hatte sterben müssen, ohne überhaupt von meiner Existenz zu erfahren, schien sie entweder unfähig oder nicht willens, das zu verstehen.

Das trieb mich sogar noch mehr aus der Wohnung. Wenn ich nicht in den Büroräumen von Palm Cove saß, verbrachte ich viel Zeit bei unseren Nachbarn. Zwei Monate nach unserer Flucht hatte ich das Gefühl, wirklich darin voranzukommen, Freunde zu gewinnen. Die Organisation hatte drei Wohnblöcke, die alle nahe beieinanderlagen, und ich pflegte regen Kontakt mit anderen Menschen, die ebenfalls Hilfe bekamen. Ich liebte es, dass ich einfach so die Haustür öffnen und wieder schließen konnte, wann und wie ich wollte, und dass ich dorthin gehen konnte, wohin es mir gefiel. Ich schaute kurz nebenan vorbei, um mit jemandem zusammen fernzusehen. Manchmal besuchte ich sogar Leute, wenn es schon dunkel war! Ich erinnerte mich so deutlich daran, wie es war, als ich mich danach gesehnt hatte, nachts nach Draußen zu gehen, als wir noch unter Peregrine McConaughey gewohnt hatten; jetzt bekam ich auch die Gelegenheit für mein eigenes *Oin*. Das war etwas ganz Besonderes für mich.

Es war etwas Besonderes, Einladungen anzunehmen, wenn mich Leute aufforderten, sie in ihrer Wohnung zu besuchen. Damals im Waschsalon in London hatte Bala solche Angebote immer rigoros zurückgewiesen. Wenn ich jedoch jetzt im Büro anderen Bewohnern begegnete und sie »Komm doch mal rüber!« sagten, konnte ich hingehen. Das fühlte sich so gut an. Wie Erwachsensein.

»Rosie«, fragten bald einige von ihnen, als unsere Freundschaften sich im Winter 2013 vertieften, »kannst du mir vielleicht ein bisschen Geld leihen?«

Das tat ich nur zu gern. Ich wollte anderen helfen, so gut ich konnte. In der Sekte hatten immer alle nein zu mir gesagt – jetzt, wo ich Draußen lebte, wollte ich kein unzugänglicher Mensch sein, der nein zu anderen sagte. Ich vertraute darauf, dass sie sich nur an mich wandten, weil sie wirklich meine Hilfe brauchten, und ich war sehr froh darüber, sie ihnen geben zu können. Zuerst war es ein Pfund, dann wurden es zwei, schließlich fünf … Was immer sie brauchten, ich wollte für sie da sein. Wenn sie sagten, dass sie kein Geld hatten, erwiderte ich: »Dann nimm meins.«

»Ich gebe es dir zurück«, versprachen sie.

Es dauerte sehr lange, bis ich begriff, dass sie das nicht tun würden.

Im Januar 2014 wurde ich einunddreißig Jahre alt. Yvonne und Gerard wollten einen Ausflug mit mir machen, um diesen Tag zu feiern, doch unglücklicherweise war ich entsetzlich erkältet und zu krank, als dass ich das Haus hätte verlassen können. Zum Glück ging es mir gut genug, als sie mich Ende des Monats einluden, das Wochenende bei ihnen zu verbringen.

Während ich dort war, am 31. Januar, erhielten sie eine E-Mail, in der stand, dass das Gremium meinem Umzug zu Yvonne und Gerard zugestimmt hatte. Ich war so aufgeregt. Diese Nachricht kam keinen Tag zu früh, denn meine Beziehung zu Josie verschlechterte sich immer weiter. Die Tatsache, dass sie nicht zu dem Eingeständnis in der Lage zu sein schien, dass das, was sich im Haus ereignet hatte, falsch war, war zu viel für mich; ich kam damit nicht zurecht. Wir stritten uns die ganze Zeit.

Wenn ich die Situation nüchtern betrachtete, spürte ich, dass nichts von alldem wirklich ihre Schuld war – man hatte sie schließlich einer Gehirnwäsche unterzogen. Das bedeutete, dass sie meinen Zorn nicht verdiente. Doch obwohl ich das erkennen konnte, war es unmöglich für mich geworden, mit ihr zusammenzuleben.

Es war Gerard, der Josie und Aisha mitteilte, dass ich ausziehen würde, als wir in die Wohnung zurückkehrten, um meine Sachen zu holen. Aisha wirkte so, als würde sie sich für mich freuen und wäre froh darüber, dass mir die Gelegenheit geboten wurde, mich weiterzuentwickeln, doch Josie schien völlig vor den Kopf gestoßen.

»Du verstehst nicht, welche Nähe wir zueinander empfinden!«, sagte sie zu Gerard. »Es ist, als würde ich eine Tochter verlieren!«

Obwohl sie mich als ihre »Tochter« bezeichnet hatte, zeigte sie mir keine mütterliche Liebe, als ich ging. Sie warf mir böse Blicke zu und strahlte Ärger, Wut, Ekel und das Gefühl aus, verraten worden zu sein. Sie verhielt sich in Bezug auf Yvonne und Gerard so, wie sie es bei Peregrine und Roddy getan hatte, als glaube sie, die beiden wären böse faschistische Agenten, die mich aus dem Kollektiv wegholten (was einschloss, dass ich ein dummes, einer Gehirnwäsche unterzogenes, zurückgebliebenes kleines Mädchen war, das man überlistet hatte).

Erst im Auto auf dem Weg zu Yvonne und Gerard enthüllte Yvonne mir gegenüber, was vielleicht wirklich hinter Josies Wunsch steckte, ich solle bei ihr bleiben.

»Josie will zu Bala zurückkehren«, teilte sie mir mit.

»Was?«, rief ich aus. Obwohl ich an Josies Verhalten hatte ablesen können, dass das passieren würde, hatte ich nicht geglaubt, sie würde es so offen zugeben.

»Bala hat nichts Unrechtes getan!«, hatte sie zu Yvonne gesagt. »Und trotzdem hat man ihm sein Zuhause weggenommen, und noch so viel mehr!«

Als ich das hörte, so erinnere ich mich, dachte ich: *Aber ihr habt mir alles genommen – war das vielleicht richtig?*

Als ich begriff, was Josie vorhatte, war mir auch klar, warum sie so verzweifelt versuchte, mich zum Bleiben zu bewegen. Ich denke, sie wollte, dass ich mit ihr zusammen zu Bala zurückging – damit sie Gesellschaft hatte. In der Sekte hatte sie immer gern gesagt, wie sehr meine Freundschaft ihr half, deswegen denke ich, sie muss sich überlegt haben: *Wie soll ich ohne Rosie überleben, wenn ich zurückgehe?* Denn niemand sonst war dort nett zu ihr.

Als ich mich für die Fahrt in den Sitz zurücksinken ließ, freute ich mich auf mein neues Leben getrennt von den anderen. Ich war davon überzeugt, es wäre eine Veränderung zum Besseren, und konnte es gar nicht erwarten, dass mein neues Leben begann.

58. Kapitel: Landleben

Ich muss zugeben, dass es mich schockierte, als der Umzug nicht auf magische Weise sämtliche meiner Probleme löste. In den Büchern, bei *Harry Potter* zum Beispiel, waren alle Kinder sofort glücklich, wenn sie ihr schreckliches Zuhause verließen und bei einer liebevollen Pflegefamilie einzogen. Herauszufinden, dass meine Ängste nicht plötzlich verschwanden, stellte eine Enttäuschung dar.

In vielerlei Hinsicht fühlte ich mich erneut wie in einem Käfig. Seit dem Familientreffen, als ich zum ersten Mal darum gebeten hatte, die beiden Genossinnen zu verlassen, hatte ich ja viele neue Freunde in den Nachbarwohnungen gefunden. Jetzt, wo ich nicht mehr in Leeds lebte, konnte ich nicht einfach so kommen und gehen, wie ich es gerade erst gelernt hatte, und verlor die Gemeinschaft, die ich mir gerade aufzubauen begonnen hatte.

In dem fremden Dorf war ich wieder eine Gefangene: Ich konnte allein in den Garten gehen, mehr aber auch nicht. Obwohl Yvonne und Gerard mir so viel persönlichen Freiraum zugestanden, wie das noch nie zuvor der Fall gewesen war, fühlte ich mich nahezu isoliert.

Außerdem vermisste ich die Genossinnen. Josie rief mich jeden Morgen an, und dann noch einmal am Abend, aber das war nicht dasselbe, wie wenn man so dicht aufeinander lebte. In den ersten beiden Wochen kam ich sehr gut ohne die beiden zurecht, genau wie in einem Urlaub, aber dann befiel mich eine große Sehnsucht nach ihnen. Danach besuchte ich sie regelmäßig, und das erwies sich als guter Kompromiss. So konnten wir nach meinen Bedingungen Freundinnen sein, aber ich hatte trotzdem mein eigenes Leben getrennt von ihnen.

Zu meinem Ärger verbrachte Josie einen großen Teil unserer gemeinsamen Zeit damit, schlecht über Yvonne und Gerard zu reden. Dass sie so ihre »Meldungen« wieder aufnahm, änderte meine Einstellung gegenüber den beiden in keiner Weise, aber es erfüllte mich mit Bedenken dahingehend, welche Art Meldungen sie wohl noch machte.

Weil Yvonne und Gerard meine Autoritätspersonen waren, entwickelte ich eine große Angst davor, Josie könnte mich hinter meinem Rücken bei ihnen melden, ihnen schlechte Dinge über mich erzählen, wie sie das immer bei AB getan hatte. Konnte ich ihnen denn überhaupt vertrauen, wenn ich mit ihnen allein lebte, oder würden sie sich vielleicht auch bald gegen mich wenden? Diese Sorgen ließen Angst in mir entstehen, deswegen fiel es mir immer noch schwer, Yvonne in die Augen zu sehen, obwohl sie nun diejenige war, die für mich die hauptsächliche Verantwortung trug, und obwohl ich schon drei Monate außerhalb der Sekte verbracht hatte. So tief war ich innerlich vernarbt, was das Aufbauen von Beziehungen betraf.

Die einzige Freundschaft, die ich damals zu haben schien, in der es kein Misstrauen gab, schien die mit Aisha zu sein. Zu meiner Erleichterung und in gewisser Hinsicht auch zu meiner Überraschung willigte sie jetzt ein, eine Aussage bei der Polizei zu machen, um meine zu unterstützen. Sie tat es nur, um mir zu helfen, nicht für sich selbst, und wir beide verheimlichten es vor Josie, obwohl ich glaube, dass sie es später herausfand. In gewisser Hinsicht war Aisha sogar tapferer als ich, als sie diese Aussage machte, denn sie glaubte immer noch an JACKIE. Deswegen war sie auch davon überzeugt, dass der Malaysian-Airlines-Flug mit 239 Passagieren an Bord verschwand, weil sie AB verraten hatte.

Trotz dieses extremen psychologischen Drucks war Aisha anders als Josie dazu im Stande, sich aus den Klauen der Sekte zu befreien. Vielleicht hatte sie auch nie wirklich daran geglaubt, dass AB ein Gott war, nicht wie die anderen; vielleicht hatte sich Aisha nur davor gefürchtet, außer Landes gebracht zu werden; doch inzwischen hatte sie ein Bleiberecht erhalten. Wenn sie auch Angst vor JACKIE hatte, und ich bin davon überzeugt, dass das an vielen Tagen der Fall war, so war sie doch entschlossen, trotzdem ein Leben in Freiheit zu führen. Später im selben Jahr zog auch sie aus der Wohnung aus und fand eine eigene in einem betreuten Wohnprojekt.

In ihrem neuen Zuhause gibt es einen Lunchklub und solche Dinge, und das scheint ihr sehr gut zu bekommen. Zu meiner Freude kann ich sagen, dass sich Aisha dafür entschuldigt hat, wie sie mich in der Sekte behandelte – obwohl sie von allen Übeltäterinnen die am wenigsten schlimme war. Wir haben es jedoch nicht ausführlich besprochen; ich habe das Gefühl, dass sie nicht gern daran denkt, und ich glaube, das liegt daran, dass es ihr peinlich ist, und das kann ich verstehen. Wenn sie jetzt sämtliche von Balas Lehren ablehnt und sich das innerlich eingesteht, bedeutet das, dass sie vierzig Jahre ihres Lebens damit verschwendet hat, einem Wahnsinnigen nachzufolgen. In einer solchen Situation ist es vielleicht am besten, gar nicht so viel nachzudenken.

Als ich einmal bei Yvonne und Gerard eingezogen war, stellte ich schockiert fest, dass ich jetzt selbst denken musste, was alltägliche Entscheidungen betraf. Obwohl es mir vage bewusst gewesen war, hatte ich nicht gesehen, wie sehr mich Josie in den vergangenen paar Monaten in Watte gepackt hatte. Vielleicht ist es aber auch so, dass ich gar nicht bereit gewesen wäre, alles zu lernen. Jetzt jedoch hatte ich gar keine andere Wahl, denn Yvonne und Gerard waren fest entschlossen, mir das Wissen zu vermitteln, das ich brauchte, um ein unabhängiges Leben führen zu können. Wenn also Yvonne fürs Fernsehen Sandwiches vorbereitete, wurde es nicht länger akzeptiert, wenn ich keine Entscheidung treffen konnte.

»Such du was für mich aus«, bettelte ich. »Bitte.«

»Kommt nicht infrage«, sagte sie dann. »Was möchtest du denn gern?«

»Ich weiß es nicht«, gab ich zurück, und die Angst schwoll in mir an wie der Ton einer Sirene. »Die Leute haben mir einfach immer das gegeben, was ich essen musste …«

»Nun, das werde ich nicht tun. Bitte nimm dir, was du gerne möchtest. Das gehört zum Erwachsenwerden dazu: Du triffst die Entscheidungen.«

Das fiel mir sehr schwer, sogar eine simple Wahl zwischen zwei Optionen, etwa wenn sie mich fragte, ob ich ein Sandwich mit Schinken oder eines mit Käse haben wollte. Ich denke, das lag daran, dass ich bei AB nie eine Meinung zum Ausdruck hatte bringen dürfen. Wenn ich das doch tat – und sie nicht seiner eigenen entsprach –, beleidigte er mich oder gebrauchte körperliche Gewalt.

Ich wollte nicht, dass man mich verspottete oder bestrafte, weil ich die falsche Wahl getroffen hatte. Überhaupt die Wahl zu haben war etwas so Außergewöhnliches, dass ich es nicht kaputtmachen wollte, falls ich die Chance nicht noch einmal bekäme. Und das Essen bei Yvonne zu Hause – und in den Restaurants, in die sie und Gerard mich mitnahmen – war so neu für mich, dass ich befürchtete, mir etwas auszusuchen, das ich nicht mochte. Die meisten der Dinge, die man da vor mich hinstellte, hatte ich noch nie probiert. Woher sollte ich denn dann wissen, was mir schmeckte? Wie sollte ich mit der quälenden sozialen Peinlichkeit fertigwerden, wenn ich etwas erwischte, das ich nicht mochte?

Yvonne war unglaublich geduldig mit mir, doch gleichzeitig bestand sie darauf, dass ich es lernen musste, ganz egal, wie lange es dauerte, bis ich eine Entscheidung traf. Dann stand sie ruhig da, drängte mich nicht und zeigte auch nicht an, ob die eine oder andere Wahl besser wäre; sie gestand mir einfach zu, in Ruhe und Gelassenheit meine eigene Entscheidung zu fällen. Sie sorgte auch immer dafür, dass mir beim Essen eine Wahl blieb, sei es beim Hauptgericht, beim Getränk oder beim Nachtisch – oder in allen drei Fällen –, und auf diese Weise musste ich jeden Tag üben. Trotzdem brauchte ich Monate, bis ich es gut hinbekam.

Ich denke, schon seit meinem Einzug bei ihnen hatten sie und Gerard es sich zum Ziel gesetzt, mich wieder in die Gesellschaft zu integrieren, damit ich ein Teil davon werden und die Fähigkeiten und Umgangsformen erlernen konnte, die ich brauchte, um in der Welt da Draußen allein zu überleben. Das taten sie auf natürliche Weise, von einem Tag zum nächsten, und sie begriffen, dass ich mein eigenes Tempo einhalten musste. Wir verbrachten sehr viel Zeit damit, uns nur zu unterhalten – über Beziehungen, wobei mir Yvonne half, Liebe und Sex zu verstehen, und darüber, wie Freundschaften idealerweise aussahen. Außerdem las ich sehr viel darüber, denn das blieb meine liebste Lernmethode; nach meinen Erfahrungen mit Balas Unwahrheiten gefiel mir der Gedanke nicht, nur aus dem zu lernen, was jemand zu mir sagte; das war für mich »ihre Meinung«. Wenn dagegen ein Experte aus seinem ganz besonderen Wissen ein Buch gemacht hatte und seine Position mit Bestimmtheit und in überzeugender Weise darlegen konnte, schien mir das größere Sicherheit zu bieten. Doch am allerstärksten hörte ich auf mein Herz und bezog anderes Wissen nur ein, wenn sich das auch richtig anfühlte.

Zu den Dingen, die ich lernte, gehörte auch, eine differenzierte Meinung über die Menschen zu haben. Obwohl ich Balas verzerrte Überzeugungen lange verachtet hatte, gelangte ich zu der Einsicht, dass meine hingebungsvolle »Liebe« zu Roddy und Peregrine – bei der ich jeden ihrer Kritiker abgeschmettert hatte und nicht dazu in der Lage gewesen war, auch nur eine schlechte Eigenschaft in meinen geliebten Menschen zu sehen – genauso schief und verzerrt war. Ich begriff, dass jeder gute und schlechte Eigenschaften in sich trägt, sogar die Menschen, die wir lieben. Selbst die Menschen, die wir hassen, haben irgendwelche positiven Eigenschaften. Das war eine wichtige Lektion für mich.

Es dauerte nicht lange, bis ich die Gelegenheit bekam, mein neues Verständnis meiner Mitmenschen in die Praxis umzusetzen. Obwohl Yvonne, Gerard und ich als Einzige im Haus lebten, gab es eine große Familie, und fast jedes Wochenende kamen ein paar Angehörige zu Besuch, oder sie feierten bei sich zu Hause den Geburtstag eines Enkelkindes. Es gab ein reges gesellschaftliches Leben – und ich fühlte mich dabei ausgesprochen unwohl.

Zum Teil schränkte mich die Tatsache ein, dass die Polizei mich angewiesen hatte, meine Identität geheim zu halten. Ich konnte niemandem sagen, dass ich das Mädchen war, das man aus der Londoner Sekte gerettet hatte, dass meine Geschichte durch die Presse gegangen war. Deswegen konnte ich den Leuten auch nicht erklären, warum ich es so schwierig fand, mit ihnen zu interagieren, und das ließ mich nur noch schüchterner werden, weil ich Angst hatte, sie würden mich merkwürdig finden. Wenn das Wohnzimmer voller Leute war, die sich alle lebhaft unterhielten, fühlte ich mich wie eine Außerirdische, die eine Bruchlandung auf einem fremden Planeten hingelegt hatte. Alle waren so laut und redeten so viel; ehrlich gesagt waren sie mir unsympathisch, einfach nur weil der Geräuschpegel an sich schon dafür sorgte, dass ich mich scheußlich fühlte.

Manchmal probierten die Besucher, ein Gespräch mit mir anzufangen. Dann strengte ich mich wirklich an, Antworten zu finden. Aber wie sollte ich das machen, wenn sich die Unterhaltung darum drehte, wohin die Leute in den Urlaub gefahren waren oder was sie in der Schule gelernt hatten, oder sogar um die Spiele, die sie als Kinder gespielt hatten? Zwischen mir und diesen Menschen gab es keine Gemeinsamkeiten: Ich war nie irgendwo in den Urlaub gefahren, irgendwo zur Schule gegangen, hatte nie gespielt oder überhaupt irgendwelche Freunde gehabt … Ich konnte nichts beitragen, so gern ich das auch gewollt hätte. Stattdessen saß ich mit einem Gefühl da wie ein Goldfisch in einem Glas, weil ich keine Beziehungen zu den Leuten um mich herum aufbauen konnte, und sie auch nicht zu mir.

Außerdem fiel es mir schwer, dem zu folgen, was die Leute sagten – nicht nur, wenn sie mir persönlich gegenübersaßen, sondern auch im Fernsehen. Wenn ich die ganze Sache mehrmals hörte oder zum Beispiel in einem Buch las und dann den Film dazu sah, hatte ich keine Probleme, doch anderenfalls fiel es mir schwer …

Jetzt, da ich endlich bei einer Familie lebte, wurde mir auch noch stärker bewusst, dass man mir die Kindheit gestohlen hatte. Ich hatte alle persönlichen Beziehungen verpasst – keine Eltern gehabt, keine Geschwister, Großeltern, Cousins und Cousinen, Partner, beste Freunde oder Arbeitskollegen. Mit einunddreißig Jahren war es mir nicht vergönnt, eine eigene Familie zu haben, ich hatte keine Chance, einen Ehemann zu finden oder eigene Kinder zu haben.

Yvonne und Gerard schien mein Gefühl des Verlusts nicht zu entgehen – an einem wunderschönen Tag gingen sie mit mir als verspätetes Geburtstagsgeschenk einkaufen und sagten, wir würden jetzt etwas für jedes Jahrzehnt meines Lebens kaufen. Wir gingen in den Disney Store, und sie schenkten mir eine Puppe, die die ersten zehn Jahre repräsentieren sollte, dann in einen Musikladen, wo wir CDs für die Jahre zwischen elf und zwanzig holten, in ein kleines Geschäft, wo es Ohrringe und einen schicken Pelzmantel für die Jahre von einundzwanzig bis dreißig gab. Jedes Mal, wenn wir eine Schwelle überschritten, um hineinzugehen, sagten wir, wir reisten jetzt in der Zeit zurück.

Das war so eine zauberhafte Geste, und ich war ihnen wirklich dankbar. Doch wir lebten nicht in der Welt von Harry Potter, so gern ich das auch so gehabt hätte. So etwas wie Magie gab es nicht. Was ich verloren hatte, würde ich nie wiederbekommen können. Unsere Lebenszeit bewegt sich nur in eine Richtung. Ich konnte nichts tun, als so gut wie möglich mitzugehen, einen langsamen, unsicheren Schritt nach dem anderen.

59. Kapitel: Orientierung

Im März 2014 machten mir Yvonne und Gerard ein großzügiges Geschenk: einen iPad. Zum ersten Mal im Leben hatte ich Zugang zum Internet – und zur Wunderwelt der sozialen Medien.

Für mich funktionierte das auf so vielen Ebenen. Es bedeutete, dass ich Freundschaften schließen konnte, ohne meine Identität ganz zu enthüllen; ich konnte mich mit Leuten austauschen, von denen ich bereits wusste, dass sie meine Interessen teilten, sei es die Labour Party, Spiritualität, Toleranz, Philosophie oder Psychologie. Das gab uns sofort einen Ausgangspunkt, den wir als Basis verwenden konnten, und am besten von allem war, dass es bedeutete, ich konnte mein Lieblingsmedium zur Kommunikation einsetzen – das Schreiben.

Wenn ich mit Leuten sprechen sollte, verstummte ich, und ich fand es schwierig, ihren Antworten zuzuhören, aber schriftliche Nachrichten in den sozialen Medien auszutauschen war für mich etwas so Natürliches wie Atmen. Es war wunderschön, jetzt zu entdecken, dass ich nicht völlig kommunikationsunfähig war. Ich hatte einfach nur einen Weg finden müssen, der für mich funktionierte.

Ein Nachteil bestand allerdings darin, dass man nicht sicher sein konnte, wer sich am anderen Ende befand und welche Absichten diese Menschen hegten, deswegen überlegte ich mir immer sehr genau, was ich mit anderen teilte. Letzten Endes vertraute ich jedoch meiner Intuition, und wenn sich mein Gegenüber nur das kleinste bisschen verdächtig verhielt, brach ich sofort den Kontakt ab. Gleichzeitig schloss ich einige enge Freundschaften und konnte mein Selbstbewusstsein stark weiterentwickeln, indem ich mich mit anderen austauschte, die ähnlich dachten wie ich. Ich verbrachte Stunden damit, mich mit ihnen über Gott und die Welt zu unterhalten. Viel später traf ich sogar einige von ihnen persönlich; sie waren vertraute Freunde geworden, die mir bis heute sehr viel Hilfe und Unterstützung zukommen lassen.

Ich glaube, ich kam ziemlich gut mit der neuen Technologie zurecht. Nur das Lesen auf einem kleinen Bildschirm fiel mir wegen meiner schlechten Augen schwer, deswegen waren Yvonne und Gerard so großzügig, mir auch ein Tablet zu schenken, das ein viel größeres Display hatte. Ich googelte ständig Begriffe und schaute nach, was immer mir gefiel, und auf diese Weise sammelte ich Wissen über alle möglichen neuen Dinge.

Das alles half mir dabei, auch offline selbstbewusster zu werden. Irgendwann konnte ich Yvonne in die Augen schauen, wenn ich mit ihr sprach. Ein Thema war meine Maske aus Make-up, und ich stellte fest, dass ich mich endlich davon verabschieden konnte. Ich verzichtete jetzt auf die orangefarbene Bemalung, die ich immer in der Sekte aufgetragen hatte und hinter der ich mich so gern versteckte. Stattdessen wählte ich eine dunkle Grundierung, die mein Gesicht sonnengebräunt erscheinen ließ. Inzwischen war auch mein abgeschnittenes Haar nachgewachsen. Meine Naturhaarfarbe war ein sehr dunkles Braun, und ich mochte es gar nicht, weil es sich anfühlte, als hätte Bala mir damit seinen Stempel aufgedrückt. Ich wollte mir eine andere Identität erschließen, deswegen färbte ich es blond. Wenn ich nun in den Spiegel sah, war ich sehr glücklich: Im Inneren fühlte ich mich wie jemand anders, und jetzt war das auch äußerlich zu erkennen.

Meine Sozialhilfezahlungen wurden inzwischen regelmäßig auf mein Konto überwiesen, deswegen schlugen Yvonne und Gerard vor, wir sollten ein paar neue Kleidungsstücke für mich kaufen. Viele der Sachen, die ich aus der Sekte mitgebracht hatte, passten mir nicht mehr, weil ich nicht mehr wegen meines undiagnostizierten Diabetes todkrank war; das Gewicht, das ich verloren hatte, hatte ich wieder zugelegt, und deswegen passten mir viele meiner winzigen Kleidungsstücke nicht mehr länger. Ich stimmte zu, zusammen mit Yvonne und Gerard ein Geschäft namens Marks & Spencer zu besuchen.

Das Ganze bereitete mir große Sorgen: Ich bekam Kopfschmerzen, die mir sehr zusetzten, bevor wir überhaupt ein einziges Stück angeschaut hatten. Ich wusste ja auch gar nicht, wie man Kleidung kaufte; Josie hatte immer alles besorgt, was ich benötigte. Ich brauchte nicht einmal zu wissen, welche Größe ich trug.

Schließlich wählte ich Sachen aus, die mir auf den Stangen auffielen, und warf sie in den Einkaufswagen. Weil ich solche Kopfschmerzen hatte, wollte ich es so schnell wie möglich hinter mich bringen, und Kleidungsstücke eines ganzen Spektrums an Größen sammelten sich an.

»Welche Kleidergröße trägst du denn, Rosie?«, fragte Yvonne, als sie das bemerkte.

»Ach, das passt mir schon, ganz sicher!«, gab ich zurück, weil ich nicht wusste, was ich sonst hätte antworten sollen.

»Warum probierst du die Sachen nicht einfach an?«, schlug sie vor. »Die Umkleidekabinen sind gleich da drüben.«

Aber ich hatte noch nie in meinem Leben eine Umkleidekabine betreten. Was musste ich da tun? Würde Yvonne mit mir in die Kabine kommen wollen? Der Gedanke, mich in der Öffentlichkeit ausziehen zu müssen, vielleicht vor ihr, war einfach nur entsetzlich. Ich wollte nicht, dass sie dachte, das wäre in Ordnung für mich.

»Nein!«, sagte ich in gereiztem Ton. »Ich werde sie nicht anprobieren.«

Ich brauchte eine ganze Weile, um das Prozedere einer Einkaufstour zu verstehen. Inzwischen probiere ich immer alles an, außer wenn ich die Sachen online kaufe. Obwohl ich das am Anfang sehr peinlich fand, gehe ich inzwischen sehr gern Anziehsachen einkaufen … Genau wie einst meine Mutter.

Auch zu Hause lernte ich immer mehr. Weil ich den Genossinnen jahrelang in der Küche geholfen hatte, dachte ich, ich könnte schon kochen, aber wie sich herausstellte, wusste ich nur sehr wenig. Ich war es gewohnt, jeder Anweisung von Josie zu folgen, und hatte nie etwas ganz allein tun müssen, deswegen fiel es mir schwer, das richtige Timing zu finden; ganz von vorn konnte ich keine Mahlzeit kochen. Jetzt zeigte mir Yvonne, wie man einfache Gerichte wie Spaghetti bolognese und Shepherd's Pie zubereitete.

Einen sehr großen Teil meines Lernprozesses nahm der Versuch ein, meine Angst vor der Elektrizität zu überwinden. Da ich zugeschaut hatte, wie Yvonne und Gerard ihre Geräte benutzten, hatten sich meine Ängste erheblich gebessert, denn ich sah nie irgendwelche Funken oder Elektroschocks. Doch die Erinnerung daran, wie sich die Genossinnen einen Schlag holten, blieb dramatisch, und ehrlich gesagt fühle ich mich immer noch nicht ganz wohl, wenn ich mich mit Elektrogeräten auseinandersetzen muss. Trotzdem schaffte ich es weit genug, um die Mikrowelle, den Wasserkocher, den Herd, die Waschmaschine und den Trockner bedienen zu können. Einen Trockner hatte ich schon im Waschsalon benutzt, aber nie in einem privaten Haushalt, und bald konnte ich mit all diesen Geräten umgehen.

Yvonne und Gerard lobten mich ständig für alles, was ich lernte; ich denke, sie waren beeindruckt, weil ich die Dinge so schnell erfasste. Ich fühlte mich gleichzeitig freudig aufgeregt und auf eine unangenehme Weise zur Schau gestellt, wenn ich ihre freundlichen Worte hörte. In der Sekte hatte ich mich nach Anerkennung gesehnt und sie nie erhalten, deswegen war es mir jetzt peinlich, gelobt zu werden, obwohl ich es insgeheim sehr genoss.

Ich lernte so schnell, dass Yvonne und Gerard irgendwann entschieden, ich wäre bereit für die nächste Herausforderung. Im April 2014 stand mir die größte bisherige Prüfung bevor: Ich sollte lernen, mich in der Welt Draußen zurechtzufinden.

»Okay, Rosie«, sagte Yvonne, als wir zu dritt durch die Hauptstraße im Dorf gingen. »Siehst du, wie der Bürgersteig hier immer niedriger wird und schließlich das Straßenniveau erreicht?«

Ich nickte.

»Genau da musst du stehen bleiben, wenn du die Straße überqueren willst. Du schaust erst über die rechte Schulter, dann über die linke, und wenn die Straße frei ist, gehst du rüber.«

Wir übten immer und immer wieder, liefen einfach im Dorfkern herum und blieben stehen, schauten uns um, lauschten auf Geräusche, überquerten die Straße. Einmal, als sie mir die Entscheidung überließen, wohin wir gingen, schaute ich hin und sah, dass ein weißer Lieferwagen die Straße entlangkam. Wenn er weiter in diese Richtung fuhr, würde er nicht auf uns zukommen, also machte ich einen Schritt nach vorn.

Ich spürte, wie Gerards Hand auf meiner Schulter mich mit festem Griff zurückhielt.

»Nein, schau doch hin!«, rief er aus. »Der Blinker!«

Der weiße Lieferwagen bog in unsere Straße ein, eines der Lichter an der Seite flackerte rot, und dann sauste der Wagen mit hoher Geschwindigkeit an uns vorbei; der Fahrer drückte mehrmals auf die Hupe. »Hast du keine Augen im Kopf, oder was?«, schrie er wütend aus dem Fenster heraus.

»Was ist denn ein Blinker?«, fragte ich.

Als Yvonne und Gerard mir erklärten, dass ein Blinker eines dieser roten Lichter an der Seite des Autos war und dass die Seite, auf der es blinkte, anzeigte, wohin das Auto abbiegen wollte, war ich schockiert. Natürlich hatte ich diese Blinker schon vorher gesehen, aber niemand hatte mir bisher erklärt, dass sie etwas bedeuteten. Ich hatte einfach gedacht, sie wären wie eine Discobeleuchtung, die sich im Rhythmus der Musik im Auto bewegte. Und jetzt war es eine weitere Nuss, die ich knacken musste: Ampeln und Zebrastreifen stellten auch solche Mysterien dar.

»Wenn das grüne Männchen blinkt«, erklärte Yvonne, »musst du stehen bleiben und warten. Wenn gleich die Ampel umspringt, bleibt vielleicht nicht mehr genug Zeit, noch über die Straße zu kommen.«

Manchmal überquerten andere Leute neben uns doch die Straße und eilten mit raschen Schritten hinüber, was mich verwirrte. »Können wir nicht gehen?«, erkundigte ich mich dann.

Aber Yvonne blieb hart. »Nein. Warte, bis das grüne Männchen nicht mehr blinkt. Es ist egal, was die anderen machen, du wartest ab, bis du gefahrlos über die Straße gehen kannst.«

Das bläute sie mir ein, immer und immer wieder, bis ich es begriffen hatte.

Als ich erst einmal gelernt hatte, stehen zu bleiben, über die Schulter zu schauen und auf Geräusche zu hören, brachte mir Yvonne Orientierungsfertigkeiten bei. Als Allererstes mussten wir meinen Tick überwinden, immer nur mit Tunnelblick starr geradeaus zu schauen. Wenn jemand mit mir unterwegs war, lief ich einfach die Straße entlang und achtete überhaupt nicht darauf, wohin ich unterwegs oder woran ich gerade vorbeigegangen war, denn meine Augen hatten einfach nie geübt, irgendetwas aufzunehmen. Aber natürlich musste ich lernen, wie ich mich zurechtfand, denn es ging uns darum, dass ich irgendwann allein nach Draußen können sollte.

»Du musst dich umschauen«, sagte Yvonne. »Den Kopf drehen. Die Dinge ansehen, während du läufst. Auf die Art wirst du dir merken können, wo du bist.«

Sie fingen an, mit mir Bus zu fahren, und brachten mir bei, wo ich aussteigen musste, wenn ich zu ihnen nach Hause wollte.

»Wenn du auf die Ampelanlage zufährst«, erklärte mir Gerard, »kommt erst die Bushaltestelle da, aber das ist nicht die richtige.

Aber wenn du daran vorbei bist, drückst du auf den Knopf und stehst auf, denn an der nächsten musst du raus.«

Wir probierten das mehrfach aus, und die beiden überließen es mir, den Knopf im richtigen Moment zu drücken, doch zu meinem Verdruss war ich immer zu spät dran. Ich fand es wirklich schwierig, die Ampeln oder die Bushaltestelle zu erkennen; genauso schwer fiel es mir komischerweise, irgendwelche anderen auffälligen Punkte zu erkennen, auf die sie mich hinwiesen, zum Beispiel einen Kirchturm oder einen großen buschigen Baum. Nur ein Trick funktionierte.

»Sagt mir doch, nach welchen Worten ich Ausschau halten muss«, schlug ich vor. Und damit hatte ich den Code geknackt: In dem Augenblick, als Gerard mir sagte, ich müsse auf den Knopf drücken, wenn wir am Co-op-Supermarkt vorbeifuhren, konnte ich das Ladenschild erkennen und wusste, wann ich die Hand ausstrecken musste. Danach fiel mir die Orientierung leicht – ich hielt einfach Ausschau nach einer Philips-Garage, einer Matalan-Filiale oder was auch immer der nächste Anhaltspunkt mit Worten war, und dann wusste ich genau, was ich zu tun hatte und wann.

Dieser Durchbruch bedeutete eine wunderbare neugewonnene Freiheit für mich, denn ich war nicht mehr länger Drinnen eingeschlossen, sondern konnte jetzt auch allein nach Draußen gehen. Genau genommen wurde »Draußen« ganz einfach zu »draußen« mit einem kleinen d für mich: Es war ein anderer Teil der Welt, nicht mehr ein ganz anderes Land, für dessen Einreise ich nicht die richtigen Dokumente besaß. Das bedeutete auch, dass ich ein viel regeres Sozialleben entwickeln konnte.

Die Freunde, die ich am häufigsten sah, waren immer noch Josie und Aisha; ich hatte meine Flügel noch nicht sehr weit ausgebreitet. Die beiden traf ich in der Regel zweimal pro Woche. Ich wollte sie dazu ermutigen, auch neue Dinge auszuprobieren, etwa den Pub zu besuchen. Im Sommer 2014 taten wir das. Ehrfürchtig schaute ich mich um, konnte es nicht fassen, dass ich an einem solchen Ort sein durfte. Ich hatte in Büchern von Pubs gelesen, und es war einfach unglaublich, jetzt dort zu sein und sich mit einem Drink in der Hand an den Tresen zu lehnen.

Ich stellte fest, dass mir Alkohol immer noch nicht schmeckte – ich fand, er war eher wie ein Medikament, aber es war auch schön, in einer so angenehmen, freundlichen Umgebung ein Glas Wasser zu trinken. Zumindest, solange der Lautstärkepegel nicht zu hoch war. Dann empfand ich es als zu viel.

60. Kapitel: Verzeihen lernen

Am 30. Juli 2014 setzten sich Yvonne und Gerard mit mir zusammen, weil sie mir etwas Wichtiges über die fortschreitenden polizeilichen Ermittlungen gegen AB sagen mussten. Noch mehr Opfer, so berichteten sie mir, hatten sich inzwischen gemeldet.

Leanne und Cindy waren von den Toten auferweckt worden.

Was sie AB vorwarfen, war schockierend, und gleichzeitig war es das auch nicht. Sie teilten der Polizei mit, dass sie jahrelang Vergewaltigungen und sexuellen Übergriffen durch AB ausgesetzt gewesen waren. Das war nur überraschend, weil sich Bala doch immer so puritanisch gab, was Sex betraf.

Leanne und Cindy sagten aus, der Missbrauch habe begonnen, nachdem Chanda 1980 krank geworden und ins Krankenhaus eingeliefert worden war. Bala hatte damit angefangen, Aftershave aufzulegen und sein unrasiertes Kinn an den Gesichtern der Frauen zu reiben, außerdem küsste er sie grob. Dann begann er Andeutungen darüber zu machen, wie Tiere miteinander Sex haben – zum Beispiel, wie Bullen Kühe bestiegen –, er hatte Beschreibungen davon in Zeitschriftenartikeln gelesen. Nicht lange danach ging er weiter, und eine sogenannte »komplette sexuelle Erniedrigung« folgte.

Sein erster sexueller Übergriff gegenüber Cindy bedeutete zugleich ihren ersten sexuellen Kontakt mit einem Mann, sagte sie; eines Nachts war er leise in ihr Zimmer gekommen und hatte sie ausgezogen. Sie war zunächst zu verängstigt und schockiert gewesen, als dass sie sich gegen ihn gewehrt hätte, während er seinen Körper an ihren presste, sie zu küssen und ihren Busen anzufassen begann. Doch als sie versuchte, seinen Annäherungen auszuweichen, boxte er sie in den Bauch, bis sie sich vor Schmerzen krümmte. Dann zwang er sie zum Oralverkehr, befahl ihr, seinen Samen zu schlucken und »das Elixier des Lebens zu trinken«. Nach diesem ersten Mal zwang er sie regelmäßig dazu, zwölf Jahre lang, bis sie schließlich die Kraft und den Mut fand, das Kollektiv zu verlassen.

Er vergewaltigte nicht nur Cindy, sondern auch Leanne, und verkehrte außerdem mit Sian. Wie sich herausstellte, mussten sie alle vor seinem Schlafzimmer Schlange stehen. Wenn er sie vergewaltigte, erklärte er, er »reinige sie«, um sie »von der bürgerlichen Kultur zu kurieren«, die in der Draußen-Welt herrschte. Er strebte nach absoluter Macht über sie; er zwang Leanne sogar dazu, seinen Anus zu lecken.

Leanne und Cindy sagten aus, er habe sie durch seine Gewalt und seinen psychologischen Missbrauch zum Gehorsam gezwungen: Sie blieben im Kollektiv, weil sie zu große Angst hatten, es zu verlassen; gleichzeitig hassten sie es jedoch, dort leben zu müssen. Cindy erinnerte sich daran, wie er sie mit solcher Wucht auf den Kopf schlug, dass sie nichts mehr hören konnte und ihr Blut aus dem Ohr lief; bis zum heutigen Tag, so sagte sie, litt sie unter verminderter Hörfähigkeit in beiden Ohren, weil er sie so misshandelt hatte.

Obwohl ich nichts von dem sexuellen Missbrauch bemerkt hatte, war ihr Bericht darüber so typisch für ABs Verhalten, dass ich die Aussagen fraglos akzeptierte. Meiner Überzeugung nach war es dabei für ihn nicht um Sex gegangen, sondern darum, Macht über andere auszuüben. Konzepte wie Zustimmung und Respekt für seine Mitmenschen hatten für ihn nie irgendeine Bedeutung gehabt; diese Dinge hatte er immer als »faschistischen Individualismus« bezeichnet. Ich denke, er war tatsächlich der Überzeugung, dass er als Anführer des Kollektivs ein göttliches Recht hatte, über ihre Gedanken und ihre Körper zu verfügen: Er betrachtete sie als sein Eigentum, genau wie er es immer bei mir getan hatte.

Ich fragte mich allerdings, ob er auch Sian vergewaltigt hatte. War ich das Produkt eines solchen gewalttätigen Akts gewesen? Natürlich kann ich das nicht mit Sicherheit wissen – allerdings sehr wohl, dass Sian alles richtig fand, was AB tat, während ich sie kannte. Eine interessante Frage: Wenn man einer Gehirnwäsche unterzogen worden ist, besitzt man dann überhaupt die mentalen Kapazitäten, um seine Zustimmung geben zu können? Ich gehe davon aus, dass es nicht gegen ihren Willen passiert ist, aber vielleicht war es auch eine Vergewaltigung, die sie für sich zu Liebe umdeutete. Auf seine eigene, kranke Art und Weise, so denke ich, liebte AB meine Mutter tatsächlich: »Sie ist eine schöne Frau, zu der ich zu dreitausend Prozent stehe«, hatte er einmal verkündet. Doch es handelte sich um eine sehr ungesunde Beziehung; sie musste immer nur geben, und er war der ewige Nehmende.

Ich werde die Wahrheit darüber, wie ich entstanden bin, nie wirklich erfahren. Das ist einfach etwas, womit ich leben muss.

Als ich diese Neuigkeiten erfuhr, empfand ich eher ein riesiges Gefühl der Erleichterung als einen Schock. Obwohl mir Aisha in dem beipflichtete, was ich zu Protokoll gab, sagte sie nicht aus, AB habe sie verletzt: Bis zu diesem Zeitpunkt war ich die Einzige gewesen, die ihm vorgeworfen hatte, dass mir von ihm Schaden zugefügt worden war. Nun hatten sich Leanne und Cindy an vorderster Front an meine Seite gestellt.

Bis zu diesem Zeitpunkt hatte ich auch geglaubt, ich sei die Einzige, die Probleme mit dem Kollektiv gehabt hatte; Josie fand es dort schließlich so wunderbar, dass sie in die Sekte zurückkehren wollte! Trotz allem, was meine Intuition und die Menschen von draußen, denen ich begegnet war, mir vermittelt hatten, hatte ich Recht damit, das Vorgefallene zu hassen; trotzdem hatte sich ein winziger Teil von mir immer gefragt, ob ich nicht etwa nur verwöhnt war, wie man mir ständig gesagt hatte, und ob vielleicht das Geschehene gar nicht so schlimm gewesen war. Aber jetzt, da Leanne und Cindy an die Öffentlichkeit traten und erklärten, sie seien ebenfalls missbraucht worden – und sie beschrieben ja dieselbe psychologische und körperliche Folter, die ich anführte –, fühlte ich mich sicherer, was meine Anklagen betraf und darin, die Sekte ein für alle Mal abzulehnen.

Im Zuge dieser Enthüllungen war ich manchmal sehr aufgewühlt, wenn ich daran dachte, wie viele Leben mein Vater ruiniert hatte. Fast fühlte ich mich dafür verantwortlich – schuldig, weil mein Dad so viele schlimme Dinge getan hatte. Ich wünschte, ich könnte für diejenigen, die er verletzt hatte, einen besseren Zustand erreichen. Wahrscheinlich bestand meine einzige Möglichkeit darin, den Weg weiterzugehen, auf dem ich mich bereits befand: Ich musste versuchen, dafür zu sorgen, dass er zur Rechenschaft gezogen wurde.

Ein Teil dieses Prozesses bestand darin, einen Opferbericht zu schreiben, der von der Anklage zurate gezogen werden sollte, wenn man entschied, ob Anklage erhoben werden sollte oder nicht. Hier lag meine Chance, endlich Zeugnis abzulegen – für mich, über die man vorher ständig Meldung gemacht hatte –, doch ich empfand eine seltsame Mischung aus Gefühlen, und nicht alle davon waren positiv, als ich Stift und Papier zur Hand nahm, um die Auswirkungen von ABs Taten auf mich zu beschreiben. Ich verspürte ein Gefühl der Ermächtigung, aber gleichzeitig war das Ganze ernüchternd, aufwühlend und traurig, weil ich an all die schlimmen Jahre zurückdenken musste.

Im September 2014 untersuchte mich ein forensischer Psychologe der National Crime Agency, und wenig später taten mehrere weitere Ärzte dasselbe. Ihre Berichte würden Teil der Gerichtsverhandlung sein – wenn es denn zu einer solchen Verhandlung kam. Diese Tests lieferten ein ganz wundervolles Ergebnis: Ich hatte einen IQ von 120. Zu meinem Erstaunen befand ich mich damit in der Kategorie direkt unter »Genie«; es hieß, ich hätte eine »ganz außergewöhnliche Intelligenz«. Nachdem man mir jahrelang gesagt hatte, was für eine Idiotin ich doch sei, fühlte es sich fantastisch an, jetzt zu wissen, dass das ganz und gar nicht stimmte. Das war einfach eine weitere lausige Ausrede von AB gewesen, um meine Gefangenschaft zu rechtfertigen, und sie wurde innerhalb eines Augenblicks ad absurdum geführt.

Ein Teil der National-Crime-Agency-Diagnose lautete auch, dass ich unter einer chronischen posttraumatischen Stressstörung litt. Es war gut, ein Etikett zu haben, mit dem ich meine dauernden Ängste erklären konnte, und jetzt wusste ich auch, warum ich es so schwierig fand, Teil einer großen Gruppe zu sein. Wegen meines Zustandes brauchte ich viel Ruhe und musste ungestört sein, um mich entspannen zu können.

Diese Diagnosen brachten mir letzten Endes etwas anderes aus der Zeit in der Sekte, was mir zuvor nicht bewusst gewesen war. Die Ärzte teilten mir mit, ich hätte sowohl visuelle als auch auditive Verarbeitungsprobleme. Das bedeutete, dass ich Informationen nicht rasch verarbeiten konnte, oder zumindest nicht mit der Geschwindigkeit, mit der die meisten »normalen« Leute dazu in der Lage wären. (Das Wort »normal« mag ich nicht, denn für mich klingt das so, als entstünden Menschen in Massenproduktion, wo wir doch alle Individuen sind und uns gerade unsere Verschiedenheit so schön macht.) Darum konnte ich auch beim unmittelbaren Hören keine Liedzeilen verstehen, mir keine Gesichter oder Dialoge aus dem Fernsehen merken; darum bereitete es mir körperliche Schmerzen, mich in einer Umgebung mit viel Lärm aufzuhalten. Es bedeutete einfach, dass meine Kinder- und Jugendjahre mein Gehirn angegriffen hatten, dass ich etwas zurückbehalten hatte, das das Leben für mich zu einer viel größeren Herausforderung machte. Die Stimuli gelangten in mein Gehirn, doch ich hatte Probleme damit, die Informationen zu verarbeiten und ihnen einen Sinn zu entnehmen; auch mein Gedächtnis war möglicherweise betroffen.

Als man mir die Diagnose mitteilte, konnte ich sie sofort ganz und gar nachvollziehen, und ich war froh darüber, damit eine Antwort auf die ewige Frage erhalten zu haben, warum mir viele Dinge so schwerfielen. Außerdem verspürte ich eine wahnsinnige Wut auf AB. Er hatte mir das angetan. Ihm war eine kleine Tochter geschenkt worden, und er hatte meine Chancen im Leben so gedankenlos zerstört, wie er ein weißes Blatt Papier zerfetzen würde. Er hatte mich zwischen seinen Fingern zusammengeknüllt und in den Abfall geworfen, und ich merkte, wie in meinem Bauch die Aggression aufstieg, als ich begriff, wie sehr er mich zu einer Behinderten gemacht hatte. Welchen *Hass* ich in diesem Augenblick für ihn empfand!

Die Diagnose überzeugte mich umso mehr, dass ihm Gerechtigkeit widerfahren müsse. In den letzten Monaten des Jahres 2014 teilte man mir mit, dass der Crown Prosecution Service ihn vor Gericht bringen würde. AB würde der Vergewaltigung, Kindesmisshandlung und Freiheitsberaubung beschuldigt werden.

Chanda hatte kein Verfahren zu erwarten. Alle Beschuldigungen gegen sie wurden nun fallen gelassen.

Als ich das erfuhr, war ich schockiert, denn meiner Ansicht nach hatte sie dafür gesorgt, dass ich mich im Haus entsetzlich fühlte. Gleichzeitig verstand ich, warum man nichts finden konnte, worauf sich eine Anklage aufbauen ließ: Was Chanda mir angetan hatte, war schweigend erfolgt; sie hatte mich ignoriert oder mir gemeine Blicke zugeworfen. Sie hatte mich nicht gekniffen, geschlagen oder mir mein Essen weggenommen. Trotzdem hatte sie genug getan, um mich emotional zu verletzen, aber das reichte nicht aus, um sie anzuklagen.

Was ihren Umgang mit Aisha und Josie betraf: Damals gab es den Modern Slavery Act noch nicht, auf dessen Grundlage man die Monster des Dunklen Lords zur Rechenschaft hätte ziehen können; dieses Gesetz wurde erst 2015 verabschiedet. Wenn wir heute gerettet worden wären, wäre es sehr wohl möglich gewesen, dass man Bala und Chanda der Sklavenhaltung angeklagt hätte, aber damals ging das nicht. Josie und Aisha hatten sich natürlich auch nirgendwo beschwert.

Obwohl ich sehr erfreut darüber war, dass AB nun vor Gericht kommen würde, empfand ich es in vielerlei Hinsicht als unfair, dass nur er auf der Anklagebank sitzen musste. Obwohl er die Sekte angeführt hatte, so meine ich, hätte das Ganze nicht so geschehen können, wie es der Fall war, hätte der Rest ihn nicht unterstützt, die anderen überwacht und über ihr Tun Meldungen gemacht. Es betraf nicht nur Bala: Es war eine gemeinschaftliche Anstrengung. Die Tat eines Kollektivs. Sie *alle* hatten dazu beigetragen, und ich war mir nicht sicher, ob es richtig war, dass nur Bala für alles zur Verantwortung gezogen wurde.

Doch Chanda ließ sich nicht vor Gericht bringen, und ich wollte nicht, dass Josie oder Aisha in Schwierigkeiten gerieten, also blieben die Dinge so, wie sie waren. Josie hatte mir das Leben gerettet, und es hätte sich falsch angefühlt, nach allem, was sie zuletzt für mich getan hatte, jetzt die Vergangenheit zur Sprache zu bringen. Auch sie war ein Opfer, auch wenn sie dieser Sichtweise nicht zustimmen würde.

Die Neuigkeit, dass man AB anklagen würde, nahm Josie nicht gut auf. Wenn wir drei Hauselfen uns nun trafen, starrte sie Aisha und mich finster an, wenn wir Spaß hatten. Sie erklärte, wir sollten uns nicht amüsieren, während der Faschistische Staat AB angriff, und verbrachte die gesamte gemeinsame Zeit mit Seufzen. Sie tat mir leid, weil sie immer noch genauso eingesperrt war wie vorher.

In dieser Zeit wurde mir überdies bewusst, dass auch ich nicht frei war – diesmal war es jedoch nur ich selbst, die mich gefangen hielt. Immer wieder musste ich an etwas denken, das mir während meiner heimlichen Lektüre begegnet war; auch nach einigen Jahren hatte ich es nie vergessen. Es handelte sich um ein Zitat von Nelson Mandela: »Indem ich durch die Tür zu dem Tor ging, das mich in die Freiheit führen sollte, wusste ich, dass ich weiterhin im Gefängnis sein würde, wenn ich nicht die Bitterkeit und den Hass zurücklassen würde.«

Während ich langsam herausfand, wie viele verschiedene Arten der Behinderung mir das Leben in der Sekte zugefügt hatte, hatte sich meine Wut auf AB immer mehr gesteigert, weil er mich zu einem solchen Menschen gemacht hatte. Jetzt wurde mir jedoch klar, dass das einzige Opfer solcher Gefühle ich selbst war. Wenn ich mir gestattete, mich zu sehr auf das Negative zu konzentrieren, mich von Gefühlen des Hasses und der Wut antreiben zu lassen, könnte das mein ganzes Leben beherrschen. Wie sollte ich denn so Freude finden, wo ich doch so lange darauf gewartet hatte, ein freies, glückliches Leben zu führen?

Während ich noch in der Sekte war, hatte ich darum gekämpft, das Bedürfnis zu unterdrücken, diejenigen zu hassen, die mich gefangen hielten: Das musste ich jetzt wieder tun. Zumindest versuchte ich mir das bewusst zu machen.

Ich erinnerte mich an alles, was ich während meiner Zeit in der Sekte über den Buddhismus, Hinduismus und das Christentum gelesen hatte. Obwohl ich keiner bestimmten Religion angehörte, war ich ein spiritueller Mensch und glaubte fest an ihre Botschaften der Liebe und der Vergebung, der Güte und des Mitgefühls. Trotz allem, was Bala mir beizubringen versucht hatte, wusste ich, dass ich an diese Werte immer geglaubt hatte.

Was, so fragte ich mich schließlich, *würde Dumbledore tun?*

Und dieser Gedanke war es, der mich den Entschluss fassen ließ, meinem Vater zu verzeihen.

61. Kapitel: Ein neuer Name

Diese Entscheidung verhalf mir zu einem Gefühl der inneren Reinigung. Dass ich zu Beginn des neuen Jahres endlich zu einer Art besonderer Form der Taufe gefunden hatte, schien nur zu gut zu passen.

Am 20. Januar 2015 änderte ich meinen Namen; danach hatte ich mich seit dem Tag meiner Flucht gesehnt. Ich hatte keinen offiziellen Schritt unternehmen wollen, mich etwa ins Wählerregister aufnehmen oder als Studentin einschreiben lassen, bis ich das offiziell mit meiner neuen Identität tun konnte. Nun war dieser Tag endlich gekommen.

»Ich gebe vollständig meinen genannten alten Namen Prem Maopinduzi auf«, so hieß es in dem offiziellen Dokument, »und nehme an und gedenke von diesem Tag an zu benutzen den Namen Katherine Roseanne Francesca Morgan-Davies.«

Prem war tot. Lang lebe Katy.

Das war einer der stolzesten Augenblicke meines bisherigen Lebens. »Katherine« wählte ich aus mehreren Gründen als meinen Vornamen, nicht zuletzt, weil ich entdeckt hatte, dass meine Großtante und meine Ururgroßmutter mütterlicherseits diesen Namen getragen hatten. Der »Morgan«-Teil in meinem Nachnamen stammte ebenfalls aus der Familie meiner Mutter; so hatte Ceri mit Mädchennamen geheißen.

Vom ersten Tag an liebte ich es, meinen Namen offiziell zu verwenden; jetzt konnte ich seine Buchstaben mit Stolz betrachten, anstatt dabei Ekel zu empfinden. Es fühlte sich an, als könne mein wirkliches Leben endlich anfangen. Ich ließ mich ins Wählerverzeichnis eintragen und trat unmittelbar darauf der Labour Party bei; von diesem Schritt hatte ich schon lange geträumt. Von Anfang an war ich voller Begeisterung: Ich meldete mich freiwillig für Veranstaltungen im Zuge der anstehenden Wahlen, und viel später wählte man mich sogar zur Repräsentantin verschiedener ethnischer Gruppen in meinem Wohnort.

Inzwischen verbrachte ich die meiste Zeit in Leeds; jeden Morgen nahm ich von Yvonne und Gerards Haus aus den Bus und den Zug. Eigentlich ergab es keinen Sinn für mich, so weit außerhalb zu wohnen. Mittlerweile konnte ich kochen, putzen, die Straße überqueren, einkaufen und reisen. Ich war endlich unabhängig: bereit für den nächsten Schritt. Im April 2015, im Alter von zweiunddreißig Jahren, nach nur vierzehn Monaten des »Trainings« mit meinen Pflegeeltern, zog ich in meine erste eigene Wohnung.

Ich fand es herrlich. Es war einfach großartig, dass ich genau genommen in die Zwischenstation kam, die ich mir während der Zeit in der Sekte immer gewünscht hatte: Ich zog wieder in ein Palm-Cove-Gebäude, diesmal teilte ich mir eine Wohnung mit fünf anderen Frauen, die ich vorher nicht kannte. Sie stammten aus Äthiopien, Eritrea und Vietnam und sprachen kaum ein Wort Englisch. Ich sah sie nur sehr selten, denn ich war immer unterwegs!

Mit dem Bus fuhr ich in ganz West-Yorkshire herum – einfach nur, weil mir das so viel Spaß machte. Dann steckte ich meine Kopfhörer ein und hörte Musik; zuerst, um mich zu beruhigen, weil mich die Erfahrung stresste, aber später einfach nur, weil es mir gut gefiel. Ich kaufte mir auch ein Smartphone, und so stand mir immer Google Maps zur Verfügung, falls ich mich irgendwo verlief. Es gab also eigentlich nichts, wovor ich mich hätte fürchten müssen.

Meine Bustouren spielten eine wichtige Rolle dabei, ein Gefühl dafür zu entwickeln, wo sich in meiner neuen Heimatstadt die verschiedenen Ziele befanden. Ich setzte mich immer in die obere Etage des Busses ganz nach vorne und blieb die gesamte Strecke über im Bus, von der ersten bis zur letzten Haltestelle. Dabei nahm ich immer die Linie, die sich gerade anbot. Auf diese Weise konnte ich eine Art innere Karte von Leeds entwerfen, damit ich nicht in Panik zu geraten oder Angst zu bekommen brauchte, wenn ich einmal meine Haltestelle verpasste. Mir wurde bewusst, dass es keinen Grund zur Beunruhigung gab, wenn man sich verlief – ganz im Gegenteil, es war ein Abenteuer, neue Orte zu entdecken.

Yvonne und Gerard baten außerdem einen der Mitarbeiter, mir zu zeigen, wie man mit dem Zug reiste, sodass ich meine Entdeckungsfahrten noch weiter ausdehnen konnte. Das war erst recht aufregend! All meine früheren Träume, Zugführerin zu werden, erwachten wieder in mir. Ich liebte das Reisen im Zug. Überall fuhr ich hin: nach York, Manchester, Sheffield, Nottingham … Mein neu entdecktes Selbstvertrauen ermöglichte es mir sogar, anderen zu helfen. Wenn neue Mitbewohner in Palm Cove eintrafen und nicht genau wussten, wie sie ihren Weg finden sollten, stand ich für sie bereit.

Wenn ich nicht gerade mit dem Bus oder mit dem Zug unterwegs war, mich für die Labour Party engagierte oder an einer Veranstaltung teilnahm, verbrachte ich meine ganze Freizeit mit Kampagnen, und auf diese Weise lernte ich viele wundervolle Freunde kennen. Weil in weniger als einem Monat Wahlen anstanden, gab es sehr viel zu tun.

Ich koordinierte die Tür-zu-Tür-Kampagne, was bedeutete, dass ich für die Teams verantwortlich war, die herumgingen und bei den Leuten an die Tür klopften; ich wies ihnen die Adressen zu. Obwohl ich mich an diesen Besuchen nicht persönlich beteiligte, weil mir das immer noch Unbehagen verursacht hätte, schöpfte ich aus dieser Erfahrung unendlich viel Kraft. Alle, die mit mir zusammenarbeiteten, zum Beispiel mein Psychotherapeut, merkten, wie sehr ich mich seit meinem Beitritt zur Labour Party veränderte und wie sehr mein Selbstbewusstsein dadurch gestiegen war.

Ich fühlte mich in diesen Tagen so viel souveräner, dass ich höflich nein sagen konnte, wenn mich meine Palm-Cove-Freunde um mehr Geld baten. Ich hatte jetzt verstanden, dass man mich ausnutzte, und beschloss, ihnen nichts mehr zu geben; ich war nicht gerne unfreundlich, aber es war schlecht für beide Seiten, wenn ich jedes Mal zustimmte. Es enttäuschte mich, herauszufinden, dass man nicht immer allen trauen konnte.

Der einzige Nachteil an meinem Wiedereinzug in Palm Cove bestand darin, dass Josie noch dort wohnte. Sie hatte das Apartment direkt gegenüber meinem. Oft stand sie da und starrte mich durch das Fenster an, wenn ich zu Hause war. Das machte mich sehr nervös. Ich hatte sowieso ein ungutes Gefühl, was Josie betraf, denn noch bevor ich wieder in ihrer Nähe lebte, hatte ich herausgefunden, dass sie Bala bei der Verteidigung unterstützte. Eines Tages hatte ihr Handy plötzlich geklingelt, als sie mich nach einem Besuch zum Bahnhof begleitet hatte. Bevor sie die Person am anderen Ende bat, später wieder anzurufen, weil sie gerade anderes zu tun habe, hatte ich eine männliche Stimme sprechen hören. Als ich sie fragte, wer da angerufen hatte, druckste sie herum und sagte: »Nur ein Freund, es war nichts Wichtiges.«

Doch Josie hatte keine männlichen Freunde. Ich bekam entsetzliche Angst, sie stünde in direktem Kontakt mit AB und hätte dafür gesorgt, dass er jetzt am Bahnhof wartete – entweder, um mich zu entführen oder um mich vor einen einfahrenden Zug zu stoßen. Sie wusste ja, wo ich wohnte, sie wusste, welchen Weg ich immer nahm … Ich verbrachte eine sehr angespannte Fahrt, weil ich jeden Augenblick damit rechnete, AB werde auftauchen. Als ich all das Yvonne berichtete, nachdem ich unbeschadet zu Hause eingetroffen war, erzählte sie mir, dass Josie Kontakt zu Balas Rechtsanwalt aufgenommen hatte. Ich war erleichtert darüber, dass es sich nicht um Bala selbst handelte, fühlte mich jedoch verraten, weil sie so etwas hinter meinem Rücken tat. Wobei das eigentlich wenig überraschend war.

Gleichzeitig brachte mich das in eine schwierige Situation – und das Ganze war noch komplizierter, weil wir ja jetzt nahe beieinander wohnten. Dass sie mit dem Rechtsanwalt sprach, nahm ich ihr nicht übel, denn sie hatte das Recht zu tun, was sie für richtig hielt; gleichzeitig wollte ich jedoch nicht, dass sie Informationen über mich an AB und Chanda weitergab. Es schüchterte mich ein, wenn sie da am Fenster stand; es wirkte auf mich, als spioniere sie mir nach. Ich erwähnte das der Polizei gegenüber, und die schickte ihr einen Brief mit der Warnung, sie werde festgenommen, wenn sie mich einzuschüchtern versuchte, doch auch danach stand ich weiter unter Anspannung.

Schließlich war es einer meiner neuen Freunde aus der Labour Party, der mir wirklich helfen konnte. Er war ein älterer Mann, der Pfeife rauchte und einen Schnurrbart und eine Brille trug. Ich mochte seine heitere Art, und er hörte mir aufmerksam zu, als ich ihm erzählte, wie sehr mir Josie mit ihrem Verhalten zusetzte.

»Weißt du, was du machen musst?«, erwiderte er unumwunden. »Du musst die ganze Scheiße aus deinem Leben eliminieren!«

Ich folgte seinem Ratschlag. Danach traf ich mich viel seltener mit Josie, und irgendwann sah ich sie gar nicht mehr. Jetzt trafen wir nur noch zusammen, wenn wir uns zufällig draußen begegneten. Es machte mich traurig, dass es so weit kommen musste, aber es war besser für uns beide. Wenn wir uns begegneten, verhielten wir uns immer noch freundlich; wir umarmten uns und gingen dann unserer Wege.

Doch selbst diese kurzen Zufallsbegegnungen kamen mit der Zeit immer seltener vor – schließlich hatte ich andere Dinge zu tun. Ende April 2015, wenige Wochen, nachdem ich wieder nach Palm Cove gezogen war, begann ich mit meinem Creative-Writing-Studium.

Ich besuchte ein College für Erwachsene, was ganz großartig war; zuerst hatte ich geglaubt, ich würde wegen meiner Vergangenheit eine der wenigen erwachsenen Studierenden sein, aber das stellte sich als völliger Irrtum heraus. Meine Lehrerin war eine Russin namens Leonora, die immer lächelte. Wenn mir etwas schwerfiel, fühlte ich mich nicht kritisiert oder dumm, sondern ich wurde unterstützt.

Ich liebte meinen Kurs, vor allem, als wir uns mit Lyrik auseinandersetzten. Man machte mir Komplimente, weil ich einen so großen Wortschatz hatte – die ganzen Jahre des Lesens im Wörterbuch zahlten sich endlich aus! Aber ich fand es schwierig, Dinge zu beschreiben. Vielleicht hatte das mit meinem Problem bei der Informationsverarbeitung zu tun: Ich bin nicht dazu in der Lage, das Input dessen, was ich sehe, in das Output einer Beschreibung zu verwandeln. Während ich aufwuchs, hatte ich eine so begrenzte Anzahl an Dingen gesehen; vielleicht war ich deshalb beim Verlassen der Sekte nicht fähig, Unterschiede in Worte zu fassen. Den genauen Grund kenne ich immer noch nicht, und es fällt mir bis heute schwer, obwohl es schon nicht mehr so schlimm ist wie vorher.

Erst fand ich es ein bisschen mühsam, am College Freunde zu gewinnen. Es war frustrierend, meine Identität nicht ganz enthüllen zu können; zum Beispiel durfte ich nicht darüber reden, warum ich überhaupt keine Schulbildung hatte. Das war schwierig, aber ich kam zurecht. Überhaupt teilnehmen zu können, fand ich so spannend, dass ich wahrscheinlich etwas Positives ausstrahlte, und alle waren nett zu mir. Es schien ihnen auch nichts auszumachen, dass ich in großen Gruppen immer noch sehr schüchtern war; wie sich herausstellte, wurde ich einfach nicht zu dem extrovertierten Mädchen, das ich immer hatte sein wollen, egal wie viel selbstsicherer ich mich nun innerlich fühlte. Mit der Zeit gewann ich einige ganz großartige Freunde.

Einige Wochen nach dem Beginn meines Studiums kam einer der wichtigsten Tage meines Lebens. Am 7. Mai 2015 nahm ich zum ersten Mal an einer Wahl teil.

Wie kann ich die Bedeutung dieses Augenblicks nur in Worte fassen? Alles daran, vom Betreten des Wahllokals und dem Nennen meines richtigen Namens bis hin zu dem Akt, auf dem Wahlschein mein Kreuz zu machen, ließ mich ein Gefühl der Stärke empfinden. Ich erinnerte mich daran, wie ich vor Wut kochte, wenn ich dabei zusehen musste, wie das Kollektiv die Volkszählungsunterlagen ausfüllte, ohne dass mein Name mit dabei gewesen wäre; daran, wie sehr es mich verbittert hatte, achtzehn zu sein und trotzdem nicht wählen zu dürfen. Zu wissen, wie sehr Bala die Vorstellung zuwider wäre, dass ich jetzt zur Wahl ging, erfüllte mich mit noch größerer Freude – eigentlich hatte dieser Tag jedoch nichts mit ihm zu tun. Er hatte sich selbst dafür entschieden, nicht am demokratischen Prozess teilzunehmen: Ich dagegen tat das. Wenn man bei einer Wahl seine Stimme abgibt, sorgt man dafür, dass die eigene Stimme gehört wird, und ich war bereit dazu, meine in voller Lautstärke von allen Dächern erklingen zu lassen.

Meine Hand zitterte, als mir die Leute am Pult die Formulare überreichten. Ich wandte mich um und zog mich in die Wahlkabine aus Holz zurück, nahm dann den kleinen Bleistift in die Hand, um meine Stimme abzugeben. Dabei strömten mir die Tränen über das Gesicht, sodass ich kaum etwas sehen konnte. Mit einem Lächeln wie Sonnenschein nach dem Regen setzte ich voller Stolz mein Kreuz.

Während ich wählte, so erinnere ich mich, dachte ich: *Ich bin nicht mehr länger eine Unperson. Meine Stimme zählt. Ich bin ein anerkanntes Mitglied der Gesellschaft, nicht einfach nur ein namenloses, gesichtsloses Etwas, das gar nicht existiert.*

Das war der Augenblick, in dem ich mein Dasein als Schattenfrau endgültig hinter mir ließ und ins Licht hinaustrat.

62. Kapitel: Die Gerichtsverhandlung

Im September 2015 schrieb ich mich für die Fächer Englisch und Mathematik ein, an demselben College, das ich seit April besuchte. Das war die erste Sprosse auf einer Leiter, die ich emporsteigen wollte: Um Zugführerin zu werden, musste ich im *General Certificate of Secondary Education* gute Noten in Englisch und Mathematik erzielen. Während der nächsten Jahre musste ich grundlegende Kurse in diesen Fächern absolvieren, doch jetzt ging es erst einmal darum, meine landesweiten Prüfungen zu absolvieren, und die Aussicht auf eine Stelle als Zugführerin lag noch in weiter Ferne. *Wie wunderschön wird es sein*, sagte ich zu mir selbst, *wenn ich erst diese wunderbaren Züge fahren darf!*

In diesem Herbst lernte ich etwas über mich selbst, das mich noch glücklicher machte. Kurz zuvor war ich Amnesty International beigetreten, und nach einem der Treffen gingen einige von uns in den Pub, und wir unterhielten uns dort. Irgendwann sagte einer der Typen an meinem Tisch zu uns allen: »Wenn du dich zwischen Erbarmen und Gerechtigkeit entscheiden müsstest, wofür würdest du dich entscheiden?«

»Für Erbarmen natürlich«, gab ich zurück.

»Das sagt etwas über deinen Charakter aus«, meinte er.

Das faszinierte mich – schon lange war Psychologie eines meiner Lieblingsfächer gewesen – und er empfahl mir, mir online den Myers-Briggs-Test anzuschauen. Gleich am nächsten Tag machte ich den Test und stellte fest, dass mein Charaktertyp dem Typ »ITKS« entsprach: Introvertiert, Theoretisch, Kooperativ, Spontan.

Das bedeutete einen Durchbruch für mich. Seit ich aus dem Dunklen Turm entkommen war, hatte ich mich selbst dafür verachtet, so still und nachdenklich zu sein. Nicht die selbstbewusste, immer zu Unterhaltungen aufgelegte Frau, die ich wäre, sobald ich in Freiheit lebte, wie ich mir das vorgestellt hatte. Nach dem Test begriff ich, dass mir das einfach nicht entsprach: Ich war introvertiert, nicht extrovertiert. Jetzt wurde mir klar, dass es außer mir noch viele andere Menschen gab, die sich in einer Gruppe nicht laut äußern wollten oder die nicht gern mit vielen anderen zusammen waren: Das bedeutete nicht, dass ich komisch war – es entsprach einfach meiner Art. Dieses Wissen ermöglichte es mir, mich in meiner eigenen Haut viel wohler zu fühlen und meinen Charakter anzunehmen, statt ihn niederzumachen.

Das war eine ganz entscheidende Botschaft, die ich begreifen musste, und sie erreichte mich genau zur richtigen Zeit. Denn in diesem Herbst stand mir etwas bevor, das sicher sogar schwierig ist, wenn man nicht dreißig Jahre eingesperrt verbracht hat: Im November 2015 musste ich meinem Vater vor Gericht entgegentreten.

Wenn ich mich richtig erinnere, begann der Prozess gegen Aravindan Balakrishnan am 12. November 2015. Völlig teilnahmslos saß AB auf der Anklagebank, als man ihm mitteilte, dass er in sechzehn Punkten angeklagt wurde. Er stritt jeden Einzelnen davon ab. Die Zeitungen berichteten, dass er immer dünner werdendes graues Haar und eine dicke Brille hatte; inzwischen war er fünfundsiebzig Jahre alt.

Die Staatsanwaltschaft begann mit einer Beschreibung der Verhältnisse. »Aus einem Kollektiv, das sich durch Agitation für die Rechte des Proletariats einsetzte, hatte sich die Gruppe zur Sekte des Aravindan Balakrishnan entwickelt«, führte die Kronanwältin Rosina Cottage aus.

Zu meiner Erleichterung lud man mich in der ersten Woche der

Beweisaufnahme nicht vor: Stattdessen erhielten Leanne und Cindy die Gelegenheit, ihre Geschichte zu erzählen. Ich war sehr froh darüber, dass diese Reihenfolge gewählt wurde, denn ich fürchtete immer noch, keine Jury würde mir meine seltsamen Erfahrungen glauben, und es gab so viel zu erklären – wie AB uns durch seine angebliche Macht über Leben und Tod kontrollierte, seine göttliche Identität, seine Gewalt, JACKIE und die Übernahme der Weltherrschaft ... Ich dachte, es würde mich tausend Jahre kosten, all das zu erklären.

Aber weil nun die ehemaligen Mitglieder der Sekte vor mir gehört wurden, gab das der Jury immerhin einen gewissen Kontext für meine Geschichte, denn in ihre Welt war ich ja hineingeboren worden. Ich konnte nur hoffen, dass meine eigene Aussage auf diese Weise ein wenig glaubhafter würde.

Dass AB diesen letzten Kampf möglicherweise gewinnen könnte, erfüllte mich mit entsetzlicher Angst. Weil er sich mit Chanda und Josie gegen mich zusammengerottet hatte, hatte ich nur sehr wenig Hoffnung, dass man mir glauben würde. Man würde meinen Aussagen entnehmen, dass ich jemand war, der schrieb und träumte, der den größten Teil seines Lebens in der Sekte mit dem Kopf in den Wolken, in einem Kokon verbracht hatte; sein Anwalt würde doch sicher argumentieren, meine Behauptungen seien meiner Fantasie entsprungen? Leanne und Cindy hatten die Sekte Jahrzehnte vor meiner Flucht verlassen, deswegen würden ihre Aussagen keine Unterstützung für die späteren Jahre meiner Gefangenschaft liefern. Ich fürchtete, AB würde seine so entsetzlich beeindruckenden Manipulationskünste einsetzen, um alles schönzureden, und so würde man das, was mir zugestoßen war, für akzeptabel halten, selbst wenn es Leanne und Cindy gelang, für die Verbrechen gegen sie eine Verurteilung zu erreichen.

Am Abend des 15. November 2015, einige Tage bevor man mich in den Zeugenstand rufen würde, überraschte mich Josie, als ich gerade auf dem Weg in meine Wohnung war. Irgendetwas an ihr wirkte ganz und gar nicht in Ordnung. Als sie so aus der Dunkelheit heraus über mich herfiel, glaubte ich einen Augenblick lang, sie werde mich mit einem Messer angreifen, um mich ein für alle Mal zum Schweigen zu bringen. Ich unterdrückte meine Angst und brachte heraus: »Geht es dir gut?«

Josie packte mich am Arm, und dabei weinte und zitterte sie.

»Nein«, schluchzte sie; dabei bebte ihre Stimme, und sie klang sehr unglücklich. »Es geht mir nicht gut. Ich bin so außer mir wegen AB.« Sie holte tief Atem. »Bitte, kannst du nicht noch einmal über alles nachdenken und ihm vergeben? Ich weiß, dass du sehr, sehr wütend bist, aber kannst du das nicht überwinden? Wenn es so weitergeht, muss AB ins Gefängnis!«

»Ich habe ihm schon vergeben, aber ich muss jetzt diesen Prozess bis zum Ende durchstehen«, gab ich vorsichtig zurück. »Ich verspreche, ich werde nur die Wahrheit sagen. Dann liegt die Entscheidung beim Gericht.«

Ich umarmte sie. »Ich bin sicher, alles wird gut«, erklärte ich, und dann ging ich weg.

Ich meinte das ernst: Ich hatte ihm verziehen. Bei meiner Aussage gegen ihn ging es nicht um Rache oder Bestrafung: Mein ganzes Leben lang hatte man mir gesagt, die Art und Weise, wie man mich behandelte, sei richtig und gut, und ich beginge einen Fehler, indem ich das hinterfragte. Ich wollte nur, dass das richtiggestellt wurde.

Mein erster Tag vor Gericht war der 19. November 2015. Ich fuhr nach London, wo ich meine Aussage über eine Videoaufnahme machen konnte, damit ich nicht persönlich im Gerichtssaal erscheinen musste. Das bedeutete, dass ich mich nicht im selben Raum befinden würde wie AB. Das gefiel mir, denn ich wollte nicht einmal, dass er dieselbe Luft atmete wie ich: Schon damit käme er mir zu nahe, und ich war mir gar nicht sicher, ob AB nicht irgendeinen Weg finden würde, um mich zu manipulieren oder dafür zu sorgen, dass ich mich schuldig fühlte, weil ich ihn angeblich »verriet«.

Weil ich aber wusste, dass man mich auf dem Monitor sehen würde, zog ich mich mit großer Sorgfalt an: Ich trug eine schwarzgoldene Tunika, schwarze Strumpfhosen und Stiefel mit hohen Absätzen; erst vor kurzem hatte ich gelernt, in solchen Schuhen zu laufen. Ich kaufte mir zu diesem Anlass bei Marks & Spencer einen neuen Mantel, einen aus grauem Kaschmir mit einem Pelzkragen. Ich wollte vor der Jury anständig aussehen und außerdem Bala zeigen, wie gut ich zurechtkam. Ich wollte, dass er sah, dass ich Kleidung trug, die er nicht gutheißen würde: Aus genau diesem Grund bereitete es mir an diesem Morgen besondere Freude, mein blondes Haar in die richtige Form zu bringen.

Yvonne begleitete mich zum Gericht. Auf dem Flur direkt vor dem Zimmer, in dem ich meine Aussage machen sollte, umarmte sie mich ein letztes Mal und überließ mich dann dem Gerichtsdiener. Ich kann mich an kein bestimmtes Gefühl mehr erinnern, als ich sie weggehen sah; ich war einfach eifrig darauf bedacht, das Anstehende zu erledigen.

Es ist komisch, dass die wichtigsten Ereignisse in einem Leben oft in ganz besonders unauffälligen Umgebungen stattfinden. Der Gerichtsdiener und eine Mittelsperson, Tina, brachten mich in einen kleinen Raum mit einigen bequemen Stühlen. Ich saß mit Tina auf dem Sofa gegenüber dem Monitor, und wir warteten darauf, dass alles begann.

Währenddessen hoffte ich verzweifelt, ich würde keinen Blackout bekommen. Ich hoffte, nicht nervös kichern zu müssen. Doch Yvonne hatte mir vorher gesagt, dass man die Jury darüber informiert hatte. Man hatte erklärt, dass mein Kichern nicht bedeutete, dass ich mich freute oder das Ganze nicht ernst nahm: Vielmehr war es ein Anzeichen dafür, dass es mir nicht gut ging. Das erleichterte mich ein wenig.

Das Ganze stellte sich auch sonst als einfacher heraus, als ich befürchtet hatte. Das Format des Fragens und Antwortens war ganz simpel, und ich brauchte mir keine Sorgen zu machen, ob ich mich auch an alles erinnerte, weil sich bald herausstellte, dass man die Anklage zu einem sehr großen Teil auf den Tagebüchern aus meiner Kindheit aufgebaut hatte. Die hatte ich seit meiner Flucht, bei der ich sie zurückgelassen hatte, nicht mehr zu Gesicht bekommen, doch seitdem hatten Polizeibeamte und Anwälte sie ganz genau durchgearbeitet – man hatte bestimmte Einträge mit Anmerkungen versehen, auf die entscheidenden Seiten rosafarbene Post-its geklebt, damit man leichter daraus zitieren konnte. Ich brauchte keine qualvollen Erinnerungen hochzuholen, denn alles lag vor, festgehalten in meiner kindlichen Handschrift; ich brauchte nur jeden einzelnen Eintrag zu erklären.

> *Genosse Bala hat Genossin Prem gemaßregelt – weil sie im Bett nicht still geblieben ist. Er hat sie einundzwanzigmal geschlagen. Siebzehn Schläge kommen noch, hat er gesagt … Genosse Bala hat Genossin Prem befohlen, vor ihm niederzuknien. Wie kann sie andere kritisieren, wenn sie sich nicht selbst kritisiert? … Genosse Bala hat Genossin Prem befohlen, auf keinen Fall aus irgendeinem Fenster zu schauen. Wenn sie es doch tut, werden die Hunde der Todesstrafe denken, dass Genossin Prem sehr erpicht darauf ist, sie zu begleiten, und sie werden sie mitnehmen … Genosse Bala hat gesagt, hässliche schmutzige Weiße werden Genossin Prem töten, wenn sie die Anweisungen des Genossen Bala missachtet … Genossin Prem darf niemals irgendwo allein hingehen …*

Jahr um Jahr ging das so weiter.

Dass man nun die Tagebücher einsetzte, fühlte sich an wie Karma. Bei einem großen Teil davon hatte man mich gezwungen, den Text niederzuschreiben, man hatte mich tyrannisiert und mich zu erniedrigen versucht, in dem man mich zwang, meine angeblichen »Verbrechen« gegen das Kollektiv festzuhalten, doch jetzt waren meine Aufzeichnungen zu Beweismaterial *gegen AB* geworden. Das war eine Erfahrung, die mich mit unglaublicher Stärke erfüllte, weil so alles auf den Kopf gestellt wurde.

Yvonne meinte später, ich hätte mit großer Gewandtheit gesprochen. Wenn ich ganz besonders verlegen war oder mich sehr unbehaglich fühlte, musste ich ein bisschen kichern, aber als ich mich erst einmal an die Situation gewöhnt hatte, stellte ich fest, dass ich, ohne zu lachen, fortfahren konnte. Genau genommen war es ernüchternd, alles zu hören, was ich so viele Jahre lang erlitten hatte. Insgesamt empfand ich jedoch nur wenig, ich wollte einfach durch das Ganze durchkommen, so gut ich konnte.

Nachdem die Anklage mit mir fertig war, kam die Verteidigung an die Reihe. Ich schaute beklommen ABs Anwalt auf dem Bildschirm an, während er sich darauf vorbereitete, mich zu befragen. Weder er noch Rosina Cottage trugen ihre Perücken und Roben, also war zumindest das nicht einschüchternd. Aber das bedeutete nicht, dass er mich leicht würde davonkommen lassen.

Auch er ging die Tagebücher durch. Er versuchte dafür zu sorgen, dass ich mich schlecht fühlte. Zum Beispiel griff er sich die Einträge heraus, in denen ich festgehalten hatte, dass Bala ins Wissenschaftsmuseum gegangen war. »Er hat Ihnen ein Mikroskop und eine kleine Schlange mitgebracht, die Sie als ›ganz niedlich‹, beschreiben«, sagte er und zeigte mir den entsprechenden Eintrag. Er betonte die wenigen Gelegenheiten sehr, an denen man mich auf einen Ausflug mitgenommen hatte, und befragte mich dann dazu, warum meine Aufzeichnungen so begeistert klangen. – *Weil ich so glücklich gewesen war, wenn man mir ganz selten eine so wertvolle Erfahrung schenkte.*

»Das haben Sie geschrieben, nicht wahr?«, fragte er dann.

»Ja«, musste ich antworten. Langsam machte ich mir Sorgen: *Wie soll überhaupt jemand glauben können, dass mich Bala missbraucht hat? Schließlich sind auch diese ganzen schönen Dinge passiert. Wird die Jury jetzt denken, dass ich einfach Geschichten erfunden oder die Dinge aufgebauscht habe?* Ich spürte, wie Panik in mir aufstieg, und versuchte mich ganz fest auf ein Bild mit Wolken zu konzentrieren, die vom Wind davongeblasen wurden und die Sicht auf die Sterne freigaben. Das empfand ich als sehr große Hilfe.

»Hat Ihnen das denn nicht gefallen?«, fuhr der Anwalt fort. »Er hat Sie auf lehrreiche Ausflüge mitgenommen, oder etwa nicht? Und er hat Ihnen doch Sachen gekauft?«

Ich holte tief Luft. »Ja, das ist wahr«, sage ich. »All das ist wahr. All das hat er getan.« Ich starrte direkt auf den Bildschirm. »Aber dadurch hatte er nicht das Recht, mich zu schlagen und eingesperrt zu halten.«

Für mich fühlte es sich so an, als gebe der Rechtsanwalt daraufhin nach; er schien keine Antwort auf meine Aussage zu haben. Sein Kreuzverhör war bei Weitem nicht so schwierig, wie ich erwartet hatte, und ich war stolz darauf, wie ich mich schlug.

Nach vier Tagen des Aussagens war mein Teil im Prozess vorbei. Doch meine Prüfung hatte gerade erst angefangen. Anders als in der Sekte ließ man Bala ein gerechtes Verfahren angedeihen – als also die Anklage verstummte, konnte die Verteidigung ihre Argumente vorbringen. Er würde die Gelegenheit erhalten, seine Sicht des Ganzen darzustellen. Was würde er sagen?

63. Kapitel: Das Urteil

Bala war der einzige Zeuge der Verteidigung und tat das, was man im Zeugenstand immer tun sollte: Er sagte die Wahrheit.

Jedenfalls die Wahrheit aus seiner Sicht.

»JACKIE ist eine elektronische Kriegsmaschine, die die Kommunistische Partei von China und die Befreiungsarmee des Volkes erbaut haben«, sagte er zu seiner Verteidigung. »Er hat unglaubliche Macht. Er kann Ihnen den Kopf vom Rumpf reißen.«

»Gehen Sie wirklich davon aus, dass Ihnen das jemand glaubt?«, erkundigte sich sein Rechtsanwalt trocken.

AB durchbohrte ihn mit seinen Blicken. »Ich würde Ihnen raten, sehr vorsichtig zu sein, denn ich könnte JACKIE jetzt auf Sie einstellen, und dann müssten Sie sehr um Ihre Gesundheit fürchten!«

Ich stelle mir vor, dass der Anwalt in diesem Moment vielleicht sogar gelächelt hat; in den Zeitungen wurde beschrieben, er habe den Eindruck gemacht, »am Ende seiner Geduld« zu sein.

»Ich glaube, das Risiko werde ich eingehen«, gab er zurück. Daraufhin durchlief Gelächter den Saal.

Als ich erfuhr, was Bala gesagt hatte, sprang ich förmlich in die Luft vor Freude. Wenn er es ganz klug angestellt hätte, hätte er einige Teile der Geschichte leugnen können, und dann hätte er wie ein vernünftiger Mensch geklungen, aber er ging die Sache so an, dass einfach nur deutlich erkennbar wurde, dass er völlig verrückt war.

Ich denke, er glaubt wirklich an JACKIE. Ich vermag nicht zu sagen, ob das immer der Fall war; benutzte er JACKIE irgendwann bewusst, um Kontrolle über uns auszuüben? Wer weiß das schon? Aber ich glaube, dass er immer noch davon ausgeht, irgendwann die Weltherrschaft zu übernehmen. Ich denke, er ist der Überzeugung, die Welt bereits zu kontrollieren. Er teilte der Jury mit, die Raumfähre Challenger sei 1986 verunglückt, weil man gewagt hatte, seine Führung zu hinterfragen, und dass JACKIE den malaysischen Premierminister Abdul Razak getötet hatte. Er übernahm außerdem die Verantwortung für die Wahl von Jeremy Corbyn zum Vorsitzenden der Labour Party. Gott allein weiß, was in seinem Hirn vorging.

Am 4. Dezember 2015 räumte ich gerade in meiner Wohnung in Palm Cove auf. Ich war eben vom Matheunterricht zurückgekommen. Da gab mein Handy ein Piepsen von sich, weil mir Yvonne eine Nachricht geschickt hatte. Die bestand nur aus drei Worten: *Für schuldig befunden.*

Mir war taumelig vor Freude. Trotz allem, was vor Gericht abgelaufen war, hatte ich immer noch nicht darauf vertrauen können, dass sich die Dinge für mich positiv entwickeln würden. Zu wissen, dass die Jury mir geglaubt hatte, war einfach nur wunderbar.

Trotzdem war ich auch traurig, wenn ich an meinen Vater dachte. Obwohl er noch nicht verurteilt worden war, kam es mir so vor, als stecke ich ihn in einen Käfig, und das fühlte sich nicht richtig an. Gut war nur, endlich die Bestätigung für das zu haben, was mir zugestoßen war: dafür, dass das, was man mir – und Leanne und Cindy – angetan hatte, falsch gewesen war. Das war wirklich etwas ganz Besonderes.

Zwei Tage später klingelte ich an der Wohnungstür mir gegenüber. Ich machte mir ernsthaft Sorgen darum, wie Josie das Urteil aufnehmen würde, deswegen wollte ich nachschauen, ob es ihr gut ging. Ich hatte einige Kleidungsstücke bei mir, aus denen ich herausgewachsen war und von denen ich wusste, dass sie ihr gefielen; ich hoffte, sie auf diese Weise aufmuntern zu können.

»Lange nicht gesehen!«, sagte ich in fröhlichem Ton, als sie sich über die Gegensprechanlage meldete.

»Bist du das, Rosie?«, quakte sie. (Ich hatte ihr nichts davon gesagt, dass mein Name jetzt offiziell anders lautete.)

»Ja«, antwortete ich.

»Okay, komm rein«, erwiderte sie kurz angebunden.

An ihrem Tonfall konnte ich erkennen, dass mir keine angenehme Begegnung bevorstand – und damit täuschte ich mich nicht. Trotzdem schockierte mich ihr Anblick, als ich ihre Wohnung betrat. Ihre Stimme, ihr Gesicht ... Wie bei einer Besessenen. Sie war *zu einer anderen* geworden. Während des Prozesses hatte sie wieder Zeit zusammen mit AB verbracht, und es war fast, als hätte man sie programmiert. Sie begegnete mir mit absoluter Feindseligkeit: als die Josie, die sie während der schlimmsten Tage in der Sekte gewesen war. Es war entsetzlich und auf schmerzliche Weise traurig, sie so vor sich zu haben.

»Der geliebte Genosse Bala hat mich gebeten, dir eine Nachricht von ihm zu überbringen«, teilte sie mir mit, und aus ihren Worten klang eine gewisse Freude.

»Ach ja?«, gab ich zurück.

»Er hasst dich mehr als irgendetwas sonst auf der Welt.«

Eifrig beobachtete sie bei diesen Worten mein Gesicht; ich kann nur annehmen, dass sie hoffte, mich zurückzucken zu sehen. Vor langer, langer Zeit hätte ich das auch getan, weil ich so große Angst gehabt hätte, das kleine bisschen Freiheit, das ich hatte, auch noch zu verlieren. Dass ich nun mit Trotz und Gleichgültigkeit reagierte, schockierte sie offensichtlich.

Kühl erwiderte ich: »Dieses Empfinden ist sein gutes Recht, aber es betrifft mich in keiner Weise. Ich bin nicht auf seine Zustimmung angewiesen und lege auch keinen Wert darauf.«

Josie wurde so wütend, dass sie nicht mehr in ganzen Sätzen sprechen konnte. In der Zeit nach ABs Verurteilung hatte sie ein Fernsehinterview gegeben und das Ganze als Justizirrtum diskreditiert, und bei dieser Gelegenheit hatte sie gesagt, dass sie mich liebte.

»Ich will nichts mit dir zu tun haben!«, stieß sie schließlich erbost hervor. Diesen Wunsch respektierte ich. »Das liegt ganz bei dir«, gab ich zurück. Ich wandte mich um und ging hoch erhobenen Hauptes zu Tür.

Die schlug Josie hinter mir zu, und das Geräusch klang wie ein Punkt. Wie ein Satzzeichen, das das Ende von allem zwischen uns markierte.

Es entging mir nicht, dass ich mich von allem abwenden und entfernen konnte, wohingegen sie nun diejenige war, die hinter der Tür eingesperrt blieb. Die Gefängniswärterin war zur Gefangenen geworden – die Tragik bestand allerdings darin, dass sie das nicht einmal erkannte.

Am 29. Januar 2016 kehrte AB an den Southwark Crown Court zurück, um für seine Verbrechen verurteilt zu werden. In den Wochen dazwischen war er ärztlichen Untersuchungen unterzogen worden, und man hatte ihm eine »narzisstische Persönlichkeitsstörung« und eine »übersteigerte Wahrnehmung seines eigenen Selbstwerts« attestiert. Als ich das in den Zeitungen las, dachte ich: *Das habe ich schon immer gewusst!*

Richterin Deborah Taylor verkündete das Urteil. In ihren Ausführungen erklärte sie: »Es handelt sich hier um schwere, ernste Verbrechen, die über einen langen Zeitraum erfolgten, und Sie haben nicht die geringste Reue gezeigt. Sie waren ohne Hemmungen, was das Ausnutzen Ihrer Opfer betraf. Ihre Tochter war ein Experiment, man entzog ihr Liebe und Zuneigung. Sie haben sie angelogen und ihr gesagt, sie wäre eine Waise; nie haben Sie offiziell anerkannt, dass sie Ihre Tochter war, bis zum Prozess. Wie Sie sie seit ihrer Geburt und bis ins Erwachsenenalter behandelt haben, stellt eine Serie von Handlungen des psychischen und physischen Missbrauchs dar. Sie haben sich dafür entschieden, sie als Projekt zu behandeln, nicht als Person. Sie behaupteten, das getan zu haben, um sie vor der Welt draußen zu schützen, doch Sie haben eine Umgebung geschaffen, in der die Grausamkeit vorherrschte. Sie haben Katherine Morgan-Davies kontrolliert; sie war in diese Herrschaft hineingeboren worden und unfähig, dieser zu entkommen, genauso wie sie unfähig war, allein das Haus zu verlassen.«

Nach ihren Ausführungen verurteilte sie AB für all seine Verbrechen – die Vergewaltigungen und die Übergriffe, die Kindesmisshandlung und die Freiheitsberaubung – zu einer Gefängnisstrafe von dreiundzwanzig Jahren.

Bala zeigte keine Reaktion, als die Richterin das Urteil verkündete, aber Josie rief von der Besuchergalerie herunter: »Das ist politische Verfolgung!« Diese Überzeugung hatte auch Chanda in ihren Äußerungen gegenüber der Presse zum Ausdruck gebracht. Auf den Stufen vor dem Gebäude stand Josie neben Chanda und trug ein T-Shirt, auf dem in großen schwarzen Buchstaben »AB vom Faschistischen Staat verleumdet« stand. Dieser Anblick machte mich sehr traurig.

Auch das Urteil bekümmerte mich. Gerard vertrat die Auffassung, AB hätte dreißig Jahre bekommen sollen, genauso lange, wie ich in meinem Käfig hatte bleiben müssen, doch meiner Ansicht nach waren schon dreiundzwanzig Jahre zu viel. »Wenn du dich zwischen Erbarmen und Gerechtigkeit entscheiden müsstest, wofür würdest du dich entscheiden?«, hatte mein Freund von mir wissen wollen. Und ich würde immer noch jedes Mal mit »Erbarmen« antworten.

Bala hat mich in einen Käfig gesperrt, aber jetzt habe ich ihm dasselbe angetan, und das fühlt sich falsch an; wie billige Rache, und an dieses Konzept glaube ich nicht. Ich wollte ihn verurteilt sehen, damit eine Botschaft in die Welt geschickt wird, aber ich fühle mich nicht wohl bei dem Gedanken, dass er nun mit Gefängnis bestraft wird. Ich glaube, das liegt daran, dass ich genau weiß, wie sich das anfühlt.

Außerdem frage ich mich, ob das wirklich der richtige Ort für ihn ist. Vielleicht hätte er eine bessere Aussicht auf Rehabilitation, wenn er Patient in einem psychiatrischen Krankenhaus wäre.

Am Tag seiner Verurteilung gab ich ein Fernsehinterview. Ich zeigte der Kamera mein Gesicht und nannte meinen wunderschönen richtigen Namen. Selbstbewusst hatte ich mich dafür entschieden, meine Anonymität aufzugeben. Denn warum hätte ich im Schatten bleiben sollen, wo ich doch mein ganzes Leben lang eine Schattenfrau gewesen war?

Ich wollte aufstehen und mitgezählt werden, meine eigene Identität zurückerobern, meine Stimme erheben, um dazu beizutragen, dass die Welt ein besserer Ort wurde, so sehr ich das nur konnte.

»Er hat mir meine Freiheit genommen«, sagte ich zu dem Reporter. »Er hat mir keine Familie, keine Kindheit, keine Freunde, keine Liebe, keine Zuneigung, kein Zugehörigkeitsgefühl, kein Gefühl eines Zuhauses zugestanden … Aber ich verzeihe ihm. Schließlich ist das Leben eine Reise, nicht wahr?«

Und nicht jeder, der wandert, ist verlorn.

Epilog

Am 12. Mai 2016 – elf Jahre und zehn Tage nach meinem ersten Versuch, in die Freiheit zu fliehen – zog ich aus meiner Wohnung in Palm Cove aus und in meine erste ganz eigene Wohnung. Es ist ein modernes Apartment mit einem Schlafzimmer, und ich habe ein Sofa mit bordeauxrotem Samtbezug und einen Tisch und Stühle aus Buchenholz. An diesem Tag war ich so stolz auf mich, darauf, dass ich in den vergangenen Jahren genug gelernt hatte, um unabhängig leben zu können. Selbst zurechtzukommen ist das beste Gefühl auf der Welt.

Irgendwann möchte ich gern Fotos von meiner Mutter und Großmutter aufstellen, aber jetzt noch nicht. Trotzdem stehe ich immer noch in Kontakt mit der Familie meiner Mutter: Eleri und ich telefonieren einmal in der Woche.

Im August 2016 fuhren wir zusammen nach Tregaron in Wales, um uns zusammen an die Vergangenheit zu erinnern. Hier war Sian aufgewachsen; hier hatte meine Oma bis zu ihrem Tod gelebt. Eleri zeigte mir Ceris ehemaliges Haus. Wenn die Dinge anders verlaufen wären, hätte es mein Zuhause sein können.

Nach Sians Tod holte Ceri sie nach Wales zurück und begrub sie neben ihrem Vater; als Ceri 2005 starb, wurde auch sie dort beigesetzt. So ruhen jetzt alle meine Angehörigen unter einer glänzend schwarzen Marmorplatte in einem Friedhof bei der Kapelle, ihre Namen sind mit goldenen Lettern zu lesen.

Ich brachte für Sian gelbe Blumen mit, leuchtend wie der Sonnenschein, der an diesem Tag auf uns herunterstrahlte. Innerlich fühlte ich mich aber durch und durch kalt. Ich habe feststellen müssen, dass das ein weiteres Erbe aus der Zeit in der Sekte ist: Ich fühle mich oft innerlich wie tot. Ich nehme an, meine Emotionen wurden so sehr manipuliert, dass ich mir jetzt, obwohl ich frei bin, nicht mehr gestatte, die Dinge zu spüren, weil ich mich immer davor fürchte, möglicherweise verletzt zu werden. Die psychologischen Spielchen, die Bala nach Roddys Verbannung mit mir spielte, haben mir womöglich die Fähigkeit genommen, mich an Dingen zu erfreuen: Ich freue mich nicht auf anstehende Veranstaltungen oder Ereignisse, und wenn sie dann passieren, kann ich nicht glauben, dass sie real sind. Immer noch trage ich die alte Narbe der Vorstellung, dass man mir schöne Dinge wegnehmen wird, deswegen versuche ich eine Verbindung dazu zu vermeiden, um mich selbst zu schützen.

Aber das ist nicht immer so. Ich durchlaufe einen langsamen Heilungsprozess, und obwohl das manchmal schwer ist, gewinnt das Glück immer mehr an Boden. Wenn mich die, die mir am nächsten stehen, umarmen, spüre ich keine Kälte: Dann spüre ich *Liebe*. Meine Cousine Eleri hat mir das walisische Wort für »Umarmung« beigebracht, »cwtch«. »Cwtch« ist mehr als eine Umarmung, mehr als nur die Arme von jemandem um sich zu spüren: Es ist eine Umarmung, die allen Schmerz verschwinden lässt, eine Umarmung, die Liebe und Akzeptanz zum Ausdruck bringt, eine Umarmung, die sich anfühlt wie ein geschützter Ort in einem Sturm. »Cwtch« ist jetzt mein Lieblingswort, und es ist auch das, was ich am liebsten tue. Wenn ich meine Familie umarme – Eleri, Yvonne und Gerard, die die Eltern sind, die ich nie hatte, und all die wunderbaren neuen Freunde, die ich gefunden habe –, fühlt es sich so an, als könne mir nichts jemals mehr wehtun. So stark ist »cwtch«.

Zu den Freunden, die ich umarme, gehört ein Mensch, den ich früher »Genossin Aisha« genannt habe. Wir versuchen, uns einmal wöchentlich zu treffen, und ich besuche sie immer sehr gern. Aisha war immer fair und gerecht; ich denke, dass sie die schrecklichen Dinge, die sie in der Sekte getan hat, nur aus Angst tat. Seit unserer Flucht ist sie sehr gut zurechtgekommen; im Jahr 2016 hat sie sich sogar die Zähne richten lassen. Ich freute mich so für sie: Sie sah fantastisch aus, und es war so ein bedeutungsvolles Zeichen dafür, wie sehr sie sich entwickelt hatte, seit sie dem Wahnsinn der Sekte entkommen war.

Zusammen beteiligten Aisha und ich uns an einer Dokumentation über unsere Erfahrungen, die im Januar 2017 von der BBC ausgestrahlt wurde. Der Filmemacher interviewte viele verschiedene Leute, auch unsere ehemaligen Nachbarn. Einer von ihnen war der Mann, der mir damals eine so große Freude bereitet hatte, als er seine Mauer baute. Als er während der Aufnahmen über mich sprach, musste er weinen. Er sagte, er hätte nicht gewusst, was hinter der Fensterscheibe vor sich ging.

Dieser Anblick berührte mich tief, und ich hatte Mitleid mit ihm, weil er sich so schlecht fühlte. Ich glaube nicht, dass er sich traurig oder schuldig fühlen sollte, denn er trägt überhaupt keine Verantwortung für das, was geschehen ist. Niemand draußen hätte irgendwie wissen können, was mir widerfuhr: Die Sekte war so auf Geheimhaltung bedacht und so gut darin, andere zu manipulieren, dass es mich bis heute erstaunt, dass mich überhaupt jemals jemand bemerkt hat. Die Tatsache, dass er sich an mich erinnerte, dass jemand anders aus der Nachbarschaft sogar meldete, dass man mich nicht zur Schule gehen ließ, sind richtige Wunder, wenn man sich vor Augen hält, wie sehr AB darauf achtete, mich zu verbergen.

Auch den Behördenvertretern mache ich keinen Vorwurf. Ich weiß nicht, warum man von der Polizei oder dem Sozialamt aus keine großen Ermittlungen durchgeführt hat, als man auf die Situation aufmerksam gemacht wurde. Ich kann mir nur vorstellen, dass man uns nie einholen konnte, weil wir immer wieder umzogen.

Was mir mehr zusetzt, ist die Frage, warum das Ganze *über-*

haupt geschehen ist. Man macht es sich zu leicht, wenn man sagt, AB sei ein »böser Mensch« oder das Ganze sei ein »böser Fluch« gewesen: Das sind kindische Ideen, und sie passen besser in ein Buch mit Geschichten als ins wirkliche Leben. Anders, als ich gedacht hatte, als ich noch in der Sekte lebte, lag es auch nicht am Kommunismus: Später habe ich Menschen kennengelernt, die sich selbst als Kommunisten bezeichnen und überhaupt nicht so sind. Das hat mir immer Kopfzerbrechen bereitet, weil ich diese Leute als Individuen kannte und liebte. Wenn ich zusammen mit Josie kochte oder Oh umarmte oder mit AB ins Museum ging, erlebte ich Angenehmes mit Menschen, bei denen ich ganz deutlich erkennen konnte, dass sie ein gutes Herz hatten. Aber wenn sie alle zusammen waren, löste etwas in der Gruppendynamik eine Art Feuersbrunst aus, die diese freundlichen Individuen in ein vielköpfiges Monster verwandelte. Ganz habe ich mir das nie erklären können, aber ich will es immer noch verstehen. Eines Tages werde ich vielleicht Psychologie studieren, möglicherweise mache ich sogar einen Abschluss in diesem Fach, dann begreife ich es vielleicht ein wenig besser.

An den Filmaufnahmen hat sich Josie nicht beteiligt. Nach dem Prozess verließ sie Palm Cove und kehrte nach London zurück. In einer Zeitung habe ich gelesen, dass sie wieder mit Chanda zusammengezogen ist, aber ich weiß nicht, ob das stimmt. Sie strengt sich sehr an, sich den anderen gegenüber zu beweisen, und führt Kampagnen in ABs Namen, gegen den »Justizirrtum«. Sie erklärt, er sei durch falsche Anschuldigungen ins Gefängnis gekommen – also genau genommen, dass ich lüge, dabei weiß sie, dass alles, was ich gesagt habe, wahr ist. Trotzdem behandelt sie mich wie ein Kind; so wie sie das Ganze darstellt, bin ich eine Schachfigur in den Plänen der Metropolitan Police, die ABs Untergang heraufbeschwören will. Sie empfindet keine Reue wegen dem, was mir widerfahren ist; sie glaubt, dass man mich für ein höheres Ziel im Käfig gehalten hat: dass man mich so schützte, bis Bala die Weltherrschaft übernehmen würde.

Ihre Kampagne ist gleichzeitig nervend, lächerlich und tragisch. Egal, welche der zahlreichen Beweise man ihr vorlegt, sie kann einfach nicht aus ihrem alten Gedankengerüst heraus. Meine stärksten Gefühle ihr gegenüber sind nun Bedauern und Mitgefühl.

Manchmal frage ich mich, was sie wohl tun wird, wenn AB stirbt, wozu es irgendwann unwiderruflich kommen wird. Er ist inzwischen fast achtundsiebzig und wird – egal, was er immer gepredigt hat – nicht für immer leben.

Er hat immer gesagt, nur böse Menschen sterben; wird Josie dann also schlechter von ihm denken? Ich vermute, das ist eine optimistische Sichtweise. Sie wird wahrscheinlich behaupten, der Faschistische Staat lüge, und AB wäre immer noch am Leben; oder dass man ihn eines Tages auferstehen lassen wird, oder – und das ist wohl am wahrscheinlichsten – dass es meine »Verbrechen« waren, die ihn ins Grab gebracht haben.

Wenn der Tag einmal kommt, glaube ich nicht, dass ich leiden werde, in welcher Form auch immer. Bevor AB stirbt, würde ich mir wünschen, dass er anerkennt, welchen Schaden er mir zugefügt hat, und dass er sich dafür entschuldigt – um seinetwillen genauso sehr wie meinetwegen –, aber ich habe keine große Hoffnung, dass das auch tatsächlich geschehen wird. Ich kann mir auch nicht vorstellen, dass er im Gefängnis eine Rehabilitation durchläuft; es würde mich nicht wundern, wenn er versuchen würde, dort drinnen eine neue Sekte ins Leben zu rufen. Es erfüllt mich noch immer mit Unbehagen, dass er im Gefängnis sitzt; nachdem ich dreißig Jahre selbst eingesperrt war, kann ich das wohl kaum einem anderen Menschen wünschen, nicht einmal meinem schlimmsten Feind. Ich wünschte nur, er hätte auf meine Bitten um Freiheit gehört und nichts von alldem hier wäre geschehen. Doch gleichzeitig bin ich froh, dass das Gesetz seine Taten als Verbrechen einstuft.

Allerdings sieht er selbst diese Taten immer noch nicht so. Und solange sich Leute wie Josie in seiner Nähe befinden, die ihn in seinem Narzissmus bestärken, zweifle ich daran, dass er jemals seine

Einstellung gegenüber dem Geschehenen ändern wird. Er wird nie dazu gezwungen sein, sich selbst bestimmte Dinge zu fragen, solange es Leute gibt, die ihm bequemerweise immer wieder bestätigen, dass er alles richtig gemacht hat.

Anders als er sehe ich mich jeden Tag mit der Realität dessen konfrontiert, was er getan hat. Bis heute laufe ich langsam und mit Bedacht, ich kann nicht darauf vertrauen, dass mein Körper mich dorthin bringt, wohin ich muss. Es frustriert mich, dass ich keinem Bus hinterherrennen kann, immer fürchten muss, zu stolpern und hinzufallen. Manchmal habe ich das Gefühl, einen Gehstock zu brauchen, aber das scheint nur etwas für ältere Leute zu sein.

Immer noch habe ich große Angst davor, was die Leute wohl von mir denken, und deswegen fühlt es sich manchmal so an, als wäre die Fensterscheibe immer noch zwischen mir und ihnen, obwohl das viel seltener vorkommt als früher. Oft habe ich Angst davor, das Falsche zu sagen, und stehe deswegen Ängste durch. Ich ertappe mich immer wieder dabei, damit zu rechnen, dass sich andere über mich lustig machen oder mich ablehnen. Bis heute erschreckt es mich furchtbar, wenn sich Leute wütend anschreien; dann fühle ich mich ganz schwach vor Angst. Noch immer springe ich bei jeder plötzlichen lauten Bewegung nervös auf; dann reagiert mein Instinkt darauf, wie AB immer quer durchs Zimmer schoss, um mich ins Gesicht zu schlagen.

Weil mir Tränen seit meiner Geburt Schläge einbrachten, war es schwierig für mich, diese Emotionen wiederzuerwecken: Ich habe sie so sehr unterdrückt, dass es mir bisher kaum gelungen ist, einen Weg zu finden, sie wieder fließen zu lassen.

Außerdem habe ich immer noch Schwierigkeiten, weil es mir schwerfällt, Informationen zu verarbeiten. Ich hätte gern eine Arbeit, aber im Moment geht das nicht, da von einem erwartet wird, dass man alles in hohem Tempo erledigt, und dazu bin ich nicht fähig. Ich arbeite nicht so schnell wie andere: Mein Gehirn kann einfach nicht Schritt halten. Sehr zu meinem Leidwesen habe ich auch herausgefunden, dass ich wegen meines Diabetes keine Zugführerin werden kann: Mit dieser Krankheit wird man nicht eingestellt, da man vielleicht nicht immer die Kontrolle behält. Ich war am Boden zerstört, als ich das herausfand; am Bahnhof treten mir ab und an immer noch die Tränen in die Augen, wenn ich die Durchsagen höre und sehe, wie ein Zug vom Bahnsteig abfährt.

Doch trotz all dieser Herausforderungen trage ich keine Bitterkeit in mir. Bala hat mir dreißig Jahre meines Lebens gestohlen, und ich werde nicht zulassen, dass das Geschehene noch mehr meiner Lebenszeit auffrisst. Dafür ist das Leben zu kurz: Ich will es nicht mit Wut und Hass verbringen.

Wenn mein Vater es schaffen würde, seine Taten anzuerkennen, wäre ich bereit, eine Beziehung zu ihm einzugehen – solange sie zwischen zwei gleichberechtigten Personen bestünde. Er ist mein einziger noch lebender enger Blutsverwandter, und das bedeutet mir etwas, obwohl ich seit meiner Flucht gelernt habe, dass Wasser häufig dicker sein kann als Blut. Vielleicht wäre eine erneute Begegnung ein Ziel, auf das wir hinarbeiten könnten, aber der erste Schritt in diese Richtung muss von ihm kommen.

Im August 2017 fuhr ich zum College, um meine Prüfungsergebnisse zu erfragen. Damals belegte ich noch immer Grundkurse in Mathematik, aber in diesem Sommer hatte ich meine erste größere landesweite Prüfung als Teil des *General Certificate of Secondary Education* abgelegt. Während ich mit meinen typischen langsamen Schritten die Straße entlangging, sagte ich zu mir selbst: *Du kannst die Prüfung ja einfach noch mal machen.* Ich war überzeugt, nicht bestanden zu haben.

Meine Lehrerin wartete dort auf mich. Ihre beruhigende Ausstrahlung schien mir zu signalisieren, dass ich ein ganz gutes Ergebnis hatte, aber nichts bereitete mich auf den Schock vor, als ich den Umschlag öffnete und die Resultate sah: Ich hatte eine Neun bekommen, die bestmögliche Note.

Ich war so unglaublich stolz, und wurde dadurch viel selbstbewusster als vorher. Dass ich das erreicht habe, lässt mich denken: *Vielleicht kann ich noch mehr!* Ich finde es spannend, dass mir die Zukunft so viel zu bieten hat.

Gleichzeitig musste ich auch denken: *Was wäre gewesen, wenn …?* Wenn ich meine Prüfung mit sechzehn statt mit vierunddreißig abgelegt hätte, was würde ich dann jetzt wohl tun? Was hätte ich in dieser Welt erreichen können, wenn mein Leben anders verlaufen wäre?

Doch es ist sinnlos, über Verlorenes zu weinen: Man muss das Beste aus dem machen, was man hat. Das Leben ist eine Reise, und jeder macht andere Erfahrungen. Ich glaube nicht, dass es richtig ist, mich dem Selbstmitleid hinzugeben, denn in gewissem Sinne lebt jeder in seinem eigenen Käfig. Diejenigen, bei denen es so aussieht, als verliefe ihr Leben in geordneten Bahnen, leiden vielleicht unter Depressionen; andere werden durch schlechte Beziehungen blockiert, oder durch böse Chefs oder eine schwache Gesundheit … Im Leben können so viele Dinge passieren. Wir alle sind auf unserer ganz persönlichen Reise. Ich glaube daran, dass nichts ohne Grund geschieht.

Deswegen möchte ich meine Erfahrungen nutzen, um anderen zu helfen, so gut ich kann. Ich will nicht, dass sich irgendein anderer Mensch so isoliert oder missverstanden fühlt, wie das bei mir immer der Fall war. Ich würde vielleicht auch gern in der Öffentlichkeit sprechen, damit meine Botschaft weithin gehört wird. Auf der Welt gibt es sehr viele Missstände, um die man sich kümmern muss: Zu viele Menschen leben in ihren eigenen Dunklen Türmen. Deswegen möchte ich meine Stimme erheben und laut rufen: »Behandelt andere nicht schlecht«.

Denn darin besteht die einzige Enttäuschung, die ich seit meiner Flucht erlebt habe – das Einzige, was nicht meinen Erwartungen von der Welt da draußen entsprach. Als ich die Sekte verließ, glaubte ich, ich ließe die Bösartigkeit hinter mir, die die Menschen einander zufügen; ich hatte gehofft, jetzt wäre jeder nett und freundlich und verhalte sich anständig gegenüber seinen Mitmenschen. Feststellen zu müssen, dass andere Leute genauso böse sind – sei es auch auf andere Art –, war eine bittere Erfahrung. Das macht mich wirklich traurig.

Ich versuche, nett zu allen zu sein. Ich versuche, immer alle Seiten zu sehen. Das sind kleine Schritte, aber aus Erfahrung weiß ich, dass kleine Schritte manchmal zu einer sehr langen Reise führen können.

In gewisser Hinsicht bin ich sogar dankbar für die einzigartige Perspektive, die ich durch mein Leben habe. Jeden Tag höre ich, wie sich Menschen über die unwichtigsten Kleinigkeiten beschweren – sie wollen ein besseres Auto, Telefon oder Haus, oder eine bessere Arbeitsstelle –, ich dagegen bin einfach froh, am Leben zu sein. Diejenigen, in deren Leben viel Positives passiert, scheinen nicht in der Lage zu sein, die kleinen Details eines glücklichen Lebens zu schätzen, ich jedoch kann das. Seinen eigenen Hausschlüssel zu besitzen, ein Fenster öffnen, auf die Straße gehen zu können, wenn draußen ein angenehmer Wind weht, einfach so mit den Leuten zu sprechen, mit denen man möchte – diese Dinge sind für mich wie Schätze. Ich bin dankbar dafür und froh über mein Leben.

Jetzt kann ich erkennen, dass die Freiheit jeden Aspekt meines Lebens ausmacht. Ich fühle mich nun so wohl in meiner eigenen Haut, dass ich nur noch selten Make-up auftrage. Ich ziehe kurzärmlige Oberteile und Kleider an, und Röcke ohne Strumpfhosen darunter. Im Sommer liebe ich das Sonnenbaden, und inzwischen habe ich eine wunderschöne natürliche Sonnenbräune. Auch mein Haar ist kräftig und gesund. Ich färbe es sehr gern und probiere verschiedene Looks aus.

Auch Entscheidungen zu treffen fällt mir nicht mehr schwer. Wenn es im Restaurant ans Bestellen geht, suche ich mir immer etwas Neues aus, weil ich gern Verschiedenes ausprobiere und es so viel gibt, was ich noch nicht kenne. Wenn es nicht schmeckt, ist das nicht schlimm – nächstes Mal kann ich ja einfach etwas anderes nehmen.

Mein Verlangen danach, Neues zu testen, begrenzt sich nicht auf das Essen im Restaurant. Ich möchte Schwimmen lernen – und Autofahren. Ich weiß nicht, ob meine Informationsweiterleitungsstörung bei Letzterem ein Problem darstellen wird, aber ich werde es versuchen.

Reisen möchte ich auch. Einen Pass habe ich noch nicht, aber darum will ich mich kümmern. Auf meiner Wunschliste stehen Irland, Italien, Österreich und Amerika. Mein absoluter Traum besteht darin, in den Vereinigten Staaten Kolibris zu füttern. Das habe ich in YouTube-Videos gesehen, und ich glaube, das wäre einfach himmlisch. Der Gedanke, mir neue Erinnerungen zu schaffen, erfüllt mich mit positiver Aufregung.

An dem Abend, als ich meine Prüfungsergebnisse bekam, gingen einige von uns zum Feiern in den Pub. Meine Lehrerin hielt eine kurze Ansprache und verkündete, wie stolz sie auf mich sei, und alle applaudierten! Der Beifall klingelte richtig in meinen Ohren, und das Bewusstsein, dass das geschah, um meine Leistung zu ehren, war etwas ganz Besonderes für mich. Früher war ich das kleine Mädchen in Gefangenschaft gewesen, und *jetzt* … Aber seltsamerweise dachte ich gar nicht wirklich an Prem. Ich fühle mich überhaupt nicht mehr wie sie: Ich fühle mich wie ein ganz anderer Mensch. Ich habe Prem längst weit hinter mir gelassen.

Der Pub bedeutet mir sehr viel. Das kommt daher, dass dort regelmäßig Poesieabende abgehalten werden, und einige Monate zuvor hatte ich auf der Bühne gestanden und der versammelten Zuhörerschaft laut die Gedichte vorgelesen, die ich im Kollektiv geschrieben hatte. Das hatte sich ganz großartig angefühlt, weil ich einst sicher gewesen war, diese Worte würden mit mir sterben, und jetzt fanden sie ihren Weg in die Welt hinaus. Dieses Gefühl lässt sich mit Worten nicht beschreiben.

Obwohl ich diese Vorführungen am Mikrofon genossen habe und später immer noch gerne schreiben möchte, schaffe ich im Moment nicht viele Gedichte. Ich glaube, ich bin zu glücklich! Früher war das Dichten ein Wundermittel für mich, doch inzwischen bin ich geheilt. Trotzdem bedeuten mir Lesen und Schreiben immer noch alles. Ich weiß sehr gut, dass mein Leben ganz anders verlaufen wäre, wäre ich Analphabetin gewesen. Ohne meine heimliche Lektüre hätte ich nie zur Erleuchtung gefunden. Ohne das Schreiben hätte ich mir nie meine geistige Gesundheit erhalten können. Sehr viele Leute haben mich gefragt, wie ich es geschafft habe zu überleben, und die Antwort lautet: durch Lesen, Schreiben und meine Fantasie. Ohne das alles würde ich immer noch im Käfig sitzen.

Dass ich diesem Käfig entkommen bin, fühlt sich immer noch an wie ein Wunder. Ich habe keine Lieblingserinnerung und könnte auch keinen besonders schönen Tag in Freiheit benennen, weil jeder einzelne Tag ganz wunderbar ist: Ich bin einfach so glücklich darüber, nicht mehr dort zu sein, wo ich einmal war. Heute betrachte ich jede Stunde des Tages als einen Schatz. Manchmal halte ich mich im Haus auf, starre die Tür an und erinnere mich, wie es war, als ich sie nicht öffnen konnte. Jedes Mal, wenn ich meinen Schlüssel benutze, wird mir bewusst, wie glücklich ich mich schätzen kann.

An warmen Tagen stehe ich am Fenster und genieße es, es jederzeit öffnen zu können. Diese Tage voller Sonnenschein liebe ich, weil meine Augen inzwischen nicht mehr so schmerzen wie früher; eigentlich tun sie kaum noch weh, und jetzt kann ich oft direkt ins helle Licht hinausgehen, ohne eine Sonnenbrille tragen zu müssen. Zu meiner Wohnung gehört kein Garten, aber es gibt eine gemeinsam genutzte Fläche, und das Wissen, dass sie mir offensteht, wann immer ich möchte, ist das beste Gefühl auf der ganzen Welt.

… Kommt mit mir, ich öffne die Tür und trete hinaus in den Sonnenschein. Ich stehe im grünen Gras und schaue in den Himmel hinauf. Über unseren Köpfen fliegt ein Vogel vorbei, er bewegt sich pfeilschnell durch den leuchtend blauen Morgen. Seine Flügel sind weit ausgebreitet und tragen viele Federn. Der Vogel weiß genau, was er zu tun hat.

Ich weiß es auch. Ich löse meine eigenen Flügel und schüttele sie. *Schaut nur, wie sie leuchten …* Es hat gedauert, bis sie wieder auf Normalgröße gewachsen sind, aber jetzt tragen sie mich durch die Luft, wo immer ich hinmöchte. Ich stelle mich wippend auf die Zehenspitzen. Ich starre in den Himmel hinauf. Ich erzittere kurz, bewege mich von rechts nach links … Und ich fliege.

Inhalt

Kindesmissbrauch in einer Sekte

Natacha Tormey
EUER TRAUM WAR MEINE HÖLLE
Als Kind misshandelt und missbraucht in einer Sekte
Aus dem Englischen von Magdalena Breitenbach
288 Seiten
ISBN 978-3-404-60816-4

Natachas Eltern sind echte Hippies, sie träumen von der freien Liebe und dem Weltfrieden. Naiv lassen sie sich von der Sekte *Children of God* anwerben – so wird ihre Tochter Natacha in die Sekte hineingeboren, ebenso wie ihre Geschwister. Ein normales Familienleben wird Natacha nie kennenlernen. Die Sekte propagiert die freie Liebe, auch mit Kindern! Getrennt von ihren Eltern, sind Natacha und ihre Geschwister dem Missbrauch durch fremde „Onkel“ und „Tanten“ schutzlos ausgeliefert ...

Eine Kindheit voller Kälte

Amelie Sander
ALS HÄTTE DER HIMMEL MICH VERGESSEN
Verwahrlost und misshandelt im eigenen Elternhaus
368 Seiten
mit Abbildungen
ISBN 978-3-404-60925-3

Von ihrer frühesten Kindheit an ist Amelie dem Hass der Frau ausgeliefert, die sie „Mama" nennen muss. Nach außen hin sind die Sanders die perfekte Familie. Doch Amelie bekommt kaum zu essen und zu trinken, wird eingesperrt, gequält und erniedrigt. Wenig, das ihr nicht bei Strafe verboten ist. Erst spät findet Amelie heraus, was mit ihrer leiblichen Mutter geschehen ist. Als sie schon fast alle Hoffnung verloren hat, gelingt ihr mit 21 Jahren endlich die Flucht ...

Bastei Lübbe